Kompendien
für Studium, Praxis und Fortbildung

Dr. Hansjochen Dürr,
Rechtsanwalt,
Präsident des Verwaltungsgerichts Karlsruhe a.D.

Baurecht
Baden-Württemberg

13. Auflage

Nomos

Die Deutsche Nationalbibliothek verzeichnet diese Publikation in der Deutschen Nationalbibliografie; detaillierte bibliografische Daten sind im Internet über http://dnb.d-nb.de abrufbar.

ISBN 978-3-8329-6545-7

13. Auflage 2011

Vorwort

Seit dem Erscheinen der 12. Auflage im Jahr 2008 ist die LBO durch die LBO-Novelle 2010 erheblich geändert worden; die Abstandsfläche wurde neu geregelt und ein in Baden-Württemberg bisher nicht gekanntes vereinfachtes Baugenehmigungsverfahren eingeführt. Außerdem hat sich die Rechtsprechung und Literatur intensiv mit den Neuregelungen durch die BauGB-Novelle 2007 auseinandergesetzt. Dies macht eine Neuauflage des Kompendiums Baurecht Baden-Württemberg erforderlich, wobei durchweg die Zitate aus Rechtsprechung und Literatur auf den neuesten Stand gebracht worden sind, auch wenn sich inhaltlich nichts geändert hat.

Das Kompendium beschränkt sich bewusst auf die Erörterung der in der baurechtlichen Praxis und damit auch in der Ausbildung besonders wichtigen Fragen. Spezialprobleme werden lediglich angesprochen; insoweit wird auf die Kommentarliteratur verwiesen. Adressaten des Werks sind vor allem Studenten und Referendare, für die das öffentliche Baurecht – in unterschiedlichem Umfang – zum Pflichtstoff in beiden juristischen Staatsexamen zählt. Daneben sollen aber auch alle angesprochen werden, die bereits im Berufsleben stehen und sich mit dem öffentlichen Baurecht zu befassen haben. Dabei bin ich mir natürlich durchaus bewusst, dass der erfahrene Baurechtler inhaltlich wenig Neues in dem Kompendium finden wird; er findet aber zumindest einen Nachweis der neuesten Rechtsprechung, insbes. des BVerwG und des VGH Mannheim.

Schließlich habe ich mich zu bedanken bei allen, die mich auf Ungenauigkeiten oder Schwächen in der 12. Auflage hingewiesen haben. Ich verbinde diesen Dank mit der Bitte, mich auch bei der 13. Auflage über Defizite oder Verbesserungsmöglichkeiten zu informieren.

Das Werk befindet sich auf dem Stand 1.3.2011.

Freiburg, im Februar 2011 — Hansjochen Dürr

Inhaltsverzeichnis

Literaturverzeichnis

1. Kommentare zum BauGB

Battis/Krautzberger/Löhr, Beck-Verlag, 11. Aufl. 2009
Berliner Kommentar, Heymanns-Verlag, Loseblatt-Ausgabe
Brügelmann, Kohlhammer-Verlag, Loseblatt-Ausgabe
Ernst/Zinkahn/Bielenberg/Krautzberger, Beck-Verlag, Loseblatt-Ausgabe
Ferner/Kröninger/Aschke, Nomos-Verlag 2. Aufl. 2008
Jäde/Dirnberger/Weiß, Boorberg-Verlag 6. Aufl. 2010
Schrödter, Vahlen-Verlag, 7. Auflage 2006
Spannowsky/Uechtritz, Beck-Verlag 1. Aufl. 2009

2. Kommentare zur BauNVO

Fickert/Fieseler, Kohlhammer-Verlag, 11. Aufl. 2008
König/Roeser/Stock, Beck-Verlag, 2. Aufl. 2003
Eine Kommentierung der BauNVO befindet sich ferner in den o.a. Kommentaren zum BauGB – Ernst/Zinkahn/Bielenberg/Krautzberger, Brügelmann u. Jäde/Dirnberger/Weiß

3. Kommentare zur LBO

Sauter, Kohlhammer-Verlag, Loseblatt-Ausgabe
Schlotterbeck/v.Arnim/Hager, Boorberg-Verlag, 5. Aufl. 2003

4. Lehrbücher und Monographien zum Baurecht

Battis, Öffentliches Baurecht und Raumordnungsrecht, Kohlhammer Verlag, 5. Aufl. 2006
Birkl u.a., Praxishandbuch des Bauplanungs- und Immissionsschutzrechts, Rehm-Verlag, Loseblatt-Ausgabe
Brohm, Öffentliches Baurecht, Beck-Verlag, 4. Aufl. 2006
Erbguth/Wagner, Grundzüge des öffentlichen Baurechts, 5. Aufl. 2009
Finkelnburg/Ortloff, Öffentliches Baurecht I, Bauplanungsrecht JuS-Schriftenreihe, 6. Aufl. 2006
Finkelnburg/Ortloff/Otte, Öffentliches Baurecht II, Bauordnungsrecht, Nachbarschutz JuS-Schriftenreihe, 6. Aufl. 2010
Gelzer/Bracher/Reidt, Bauplanungsrecht, Schmidt-Verlag, 7. Aufl. 2004
Hoppe/Bönker/Grotefels, Das öffentliche Bau- und Bodenrecht, Beck-Verlag, 4. Aufl. 2010
Hoppenberg Handbuch des öffentlichen Baurechts, Loseblatt-Ausgabe
Koch/Hendler, Baurecht, Raumordnungs- und Landesplanungsrecht, Boorberg-Verlag, 4. Aufl. 2004
Mampel, Nachbarschutz im öffentlichen Baurecht, Verlag für Rechts- und Anwaltspraxis 1995
Reichel/Schulte, Handbuch des Bauordnungsrechts, Beck-Verlag 2004
Steiner, Prüfe Dein Wissen – Baurecht, Beck-Verlag, 5. Aufl. 2010
Stollmann Öffentliches Baurecht, Beck-Verlag, 7. Aufl. 2010
Stüer, Handbuch des Bau- und Fachplanungsrechts, Beck-Verlag, 4. Aufl. 2010

5. Sonstige wiederholt zitierte Literatur

Bosch/Schmidt, Praktische Einführung in das verwaltungsgerichtliche Verfahren, Kohlhammer-Verlag, 8. Aufl. 2005
Eyermann, Kommentar zur VwGO, Beck-Verlag, 13. Aufl. 2010
Fehling/Kastner/Wahrendorf, Kommentar z. VwVfG – VwGO, Nomos-Verlag, 2. Aufl. 2010

Gern, Kommunalrecht Bad.-Württ., Nomos-Verlag, 9. Aufl. 2005
Knack, Kommentar zum VwVfG, Heymanns-Verlag, 9. Aufl. 2010
Kopp/Ramsauer, Kommentar zum VwVfG, Beck Verlag, 11. Aufl. 2007
Kopp/Schenke, Kommentar zur VwGO, Beck Verlag, 16. Aufl. 2009
Redeker/v.Oertzen, Kommentar zur VwGO, Kohlhammer Verlag, 14. Aufl. 2004
Schoch/Schmidt-Aßmann/Pietzner Kommentar zur VwGO, Beck-Verlag, Loseblatt-Ausgabe
Sodan/Ziekow, Kommentar zur VwGO, Nomos-Verlag, 3. Aufl. 2010
Stelkens/Bonk/Sachs, Kommentar zum VwVfG, Beck-Verlag, 7. Aufl. 2008

I. Allgemeines

1. Funktion des Baurechts

Das öffentliche Baurecht dient dem **Interessenausgleich** zwischen der durch Art. 2 und 14 GG geschützten Baufreiheit des Bauherrn und des Grundstückseigentümers (BVerfGE 35, 263 = NJW 1973, 1491; BVerwGE 42, 115 = NJW 1973, 1518; BGHZ 60, 112 = NJW 1973, 616; s. dazu auch Rdnr. 135) und dem häufig andersartigen Interesse der Allgemeinheit an einer möglichst sinnvollen Nutzung des im Bundesgebiet nur beschränkt vorhandenen Baugeländes (dazu ausführlich BVerwG NJW 1991, 3293). In einem so dicht besiedelten Gebiet kann nicht jeder bauen, wie er will und wo er will, vielmehr muss gewährleistet sein, dass hinreichend unbebauter Raum für Erholungszwecke, Verkehrsanlagen, Wasser- und Landschaftsschutzgebiete usw. vorhanden ist. Dieser Interessenausgleich setzt zwingend eine gesetzliche Regelung des Bauens voraus; eine unbeschränkte Baufreiheit würde innerhalb kürzester Zeit zu unerträglichen Missständen führen. Die baurechtlichen Vorschriften dienen daher dem Ausgleich zwischen der Privatnützigkeit des Eigentums und der Sozialpflichtigkeit des Eigentums (BVerwGE 101, 364 = NVwZ 1997, 384). **1**

2. Rechtsgrundlagen des Baurechts

Eine gesetzliche Regelung des Baurechts ist im Wesentlichen erst im letzten Jahrhundert durchgeführt worden. Zwar gab es schon im **19. Jahrhundert** vereinzelte baurechtliche Bestimmungen (Nachweis bei Ernst/Zinkahn/Bielenberg/Krautzberger, Einl. 1 f). Die erste Normierung eines umfassenden Baurechts in dem Bereich des späteren Landes Baden-Württemberg erfolgte durch die **badische LBO vom 1.9.1907** und die **württembergische Bauordnung vom 28.7.1910**. Beide Gesetze enthielten im Wesentlichen baupolizeiliche Vorschriften. Eine Planung der Bautätigkeit durch Aufstellung entsprechender Pläne war zwar vorgesehen, wurde aber in der Praxis nur selten vorgenommen. Die ersten reichseinheitlichen baurechtlichen Vorschriften waren die Bauregelungsverordnung vom 15.2.1936 (RGBl. I, 104) sowie die Baugestaltungsverordnung vom 10.11.1936 (RGBl. I, 938). **2**

Nach 1945 wurde allgemein ein Bedürfnis nach einer Planung des Wiederaufbaus der zerstörten Städte verspürt. Die Länder erließen 1948/1949 die sog. Trümmergesetze (Nachweise bei Ernst/Zinkahn/Bielenberg/Krautzberger, Einl. Rdnr. 47); in Baden wurde das badische **Aufbaugesetz** vom 25.11.1949, in Württemberg-Baden das Aufbaugesetz vom 18.8.1948 erlassen. **3**

Schon bald nach Gründung der Bundesrepublik Deutschland wurde die Schaffung eines bundeseinheitlichen Baurechts in Angriff genommen (Ernst/Zinkahn/Bielenberg/Krautzberger, Einl. Rdnr. 51 f). Da Zweifel über den Umfang der Gesetzgebungszuständigkeit des Bundes und der Länder entstanden, wurde nach dem damaligen § 97 BVerfGG (durch Gesetz vom 21.7.1956 aufgehoben) von der Bundesregierung in Übereinstimmung mit Bundestag und Bundesrat ein Rechtsgutachten des Bundesverfassungsgerichts über die Gesetzgebungszuständigkeiten auf dem Gebiet des Baurechts eingeholt.

3. Gesetzgebungszuständigkeit auf dem Gebiet des Baurechts

Das BVerfG hat in dem Rechtsgutachten vom 16.6.1954 (BVerfGE 3, 407) folgende Abgrenzung zwischen Bundes- und Landeskompetenz vorgenommen: **4**

Bundeskompetenz (Art. 74 Nr. 18 GG):
1. Städtebaurecht (§§ 1 – 44 u. 136 – 191 BauGB)
2. Baulandumlegung (§§ 45 – 122 BauGB)
3. Bodenbewertung (§§ 192 – 199 BauGB)
4. Bodenverkehrsrecht (§§ 19 – 28 BauGB)
5. Erschließungsrecht (§§ 123 – 135 BauGB)

Landeskompetenz: Bauordnungsrecht (Baupolizeirecht im überlieferten Sinn).

5 Auf der Grundlage dieses Gutachtens des BVerfG ist das **Bundesbaugesetz** vom 23.6.1960 (BGBl. I, 341) ergangen, das durch Gesetz vom 18.8.1976 (BGBl. I, 2221) erheblich geändert worden ist; eine weitere Änderung erfolgte durch die BBauG-Novelle vom 6.7.1979 (BGBl. I, 949). Ergänzend hierzu wurde ferner das Städtebauförderungsgesetz vom 27.7.1971 (BGBl. I, 1225) erlassen.

BBauG und StBauFG wurden durch das **Baugesetzbuch (BauGB)** vom 8.12.1986 (BGBl. I, 2253) zu einem einheitlichen Gesetz zusammengefasst, wobei gleichzeitig auch beträchtliche inhaltliche Änderungen erfolgten.

1990 wurde zur Förderung des in den 80er-Jahren vernachlässigten Wohnungsbaus das **BauGB-MaßnG** erlassen. Die Sonderregelungen des BauGB-MaßnG wurden durch das BauROG 1998 teilweise in das BauGB integriert, teilweise aber auch aufgegeben. Seit 1.1.1998 ist das gesamte Bauplanungsrecht wieder im BauGB enthalten.

Am 30.4.2004 wurde das Europarechtanpassungsgesetz Bau – **EAG-Bau** – erlassen (s. dazu Finkelnburg NVwZ 2004, 903; Upmeier BauR 2004, 1382). Dieses Gesetz dient vor allem der Einführung der sog. Plan-UP-Richtlinie der EU in das BauGB (BT-Drucks. 15/2250 S. 1) und hat die Notwendigkeit einer Umweltprüfung bei den meisten Bebauungsplänen zur Folge. Zum 1.1.2007 trat dann die BauGB-Novelle vom 21.12.2006 (BGBl I S. 3316) in Kraft, mit der die Innenentwicklung von Städten erleichtert werden soll (s. dazu Battis/Krautzberger/Löhr NVwZ 2007, 120 – eine umfassende Übersicht der Entwicklung des BBauG/BauGB findet sich bei Krautzberger NVwZ 2010, 729).

Das BBauG bzw. BauGB wurde ergänzt durch die **BauNVO** vom 26.6.1962 (BGBl. I, 429), geändert durch die Novellen vom 26.11.1968 (BGBl. I, 1237), 15.9.1977 (BGBl. I, 1763), 19.12.1986 (BGBl. I, 2665) und vom 23.1.1990 (BGBl. I, 132 – s. dazu Lenz, Heintz und Fickert BauR 1990, 157, 166, 263; Stock NVwZ 1990, 518). Die BauNVO hat vor allem Bedeutung für die Aufstellung von Bebauungsplänen und die Zulässigkeit von Bauvorhaben (s. dazu unten Rdnr. 81 ff.).

Zur Ausführung der Gesetzgebungskompetenz der Länder ist zunächst 1959 von einer Bund-Länder-Kommission die sog. **Musterbauordnung** entworfen worden (Schriftenreihe des Bundesministeriums für Wohnungsbau, Bd. 16), auf der die danach von den Ländern erlassenen Bauordnungen beruhten. Das Land Baden-Württemberg hat am 6.4.1964 die **Landesbauordnung** erlassen (GBl. S. 151), die durch die Neufassung vom 20.6.1972 (GBl. S. 351) beträchtlich geändert wurde.

1981 beschloss eine Ministerkonferenz eine neue Musterbauordnung, die die Grundlage für die Neufassung der Landesbauordnung durch das Gesetz vom 23.6.1983 (GBl. S. 770) war (s. dazu Kilian BWVPr 1984, 1; Hornung VBlBW 1984, 161); die Neufassung der LBO ist am 1.4.1984 in Kraft getreten.

Eine weitere vollständige Novellierung der LBO ist durch das Gesetz vom 8.8.1995 (GBl. S. 617) erfolgt; auch die Paragraphenfolge wurde geändert (zur LBO-Novelle

1995 s. Ruf BWGZ 1995, 436). Die hauptsächliche Änderung liegt in der Einführung des sog. Kenntnisgabeverfahrens für Wohnbauvorhaben im Geltungsbereich eines Bebauungsplans; die Neuregelung löst die 1990 erlassene BaufreistellungsVO (s. dazu Bahle BWVPr 1990, 196) ab.

Die bisher letzte Novellierung der LBO erfolgte durch das am 1.3.2010 in Kraft getretene LBO-ÄndG vom 10.11.2009 (GBl. S. 615 – s. dazu Büchner VBlBW 2009, 168; Fischer VBlBW 2010, 213). Neben der Änderung der Abstandsflächenregelung ist vor allem die Einführung eines vereinfachten Baugenehmigungsverfahrens von Bedeutung.

4. Abgrenzung Bauplanungsrecht - Bauordnungsrecht

Die theoretische Abgrenzung beider Rechtsgebiete ist einfach. Das **Bauplanungsrecht** beschäftigt sich mit dem Einfügen der Bauvorhaben in die Umgebung, das **Bauordnungsrecht** stellt Anforderungen in gestalterischer und baukonstruktiver Hinsicht und regelt das Genehmigungsverfahren. Das Bauplanungsrecht stellt eine Konkretisierung der **Sozialbindung des Eigentums** nach Art. 14 Abs. 1 Satz 2 GG dar; die Baufreiheit wird zum Wohl der Gesamtheit in einem dem Einzelnen zumutbaren Umfang eingeschränkt (BVerwGE 101, 364 = NVwZ 1997, 384). Das Bauordnungsrecht dient demgegenüber der Gefahrenabwehr, wie schon die frühere Bezeichnung „Baupolizeirecht“ zeigt. 6

Die theoretisch klare Abgrenzung zwischen Bauplanungsrecht und Bauordnungsrecht ist aber praktisch nicht immer durchführbar. Gewisse Überschneidungen sind unvermeidbar (vgl. hierzu Weyreuther BauR 1972, 1; Ziegler ZfBR 1980, 275). So wird z. B. der Abstand zwischen den Gebäuden sowohl durch Festsetzung der offenen Bauweise nach § 22 Abs. 1 u. 2 BauNVO sowie seitlicher Baugrenzen nach § 23 BauNVO als auch durch Abstandsflächen nach §§ 5, 6 LBO geregelt (BVerwGE 88, 131 = NJW 1991, 3293; NVwZ 1994, 1008; Frey BauR 1995, 303; Haaß NVwZ 2008, 252). §§ 9 Abs. 1 Nr. 2 a BauGB, 74 Abs. 1 Nr. 7 LBO ermächtigen die Gemeinde, im Bebauungsplan von § 5 Abs. 7 LBO abweichende Abstandsflächen festzusetzen. 7

Das Gleiche gilt für die Zulässigkeit von großflächigen Werbetafeln (eb. BVerwGE 91, 274 = NVwZ 2008, 311). Diese sind bauplanungsrechtlich in Wohngebieten unzulässig, weil sie dem Gebietscharakter widersprechen (BVerwGE 40, 94); dasselbe ergibt sich aber auch aus § 11 Abs. 4 LBO. Die Verunstaltung spielt nicht nur bei der Generalklausel des § 11 Abs. 1 und 2 LBO eine Rolle, sie wird auch in § 35 Abs. 3 BauGB erwähnt.

Auch die Eingriffskompetenzen überschneiden sich. So kann z. B. die Reparatur einer schadhaften Treppe oder eines unzureichenden Balkongeländers einerseits nach § 177 BauGB, andererseits nach § 47 LBO angeordnet werden; der Abbruch eines Gebäudes kann auf § 179 BauGB oder § 65 LBO gestützt werden.

Derartige Kompetenzüberschneidungen sind verfassungsrechtlich unbedenklich, sofern sie auf Grenzbereiche beschränkt bleiben. Für die baurechtliche Praxis kann daher davon ausgegangen werden, dass gegen die Regelungen des BauGB und der LBO keine Bedenken hinsichtlich der jeweiligen Gesetzgebungskompetenz bestehen.

II. Bauplanungsrecht

A. Bauleitplanung

1. Allgemeines

a) Funktion der Bauleitplanung

8 Die **Bauleitplanung** ist das Kernstück des modernen Städtebaurechts (so Schmidt-Aßmann BauR 1978, 99; ähnlich auch Battis/Krautzberger/Löhr § 1 Rdnr. 1). Die Aufgabe der Bauleitpläne ist in § 1 Abs. 5 BauGB festgelegt: sie sollen eine nachhaltige städtebauliche Entwicklung und eine dem Wohl der Allgemeinheit entsprechende sozialgerechte Bodennutzung gewährleisten und dazu beitragen, eine menschenwürdige Umwelt zu sichern. Hoppe/Grotefels (2. Aufl. § 5 Rdnr. 8) bezeichnen diese Regelung zu Recht als „Präambel" der Bauleitplanung.

Das BauGB geht vom **Grundsatz der Planmäßigkeit** aus (BVerwG NVwZ 2004, 220; Brügelmann/Gierke § 1 Rdnr. 60). Dieses bedeutet, dass eine bauliche Nutzung bisher unbebauter Grundstücke nicht dem Willen des jeweiligen Grundstückseigentümers überlassen werden soll, sondern zuvor eine sinnvolle Planung erfolgen soll, bei der alle Bedürfnisse der Allgemeinheit, insbesondere das Interesse an ruhigen Wohngebieten einerseits, Gewerbegebieten und Verkehrsanlagen andererseits, sowie Sondergebieten wie Erholungsgebiete, Sportanlagen und Einkaufszentren berücksichtigt werden.

Die Bauleitplanung obliegt nach §§ 1 Abs. 3, 2 Abs. 1 BauGB den **Gemeinden**. Diese haben – jedenfalls dem Grundsatz nach – für ihr Gebiet eine umfassende Überplanung vorzunehmen, wobei nicht nur die spezifischen Belange einer baulichen Nutzung zu berücksichtigen sind, sondern alle öffentlichen und privaten Belange erfasst und planerisch bewältigt werden müssen.

Nach **§ 1 Abs. 1 BauGB** ist es Aufgabe der Bauleitpläne, die bauliche und sonstige Nutzung der Grundstücke in der Gemeinde vorzubereiten und zu leiten.

Bsp. (BVerwG NVwZ 1996, 888): Ein Bebauungsplan ist nichtig, wenn er eine „städtebauliche Unordnung" schafft, indem inmitten eines neuen Baugebiets eine 150 m x 25 m große Wiese nicht in die Planung einbezogen wird, weil der Eigentümer nicht verkaufsbereit ist.

Dabei müssen die Bauleitpläne nach der Rechtsprechung des BVerwG (E 45, 309 = NJW 1975, 70; s. auch VGH Mannheim VBlBW 1995, 56) in **objektiver Beziehung zur städtebaulichen Ordnung** stehen, auf die subjektiven Vorstellungen des Gemeinderats bei der Aufstellung des Bebauungsplans kommt es nicht an. Ein Bebauungsplan verstößt gegen § 1 Abs. 1 BauGB, wenn er bei objektiver Betrachtungsweise nicht städtebaulichen, sondern sonstigen Belangen dient, etwa den privaten Interessen einzelner (BVerwG NVwZ-RR 1994, 490; VGH Mannheim NVwZ-RR 2002, 630), der Legalisierung rechtswidriger Bauwerke (OVG Koblenz NVwZ 1986, 939) oder nur die Verhinderung von Maßnahmen überörtlicher Planungsträger zum Ziel hat (Müller JuS 1975, 228). Unbedenklich ist es dagegen, wenn private Bauwünsche den Anstoß zu einem städtebaulich sinnvollen Bebauungsplan geben (BVerwG NVwZ 1996, 271; VGH Mannheim NVwZ-RR 2005, 773; NVwZ 1997, 684).

9 Das BauGB sieht ein **zweistufiges Planungsverfahren** vor. Die Gemeinde erstellt zunächst für das gesamte Gemeindegebiet den Flächennutzungsplan als vorbereitenden Bauleitplan und anschließend zur näheren Ausgestaltung des Flächennut-

zungsplans die Bebauungspläne für die einzelnen Baugebiete (§ 1 Abs. 2 BauGB). Durch diese Zweistufigkeit soll gewährleistet werden, dass die Gemeinde sich zunächst Gedanken machen muss über die grundsätzliche Nutzung des Gemeindegebiets und die räumliche Zuordnung der verschiedenen Nutzungsarten (z. B. Wohngebiete, Gewerbegebiete, Sportanlagen, Verkehrswege), ehe sie für einen bestimmten Bereich eine Detailplanung betreibt. Nach der Terminologie des § 1 Abs. 2 BauGB gibt es nur einen Bebauungsplan, der sich in eine Vielzahl von Teilbebauungsplänen unterteilt. In der Praxis wird freilich jeder dieser Teilbebauungspläne selbst als Bebauungsplan bezeichnet.

Die Bauleitpläne stellen freilich nicht die einzige Planungsentscheidung dar, die für die Ausgestaltung der Nutzung des Gebiets einer Gemeinde bedeutsam ist. Hinzu kommen Planungsentscheidungen nach den sog. Fachplanungsgesetzen (s. dazu Steinberg/Berg/Wickel, Fachplanung; Ziekow, Fachplanungsrecht). Für die **Fachplanung** ist allerdings nicht die Gemeinde, sondern sind staatliche Behörden zuständig. Die Fachplanung bezieht sich aber jeweils nur auf eine bestimmte staatliche Aufgabe (z. B. Straßenbau, Abfallentsorgung) und soll nur diese Aufgabe lösen. Demgegenüber stellt die Bauleitplanung eine Gesamtplanung dar, die die Nutzung des Gemeindegebiets unter allen in Betracht kommenden Gesichtspunkten regeln soll.

Praktisch bedeutsam ist vor allem die Straßenplanung nach § 17 FStrG bzw. §§ 37 ff. StrG, die Festsetzung von Natur- und Landschaftsschutzgebieten nach §§ 23, 26 BNatSchG sowie von Wasserschutzgebieten nach §§ 51 WHG, 68 WG; in Betracht kommen ferner die Planung von Bahnanlagen (§ 18 AEG), Flugplätzen (§§ 6, 8 LuftVG), Hochspannungsleitungen (§§ 43 ff. EnWG) und Abfalldeponien (§ 31 KrW-/AbfG) sowie die Anlage und der Ausbau von Gewässern (§ 31 WHG). Alle diese Fachplanungen wirken sich auf die kommunale Bauleitplanung aus und müssen daher mit ihr abgestimmt werden. Daher sieht § 4 BauGB eine Beteiligung aller Fachplanungsträger im Verfahren zur Aufstellung eines Bauleitplans vor; bestehende fachplanerische Entscheidungen sollen nach § 5 Abs. 4 bzw. § 9 Abs. 6 BauGB nachrichtlich in den Flächennutzungsplan bzw. den Bebauungsplan aufgenommen werden. Der Träger einer Fachplanung ist nach § 7 BauGB an die Darstellungen des Flächennutzungsplans gebunden, soweit er ihnen nicht widersprochen hat (VGH Mannheim NVwZ 1992, 995; VBlBW 1995, 483). Der Widerspruch kann aber nach § 7 Satz 3 u. 4 BauGB auch noch nachträglich erfolgen, sofern die Sachlage sich nach In-Kraft-Treten des Flächennutzungsplans geändert hat (BVerwG NVwZ 2001, 1035 – neue Biotop-Kartierung). Ein Widerspruch ist allerdings entbehrlich, wenn die Gemeinde selbst gar nicht mehr am Flächennutzungsplan festhält (VGH Mannheim NVwZ-RR 1996, 17; VGH München NVwZ-RR 2002, 117).

Bsp. (VGH Mannheim NVwZ-RR 1996, 17): Die Naturschutzbehörde beabsichtigt, einen aufgelassenen Steinbruch mit seltener Fauna und Flora als Naturschutzgebiet festzusetzen, obwohl er im Flächennutzungsplan als Gewerbefläche dargestellt ist; die Gemeinde stimmt dem zu.

Außerdem muss der Fachplanungsträger bei seinen Planungen die städtebaulichen Belange der Gemeinde, insbesondere die Auswirkungen des Vorhabens auf die vorhandenen Baugebiete, berücksichtigen (BVerwG NVwZ 2007, 459 u. 833; NVwZ 2006, 1290; Schmidt-Eichstaedt NVwZ 2003, 129). Damit dieses geschieht, steht der Gemeinde unabhängig von den jeweiligen fachplanerischen Vorschriften ein sich aus Art. 28 Abs. 2 GG ergebender Anspruch auf Anhörung vor dem Erlass einer fachplanerischen Entscheidung zu (BVerfGE 56, 298 = NJW 1981, 1659; NVwZ 1982, 367; Steinberg DVBl 1982, 13).

b) Planungshoheit der Gemeinde

10 Die Bauleitplanung ist nach § 1 Abs. 3 BauGB die **Aufgabe der Gemeinden**. Diese Regelung trägt der Planungshoheit der Gemeinde Rechnung. Denn die Frage, ob die Gemeinde in einem bestimmten Bereich die Gewerbeansiedlung fördern, Wohngebäude schaffen oder für Erholungs- und Freizeiträume sorgen will, ist eine primär politische Entscheidung, die ausschließlich der Gemeinderat zu fällen und zu verantworten hat.

Ob die Planungshoheit zum Kernbereich der durch **Art. 28 GG** gewährleisteten Selbstverwaltung der Gemeinde zählt, der auch vom Gesetzgeber nicht angetastet werden kann, hat das BVerfG bisher offen gelassen (BVerfGE 76, 107 = NVwZ 1988, 47; BVerfGE 56, 298 = NJW 1981, 659). Das BVerwG (NVwZ 2003, 1263) geht davon aus, dass die Planungshoheit durch Art. 28 Abs. 2 GG geschützt wird. Das BVerfG hat jedoch klargestellt, dass die Planungshoheit der Gemeinde nur wegen überörtlicher Belange eingeschränkt werden kann, wenn also die Interessen des örtlichen Raums zurückstehen müssen hinter den Belangen eines größeren Bereichs (BVerfGE 79,127 = NVwZ 1989, 347; eb. BVerwGE 90, 3 = NVwZ 1993, 167; BVerwGE 118, 181 = NVwZ 2003, 1263; NVwZ 2006, 932).

Bsp. a) (BVerfGE 76, 107): Die Stadt Wilhelmshaven muss es hinnehmen, dass ca. ein Drittel ihrer Gemarkung durch ein Landesgesetz als Gebiet für die Ansiedlung von Großindustrie mit Anschluss an ein seeschifffahrtstiefes Fahrwasser vorgesehen wird, weil sie über den einzigen dafür geeigneten Hafen verfügt.

b) (BVerfGE 56, 298): Die Anlage eines Militärflugplatzes ist auch dann zulässig, wenn dadurch die bauliche Nutzung des Gemeindegebiets eingeschränkt wird.

c) (BVerwGE 74, 124 = NJW 1986, 2447): Die Anlage eines Truppenübungsplatzes der Bundeswehr kann eine zulässige Einschränkung der Planungshoheit der Gemeinde darstellen.

d) (VerfGH NRW NVwZ 2009, 1287): Das generelle Verbot von factory-outlet-center in Gemeinden mit weniger als 100.000 Einwohnern verstößt gegen Art. 28 Abs. 2 GG.

11 Die Gemeinden können sich nach § 205 BauGB zu einem **Planungsverband** zusammenschließen, der anstelle der Gemeinden die Bauleitpläne aufstellt; die Planungshoheit geht also auf den Planungsverband über (Ernst/Zinkahn/Bielenberg/Krautzberger § 205 Rdnr. 9; Schmidt-Eichstaedt NVwZ 1997, 846). Nach § 205 Abs. 2 BauGB kann ein Planungsverband auch zwangsweise geschaffen werden, wenn dieses zum Wohle der Allgemeinheit dringend geboten ist (OVG Lüneburg BRS 28 Nr. 16).

Ein solcher Planungsverband ist insbesondere bei Planungsmaßnahmen sinnvoll, die über das Gebiet einer Gemeinde hinausgehen. Freilich kann die erforderliche Koordination auch durch eine interkommunale Abstimmung bei der Aufstellung verfahrensmäßig getrennter, aber inhaltlich übereinstimmender Bebauungspläne erfolgen.

Bsp. (VGH Mannheim VBlBW 1983, 106): Durch zwei Bebauungspläne benachbarter Gemeinden wird eine Teststrecke für die Fa. Daimler-Benz geplant. Der VGH Mannheim hielt die Bildung eines Planungsverbands nicht für notwendig.

12 Speziell für Baden-Württemberg ist zu beachten, dass die Aufstellung der vorbereiteten Bauleitpläne (Flächennutzungspläne) zu den Erfüllungsaufgaben nach **§ 61 Abs. 4 GemO** gehört. Wenn eine Gemeinde Mitglied eines **Gemeindeverwaltungsverbands** oder einer **vereinbarten Verwaltungsgemeinschaft** ist, dann stellen diese und nicht die Gemeinde den Flächennutzungsplan auf (vgl. hierzu StGH Bad.-

Württ. NJW 1976, 2205 u. 2209). In dieser Regelung liegt nach Ansicht des StGH Bad.-Württ. (a.a.O.) kein Verstoß gegen die zum Kernbereich des Selbstverwaltungsrechts der Gemeinden (Art. 28 Abs. 2 GG) zählende Planungshoheit der Gemeinde, denn die Aufstellung der Flächennutzungspläne erfordert i. d. R. auch die Berücksichtigung überörtlicher Belange. Der StGH Bad.-Württ. hat allerdings § 61 Abs. 4 GemO einschränkend ausgelegt: Planungen gegen den Willen einer Mitgliedsgemeinde dürfen nur vorgenommen werden, wenn und soweit sie durch überörtliche Gesichtspunkte gerechtfertigt sind; den überörtlich nicht relevanten Planungswünschen der Gemeinde ist dagegen Folge zu leisten.

Ferner schreibt § 4 Nachbarschaftsverbandsgesetz (Dürig Nr. 61 a) vor, dass die Flächennutzungspläne von den Nachbarschaftsverbänden aufgestellt werden. Nachbarschaftsverbände gibt es für die Bereiche Mannheim-Heidelberg, Karlsruhe, Pforzheim, Reutlingen-Tübingen und Ulm (§ 2 Abs. 2 NVerbG), nicht aber für die Bereiche Stuttgart, Freiburg und Heilbronn. Für den Großraum Stuttgart gibt es den Verband Region Stuttgart. Dieser ist für die Flächennutzungspläne nicht zuständig (vgl. §§ 3, 4 a GVRS – Dürig Nr. 61 b).

2. Erforderlichkeit der Bauleitplanung

Staatliche oder kommunale Planungen werden nicht um ihrer selbst willen vorge- **13**
nommen, sondern zur Verfolgung bestimmter öffentlicher Aufgaben, die nicht isoliert wahrgenommen werden können, weil sie der Koordinierung mit anderen öffentlichen Belangen oder privaten Interessen bedürfen; insoweit gilt für die Bauleitplanung nichts anderes als für die verschiedenen Fachplanungen (BVerwG NVwZ 1989, 664; OVG Berlin BauR 2000, 1295). Für alle Planungsentscheidungen ist ein **dreistufiges Prüfungsschema** üblich; es ist zu prüfen, ob

1. die geplante Maßnahme erforderlich ist,
2. gesetzliche Planungsleitsätze (Planungsschranken) zu beachten sind,
3. das Abwägungsgebot beachtet worden ist.

Dieses Prüfungsschema bietet sich auch für die Bauleitplanung an.

Nach § 1 Abs. 3 BauGB haben die Gemeinden die Bauleitpläne aufzustellen, sobald **14**
und soweit es für die städtebauliche Entwicklung und Ordnung erforderlich ist (s. dazu Weyreuther DVBl 1981, 369; Brügelmann/Gierke § 1 Rdnr. 148 ff.). Daraus folgt zunächst, dass das Aufstellen der Bauleitpläne nicht in das Ermessen der Gemeinde gestellt ist, sondern eine Rechtspflicht darstellt, sobald das Tatbestandsmerkmal der Erforderlichkeit vorliegt (BVerwGE 34, 301; NVwZ 2004, 220; Moench DVBl 2005, 676; Ingerowski Jura 2009, 303

Es handelt sich dabei nach der Terminologie der GemO BW um eine weisungsfreie Pflichtaufgabe, also um eine Angelegenheit der Selbstverwaltung der Gemeinde.

Die **Erforderlichkeit** i. S. d. § 1 Abs. 3 BauGB ist ein unbestimmter Rechtsbegriff, der grundsätzlich voller gerichtlicher Kontrolle unterliegt (BVerwGE 34, 301). Dieser Grundsatz wird in der baurechtlichen Praxis freilich dadurch relativiert, dass in die Erforderlichkeit zahlreiche Prognosen über die zukünftige Entwicklung, etwa den Bedarf an Wohnungen, Gewerbeflächen, öffentlichen Einrichtungen oder Verkehrswegen einfließen und außerdem die Erforderlichkeit sich generell nach der planerischen Konzeption des Gemeinderats über die zukünftige Entwicklung der Gemeinde bestimmt (BVerwG NJW 1995, 2572; NVwZ 2004, 220; VGH Mannheim VBlBW 2006, 390).

15 Die **planerische Konzeption** der Gemeinde als solche ist nur eingeschränkt überprüfbar; insbesondere ist ein akutes Bedürfnis für neues Baugelände nicht erforderlich (BVerwG NVwZ 2003, 749; VGH Mannheim NVwZ-RR 2002, 556 u. 2001, 716). Die planerische Konzeption muss sich allerdings im Rahmen des nach der vorgegebenen Situation (Lage und bisherige Funktion der Gemeinde) Vertretbaren halten. Sofern dieses der Fall ist, kommt eine verwaltungsgerichtliche Kontrolle, ob der Gemeinderat mit seiner Planungskonzeption für die zukünftige Entwicklung des Ortes die optimale Lösung gefunden hat, nicht in Betracht (BVerwGE 34, 301; E 92, 8 = NVwZ 1993, 1102).

16 Die Erforderlichkeit eines Bauleitplans ist nicht nur dann gegeben, wenn öffentliche Belange ohne den Bauleitplan einen größeren Schaden erleiden würden.

Bsp. (VGH Mannheim VBlBW 1993,428): Die Stadt Konstanz weist eine Fläche am Ortsrand als landwirtschaftliche Nutzfläche aus, um ein sich anschließendes Ried zu schützen (s. dazu auch VGH Mannheim VBlBW 1997, 137).

Es reicht vielmehr aus, wenn es **vernünftigerweise geboten** ist, die bauliche Entwicklung durch eine vorherige Planung zu ordnen (BVerwGE 92, 8 = NVwZ 1993, 1102; NVwZ 1999, 1338; VGH Mannheim NVwZ-RR 2002, 638; VBlBW 2006, 390).

Da das BauGB von dem Grundsatz ausgeht, dass eine Bebauung nur aufgrund vorheriger Planung erfolgen soll (Grundsatz der Planmäßigkeit), ist eine Bauleitplanung zunächst dann nicht erforderlich, wenn sie auf keiner planerischen Konzeption beruht und deshalb überflüssig ist.

Bsp. (BVerwGE 40, 258): Die Gemeinde weist ein im Außenbereich gelegenes Gelände als landwirtschaftliches Gebiet aus, um sicherzustellen, dass die Gewinnung der dort vorkommenden Braunkohle nicht durch eine Bebauung erschwert wird. Der Bebauungsplan ist überflüssig, weil im Außenbereich auch ohne Bebauungsplan eine landwirtschaftliche Nutzung nach § 35 Abs. 1 Nr. 1 BauGB zulässig und eine Bebauung mit sonstigen Gebäuden unzulässig ist, sodass sich an der bauplanungsrechtlichen Situation durch den Bebauungsplan nichts ändert.

Bebauungspläne sind ferner nicht erforderlich, wenn sie nur dazu dienen, den begünstigten Grundstückseigentümern den Verkauf von Baugelände zu ermöglichen, obwohl die Gemeinde in diesem Bereich eigentlich keine Bebauung wünscht (VGH Mannheim ESVGH 16, 21), eine sonst unzulässige und städtebaulich verfehlte Bebauung ermöglicht werden soll – sog. Gefälligkeitsplanung – (vgl. BVerwG BauR 1997, 263; NVwZ 1999, 1338; VGH Mannheim NVwZ-RR 1997, 684; NVwZ 1996, 271) oder wenn lediglich eine bauliche Fehlentwicklung im Interesse der Grundstückseigentümer „legalisiert" werden soll (OVG Koblenz BauR 1986, 412; VGH Kassel BRS 50 Nr. 7).

17 Die Erforderlichkeit eines Bebauungsplans kann aber nicht stets schon deswegen in Zweifel gezogen werden, weil seine Aufstellung auf **private Bauwünsche** zurückgeht. Es ist in der Praxis sogar beinah die Regel, dass die Gemeinden nicht sozusagen ins Blaue planen, sondern Bauinteressenten den Anstoß für eine Bauleitplanung geben. Dieses ist unbedenklich, wenn die Gemeinde mit dem Bebauungsplan nicht ausschließlich private Bauwünsche fördern, sondern die städtebauliche Ordnung fortentwickeln will (BVerwG NVwZ-RR 1994, 490; VGH Mannheim NVwZ 1996, 271; NVwZ-RR 1997, 684).

Bsp. (OVG Münster NVwZ 1999, 79): Eine Stadt im Ruhrgebiet stellt auf Anregung eines Kaufhauskonzerns auf dem Gelände einer ehemaligen Kohlenzeche einen Bebauungsplan für ein Sondergebiet „Warenhaus" nach § 11 Abs. 3 BauNVO mit 16.000 m^2 Verkaufsfläche auf.

Nicht erforderlich ist ein Bebauungsplan ferner dann, wenn seine Festsetzungen sich aus tatsächlichen oder rechtlichen Gründen nicht verwirklichen lassen (BVerwGE 107, 1 = NVwZ 1998, 961; BVerwGE 117, 351 = NVwZ 2003, 742); hierzu zählen auch unüberwindbare finanzielle (BVerwGE 116, 144 = NVwZ 2002, 1510) oder sonstige langfristige Hindernisse (BVerwGE 117, 351 = NVwZ 2004, 856).

Bsp. a) (BVerwG BRS 71 Nr. 3): Grundstückseigentümer ist nicht bereit, die für den geplanten Marktplatz benötigte Fläche zu verkaufen.

b) (VGH Mannheim VBlBW 2002, 200): Bebauungsplan kann erst nach 30 Jahren realisiert werden; (eb. BVerwGE 120, 239 = NVwZ 2004, 856; VGH München NVwZ-RR 2007, 161: Die durch Bebauungsplan festgesetzte Straße kann in den nächsten 10 Jahren nicht gebaut werden).

Die Erforderlichkeit bezieht sich nicht nur auf den Bebauungsplan als solchen, sondern auch auf die einzelnen Festsetzungen BVerwG (E 117, 351 = NVwZ 2004, 856; BauR 2009, 1245). 18

Auch wenn die Aufstellung eines Bebauungsplans nach § 1 Abs. 3 BauGB erforderlich ist, kann nur die Rechtsaufsichtsbehörde nach §§ 118 ff. GemO die Gemeinde zur Aufstellung eines Bebauungsplans zwingen (BVerwG NVwZ 2004, 220; VGH Mannheim ESVGH 14, 197). Den an einer Bebauung ihrer Grundstücke interessierten Grundstückseigentümern steht dagegen nach § 1 Abs. 3 BauGB kein Anspruch auf Aufstellung eines Bebauungsplans zu und ebenso wenig auf Änderung eines bestehenden Bebauungsplans; dieser Grundsatz gilt ausnahmslos (BVerwG NJW 1977, 1979; BauR 2006, 802). Ebenso wenig gibt es einen Anspruch auf Fortführung einer begonnenen Bauleitplanung (BVerwG BauR 1997, 263) oder auf Fortbestand der bestehenden Bauleitplanung (BVerwG NVwZ-RR 1997, 213; VGH Mannheim BauR 1973, 173). Die Gemeinde kann unter denselben Voraussetzungen, unter denen ein Bebauungsplan aufgestellt wird, auch einen bestehenden Bebauungsplan ändern. Wenn dadurch die bauliche Nutzung von Grundstücken im Bebauungsplangebiet eingeschränkt oder aufgehoben wird, entstehen allerdings Entschädigungsansprüche nach § 42 BauGB (hierzu Wahlhäuser BauR 2003, 1488; Birk NVwZ 1984, 1). 19

Schließlich erkennt die Rechtsprechung auch keinen **Plangewährleistungsanspruch** an, d.h. einen Anspruch auf Schaffung des durch den Bebauungsplan vorgesehenen Zustands (BVerwG NVwZ-RR 1997, 213; BGHZ 94, 292 = NJW 1982, 215; s. auch Thiele DÖV 1980, 109). 20

Bsp. (VGH Mannheim BRS 25 Nr. 1): Wenn der Bebauungsplan eine öffentliche Grünfläche ausweist, besteht weder ein Anspruch der Bewohner des Plangebiets auf Schaffung der Grünfläche noch auf ein Einschreiten der Baurechtsbehörde gegen eine Zweckentfremdung der Grünfläche als Abstellplatz für Kraftfahrzeuge.

3. Gesetzliche Schranken der Bauleitplanung

a) Allgemeines

Die Gemeinde kann sich bei der Aufstellung der Bauleitpläne nicht auf „planerisch freiem Feld“ betätigen, sondern unterliegt vielfältigen tatsächlichen und rechtlichen Bindungen. Das BVerwG (E 45, 309) spricht daher zu Recht davon, dass häufig mehr Bindung als Freiheit besteht. Dabei ist bei den rechtlichen Bindungen zu unterscheiden zwischen zwingenden gesetzlichen Anforderungen, die der Planungsentscheidung zugrunde zu legen sind, z. B. die Ziele der Landesplanung (§ 1 Abs. 4 BauGB) oder das Verbot der Waldumwandlung ohne Genehmigung der Forstverwaltung (§§ 8 Nr. 2 i. V. m. 10 LWaldG – VGH Mannheim NVwZ 1995, 1225; anders BVerwG NVwZ-RR 1998, 162, diese Entscheidung ist aber wegen der Sonderregelung des § 10 LWaldG für Baden-Württemberg nicht maßgeblich) und sog. Optimierungsge- 21 boten, bei denen nur eine möglichst optimale Lösung anzustreben ist (BVerwG NVwZ 1991, 69; NVwZ 1997, 165; BRS 67 Nr. 33; Hoppe DVBl 1992, 854; Bartlsperger DVBl 1996, 1), z. B. die Trennung von Wohngebieten und immissionsträchtigen Anlagen (§ 50 BImSchG), der sparsame Umgang mit Grund und Boden (§ 1 a Abs. 2 BauGB) sowie den Naturgütern (§ 1 Abs. 1 BNatSchG) oder der Schutz der Gewässer (§ 1 WHG).

Während die zwingenden gesetzlichen Schranken sozusagen vor die Klammer zu ziehen sind, also außerhalb der Abwägung stehen, soll bei **Optimierungsgebote**n gerade im Wege der Abwägung eine dem gesetzlichen Auftrag entsprechende Lösung gefunden werden. Optimierungsgebote können also anders als gesetzliche Schranken der Abwägung auch im Wege der Abwägung überwunden werden, d.h. hinter anderen öffentlichen Belangen zurückgestellt werden (BVerwGE 71, 163 = NVwZ 1986, 82). Das BVerwG (E 108, 248 = NVwZ 1999, 1222; E 128, 238 = NVwZ 2007, 831) spricht nunmehr von einer **Abwägungsdirektive**; dies ist aber sachlich kein Unterschied zum Optimierungsgebot (vgl. Stüer Rdnr. 1315 ff.; Brügelmann/Gierke § 1 Rdnr. 1554 ff.; Paetow NVwZ 2010, 1184).

b) Ziele der Raumordnung und Landesplanung (§ 1 Abs. 4 BauGB)

22 Nach § 1 Abs. 4 BauGB sind die Bauleitpläne den Zielen der Raumordnung und Landesplanung anzupassen (s. dazu BVerwGE 90, 329 = NVwZ 1993, 167; BVerwGE 117, 351 = NVwZ 2003, 742; NVwZ 2006, 932; Hager VBlBW 2005, 161; Nonnenmacher VBlBW 2008, 161 u. 201). Diese haben gemäß § 3 LplG ihren Niederschlag gefunden in dem **Landesentwicklungsplan** vom 12.12.1983 (GBl. 1984, S. 37 – s. dazu Rasch BWGZ 1984, 289). Sein Inhalt besteht aus der Festsetzung von Ober- und Mittelzentren, Entwicklungsachsen und Verdichtungsräumen (§ 7 Abs. 2 LplG). Neben dem Landesentwicklungsplan sieht das LplG noch Fachentwicklungspläne und **Regionalpläne** vor. Letztere werden von den Regionalverbänden aufgestellt und weisen Unter- und Kleinzentren, Siedlungsbereiche und Grünzonen, schutzbedürftige Freiräume sowie Wasserschutzgebiete und Industriegebiete aus (§ 11 Abs. 3 LplG).

Die angeführten Pläne stellen Ziele der Raumordnung und Landesplanung dar (§ 4 Abs. 1 LplG). Die Gemeinde muss deshalb bei der Aufstellung von Bauleitplänen gemäß **§ 1 Abs. 4 BauGB** von den Festsetzungen der Landesplanung ausgehen; diese sind als vorgegebene Beschränkung der Planungshoheit auch nicht Teil der Abwägung nach § 1 Abs. 7 BauGB (BVerwGE 90, 329 = NVwZ 1993, 167; BVerwGE 117, 351 = NVwZ 2003, 742; NVwZ 2004, 220). Die Bindung an die Landesplanungen darf allerdings nicht so weit gehen, dass der Gemeinde kein eigener Planungsfreiraum mehr verbleibt (OVG Münster NVwZ 1993, 537); einzelne detaillierte Festsetzungen sind aber zulässig (VGH Mannheim VBlBW 2002, 200). Eine Bindung der Gemeinde an die Landesplanung setzt ferner voraus, dass die Gemeinde bei der Festlegung der Ziele der Landesplanung beteiligt worden ist (BVerwGE 95, 123 = NVwZ 1995, 267). Das bedeutet zwar nicht, dass die Gemeinde ihre Zustimmung erteilt haben muss, sie muss aber zumindest gehört worden sein, sodass ihre planerischen Vorstellungen in die landesplanerische Entscheidung einfließen konnten.

Die Landesplanung darf die kommunale Bauleitplanung allerdings nur insoweit einschränken, als dies zur Wahrung gewichtigerer überörtlicher Belange erforderlich ist (s. dazu oben Rdnr. 10).

Das Gebot des § 1 Abs. 4 BauGB, die Bauleitpläne an die Ziele der Raumordnung anzupassen, ist nicht nur bei der Aufstellung eines neuen Bauleitplans zu beachten.

Vielmehr sind die Gemeinden auch verpflichtet, bereits bestehende Bauleitpläne zu ändern, wenn diese inhaltlich im Widerspruch zu einer später in Kraft getretenen landesplanerischen Festsetzung stehen (BVerwG NVwZ 2004, 220). Ferner ist die Gemeinde zur erstmaligen Aufstellung eines Bebauungsplans verpflichtet, wenn die Bebauung der Gemeinde sich abweichend von den landesplanerischen Festsetzungen entwickelt.

Bsp. (BVerwG NVwZ 2004, 220; ebenso auch BVerwG NVwZ 2006, 932): Die im Regionalplan als Unterzentrum ausgewiesene Stadt muss durch Aufstellung eines Bebauungsplans verhindern, dass mehrere großflächige Einzelhandelsbetriebe (§ 11 Abs. 3 BauNVO) in einem Gewerbegebiet nach § 34 BauGB zugelassen werden müssen, wenn nach dem Regionalplan großflächige Einzelhandelsbetriebe nur in Oberzentren errichtet werden sollen.

Das BVerwG (a.a.O.) spricht davon, zwischen der übergeordneten Landesplanung und der Bauleitplanung müsse eine „umfassende materielle Konkordanz“ gewährleistet sein.

Außerdem können sich die Gemeinden nach dem durch das EAG Bau eingeführten § 2 Abs. 2 Satz 2 BauGB nunmehr auf die ihnen durch die Raumordnung (Landesentwicklungsplan, Regionalplan) zugewiesenen Funktionen berufen und sich gegen Planungen benachbarter Gemeinden zur Wehr setzen, die gegen landesplanerische Regelungen verstoßen (s. dazu Sparwasser NVwZ 2006, 264; Kirchberg VBlBW 2006, 297; Kment NVwZ 2007, 996).

Bsp. (VGH Mannheim NVwZ-RR 2008, 369): Die im Landesentwicklungsplan als Mittelzentrum eingestufte Stadt S kann sich gegen ein in der benachbarten Gemeinde G geplantes Einkaufszentrum zur Wehr setzen, wenn nach dem Regionalplan Einkaufszentren nur in Ober- und Mittelzentren errichtet werden dürfen (sog. Konzentrationsgebot).

c) Interkommunale Rücksichtnahme (§ 2 Abs. 2 BauGB)

Die Gemeinden müssen bei der Aufstellung von Bauleitplänen auch die Planungen 23
benachbarter Gemeinden berücksichtigen (BVerwGE 117, 25 = NVwZ 2003, 86; VGH Mannheim VBlBW 2000, 479; Zierau DVBl 2009, 693; Hoffmann NVwZ 2010, 738).

Nach § 2 Abs. 2 BauGB sollen die Bauleitpläne benachbarter Gemeinden **aufeinander abgestimmt** werden. Diese Vorschrift beinhaltet die **materielle Abstimmungspflicht** zwischen Gemeinden bei der Aufstellung von Bauleitplänen, d.h. die Verpflichtung, auf die Belange der Nachbargemeinde Rücksicht zu nehmen. Das Gebot der interkommunalen Rücksichtnahme spielt vor allem bei der Planung von Einkaufszentren und großflächigen Einzelhandelsbetrieben nach § 11 BauNVO eine Rolle (s. unten Beispiel b). Die **formelle Abstimmungspflicht**, d.h. die Anhörung der Nachbargemeinde bei der Aufstellung eines Bauleitplans, ist demgegenüber in § 4 BauGB geregelt. Das BVerwG (E 40, 323; E 64, 209) begründet dieses mit dem Hinweis auf § 7 BauGB. Wäre nämlich die Nachbargemeinde nicht beteiligte Behörde nach § 4 BauGB, dann wäre sie an den Flächennutzungsplan nicht gebunden; dieses Ergebnis kann nicht richtig sein. Wenn aber § 4 BauGB die formelle Abstimmungspflicht regelt, dann muss § 2 Abs. 2 BauGB sich auf die materielle Abstimmung beziehen.

Bsp. a) (BVerwGE 40, 323): Die Pflicht zur interkommunalen Rücksichtnahme ist verletzt, wenn eine Gemeinde unmittelbar an der Gemeindegrenze im Anschluss an die Bebauung auf der Nachbargemarkung ein neues Wohngebiet ausweist, obwohl dieses Wohngebiet von dem bebauten Gebiet der planenden Gemeinde mehrere Kilometer entfernt liegt. Das BVerwG verlangt, dass vor der Aufstellung eines solchen Bebauungsplans mit der Nachbargemeinde eine Vereinbarung über die sog. Folgelasten (Schule, kulturelle und soziale Einrichtungen, Erschließungsanlagen) geschlossen wird, weil die Bewohner des neuen Baugebiets erfahrungsgemäß die Einrichtungen der Nachbargemeinde benutzen werden; nach der Realisierung des Projekts befindet sich die Nachbargemeinde aber in einer unzumutbaren Verhandlungsposition über einen eventuellen finanziellen Ausgleich.

b) (VGH Mannheim NJW 1977, 1465): Die Ausweisung eines Sondergebiets „Einkaufszentrum" – Massa-Markt – verstößt i. d. R. nicht gegen das Gebot der interkommunalen Rücksichtnahme, auch wenn dadurch wirtschaftliche Nachteile für die Nachbargemeinde entstehen können. Denn das Gebot der Rücksichtnahme verlangt von der planenden Gemeinde nicht, die eigene wirtschaftliche Entwicklung zurückzustellen, um die Nachbargemeinde zu schonen, sofern es nicht zu einer unzumutbaren Gefährdung der Infrastruktur der Nachbargemeinde kommt (eb. auch OVG Münster NVwZ-RR 2006, 450; OVG Lüneburg NVwZ-RR 2006, 453; VGH Mannheim NVwZ-RR 2008, 369; Birk VBlBW 2006, 289).

c) (BVerwG NVwZ 1990, 464): Es verstößt gegen § 2 Abs. 2 BauGB, wenn die Gemeinde unmittelbar an der Grenze in der Nachbarschaft eines Wohngebiets der Nachbargemeinde einen Schlachthof plant (das gleiche gilt für eine Windkraftanlage – OVG Lüneburg NVwZ 2001, 452).

Die Pflicht zur interkommunalen Rücksichtnahme setzt nicht voraus, dass die Nachbargemeinde bereits ihre Planungsvorstellungen verwirklicht hat oder aber diese Planungsabsichten zumindest hinreichend konkretisiert worden sind oder gemeindliche Einrichtungen erheblich beeinträchtigt werden (BVerwGE 84, 209 = NVwZ 1990, 464; E 117, 25 = NVwZ 2003, 86; VGH Mannheim VBlBW 2007, 310).

Die Gemeinde muss nach § 2 Abs. 2 BauGB nicht nur auf die Planungen der Nachbargemeinden Rücksicht nehmen, sondern auch auf sonstige Belange der Nachbargemeinden. Ausdrücklich erwähnt werden in § 2 Abs. 2 Satz 2 BauGB die Auswirkungen auf zentrale Versorgungsbereiche der Nachbargemeinde.

Auch wenn nach § 2 Abs. 2 BauGB eine Verpflichtung zur interkommunalen Rücksichtnahme besteht, bedeutet dies keineswegs einen Vorrang der Belange der Nachbargemeinden. Dies ist erst dann der Fall, wenn es zu einer unzumutbaren Beeinträchtigung der Nachbargemeinde kommt. So wird z. B. bei der Planung von großflächigen Einzelhandelsbetrieben ein Abstimmungsbedarf nach § 2 Abs. 2 BauGB bereits bei einer Kaufkraftverlagerung von ca. 10 % angenommen, unzumutbare Auswirkungen auf die Nachbargemeinde setzen dagegen eine Kaufkraftverlagerung von mindestens 20 % voraus (s. dazu Uechtritz DVBl. 2006, 799; Spannowsky/Uechtritz § 2 Rdnr. 48; Bunzel, ZfBR 2008, 132; Brügelmann/Gierke § 2 Rdnr. 82). Bei diesen Prozentzahlen handelt es sich aber nur um Faustformeln, letztlich kommt es auf den konkreten Einzelfall an (BVerwG NVwZ 2010, 587 und 590; BVerwGE 129, 307 = NVwZ 2008, 308; OVG Münster BauR 2009, 1701 und 2010, 1189).

d) Fachplanerische Vorgaben

24 Die Bauleitplanung der Gemeinde kann sich schließlich auch nicht über die Fachplanungen anderer Planungsträger (Straßenbau, Wasserschutz, Naturschutz, Abfallbeseitigung u. a.) einfach hinwegsetzen. Das Verhältnis der Bauleitplanung zur Fachplanung bereitet erhebliche rechtliche Schwierigkeiten (s. dazu BVerwGE 70, 244 = NVwZ 1985, 414; E 79, 318 = NJW 1989, 244; VGH Mannheim BauR 2003, 355; Schmidt-Eichstaedt NVwZ 2003, 129; Dippel NVwZ 1999, 921). Die normativen Regelungen zur Lösung von Konflikten zwischen Bauleitplanung und Fachplanung sind unzureichend (s. dazu oben Rdnr. 9, unter Rdnr. 38).

e) Naturschutzrechtliche Eingriffsregelung (§ 1 a Abs. 3 BauGB); FFH-Gebiete

25 Nach §§ 1 a Abs. 3 BauGB, 18 Abs. 1 BNatSchG ist bei der Bauleitplanung auch die Vermeidung und der Ausgleich der zu erwartenden Eingriffe in Natur und Landschaft (Eingriffsregelung nach §§ 14 ff. BNatSchG) zu berücksichtigen (s. dazu Kratsch NuR

2009, 398; Hendler/Brockhoff NVwZ 2010, 733; Engel/Ketterer VBlBW 2010, 293). Ein **Eingriff in Natur und Landschaft** nach § 14 Abs. 1 BNatSchG ist bei allen erheblichen Beeinträchtigungen des Naturhaushalts oder des Landschaftsbilds gegeben, was praktisch bei allen größeren Bauvorhaben in einem bisher baulich nicht genutzten Bereich der Fall ist (BVerwGE 112, 41 = NVwZ 2001, 560; NVwZ 1991,364).

Bsp. a) (VGH Mannheim NuR 2000, 455): Anlage einer Freileitung der Elektrizitätsversorgung.

b) (VGH Mannheim NVwZ 1992, 999): Stall für Massentierhaltung.

c) (BVerwG BauR 2002, 751): Windkraftanlage.

In allen diesen Fällen erfolgt der Eingriff eigentlich nicht durch den Bebauungsplan, sondern erst durch die Verwirklichung des Bebauungsplans. Gleichwohl schreibt § 1 a Abs. 3 Satz 1 BauGB vor, dass die naturschutzrechtliche Eingriffsregelung bereits bei der Aufstellung der Bauleitpläne „abzuarbeiten" ist. Denn der Grundstückseigentümer hat nach In-Kraft-Treten des Bebauungsplans gem. § 30 BauGB einen Anspruch auf Erteilung einer Baugenehmigung, wobei §§ 15 ff. BNatSchG nicht mehr zu prüfen sind.

§ 15 Abs. 1 BNatSchG verlangt, dass eine vermeidbare Beeinträchtigung von Natur **25a**
und Landschaft unterlassen wird. Die Vorschrift spricht von der **Vermeidbarkeit der Beeinträchtigung**, nicht etwa der Vermeidbarkeit der eingreifenden Maßnahme. Letztlich kann nämlich jeder Eingriff dadurch vermieden werden, dass er unterlassen wird (BVerwG NVwZ 1997, 914; VGH Mannheim VBlBW 2001, 362). Es kommt nach der zitierten Rechtsprechung darauf an, ob die Maßnahme an der vorgesehenen Stelle auch ohne eine Beeinträchtigung von Natur und Landschaft verwirklicht werden kann oder ob die Beeinträchtigung zumindest minimiert werden kann.

Ist eine Beeinträchtigung in diesem Sinne unvermeidbar, schreibt § 15 Abs. 2 BNatSchG einen Ausgleich oder eine Ersetzung durch Maßnahmen zugunsten der Natur vor (Sparwasser/Wöckel UPR 2004, 246).

Bsp. a) (BVerwG NVwZ 2002, 1103): 50 m breite Wildbrücke über eine Autobahn.

b) (OVG Schleswig NuR 2004, 56): Ersetzung einer alten Feldhecke durch eine doppelt so große neue Feldhecke.

c) (VGH Mannheim BRS 44 Nr. 227): Renaturierung einer Kiesgrube.

Ein **Ausgleich** bedeutet nach § 15 Abs. 2 BNatSchG die Wiederherstellung der früheren Funktion des Naturhaushalts oder eine Ersetzung durch die Herstellung eines ökologisch gleichwertigen Zustands des Naturhaushalts; die Abgrenzung ist im Detail außerordentlich schwierig, aber wegen § 200 a BauGB praktisch nicht von Bedeutung. Ist ein Ausgleich oder eine Ersetzung nicht möglich, kann das Vorhaben gleichwohl verwirklicht werden, wenn dafür überwiegende sonstige öffentliche Belange sprechen (§ 15 Abs. 5 BNatSchG).

Die früher streitige Frage, ob die Verpflichtung der Gemeinde, in der Abwägung über **25b**
einen Ausgleich zu entscheiden, auch „weggewogen" werden kann, ist durch § 1 a Abs. 2 Nr. 2 BauGB 1998 (nunmehr § 1 a Abs. 3 BauGB 2004) geklärt worden. Wenn dort von „berücksichtigen" gesprochen wird, so bedeutet dieses, dass die Gemeinde sich Gedanken über einen Ausgleich machen muss (BVerwGE 104, 68; NVwZ 1997, 1213; VGH Mannheim NVwZ-RR 2002,9; Kothe VBlBW 2007, 125). Die Gemeinde kann im Rahmen der Abwägung sich auch für einen Verzicht auf einen Ausgleich entscheiden, wenn dieser z. B. sehr kostenaufwendig ist oder ökologisch nur eine geringfügige Verbesserung bringt. Es stellt sogar einen Abwägungsfehler dar, wenn die Gemeinde sich zu einem 100%igen Ausgleich verpflichtet fühlt, obwohl eine öko-

logisch relevante Verbesserung nicht zu erreichen ist (VGH Mannheim NVwZ-RR 2002, 9).

25c § 1 a Abs. 3 Satz 3 BauGB sieht vor, dass **Kompensationsmaßnahmen** auch an anderer Stelle als der des Eingriffs vorgesehen werden können; die Festsetzung solcher Maßnahmen kann nach § 9 Abs. 1 a BauGB auch in einem eigenständigen Bebauungsplan außerhalb des Plangebiets des Bebauungsplans, der den Eingriff vorsieht, enthalten sein (s. dazu BVerwG BauR 2004, 40; Uechtritz NVwZ 1997, 1185). Außerdem kann nach §§ 1 a Abs. 3, 11 Abs. 1 Nr. 3 BauGB der Ausgleich für Eingriffe in Natur und Landschaft auch in einem städtebaulichen Vertrag geregelt werden (s. dazu BVerwG NVwZ 1997, 1216; VGH Mannheim NVwZ 1998, 418; OVG Koblenz NVwZ-RR 2003, 629; Mitschang ZfBR 1999, 125) oder auf sonstige Weise erfolgen.

25d Die im Bebauungsplan vorgesehenen Ausgleichs- und Ersatzmaßnahmen sind nach § 135 a BauGB entweder vom Bauherrn selbst oder aber – was i. d. R. sinnvoller ist – von der Gemeinde im Wege des sog. **Sammelausgleichs** zu verwirklichen (s. dazu Quaas NVwZ 1995, 840; Kluge BauR 1995, 289). Die Gemeinde kann die ihr entstandenen Kosten nach § 135 a Abs. 2 – 4 BauGB auf die Grundstückseigentümer umlegen (s. dazu Steinfort KStZ 1995, 91; Birk VBlBW 1998, 81; Bunzel BauR 1999, 3).

25e Außerdem müssen nach § 1 Abs. 6 Nr. 7 b BauGB im Rahmen der Abwägung auch die **Fauna-Flora-Habitat-Richtlinie** (FFH-RL) der EU vom 21.5.1992 (ABl Nr. L 206 S. 7) und die **Vogelschutzrichtlinie** der EG vom 2.4.1979 (ABl Nr. L 103 S. 1) berücksichtigt werden (s. dazu Halama BauR 2001, 500; Rudt NVwZ 2010, 9). Anders als bei der Eingriffsregelung können die Bestimmungen der FFH-RL und der Vogelschutzrichtlinie nicht weggewogen werden, da die europarechtlichen Anforderungen nicht zur Disposition des bundesdeutschen Gesetzgebers stehen. Dem entsprechend bestimmt § 33 Abs. 1 BNatSchG, dass erhebliche Störungen und Veränderungen von FFH-Gebieten und Vogelschutzgebieten grundsätzlich unzulässig sind. Ausnahmen hiervon können nur unter den engen Voraussetzungen des § 34 Abs. 3 und 4 BNatSchG zugelassen werden (s. dazu BVerwGE 117, 149 = NVwZ 2003, 485; NVwZ 2002, 1243). Schließlich enthalten auch die Vorschriften über den **Artenschutz** (§§ 37 ff BNatSchG) bindende Vorgaben für die Bauleitplanung (s. dazu Stüer BauR 2010, 1521; Schuster VBlBW 2009, 174).

f) Umweltprüfung (§ 2 Abs. 4, § 2 a BauGB)

25f Die Neufassung des BauGB durch das EAG-Bau vom 30.4.2004 hat zu einer erheblichen Ausweitung der Umweltprüfung in der Bauleitplanung geführt. Die Umweltprüfung (UP) tritt an die Stelle der früheren Umweltverträglichkeitsprüfung (vgl. § 17 UVPG sowie Spannowsky/Uechtritz § 2 Rdnr. 65 ff.). Während zuvor nur bei wenigen Großprojekten (insbes. Feriendörfer, Hotelkomplexe, Einkaufszentren und großflächigen Einzelhandelsbetrieben ab 5000 m² Verkaufsfläche sowie Anlagen zur Massentierhaltung) eine Umweltverträglichkeitsprüfung (UVP) notwendig war, schreibt § 2 Abs. 4 BauGB 2004 nunmehr für alle Bauleitpläne eine Umweltprüfung vor (s. dazu Krautzberger/Stüer BauR 2003, 1301; Upmeier BauR 2004, 1382; Uechtritz BauR 2005, 1859); ausgenommen sind allerdings nach § 13 Abs. 3 BauGB Bebauungspläne, die die Grundzüge der Planung nicht berühren und daher im vereinfachten Verfahren nach § 13 Abs. 1 BauGB erstellt werden können sowie Bebauungspläne, die im beschleunigten Verfahren nach § 13 a BauGB aufgestellt werden. Die UP stellt kein eigenständiges Verfahren dar, sie erfolgt vielmehr im Rahmen des Verfahrens zur Aufstellung der Bauleitpläne (s. dazu Rdnr. 36 ff.). Die UP ist vor allem deshalb bedeutsam, weil sie zu einer systematischen Erfassung aller Umweltauswirkungen führt; der genaue Inhalt des Prüfungsprogramms ergibt sich aus der Anlage zu § 2 Abs. 4 und § 2 a BauGB. Das Ergebnis der UP ist dann nach § 2 a Nr. 2 BauGB in einem Umweltbericht zusammen zu fassen, der Teil der Begründung des Flächennutzungsplans und des Bebauungsplans ist.

Allerdings ergibt sich aus dem Unterbleiben einer UP noch kein Fehler, der zur Ungültigkeit des Bebauungsplans führt; es muss hinzukommen, dass die unterbliebene UP sich auf die Abwägung ausgewirkt hat (§ 214 Abs. 1 Nr. 1 BauGB – vgl. BVerwG NVwZ 1996, 788 und 1016; Dolde/Menke NJW 1999, 1076). Eine fehlende UP ist aber stets beachtlich, wenn europarechtlich durch Art. 3 Abs. 1 PlanUP-RL wegen der voraussichtlich erheblichen schädlichen Umweltauswirkungen eine UP vorgeschrieben ist oder die Gemeinde bewusst das Verfahren nach §§ 13, 13 a BauGB gewählt hat, um eine eigentlich erforderliche UP zu vermeiden (BVerwG NVwZ 2009, 1289). Ein fehlerhafter Umweltbericht ist unschädlich, wenn es sich nur um einen unwesentlichen Fehler handelt (§ 214 Abs. 1 Nr. 3 BauGB).

Der Fehler kann häufig in einem ergänzenden Verfahren (§ 214 Abs. 4 BauGB) behoben werden, sofern die Grundkonzeption des Bebauungsplans nicht betroffen ist (Runkel DVBl 2001, 1377).

Die Gemeinde ist nach § 4 c BauGB verpflichtet, die Auswirkungen des Bebauungsplans auf die Umwelt zu überwachen (sog. Monitoring – s. dazu Stüer/Sailer BauR 2004, 1392; Krautzberger UPR 2004, 401; Uechtritz BauR 2005, 1859).

g) Die Abhängigkeit des Bebauungsplans vom Flächennutzungsplan

Entwicklungsgebot (§ 8 Abs. 2 Satz 1 BauGB)

Nach **§ 1 Abs. 2 BauGB** unterteilt sich der Oberbegriff „Bauleitplan" in den Flächen- **26**
nutzungsplan (vorbereitender Bauleitplan) und den Bebauungsplan (verbindlicher Bauleitplan).

Während der Bebauungsplan nach § 10 BauGB als Satzung beschlossen wird, enthält das BauGB keine Aussage über die **Rechtsnatur des Flächennutzungsplans**. Der Flächennutzungsplan ist nach der Ausgestaltung, die er in §§ 5 ff. BauGB gefunden hat, keine Satzung (BVerwG BauR 1990, 685; NVwZ 2004, 614), denn er wirkt nach § 7 BauGB nur gegenüber Behörden (s. dazu Rdnr. 9 a. E.), nicht aber gegenüber dem Bürger (eine mittelbare Außenwirkung entfaltet der Flächennutzungsplan allerdings über § 35 Abs. 3 Satz 3 BauGB – s. dazu Rdnr. 287). Da der Flächennutzungsplan nicht in das herkömmliche System der verwaltungsrechtlichen Institutionen passt, wird er überwiegend als **hoheitliche Maßnahme eigener Art** bezeichnet (Battis/Krautzberger/Löhr § 5 Rdnr. 45; Spannowsky/Uechtritz § 5 Rdnr. 11) Wegen § 35 Abs. 3 BauGB spricht Stüer (BauR 2007, 1495) davon, der Flächennutzungsplan befinde sich „auf der Wanderschaft zur Rechtsnorm" (vgl. auch BVerwG NVwZ 2007, 1081).

Der Flächennutzungsplan erstreckt sich nach § 5 Abs. 1 BauGB über das gesamte Gemeindegebiet. Er enthält die **grobmaschige Planung** (BVerwGE 26, 287 = NJW 1967, 385; E 48, 70 = NJW 1975, 1985; NVwZ 2006, 87). Im Flächennutzungsplan werden deshalb nach §§ 5 Abs. 2 BauGB, 1 Abs. 1 BauNVO i. d. R. nur Bauflächen, nicht bereits einzelne Baugebiete dargestellt, ferner finden nur die überörtlichen Verkehrswege sowie die innerörtlichen Hauptverkehrszüge, nicht dagegen sonstige Straßen Berücksichtigung.

27 Auf der Basis dieser grobmaschigen Planung (BVerwGE 48, 70; NVwZ 2006, 87 spricht vom grobem Raster) des Flächennutzungsplans ist nach § 8 Abs. 2 BauGB der Bebauungsplan aufzustellen. Der Bebauungsplan muss allerdings dem Flächennutzungsplan nicht in allen Einzelheiten entsprechen, vielmehr ist der Bebauungsplan aus dem Flächennutzungsplan zu **entwickeln**, d.h. die Planungskonzeption des Flächennutzungsplans ist **fortzuschreiben**, darf aber in den Grundentscheidungen nicht verändert werden (BVerwGE 48, 70; 70, 171 = NVwZ 1985, 485; NVwZ 2000, 197; NVwZ 2006, 87).

Bsp. a) Wenn der Flächennutzungsplan Gelände als Grünland ausweist, darf die Gemeinde keinen Bebauungsplan für Wohnbaugebiete oder Gewerbegebiete aufstellen (BVerwGE 48, 70; VGH Kassel BRS 46 Nr. 9).

b) Wenn der Flächennutzungsplan Wohnbauflächen vorsieht, dann kann im Bebauungsplan ein Kleinsiedlungsgebiet (OVG Münster BRS 28 Nr. 10), ein Mischgebiet (VGH Kassel NVwZ-RR 1989,346) oder ein Kerngebiet (VGH Mannheim BRS 32 Nr. 9) ausgewiesen werden, nicht aber eine Gemeinbedarfsfläche (VGH Kassel NVwZ-RR 1989, 609) oder eine Hauptverkehrsstraße (VGH Kassel DÖV 2005, 968).

c) Unbedeutende Änderungen der Grenzen des bebauten Gebiets gegenüber dem Außenbereich verstoßen nicht gegen § 8 Abs. 2 BauGB (BVerwG NVwZ 2000, 197); das gleiche gilt für unbedeutende Abweichungen vom Flächennutzungsplan im Innenbereich (BVerwG BRS 35 Nr. 20; VGH Mannheim DÖV 2003, 342: geringfügige Erweiterung einer Grünfläche). Eine Fläche von 2,2 ha kann aber nicht mehr als unbedeutend angesehen werden (BVerwG NVwZ 2000, 197).

d) Kein Entwickeln i. S. d. § 8 Abs. 2 BauGB, wenn statt einer Mischbaufläche ein Industriegebiet ausgewiesen wird (VGH Mannheim BRS 27 Nr. 1).

Freilich können, soweit es erforderlich ist, auch im Flächennutzungsplan bereits gemäß § 1 Abs. 2 BauNVO konkrete Baugebiete festgesetzt werden. Soweit der Flächennutzungsplan bereits derartig konkrete Festsetzungen enthält, bleibt für den Bebauungsplan kaum noch ein eigener Gestaltungsspielraum.

Wenn der Bebauungsplan nicht aus dem Flächennutzungsplan entwickelt wird, also entweder ohne vorherigen Flächennutzungsplan aufgestellt oder aber die Grundkonzeption des Flächennutzungsplans nicht beachtet wird, dann ist der Bebauungsplan nichtig (BVerwGE 48, 70).

28 Ein Verstoß gegen das Entwicklungsgebot ist allerdings nach **§ 214 Abs. 2 Nr. 2 BauGB** unbeachtlich, wenn der Bebauungsplan die sich aus dem Flächennutzungsplan ergebende geordnete städtebauliche Entwicklung nicht beeinträchtigt (OVG Münster NVwZ-RR 2000, 574). Dabei ist auf das gesamte Gemeindegebiet abzustellen (BVerwG NVwZ 2000, 197).

29 Will die Gemeinde einen Bebauungsplan erlassen, der vom Flächennutzungsplan abweicht, dann kann sie nach § 8 Abs. 3 BauGB (s. dazu Seewald DÖV 1981, 849) im sog. **Parallelverfahren** zugleich mit der Aufstellung des Bebauungsplans den Flächennutzungsplan ändern.

Parallelverfahren bedeutet eine zeitliche und inhaltliche Übereinstimmung zwischen Bebauungsplan und Flächennutzungsplan (BVerwGE 70, 171 = NVwZ 1985, 485). Der Bebauungsplan darf allerdings vor dem geänderten Flächennutzungsplan in Kraft gesetzt werden, wenn abzusehen ist, dass die Übereinstimmung zwischen Flächennutzungsplan und Bebauungsplan gewahrt wird (§ 8 Abs. 3 Satz 2 BauGB). Ein Verstoß gegen diese Vorschrift berührt nach § 214 Abs. 2 Nr. 4 BauGB nicht die Wirksamkeit des Bebauungsplans.

Der Grundsatz, dass der Bebauungsplan aus dem Flächennutzungsplan zu entwickeln ist, hat in § 8 Abs. 2 Satz 2 und Abs. 4 BauGB zwei bedeutsame Ausnahmen erfahren.

Selbständiger Bebauungsplan (§ 8 Abs. 2 Satz 2 BauGB)

Ein Flächennutzungsplan ist einmal dann nicht erforderlich, wenn der Bebauungsplan 30
wegen der geringen Bautätigkeit in der Gemeinde zur Gewährleistung der städtebaulichen Ordnung ausreicht; dieses wird allenfalls in kleinen Landgemeinden der Fall sein – abstrakte Betrachtungsweise (VGH Mannheim BauR 1983, 222; VBlBW 1985, 21).

Ein Flächennutzungsplan ist ferner dann entbehrlich, wenn die praktische Bedeutung des Bebauungsplans so unbedeutend ist, dass die Grundkonzeption der Planung von ihm nicht berührt wird – konkrete Betrachtungsweise (VGH Mannheim BauR 1983, 222; VBlBW 1985, 21; NVwZ-RR 2006, 522).

Bsp. a) (VGH Mannheim VBlBW 1985, 21): Der Bebauungsplan umfasst nur ein 1,6 ha großes, bereits weitgehend bebautes Gebiet.

b) (VGH Mannheim NVwZ-RR 2006, 522): Der Bebauungsplan regelt nur den Standort von 2 Windkraftanlagen im Außenbereich.

Wegen der Rechtsfolgen eines Verstoßes gegen § 8 Abs. 2 Satz 2 BauGB s. unten Rdnr. 33.

vorzeitiger Bebauungsplan (§ 8 Abs. 4 BauGB) 31

Hat die Gemeinde keinen wirksamen Flächennutzungsplan, kann sie nach § 8 Abs. 4 BauGB gleichwohl einen Bebauungsplan aufstellen, wenn dringende Gründe dieses erfordern und der Bebauungsplan der beabsichtigten städtebaulichen Entwicklung nicht entgegensteht (s. dazu BVerwG NVwZ 2000, 197). Dringende Gründe sind anzunehmen, wenn die Gründe, die für eine sofortige Aufstellung des Bebauungsplans sprechen, erheblich gewichtiger sind als das Festhalten an dem in § 8 BauGB vorgesehenen Verfahren, dass nämlich der Bebauungsplan aus dem Flächennutzungsplan entwickelt werden muss; auf die Frage, ob die Gemeinde diese Umstände zu vertreten hat, kommt es nicht an (BVerwG NVwZ 1985, 745).

Bsp. a) Zur Beseitigung der Wohnungsnot ist dringend die Schaffung weiterer Baugebiete erforderlich (BVerwG NVwZ 1985, 745).

b) Eine Schwarzwaldgemeinde stellt einen Bebauungsplan auf, um die Errichtung eines unerwünschten großen Appartementhauses zu verhindern (VGH Mannheim BRS 38 Nr. 108).

c) Eine Stadt benötigt zur Altstadtsanierung dringend die Ansiedlung eines Kaufhauses (VGH Mannheim VBlBW 1982, 229).

Die Gemeinde ist unter den in § 8 Abs. 4 BauGB angeführten Voraussetzungen zwar 32
berechtigt, einen Bebauungsplan aufzustellen, ohne dass ein Flächennutzungsplan besteht. Das Entwicklungsgebot des § 8 Abs. 2 BauGB verlangt aber, dass die Gemeinde in einem solchen Fall wenigstens nachträglich einen Flächennutzungsplan aufstellt, der die Festsetzungen des Bebauungsplans übernimmt.

§ 8 Abs. 4 BauGB findet auch Anwendung, wenn die Gemeinde zwar einen Flächennutzungsplan aufgestellt hat, dieser aber nichtig ist (BVerwG DVBl 1992, 574; VGH Mannheim NVwZ-RR 2006, 552).

Wenn die Gemeinde die Zulässigkeit eines selbständigen oder vorzeitigen Bebau- 33
ungsplans unrichtig beurteilt, dann ist dieses nach **§ 214 Abs. 2 Nr. 1 BauGB** unbeachtlich. Diese Vorschrift findet allerdings nur Anwendung, wenn sich die Gemeinde bewusst ist, dass ein vorzeitiger Bebauungsplan aufgestellt wird, aber infolge feh-

lerhafter Auslegung des § 8 Abs. 2 oder 4 BauGB die Voraussetzungen dieser Vorschriften für gegeben hält oder sie aus Unkenntnis nicht beachtet. Setzt sich die Gemeinde dagegen vorsätzlich über das Entwicklungsgebot hinweg, dann ist der Bebauungsplan nichtig (BVerwG NVwZ 1985, 745; NVwZ 2000, 197).

h) Allgemeingültige Planungsprinzipien

34 Die Gemeinde muss schließlich bei der Bauleitplanung auch die allgemein gültigen Planungsleitsätze beachten, die zwar nicht gesetzlich geregelt sind, aber jeder Planung immanent sind und letztlich aus dem **Rechtsstaatsprinzip** abgeleitet werden (vgl. hierzu Schmidt-Aßmann, Grundsätze der Bauleitplanung, BauR 1978, 99). Die Nichtbeachtung dieser Prinzipien führt dazu, dass der Bebauungsplan wegen eines Verstoßes gegen § 1 BauGB nichtig ist.

Gebot konkreter Planung

34a Der Bebauungsplan wird nach § 10 BauGB als **Satzung** erlassen; damit ist die frühere Streitfrage normativ gelöst, ob ein Bebauungsplan seiner Rechtsnatur nach eine Rechtsnorm oder ein Verwaltungsakt ist (s. dazu Brügelmann/Gierke § 10 Rdnr. 18 ff). Während aber eine Rechtsnorm begrifflich eine abstrakt-generelle Regelung ist, muss der Bebauungsplan konkrete Einzelausweisungen über die zulässige Bebauung oder sonstige Nutzung der von ihm erfassten Grundstücke enthalten.

Bsp. (BVerwGE 50, 114 = NJW 1976, 1329): Die Stadt Frankfurt erlässt einen Begrünungsplan, nach dem im Ganzen bebauten Gebiet Freiflächen zu bepflanzen sind und für das Fällen großer Bäume eine Genehmigung erforderlich ist. Das BVerwG hält den Bebauungsplan für nichtig, weil er nicht konkrete Regelungen für ein begrenztes Gebiet enthält, sondern wie ein Gesetz eine abstrakte Regelung für eine unbeschränkte Vielzahl von Fällen in einem mit fortschreitender Bebauung sich ausdehnenden Gebiet zum Inhalt hat.

Gebot äußerer Planungseinheit

35 Für ein Gebiet darf nur ein Bebauungsplan existieren (VGH Mannheim VBlBW 1983, 106); unschädlich ist nach BVerwGE 50, 114 allerdings, wenn ein späterer Plan einen früheren ergänzt.

Gebot positiver Planung

36 Der Bebauungsplan muss Festsetzungen enthalten, die positiv bestimmen, welche bauliche oder sonstige Nutzung zulässig ist.

Bsp. a) (VGH Mannheim BauR 1975, 42): Die bauliche Nutzung bestimmter Grundstücke in einem als Industriegebiet ausgewiesenen Bereich wird ersatzlos aufgehoben, um Einsprüche der Eigentümer dieser Grundstücke gegen ein in diesem Bereich geplantes Eros-Center zu verhindern. Der VGH Mannheim hält dieses für unzulässig, da ein Bebauungsplan einen positiven Inhalt haben muss. Eine rein negative Planung kann nicht der städtebaulichen Ordnung dienen, weil dann ein „planloser" Zustand entsteht.

b) (BVerwGE 127, 189 = NVwZ 2005, 211): Die Gemeinde stellt im Flächennutzungsplan zur Errichtung von Windkraftanlagen lediglich eine dafür nicht geeignete Fläche dar, um Windkraftanlagen auf dem Gemeindegebiet generell zu verhindern (vgl. Rdnr. 128 b); das BVerwG spricht von einer Feigenblattplanung (eb. VGH Mannheim VBlBW 2007, 128).

Eine **unzulässige „Negativplanung"** liegt aber nicht vor, wenn die Gemeinde durch die Aufstellung oder Änderung eines Bebauungsplans eine bauliche Fehlentwicklung verhindern will (BVerwG NVwZ 1991, 875; NVwZ 1993, 884).

Bsp. a) (BVerwGE 68, 360 = NJW 1984, 1771): Die Gemeinde ändert einen Bebauungsplan, um die unerwünschte Ansiedlung eines Einkaufszentrums zu verhindern.

b) (BVerwG BauR 1991, 165): Die Gemeinde weist eine Außenbereichsfläche als landwirtschaftliche Nutzfläche aus, um den Kiesabbau in einem landschaftlich reizvollen Bereich zu verhindern (eb. BVerwG NVwZ 1991, 62 – Verhinderung von Gipsabbau).

Das BVerwG betont dabei, die Gemeinde könne durch Festsetzung einer landwirtschaftlichen Nutzfläche (BVerwG BauR 1991, 167), durch Festsetzungen für Maßnahmen zum Schutz der Natur gemäß § 9 Abs. 1 Nr. 20 BauGB (BVerwG NVwZ 1991, 62) oder einer Grünfläche gemäß § 9 Abs. 1 Nr. 15 BauGB (BVerwG NVwZ 1989, 655) eine „**Auffangplanung**" zur Erhaltung des status quo betreiben, wenn dies aus städtebaulichen Erwägungen, insbesondere des Naturschutzes und der Landschaftspflege, geboten erscheint. Dagegen reicht das allgemeine Interesse an der Freihaltung von Planungsmöglichkeiten (sog. Freihaltebelang) als planerische Rechtfertigung nicht aus (BVerwG NVwZ 1991, 161).

Bestimmtheitsgebot

Der Bebauungsplan muss auch inhaltlich so bestimmt sein, dass die Betroffenen **37**
wissen, welchen Beschränkungen ihr Grundstück unterworfen bzw. welchen Belastungen es – insbesondere durch Immissionen – ausgesetzt sein wird.

Bsp. a) (BVerwG NVwZ 1995, 692): Festsetzung einer Fläche für den Gemeinbedarf ohne jede nähere Konkretisierung ist zu unbestimmt.

b) (VGH Mannheim BRS 35 Nr. 8): Eine Festsetzung der Geländehöhe auf „ca. 7,5 m" ist zu unbestimmt.

c) (OVG Münster NVwZ 1984, 452): Nichtig wegen fehlender Bestimmtheit sind ferner widersprüchliche Festsetzungen – eine identische Fläche wird zugleich als Gewerbegebiet und als Fläche für den Gemeinbedarf ausgewiesen.

d) (OVG Münster BRS 50 Nr. 18): Eine fehlende Abgrenzung verschiedener Baugebiete führt zur Nichtigkeit wegen mangelnder Bestimmtheit.

e) (VGH Mannheim VBlBW 1997, 383): Ein Bebauungsplan ist nichtig, wenn in zwei ausgefertigten Planexemplaren die Grenzen des Baugebiets unterschiedlich eingezeichnet sind (vgl. auch VGH Mannheim VBlBW 1996, 184 – Verwendung von Deckblättern bei Änderung des Bebauungsplans ist zulässig).

f) (VGH Mannheim BRS 42 Nr. 14): Festsetzung eines Erholungsgebiets ohne weitere Konkretisierung der Zweckbestimmung ist zu unbestimmt.

Für das Bestimmtheitsgebot gilt allerdings derselbe Grundsatz wie für das Gebot der Konfliktbewältigung (s. dazu Rdnr. 17), dass nämlich nicht alles geregelt werden muss, was geregelt werden kann (Grundsatz der planerischen Zurückhaltung – vgl. Rdnr. 18). Der Grundsatz der Bestimmtheit ist erst dann verletzt, wenn der Inhalt der Festsetzungen des Bebauungsplans sich auch nicht durch die Heranziehung der Begründung (BVerwG BauR 1988, 488; VGH Mannheim NVwZ-RR 1999, 625) konkretisieren lässt und die Ungewissheit über die zukünftige Bebauung gemäß den Festsetzungen des Bebauungsplans für die Planbetroffenen nicht mehr zumutbar ist.

Bsp. a) (BVerwG BRS 47 Nr. 4): Ein Bebauungsplan, der ein Leitungsrecht über ein fremdes Grundstück festlegt, muss nicht bestimmen, in welcher Tiefe die Leitung zu verlegen ist.

b) (BVerwGE 42, 5 = NJW 1973, 1710; NVwZ 1998, 1179): Die Festsetzung einer Grünfläche ohne nähere Konkretisierung ist zwar nicht mangels Bestimmtheit nichtig, lässt aber nur die Anlage einer begrünten Fläche, nicht etwa Sportanlagen oder Kinderspielplätze zu (vgl. auch VGH Mannheim VBlBW 1986, 349; Spoerr/Parmentier BauR 2000, 189).

c) (BVerwGE 81, 179 = NJW 1989, 1291; OVG Münster NVwZ-RR 1995, 435): Die Festsetzung eines Sportplatzes erfüllt die Anforderungen an die Bestimmtheit, auch wenn die Sportart nicht angegeben wird.

4. Die Abwägung nach § 1 Abs. 6 u. 7 BauGB

a) Allgemeines

38 Die **Abwägung** öffentlicher und privater Belange nach § 1 Abs. 6, 7 BauGB stellt das Zentralproblem der Bauleitplanung dar (s. dazu insbes. BVerwGE 34, 30; 45, 309; VGH Mannheim VBlBW 2009, 186; Hoppe DVBl 2003, 697 und NVwZ 2004, 903; Stüer DVBl 2005, 806). Dabei ist zu unterscheiden zwischen der Auslegung der dort genannten privaten und öffentlichen Belange und der Abwägung der zutreffend erkannten privaten und öffentlichen Belange.

Die Auslegung der in § 1 Abs. 6 BauGB aufgeführten unbestimmten Rechtsbegriffe, z. B. die allgemeinen Anforderungen an gesunde Wohn- und Arbeitsverhältnisse, soziale und kulturelle Bedürfnisse der Bevölkerung, Belange des Bildungswesens usw., ist gerichtlich voll überprüfbar, da es sich hierbei um unbestimmte Rechtsbegriffe handelt (BVerwGE 34, 301; 45, 309; BGHZ 66, 322).

Demgegenüber ist mit dem Abwägungsgebot zwangsläufig ein **planerischer Freiraum** verbunden (s. dazu BVerfGE 95, 1 = NJW 1997, 383; BVerwGE 98, 339; DVBl 2001, 337; Brügelmann/Gierke § 1 Rdnr. 1521; Hoppe DVBl 2003, 697). Während nämlich verwaltungsrechtliche Normen i. d. R. dem sog. Wenn-dann-Schema folgen (wenn bestimmte Voraussetzungen gegeben sind, dann kann die Behörde bestimmte Maßnahmen ergreifen), stellt der Abwägungsvorgang ein sog. Finalprogramm dar, das durch ein Mittel-Zweck-Schema gekennzeichnet ist; der Zweck der Planung muss die dabei eingesetzten Mittel, nämlich eine Zurücksetzung öffentlicher oder privater Belange, rechtfertigen. Ein Finalprogramm ist daher in starkem Maße abhängig von einer Bewertung des gewollten Planungsziels einerseits, der dadurch positiv oder negativ betroffenen öffentlichen oder privaten Belange andererseits.

Aus der Fassung des § 1 Abs. 7 BauGB ergibt sich eindeutig, dass der Gesetzgeber weder den öffentlichen noch den privaten Belangen den Vorrang einräumen wollte (BVerwGE 34, 301; 47, 144), vielmehr muss die Gemeinde im Einzelfall entscheiden, welche Belange so gewichtig sind, dass andere Belange zurücktreten müssen.

Der Grundsatz der **Gleichgewichtigkeit aller Belange** erfährt allerdings eine Ausnahme durch die sog. Optimierungsgebote (s. dazu Rdnr. 21). Es handelt sich dabei um gesetzliche Vorrangsregelungen, die der Gemeinderat möglichst beachten soll; sie können aber gleichwohl im Einzelfall im Wege der Abwägung mit anderen – auch mit nicht zu optimierenden – öffentlichen oder privaten Belangen zurückgestellt werden (vgl. dazu Hoppe DVBl 1992, 853; Sendler UPR 1995, 45; Brohm § 13 Rdnr. 6 ff.).

39 Das Gebot gerechter Abwägung der von der Bauleitplanung betroffenen öffentlichen und privaten Belange ergibt sich nach der Rechtsprechung des BVerwG (E 41, 67; E 56, 110; E 64, 33) nicht nur aus § 1 Abs. 7 BauGB, es ist vielmehr Ausdruck des in Art. 20 Abs. 3 GG verankerten **Rechtsstaatsprinzips**. Die verfassungsrechtliche Verankerung des Abwägungsgebots (s. dazu Koch DVBl 1983, 1125 und 1989, 389; Ibler JuS 1990, 7; Schulze-Fielitz Jura 1992, 201; Hoppe DVBl 1994, 1033) ist vor allem deshalb bedeutsam, weil der Gesetzgeber dadurch gehindert ist, das Abwägungsgebot einzuschränken und etwa einen regelmäßigen Vorrang öffentlicher Belange gegenüber privaten Interessen zu statuieren.

Die Abwägung zwischen den verschiedenen miteinander in Widerstreit stehenden oder sich ergänzenden öffentlichen und privaten Belangen ist das eigentliche Betätigungsfeld gemeindlicher **Planungshoheit** (s. Rdnr. 10).

Die Gemeinde ist bei der Abwägung der widerstreitenden öffentlichen und privaten Belange jedoch nicht völlig frei. Zum einen muss sie die Planungsleitsätze beachten (s. dazu oben Rdnr. 21), zum anderen muss sie die allgemein gültigen Abwägungsgrundsätze beachten. Es handelt sich dabei vor allem um folgende Prinzipien (s. dazu im Einzelnen: Schmidt-Aßmann BauR 1977, 99; Brügelmann/Gierke § 1 Rdnr. 1516 ff.; Bernhardt JA 2008, 166; Stüer DVBl 2005, 806).

b) Abwägungsbereitschaft

Die Gemeinde muss bei der Planung für alle in Betracht kommenden Planungsvarianten offen sein, d.h. sie darf nicht von vornherein auf eine bestimmte Planung festgelegt sein. Das Gebot der Abwägungsbereitschaft wird z. B. verletzt, wenn die Gemeinde alternative Planungsmöglichkeiten nicht in ihre Erwägungen einbezieht, weil dieses zu einer zeitlichen Verzögerung des Verfahrens zur Aufstellung des Bebauungsplans führen könnte (VGH Mannheim VBlBW 1982, 135) oder die Planung von vornherein auf ein bestimmtes Ergebnis fixiert ist. **40**

Das Gebot der Abwägungsbereitschaft gerät allerdings in der kommunalen Praxis nicht selten in Widerstreit mit der Notwendigkeit, bereits bei der Bauleitplanung auf die Bedürfnisse und Wünsche derjenigen einzugehen, die im Bebauungsplangebiet Gebäude errichten oder gewerbliche Anlagen schaffen wollen.

Bsp. (VGH Mannheim VBlBW 1983, 106): Die Gemeinde stellt einen Bebauungsplan für eine Auto-Teststrecke auf, der von der Fa. Daimler-Benz zuvor in allen Einzelheiten entsprechend den Bedürfnissen des Unternehmens entworfen worden war.

Das BVerwG (E 45, 309) hat hierzu festgestellt, die Vorstellung, die Bauleitplanung müsse frei von jeder Bindung erfolgen, sei lebensfremd; gerade bei größeren Objekten, etwa der Industrieansiedlung oder der Planung eines ganzen neuen Stadtteils, sei häufig mehr Bindung als planerische Freiheit vorhanden. Dem ist grundsätzlich zuzustimmen. Denn ein Industriegebiet lässt sich häufig nur dann sinnvoll planen, wenn die Bedürfnisse der einzelnen Industrieunternehmen an die Verkehrswege oder die Notwendigkeit von immissionsschützenden Maßnahmen vorher abgesprochen werden (OVG Münster NVwZ-RR 2001, 635); das gleiche gilt für andere Großobjekte wie Krankenhäuser, Universitäten, Sportanlagen für olympische Spiele oder Weltmeisterschaften (Gelzer BauR 1975, 149). Es wäre völlig lebensfremd, auch hier jegliche Vorabentscheidung und Bindung der Gemeinde vor Aufstellung des Bebauungsplans für unzulässig zu halten. **41**

Andererseits darf nicht verkannt werden, dass das BauGB grundsätzlich von der planerischen Freiheit der Gemeinde ausgeht und zwar bis zur Entscheidung des Gemeinderats nach Anhörung der betroffenen Bevölkerung (§ 3 BauGB) sowie der betroffenen Fachbehörden (§ 4 BauGB). Dieser Grundsatz darf nicht durch eine überflüssige Festlegung der Gemeinde in Frage gestellt werden. Das BVerwG (E 45, 309) hat deshalb strenge Anforderungen an eine **Vorabbindung** bezüglich der Aufstellung von Bauleitplänen gestellt:

1. muss die Vorwegnahme der Entscheidung sachlich gerechtfertigt sein.
2. muss bei der Vorwegnahme die planungsrechtliche Zuständigkeitsordnung gewahrt bleiben, d.h. es muss, soweit die Planung dem Gemeinderat obliegt, dessen Mitwirkung an den Vorentscheidungen in einer Weise gesichert werden, die es gestattet, die Vorentscheidungen auch dem Rat zuzurechnen.
3. darf die vorgezogene Entscheidung nicht inhaltlich zu beanstanden sein. Sie muss insbesondere den Anforderungen genügen, denen sie genügen müsste,

wenn sie als Bestandteil des abschließenden Abwägungsvorgangs getroffen würde.

42 Diese letzte Voraussetzung einer Vorabentscheidung der Gemeinde bei der Aufstellung von Bebauungsplänen ist so selbstverständlich, dass sie eigentlich keiner gesonderten Erwähnung bedurft hätte. Es liegt auf der Hand, dass ein gegen § 1 Abs. 6, 7 BauGB verstoßender Bebauungsplan auch dann unwirksam ist, wenn er auf einer Vorabbindung der Gemeinde beruht.

Aus der zitierten Entscheidung des BVerwG (E 45, 309 = NJW 1975, 70) darf aber nicht der Schluss gezogen werden, dass die Gemeinde sich, sofern die angeführten Voraussetzungen vorliegen, gegenüber einem Bauinteressenten durch eine Zusage oder einen öffentlich-rechtlichen **Vertrag** zur Aufstellung eines Bebauungsplans verbindlich verpflichten könne. Dem steht zunächst der allgemeine Grundsatz entgegen, dass es zwischen dem Gesetzgeber und dem der Gesetzgebung unterworfenen Bürger keine koordinationsrechtlichen Vereinbarungen gibt; Rechtsetzung ist begrifflich der einseitige Erlass von Hoheitsakten.

Für die Bauleitplanung stellt § 1 Abs. 3 Satz 2 BauGB ausdrücklich fest, dass ein **Anspruch** auf Aufstellung eines Bebauungsplans durch Vertrag nicht begründet werden kann (vgl. dazu auch BVerwG BauR 1982, 30; NJW 1980, 2238; BGHZ 71, 386; BGHZ 76, 116 = NJW 1980, 826; NVwZ 2006, 1207). Das Gleiche gilt auch für eine **Zusage** der Gemeinde, einen Bebauungsplan aufzustellen (BGH a.a.O.). Auch eine vertragliche Absprache mit einer anderen Gemeinde, in der eine oder beide Gemeinden sich zur Aufstellung eines Bebauungsplans verpflichten, ist unzulässig (BVerwG NVwZ 2006, 458).

Auch wenn somit eine Zusage bzw. ein öffentlich-rechtlicher Vertrag die Gemeinde nicht zur Aufstellung eines Bebauungsplans verpflichtet, können sich hieraus ausnahmsweise Ansprüche auf Schadensersatz aus culpa in contrahendo ergeben, wenn die Gemeinde beim Vertragspartner trotz ihrer Befugnis zur Änderung der Bauleitplanung durch ein Verhalten außerhalb der Bauleitplanung, z. B. durch den Verkauf eines Grundstücks als Baugelände, einen Vertrauenstatbestand geschaffen hat, dass ein Bebauungsplan aufgestellt werden wird (so BGHZ 71, 386 = NJW 1978, 1802; NVwZ 2006, 1207).

c) Zusammenstellen des Abwägungsmaterials

43 Die Gemeinde kann nur dann eine dem rechtsstaatlichen Abwägungsgebot entsprechende Planungsentscheidung treffen, wenn sie alle von der Planung betroffenen öffentlichen und privaten Belange in die Abwägung einstellt. In der Praxis bereitet gerade das **Zusammenstellen des Abwägungsmaterials** Schwierigkeiten und führt zu Abwägungsfehlern mit der Folge der Nichtigkeit des Bebauungsplans.

Grundsätzlich müssen alle Belange berücksichtigt werden, die **„nach Lage der Dinge“** (so BVerwGE 34, 301; 59, 87) betroffen sind. Natürlich kann die Gemeinde bei ihrer Bauleitplanung „nicht alles sehen“ (so BVerwGE 59, 87; NVwZ 2008, 899). Es ist gerade der Zweck der Beteiligung der Bürger und der Träger öffentlicher Belange nach §§ 3, 4 BauGB, der Gemeinde die Kenntnis der Betroffenheit der verschiedenen öffentlichen und privaten Belange zu vermitteln.

Bsp. (VGH Mannheim VBlBW 1996, 376): Die Gemeinde muss bei der Änderung eines Bebauungsplans, der eine Erhöhung der Dächer vorsieht, nicht von sich aus und ohne Rüge eines Grundstückseigentümers berücksichtigen, dass dadurch eine optimale Minimierung des Energieverbrauchs erschwert wird.

Die Gemeinde muss aber jedenfalls diejenigen öffentlichen oder privaten Belange berücksichtigen, deren Betroffenheit ihr bekannt ist oder zumindest hätte bekannt sein müssen (vgl. BVerwGE 34, 301; E 107 = NJW 1999, 592; NVwZ 2008, 899). Soweit eine Fachbehörde eine Stellungnahme abgegeben hat, kann die Gemeinde grundsätzlich davon ausgehen, dass diese die ihr anvertrauten öffentlichen Belange zutreffend anführt und braucht insoweit keine weiteren Ermittlungen mehr anzustellen (BVerwG DVBl 1989, 1105). Im Übrigen wird die Gemeinde häufig gezwungen sein, zur Ermittlung des notwendigen Abwägungsmaterials Sachverständige einzuschalten.

Bsp. (OVG Lüneburg BauR 1987, 176): Die von einer geplanten Sportanlage ausgehende Lärmbelastung kann i. d. R. nur von einem Sachverständigen ermittelt werden (eb. OVG Koblenz NVwZ 1998, 387 für die Planung eines Wohngebiets neben emittierenden Gewerbebetrieben; OVG Lüneburg NVwZ-RR 2001, 499 für neues Gewerbegebiet neben einem Wohngebiet).

Da § 1 Abs. 7 BauGB von privaten Belangen und nicht von privaten Rechten spricht, müssen auch Interessen in die Abwägung eingestellt werden, die kein subjektives Recht darstellen (BVerwGE 107, 215 = NJW 1999, 592).

Bsp. a) (BVerwG NVwZ 1995, 895; VGH Mannheim VBlBW 1997, 426): Beeinträchtigung der Aussicht durch ein neues Baugebiet in der bisher freien Landschaft (a. M. noch VGH Mannheim NVwZ-RR 1990, 394; VGH Kassel NVwZ 1987, 514).

b) (BVerwG NJW 1992, 2884; NVwZ 1994, 683; BauR 2007, 1365 u. 2041; VGH München NVwZ-RR 2007, 161 – lesenswert): Die Beeinträchtigung durch eine Steigerung des Verkehrslärms ist auch dann abwägungsrelevant, wenn die Zumutbarkeitsgrenze der VerkehrslärmschutzVO nicht überschritten wird.

Nicht in die Abwägung einzustellen sind allerdings rein wirtschaftliche Belange, insbes. das Interesse an der Erhaltung einer günstigen Marktlage; das Bauplanungsrecht ist wettbewerbsrechtlich neutral.

Bsp. (BVerwG NVwZ 1990, 555; 1991, 980; 1994, 683): Das Interesse eines vorhandenen Einzelhandelsgeschäfts an der Verhinderung der Ansiedlung eines Einkaufszentrums ist bei der Abwägung nicht zu berücksichtigen.

d) Gebot der Rücksichtnahme

Das Gebot der Rücksichtnahme ist von Weyreuther (BauR 1975, 1; s. auch Breuer **44**
DVBl 1982, 1065; Redeker u. Schlichter DVBl 1984, 870 u. 875; Alexy u. Peine DÖV 1984, 953 u. 963; Hauth BauR 1993, 673) entwickelt worden. Es bedeutet inhaltlich, dass jedes Bauvorhaben auf die Umgebung Rücksicht nehmen und Auswirkungen vermeiden muss, die zu einer unzumutbaren Beeinträchtigung anderer Grundstücke führen. Andererseits verlangt das Gebot der Rücksichtnahme nicht, sich aus der Grundstückssituation ergebende Nutzungsmöglichkeiten zu unterlassen oder einzuschränken, nur weil dadurch die Nachbarschaft betroffen wird; es hat vielmehr eine **Abwägung der Belange** aller betroffenen Grundstückseigentümer sowie aller sonstigen rechtlich geschützten Interessen zu erfolgen.

Das Gebot der Rücksichtnahme wurde vom BVerwG vor allem im Rahmen des Nachbarschutzes herangezogen (s. dazu unten Rdnr. 265). Es ist aber in seinem objektiv-rechtlichen Gehalt (vgl. BVerwGE 52, 122 = NJW 1978, 62) auch bei der Aufstellung der Bauleitpläne zu beachten (VGH München BRS 65 Nr. 15; OVG Koblenz BRS 40 Nr. 33; Schmidt-Aßmann BauR 1978, 99; Ernst/Zinkahn/Bielenberg/Krautzberger § 1 Rdnr. 210). So ist z. B. der vom BVerwG im sog. Flachglasurteil (BVerwGE 45, 309 = NJW 1975, 70) entwickelte Grundsatz, dass Wohnbebauung und immissionsträchtige gewerbliche Nutzung räumlich zu trennen sind (vgl. auch § 50 BImSchG sowie BVerwG BauR 1992, 344; Stüer Rdnr. 859), letztlich auf das Gebot der Rücksichtnahme zurückzuführen; ein Bebauungsplan, der in unmittelbarer Nachbarschaft eines Wohngebiets ein großes Industrieunternehmen vorsieht, verstößt deshalb gegen das Gebot der Rücksichtnahme und ist nichtig (BVerwGE 45, 309). Ebenso wird das Gebot der Rücksichtnahme verletzt, wenn in unmittelbarer Nachbarschaft eines immissionsträchtigen Gewerbebetriebs ein Wohngebiet (VGH München NJW 1983, 297; VGH Mannheim VBlBW 1991, 18) oder umgekehrt eine Schuhfabrik für 900 Beschäftigte neben einem vorhandenen Wohngebiet (VGH Mannheim ZfBR 1979, 122), neben einem Wohngebiet ein Kurhaus (OVG Lüneburg NJW 1982, 843), ein Bolzplatz (OVG Münster BRS 46 Nr. 28), ein Tennisplatz (OVG Lüneburg BRS 46 Nr. 26) oder ein großer öffentlicher Parkplatz (VGH Kassel BRS 57 Nr. 16) geplant wird. Der sich aus dem Gebot der Rücksichtnahme ergebenden Verpflichtung zur Trennung von Wohngebieten und gewerblicher Nutzung kann zum einen dadurch entsprochen werden, dass zwischen einer reinen Wohnbebauung und einem Gewerbe- oder Industriegebiet ein hinreichend großer Abstand gewahrt wird, wobei das dazwischen liegende Gelände z. B. als Mischgebiet ausgewiesen werden kann. In Betracht kommt ferner eine Gliederung des Gewerbegebiets, dass in der Nachbarschaft des Wohngebiets nur emissionsarme Betriebe errichtet werden dürfen (sog. GEE-Gebiete). Zum andern kann der erforderliche Schutz des Wohngebiets vor Immissionen durch besondere Vorkehrungen (Lärmschutzwälle o. ä.) gewährleistet werden (OVG Hamburg BauR 1987, 657). Freilich lässt sich die prinzipiell gebotene Trennung von Wohnnutzung und gewerblicher Nutzung in einem bereits bebauten Gebiet häufig nicht in der gewünschten Weise verwirklichen (zum Problem der Gemengelage s. Ziegert BauR 1984, 14 u. 138; Menke DVBl 1985, 200; Drosdzol NVwZ 1985, 785; Dolderer DÖV 1998, 414).

e) Gebot der Lastenverteilung

45 Wenn der Bebauungsplan, etwa für die Anlage von öffentlichen Verkehrsflächen oder die Schaffung öffentlicher Einrichtungen, die Inanspruchnahme oder Beeinträchtigung von Privatgrundstücken verlangt, dann müssen die dadurch entstehenden Belastungen möglichst gleichmäßig auf alle Grundstückseigentümer verteilt werden (BVerwG NVwZ-RR 2000, 533; NVwZ 2002, 1506; VGH Mannheim VBlBW 1997, 305). Ausreichend ist, wenn dem Gebot der Lastenverteilung durch ein Umlegungsverfahren (§§ 45 ff. BauGB) Rechnung getragen wird (BverfG BauR 2003, 1338; VGH Mannheim VBlBW 2009, 186).

Privates Gelände darf für öffentliche Zwecke nur herangezogen werden, wenn keine geeignete Fläche im Eigentum der öffentlichen Hand zur Verfügung steht (BVerfG NVwZ 2003, 727; BVerwG NVwZ 2005, 324). Nach der zitierten Entscheidung des BVerfG verlangt Art. 14 Abs. 1 GG, dass die Privatnützigkeit des Eigentums an einem Grundstück möglichst erhalten bleibt.

f) Gebot der Konfliktbewältigung

46 Der Bebauungsplan muss zumindest diejenigen Festsetzungen enthalten, die zur Bewältigung der vorhandenen oder durch die vorgesehene Bodennutzung neu entstehenden städtebaulichen Konflikte notwendig sind; hierfür hat sich die Bezeichnung „**Gebot der Problembewältigung bzw. Konfliktbewältigung**“ eingebürgert (s. dazu insbes. Sendler WuV 1985, 211; Stüer BayVBl 2000, 257).

Das Gebot der Problembewältigung, das vom BVerwG bei der Planfeststellung nach §§ 17 ff. FStrG entwickelt worden ist (BVerwGE 61, 295 = NJW 1981, 2137), ist auch für die Bauleitplanung heranzuziehen (BVerwG NVwZ 1999, 414; NVwZ-RR 2000,

146; NVwZ 2004, 329; VGH Mannheim VBlBW 2009, 143). Es darf mithin kein lösungsbedürftiges Problem, etwa die Fortführung einer Straße, die aus dem Plangebiet herausführt (OVG Berlin NJW 1980, 1121), oder die Bewältigung immissionsschutzrechtlicher Fragen infolge der Nachbarschaft von Wohnbebauung und gewerblicher Nutzung, ausgeklammert werden (OVG Berlin NVwZ 1984, 188; OVG Lüneburg BauR 1987, 174). Das BVerwG (E 69, 30 = NVwZ 1984, 235; NVwZ 2004, 329; NVwZ 2010, 1246) hat aber klargestellt, dass bei der Bauleitplanung nicht bereits alle möglicherweise auftretenden Konflikte gelöst werden müssten (so das OVG Berlin a.a.O.), sondern die Konfliktbewältigung dem nachfolgenden Baugenehmigungsverfahren oder – so in dem in BVerwGE 69, 30 entschiedenen Fall – dem immissionsschutzrechtlichen Genehmigungsverfahren überlassen bleiben kann. Der Grundsatz der Problembewältigung verlangt für die Bauleitplanung aber zumindest, dass die Frage geklärt wird, ob überhaupt im Rahmen des Genehmigungsverfahrens eine Konfliktbewältigung möglich ist.

Bsp. a) (VGH Mannheim VBlBW 1983, 106): Für den Bau einer Auto-Teststrecke werden landwirtschaftlich genutzte Grundstücke benötigt. Der VGH hat es gebilligt, dass die Gemeinde bei der Aufstellung des Bebauungsplans nicht der Frage nachgegangen ist, ob Enteignungen zulässig sind, weil dieses im nachfolgenden Enteignungsverfahren geklärt werden könne und notfalls im Flurbereinigungsverfahren Ersatzgelände bereitgestellt werden könnte (s. dazu BVerfGE 74, 264 = NJW 1987, 1251).

b) (BVerwG BauR 1988, 448): Ein Bebauungsplan, der eine Fläche für eine Schule vorsieht, braucht nicht bereits festzulegen, wo die für den Nachbarn besonders störenden Sportanlagen der Schule errichtet werden sollen.

c) (VGH Mannheim VBlBW 1991, 19): Bei der Aufstellung eines Bebauungsplans für einen großen Hotelkomplex kann die Frage von Lärmschutzmaßnahmen zugunsten der Nachbarschaft dem Baugenehmigungsverfahren vorbehalten bleiben.

d) (BVerwG NVwZ-RR 1995, 130): Der Bebauungsplan sieht ein neues Gewerbegebiet vor, obwohl unklar ist, ob die als Erschließungsstraße vorgesehene Landesstraße in dem erforderlichen Umfang ausgebaut wird.

e) (BVerwGE 116, 144 = NVwZ 2002, 1509): Drohende Kellerüberschwemmung durch Flächenversiegelung muss verhindert werden.

f) (VGH Mannheim NVwZ-RR 2005, 157): Bautechnische Fragen müssen nicht im Bebauungsplan gelöst werden, wenn feststeht, dass sie lösbar sind.

Das BVerwG spricht in diesem Zusammenhang von **planerischer Zurückhaltung**; nicht alles, was zulässigerweise geregelt werden könne, muss auch in jedem Fall geregelt werden (BVerwG NVwZ 1999, 414; NVwZ-RR 1998, 483; NVwZ 2004, 329; VGH Mannheim NVwZ-RR 2005, 157). Es reicht nach Ansicht des BVerwG sogar aus, wenn der mögliche Konflikt mit Hilfe des § 15 BauNVO gelöst werden kann oder aber nachträgliche Schutzmaßnahmen verlangt werden können (so BVerwG NVwZ 1988, 351 für Lärmbelästigungen durch eine Straße). Diese Rechtsprechung führt im Ergebnis dazu, dass ein Bebauungsplan nur dann wegen unterbliebener Konfliktbewältigung unwirksam ist, wenn eine nachträgliche Problemlösung nicht mehr möglich ist, etwa die Immissionsbelastung durch eine Straße oder eine Industrieanlage so hoch ist, dass sie auch durch Schallschutzmaßnahmen nicht auf ein zumutbares Maß reduziert werden kann.

g) Die gerichtliche Überprüfung der Abwägung

Das Problem der Überprüfung von Planungsentscheidungen durch die Aufsichtsbe- 47
hörde und auch die Verwaltungsgerichte hat durch BVerwGE 34, 301 eine wohl abschließende Lösung erfahren. Das BVerwG hat in dieser Entscheidung ausgeführt:

"Das Gebot gerechter Abwägung ist verletzt, wenn eine sachgerechte Abwägung überhaupt nicht stattfindet. Es ist verletzt, wenn in die Abwägung an Belangen nicht eingestellt wird, was nach Lage der Dinge in sie eingestellt werden muss. Es ist ferner verletzt, wenn die Bedeutung der betroffenen privaten Belange verkannt, oder wenn der Ausgleich zwischen den von der Planung berührten öffentlichen Belangen in einer Weise vorgenommen wird, die zur objektiven Gewichtung einzelner Belange außer Verhältnis steht. Innerhalb des so gezogenen Rahmens wird das Abwägungsgebot jedoch nicht verletzt, wenn sich die zur Planung berufene Gemeinde in der Kollision zwischen verschiedenen Belangen für die Bevorzugung des einen und damit notwendig für die Zurückstellung des anderen entscheidet."

Diese Grundsätze werden von den Verwaltungsgerichten seitdem in ständiger Rechtsprechung bei der Überprüfung von Bebauungsplänen herangezogen. In der baurechtlichen Literatur wird von Abwägungsausfall, Abwägungsdefizit, Abwägungsfehleinschätzung und Abwägungsdisproportionalität gesprochen (Hoppe/Bönker/Grotefels § 7 Rdnr. 94 ff.; Schmidt-Aßmann BauR 1978, 99; Heinze NVwZ 1986, 87; v.Komorowski/Kupfer VBlBW 2003, 1 ff., 49 ff., 100 ff. – sehr empfehlenswert); in die Rechtsprechung hat diese Terminologie bisher kaum Eingang gefunden. Nach § 214 Abs. 1 Nr. 1 BauGB werden Fehler bei der Ermittlung oder Bewertung des Abwägungsmaterials (§ 2 Abs. 3 BauGB) als Verfahrensfehler eingestuft; dies hat Bedeutung für die Rügefrist des § 215 Abs. 1 Nr. 3 BauGB – s. dazu Rdnr. 50). Die vom Gesetzgeber vorgenommene Einstufung der Fehler bei der Ermittlung und Bewertung der abwägungsrelevanten Belange als Verfahrensfehler (Fehler im Abwägungsvorgang) führt zu beträchtlichen Auslegungsschwierigkeiten (s. dazu Quaas/Kukk BauR 2004, 1541; Uechtritz ZfBR 2005, 11; Erbguth DVBl. 2004, 802; Brügelmann/Dürr § 214 Rdnr. 20). Denn die Bewertung der Belange ist zugleich ein Bestandteil der Abwägungsentscheidung; ohne eine Bewertung (Gewichtung) der verschiedenen Belange ist eine ordnungsgemäße Abwägung nicht möglich. Die Bewertung ist also einerseits eine Verfahrenshandlung, hat aber andererseits auch eine materiell-rechtliche Komponente.

Bsp. **a) Abwägungsausfall**

(VGH Mannheim ESVGH 28, 152 = BRS 33 Nr. 6): Die Stadt R. schließt mit einem großen Kaufhauskonzern einen Vertrag über die Schaffung einer Filiale und verpflichtet sich, den hierfür erforderlichen Bebauungsplan aufzustellen. Der Gemeinderat hält sich bei der Abwägung der verschiedenen Belange für an diese – in Wirklichkeit nichtige – Vereinbarung gebunden.

b) Abwägungsdefizit

1. (VGH Mannheim VBlBW 1980, 24): Der Gemeinderat beschließt die Ausweisung eines Allgemeinen Wohngebiets in der Nachbarschaft einer Hautleimfabrik, ohne sich über die von dieser Fabrik ausgehenden Geruchsemissionen zu informieren.

2. (OVG Koblenz NVwZ 1992, 190): Bei der Aufstellung eines Bebauungsplans wird einem Verdacht, der Boden enthalte Altlasten, nicht weiter nachgegangen. Nach Ansicht des OVG Koblenz muss die Gemeinde zwar nicht von sich aus Ermittlungen über Altlasten anstellen, aber einem auftauchenden Verdacht nachgehen (eb. VGH Mannheim Urt. v. 7.5.1998 – 3 S 1265/99; s. dazu Koch/Schütte DVBl 1997, 1415).

3. (VGH Kassel NVwZ-RR 1995, 73): Der Gemeinderat übersieht, dass das neue Baugebiet im Geltungsbereich einer Landschaftsschutzverordnung liegt.

4. (OVG Lüneburg NVwZ-RR 2001, 499 und 2002, 732): Der Gemeinderat lässt bei der Planung eines neuen Wohngebiets den Verkehrslärm einer daran vorbeiführenden Straße außer Betracht bzw. geht von einem viel zu niedrigen Verkehrsaufkommen aus.

c) Abwägungsfehleinschätzung

1. (OVG Koblenz BauR 1988, 179): Der Gemeinderat geht zu Unrecht davon aus, dass bei einem Abstand von 100 m zwischen einem großen Kuhstall und einer Wohnbebauung nicht mit Geruchsbelästigungen zu rechnen sei.

2. (OVG Münster BauR 1993, 691): Der Gemeinderat „verharmlost“ die Gesundheitsgefahr durch eine Schwermetall-Verunreinigung des Erdbodens.

3. (VGH Mannheim NVwZ-RR 1997, 684): Der Gemeinderat stuft ein reines Wohngebiet wegen der Immissionen durch eine wieder eröffnete Bahnlinie zu einem allgemeinen Wohngebiet ab und verkennt dabei, dass für beide Gebiete dieselben Immissionswerte gelten.

4. (VGH Mannheim VBlBW 2002, 203): Der Gemeinderat nimmt zu Unrecht an, der betroffenen Grundstückseigentümer sei mit der Ausweisung als Grünfläche einverstanden.

d) Abwägungsdisproportionalität

1. (OVG Lüneburg BRS 47 Nr. 16): Der Bebauungsplan ist abwägungsfehlerhaft, wenn die verkehrstechnisch optimale Gestaltung eines Buswendeplatzes dazu führt, dass ein Landwirtschaftsbetrieb räumlich so eingeengt wird, dass seine Existenzfähigkeit gefährdet ist.

2. (BVerwGE 45, 309): Der Gemeinderat beschließt einen Bebauungsplan, der unmittelbar neben einem großen Wohngebiet in einem unter Landschaftsschutz stehenden Gelände ein Industriegebiet (Flachglasfabrik) vorsieht, um neue Arbeitsplätze zu schaffen. Hierin liegt jedenfalls dann ein Verstoß gegen das Abwägungsgebot, wenn auch ein anderes, weniger schutzwürdiges Gelände für die Industrieansiedlung zur Verfügung steht.

3. (OVG Münster BauR 2006, 306): Der Gemeinderat geht bei der Planung eines neuen Fußballstadions von einer zu niedrigen Zahl der erforderlichen Parkplätze aus.

Die **Bedeutung von Abwägungsfehlern** (s. dazu Quaas/Kukk BauR 2004, 1541; Uechtritz ZfBR 2005, 11; Erbguth DVBl 2004, 802; v.Komorowski/Kupfer VBlBW 2003, 100; Happ NVwZ 2007, 304) hat durch **§ 214 Abs. 1 Nr. 1 und Abs. 3 Satz 2 BauGB** eine bedeutsame Einschränkung erfahren. Nach diesen Vorschriften sind **Mängel im Abwägungsvorgang** (Ausfall, Defizit – vgl. Rdnr. 47) nur erheblich, wenn sie offensichtlich sind und auf das Abwägungsergebnis von Einfluss gewesen sind; **Mängel im Abwägungsergebnis** führen demgegenüber stets zur Unwirksamkeit des Bebauungsplans (BVerwG NVwZ 2010, 1246). § 214 Abs. 1 Nr. 1 und Abs. 3 Satz 2 BauGB, die wie die gesamte Regelung der §§ 214 – 216 BauGB (früher §§ 155 a – c BBauG) heftig kritisiert worden sind (s. dazu unten Rdnr. 69), gehen von der Unterscheidung zwischen der Abwägung als Vorgang und dem dabei herauskommenden Planungsergebnis aus. Ersteres bedeutet nach § 2 Abs. 3 BauGB das Ermitteln und Bewerten des Abwägungsmaterials (BVerwGE 48, 56; NVwZ 2008, 899), d.h. die Gewinnung der notwendigen tatsächlichen und rechtlichen Erkenntnisse für die zu treffende Planungsentscheidung. Das Abwägungsergebnis bezieht sich demgegenüber auf die Gewichtung des Abwägungsmaterials und die darauf beruhende Entscheidung zugunsten bestimmter öffentlicher oder privater Belange. **48**

Eine exakte Abgrenzung zwischen Bewertung im Abwägungsvorgang und Gewichtung im Abwägungsergebnis ist schwierig und bisher in Rechtsprechung und Literatur noch nicht bewältigt worden. Für die Praxis und damit auch für die juristische Ausbildung reicht insoweit der Hinweis auf § 214 Abs. 3 Satz 2 BauGB, wonach die in § 214 Abs. 1 Nr. 1 BauGB angeführten Mängel der Bewertung nicht als Mängel der Abwägung geltend gemacht werden können.

Der Gesetzgeber will durch § 214 BauGB verhindern, dass Bebauungspläne, die sich inhaltlich im Rahmen der Planungshoheit der Gemeinde halten, im Wege des Normenkontrollverfahrens nach § 47 VwGO oder einer verwaltungsgerichtlichen Inzidentkontrolle bei baurechtlichen Streitigkeiten für nichtig befunden werden, weil dem Gemeinderat bei dem Abwägungsvorgang ein unwesentlicher formaler Fehler unterlaufen ist. Der Gesetzgeber hat mit dem EAG Bau 2004 die Regelung des § 214

BauGB noch dadurch komplizierter gestaltet, dass er zwei weitgehend identische Unbeachtlichkeitsregeln geschaffen hat, nämlich Abs. 1 Nr. 1 und Abs. 3 Satz 2. § 214 Abs. 3 Satz 2 ist, wie die Worte „im Übrigen" zeigen, wohl als Auffangklausel für Fallgestaltungen zu verstehen, die von Abs. 1 Nr. 1 nicht erfasst werden.

49 Das BVerwG (E 64, 33 = NJW 1982, 591; BauR 1992, 342 u. 344) hält im Hinblick darauf, dass das Abwägungsgebot verfassungsrechtlich in Art. 20 Abs. 3 GG verankert ist und Art. 19 Abs. 4 GG auch gegenüber Bebauungsplänen einen effektiven Rechtsschutz garantiert, eine **einschränkende Auslegung des § 214 Abs. 1 Nr. 1 und Abs. 3 Satz 2 BauGB** für geboten. **Offensichtlich** sind nach Ansicht des BVerwG nicht nur solche Abwägungsmängel, die sofort erkennbar sind (vgl. den ähnlichen Begriff der Offenkundigkeit in § 44 Abs. 1 VwVfG), sondern alle Mängel, die sich objektiv eindeutig, etwa mit Hilfe von Akten, Gemeinderatsprotokollen oder sonstigen Beweismitteln nachweisen lassen (eb. VGH Mannheim VBlBW 1996, 139). § 214 Abs. 1 Nr. 1 und Abs. 3 Satz 2 BauGB soll und kann nach Ansicht des BVerwG lediglich verhindern, dass Beweis über die subjektiven Vorstellungen des Gemeinderats oder einzelner Gemeinderatsmitglieder erhoben wird (BVerwG NVwZ-RR 2003, 171; VGH Mannheim NVwZ 1994, 797). Das BVerwG spricht dabei von der äußeren, d.h. objektiv nachweisbaren und der inneren Seite des Abwägungsvorgangs, also der subjektiven Erwägung des einzelnen Gemeinderats; letztere ist für die Gültigkeit eines Bebauungsplans nicht von Bedeutung. Ein Mangel bei der Abwägung ist jedenfalls dann nicht offensichtlich, wenn er nicht positiv feststellbar ist, sondern sich nur aus dem Fehlen entsprechender Erwägungen im Gemeinderatsprotokoll ergeben könnte (BVerwG NVwZ 1992, 663; NVwZ 1998, 956; VGH Mannheim NVwZ 1994, 797; NVwZ-RR 1992, 641).

Bsp. a) (BVerwG BauR 1996, 63): Es ist nicht offensichtlich, dass die privaten Belange eines Grundstückseigentümers bei der Festsetzung eines „Dorfplatzes" nicht berücksichtigt worden sind, wenn sich dazu keine Angaben in den Gemeinderatsprotokollen finden; das BVerwG verlangt insoweit den positiven Nachweis, dass abwägungsrelevante Belange außer Acht gelassen wurden.

b) (OVG Lüneburg NVwZ-RR 1998, 19): Ein offensichtlicher Abwägungsfehler liegt vor, wenn der Gemeinderat annimmt, eine gewerbliche Nutzung sei aufgegeben worden und daher ein Wohngebiet festsetzt, während in Wirklichkeit die bisherige gewerbliche Nutzung nur durch eine andere gewerbliche Nutzung ersetzt wurde.

Für die Offensichtlichkeit eines Abwägungsfehlers kommt es dabei nur auf die tatsächlichen Verhältnisse, nicht auf die rechtliche Bewertung an. Ein Fehler kann daher auch dann offensichtlich sein, wenn die rechtliche Einordnung der tatsächlichen Verhältnisse erhebliche Schwierigkeiten bereitet (BVerwG NVwZ 1998, 956; Dolde/Menke NJW 1999, 1076).

Die in § 214 Abs. 3 Satz 2 BauGB verlangte **Kausalität** zwischen dem Fehler im Abwägungsvorgang und dem Abwägungsergebnis ist nach Ansicht des BVerwG (E 64, 33 = NJW 1982, 591; BauR 1992, 344; NVwZ 1995, 692; BauR 2004, 1130) dann gegeben, wenn die konkrete Möglichkeit besteht, dass der Gemeinderat eine andere Planungsentscheidung getroffen hätte, falls er den Fehler im Abwägungsvorgang vermieden hätte.

Bsp. a) (BVerwGE 64, 333 = NJW 1982, 591; vgl. auch BVerwG NVwZ 1992, 692; BauR 1992, 344; NVwZ 1995, 692): Der Gemeinderat nimmt zu Unrecht an, ein nach seiner Lage für eine Wohnbebauung geeignetes Grundstück liege noch im Landschaftsschutzgebiet, und weist es deshalb im Bebauungsplan nicht als Baugelände aus.

b) (BVerwG NVwZ 2009, 1289): Der Gemeinderat verkennt, dass für die Anlage eines Windparks eine Umweltprüfung erforderlich ist.

Diese Rechtsprechung bedeutet im Ergebnis, dass nachweisbare Fehler im Abwägungsvorgang nur dann beachtlich sind, wenn eine andere Planung ernsthaft in Betracht kam.

Fehler im Abwägungsvorgang, die nach § 214 Abs. 1 Nr. 1-3 oder nach § 214 Abs. 3 Satz 2 BauGB beachtlich sind, müssen gemäß § 215 Abs. 1 Nr. 1 BauGB **innerhalb eines Jahres** nach Bekanntmachung des Bebauungsplans **gerügt werden**. Die Rüge muss schriftlich gegenüber der Gemeinde erfolgen. Unterbleibt die Rüge oder wird die Rüge verspätet erhoben, wird der Bebauungsplan mit Ablauf der Jahresfrist trotz des Fehlers im Abwägungsvorgang wirksam. Fehler im Abwägungsergebnis (Fehleinschätzung, Disproportionalität – vgl. Rdnr. 47) führen stets zur Unwirksamkeit des Bebauungsplans und können zeitlich unbegrenzt gerügt werden (VGH Mannheim NVwZ-RR 2009, 146; Jäde/Dirnberger/Weiß § 215 Rdnr. 1; Battis/Krautzberger/Löhr § 215 Rdnr. 1). 50

5. Das Verfahren bei der Aufstellung von Bauleitplänen

Bauleitpläne können nur gemäß dem Verfahren nach §§ 2 ff. BauGB entstehen. Ein Bebauungsplan kann nicht durch **Gewohnheitsrecht** geschaffen werden, selbst wenn ein aus formellen Gründen nichtiger Bebauungsplan jahrelang als wirksam angesehen wurde und die Grundlage für alle baurechtlichen Entscheidungen in seinem Geltungsbereich bildete (BVerwGE 55, 369 = NJW 1978, 2564; BauR 1980, 40). 51

Der Ablauf des Verfahrens:

a) Aufstellungsbeschluss (§ 2 Abs. 1 BauGB)

Der Gemeinderat beschließt, für ein bestimmtes Gebiet einen Bauleitplan aufzustellen (§ 2 Abs. 1 BauGB). Dieser Beschluss ist nach § 2 Abs. 1 Satz 2 BauGB ortsüblich bekannt zu machen. Ein Verstoß gegen § 2 Abs. 1 BauGB ist nach § 214 Abs. 1 Nr. 2 BauGB unbeachtlich (vgl. auch BVerwG NVwZ 1988, 916). 52

Der Aufstellungsbeschluss hat nach § 2 Abs. 4 BauGB zur Folge, dass eine Umweltprüfung durchgeführt werden muss (s. dazu oben Rdnr. 25 f sowie Schröer ÖffBauR 2004, 2). Die UP stellt aber lediglich fest, welche Alternative unter Umweltgesichtspunkten die beste ist. Sie schließt nicht aus, dass der Gemeinderat sich nach einer Würdigung aller betroffenen Belange für eine andere Lösung entscheidet (BVerwG NVwZ 1999, 989; 2000, 555; Wickel/Müller NVwZ 2001, 1133).

b) Planentwurf

Die Gemeinde selbst oder ein von ihr beauftragtes Planungsbüro fertigen einen Planentwurf. Dieser Planentwurf muss beim Flächennutzungsplan (§ 5 Abs. 5 BauGB) und beim Bebauungsplan eine Begründung (§ 9 Abs. 8 BauGB) enthalten; die Begründung muss einen Umweltbericht (§ 2 a Nr. 2 BauGB) enthalten. Bebauungspläne ohne Begründung sind nichtig (BVerwGE 74,47 = BauR 1986, 298; NVwZ 1990, 364). Ein Verstoß gegen die Begründungspflicht ist allerdings nur dann beachtlich, wenn er innerhalb von einem Jahr nach Bekanntmachung gerügt wird (§§ 214 Abs. 1 Nr. 3, 215 Abs. 1 BauGB). Eine lediglich unvollständige Begründung ist demgegenüber nach § 214 Abs. 1 Nr. 3 BauGB unschädlich. Wenn die Begründung allerdings inhaltlich völlig unergiebig ist, etwa nur gesetzliche Vorschriften wiedergegeben werden oder der Planinhalt beschrieben wird, dann ist dieses einer fehlenden Begründung gleichzusetzen (BVerwG BauR 1986, 298; 1989, 687). 53

c) Anhörungsverfahren (§ 3 Abs. 1 BauGB)

54 Das **Anhörungsverfahren** nach § 3 Abs. 1 BauGB dient der möglichst frühzeitigen Erörterung des Planentwurfs mit der Öffentlichkeit, damit diese noch vor einer De-facto-Festlegung des Gemeinderats Einfluss auf die Bauleitplanung nehmen können.

Wie die Anhörung ausgestaltet sein muss, ist in § 3 BauGB nicht detailliert geregelt, vielmehr ist lediglich eine möglichst frühzeitige öffentliche Darlegung und Anhörung in geeigneter Weise vorgeschrieben. Da § 3 Abs. 1 BauGB Gelegenheit zur Äußerung und zur Erörterung verlangt, wird in aller Regel auf eine mündliche Besprechung der Bauleitpläne mit den betroffenen Bürgern nicht verzichtet werden können (vgl. dazu Battis/Krautzberger/Löhr § 3 Rdnr. 7).

Verfahrensfehler bei der Anhörung sind aber nach § 214 Abs. 1 BauGB unschädlich.

Bei Bebauungsplänen, die nur unbedeutende Auswirkungen haben, kann von einer Erörterung nach § 3 Abs. 1 BauGB abgesehen werden.

d) Beteiligung der Behörden und Träger öffentlicher Belange (§ 4 BauGB)

55 Nach **§ 4 BauGB** sollen Behörden und sonstige Träger öffentlicher Belange frühzeitig unterrichtet und ihnen Gelegenheit zu einer Stellungnahme gegeben werden; in Betracht kommen insoweit vor allem das Landratsamt, das Regierungspräsidium und der Regionalverband sowie die benachbarten Gemeinden.

Das BauGB 2004 hat ein **zweistufiges Verfahren** der Beteiligung der Träger öffentlicher Belange eingeführt. Nach der frühzeitigen erste Information nach § 4 Abs. 1 BauGB folgt dann die förmliche Beteiligung der Träger öffentlicher Belange nach § 4 Abs. 2 BauGB. Ein Verstoß gegen § 4 Abs. 1 BauGB hat nach § 214 Abs. 1 Nr. 2 BauGB keine Auswirkungen auf die Wirksamkeit des Bauleitplans.

Die Behörden haben ihre Stellungnahme nach § 4 Abs. 2 BauGB grundsätzlich innerhalb eines Monats abzugeben, die **Frist** kann aber verlängert (§ 4 Abs. 2 Satz 2 BauGB) werden. Bei Fristüberschreitung können die Stellungnahmen der Träger öffentlicher Belange nach § 4 a Abs. 6 BauGB unberücksichtigt bleiben. Dieses gilt aber nicht, wenn ihre Bedenken der Gemeinde ohnehin bekannt sind bzw. hätten bekannt sein müssen oder sie für die Rechtmäßigkeit der Abwägung von Bedeutung sind. Letzteres ist geradezu kurios. Eine Präklusion, die nur eingreift, wenn die Einwendungen nicht von Bedeutung sind, ist sinnlos.

e) Öffentliche Auslegung (§ 3 Abs. 2, § 4 a BauGB)

56 Den wichtigsten Teil der Beteiligung der Öffentlichkeit an der Bauleitplanung stellt die öffentliche Auslegung nach § 3 Abs. 2 BauGB dar (Ley BauR 2000, 653). Hierzu ist zunächst Ort und Dauer der Auslegung mindestens 1 Woche vorher ortsüblich bekannt zu machen. Dabei muss die Stelle, bei der die Pläne eingesehen werden können, genau bezeichnet werden (VGH Mannheim VBlBW 2008, 186). Unschädlich ist es, wenn das konkrete Dienstzimmer nicht angegeben wird (BVerwG NVwZ 2009, 1103; a. M. noch VGH Mannheim VBlBW 2008, 186).

Die bekannt gemachte Bezeichnung des Bebauungsplans muss so gewählt sein, dass sie die sog. **Anstoßfunktion** erfüllt, also der betroffene Grundstückseigentümer erkennt, dass sein Grundstück im Geltungsbereich des Bebauungsplans liegt (BVerwGE 55, 369; 69, 344; VGH Mannheim VBlBW 1992, 420; NVwZ-RR 2003, 331). Hierfür reicht eine schlagwortartige geographische Bezeichnung aus, nicht aber eine bloße Nummer (BVerwG NVwZ 2001, 203).

Die Auslegung dauert einen Monat; die Frist berechnet sich nach § 187 Abs. 2 BGB (Gemeinsamer Senat der obersten Bundesgerichte, NJW 1972, 2035).

Die Auslegung muss so erfolgen, dass die Pläne ohne Schwierigkeiten eingesehen werden können. Unzulässig ist es, die Pläne in einem Regal oder Aktenschrank zu verwahren und sie nur auf Frage herauszugeben (archivmäßige Verwahrung – VGH Mannheim ESVGH 24, 99; NVwZ-RR 2003, 331); es reicht aber aus, den Planentwurf nur während der sog. Verkehrsstunden (Sprechzeiten 8 – 12 Uhr) auszulegen (BVerwG NJW 1981, 594; VGH Mannheim VBlBW 2001, 58).

Innerhalb der Monatsfrist kann jedermann eine Stellungnahme abgeben; dieses muss **57**
schriftlich oder zur Niederschrift der Gemeinde geschehen (BVerwG NVwZ-RR 1997, 514). Ein Versäumnis der Frist hat zur Folge, dass die Gemeinde die Stellungnahme nicht zu prüfen und die Entscheidung hierüber nicht mitzuteilen braucht (§§ 3 Abs. 2 Satz 4, 4 a Abs. 6 BauGB). Wird gleichwohl ein Normenkontrollantrag gestellt, so ist dieser nach § 47 Abs. 2 a VwGO unzulässig.

Der Gemeinderat muss allerdings bei der Abwägung inhaltlich nach § 4 a Abs. 6 BauGB auch verspätete Einwendungen berücksichtigen, soweit er die geltend gemachten Belange kannte oder hätte kennen müssen oder die Einwendungen für die Rechtmäßigkeit des Bebauungsplans von Bedeutung sind. Der Einwender hat wegen der Präklusionswirkung des § 3 Abs. 2 Satz 2 BauGB aber keinen Anspruch darauf, dass dies auch geschieht.

Die fristgerecht eingebrachten Stellungnahmen müssen dem Gemeinderat bekannt gegeben und von diesem geprüft werden (hierzu im Einzelnen: BVerwG NVwZ 2000, 676; VGH Mannheim BWVBl 1968, 91); über das Ergebnis ist der Einsprecher zu informieren. Bei mehr als 50 Einsprechern können diese allerdings nach § 3 Abs. 2 Satz 5 BauGB auf die Einsichtnahme in den öffentlich ausgelegten Gemeinderatsbeschluss verwiesen werden.

Ein Verstoß gegen die Formvorschriften des § 3 Abs. 2 BauGB führt stets zur Nichtigkeit des Bebauungsplans, sofern der Fehler innerhalb der Jahresfrist des § 215 Abs. 1 BauGB gerügt wird. Da ein Bebauungsplan eine Satzung und damit eine Rechtsnorm ist, kommt es nicht darauf an, ob der Verfahrensfehler wesentlich ist; anders ist es nur, wenn der Verfahrensfehler sich denknotwendig nicht auf den Bebauungsplan ausgewirkt haben kann, z. B. bei unterbliebener Benachrichtigung der Einsprecher nach § 3 Abs. 2 Satz 4 BauGB (VGH Mannheim NVwZ-RR 1997, 684). Sind nur einzelne Personen oder Träger öffentlicher Belange nicht beteiligt worden, dann ist dies nach § 214 Abs. 2 BauGB unschädlich, wenn ihre Belange für die Abwägung keine Bedeutung haben konnten.

f) Übertragung auf Private (§ 4 b BauGB)

Nach § 4 b BauGB kann die Gemeinde zur Beschleunigung des Verfahrens sowohl **57a**
die Bürgerbeteiligung nach § 3 BauGB als auch die Beteiligung der Träger öffentlicher Belange nach § 4 BauGB einem Dritten übertragen (s. dazu Stollmann NuR 1998, 578); i. d. R. handelt es sich bei dem Dritten um einen Bauträger, der an der möglichst schnellen Ausweisung eines neuen Baugebiets interessiert ist. Diese „Privatisierung" ist problematisch, auch wenn der Satzungsbeschluss nach § 10 BauGB durch den Gemeinderat vorgenommen werden muss. Wenn der Investor Herr des Verfahrens ist, kann er Einfluss auf das Zusammentragen des Abwägungsmaterials nehmen, insbesondere die Gutachter über immissionsschutzrechtliche, technische oder ökologische Fachfragen aussuchen. In der Praxis der Gemeinden von Baden-Württemberg hat § 4 b BauGB bisher kaum Anwendung gefunden.

g) Satzungsbeschluss (§ 10 BauGB)

58 Nach Abschluss des Auslegungsverfahrens beschließt der Gemeinderat endgültig über die Bauleitplanung. Soweit es um die Aufstellung eines Bebauungsplans geht, ist dieser Beschluss nach § 10 BauGB in Form einer Satzung zu fassen.

Dieser **Satzungsbeschluss** ist auch dann erforderlich, wenn die Auslegung nach § 3 Abs. 2 BauGB keine Anregungen und Bedenken gebracht und der Gemeinderat deshalb keine Veranlassung hatte, von dem bereits beschlossenen Bebauungsplanentwurf abzuweichen (VGH Mannheim BWVBl. 1974, 185).

Wird der Bebauungsplan allerdings wegen der von den Betroffenen vorgebrachten Anregungen und Bedenken inhaltlich geändert, dann ist eine erneute Auslegung notwendig (§ 4 a Abs. 3 Satz 1 BauGB), erst hieran kann sich der Satzungsbeschluss nach § 10 BauGB anschließen. Eine Ausnahme hiervon ist aber nach § 4 a Abs. 3 Satz 3 BauGB bei unwesentlichen Änderungen zu machen; es genügt dann, dass die Gemeinde den betroffenen Grundstückseigentümern und den Trägern öffentlicher Belange Gelegenheit zur Stellungnahme gibt (s. dazu BVerwG NVwZ 2009, 1103; VGH Mannheim VBlBW 1982, 229; VGH Kassel NVwZ 1993, 906). Eine erneute Planauslegung ist ferner entbehrlich, wenn die Abweichung von den ausgelegten Plänen für alle Betroffenen nur günstige Auswirkungen hat bzw. nur den vorgebrachten Anregungen Rechnung trägt (VGH Mannheim VBlBW 1997, 22).

Der Bebauungsplan muss in seiner endgültigen Fassung ausgefertigt, d.h. vom Bürgermeister mit Namen und Amtsbezeichnung unterschrieben werden (VGH Mannheim BauR 1984, 611; VBlBW 2009, 466 – s. zur Rspr. des VGH Mannheim Schenk VBlBW 1999, 161). Die **Ausfertigung** ist zwar nicht gesetzlich vorgeschrieben, ergibt sich aber aus dem Rechtsstaatsprinzip (BVerwG NVwZ 1988, 916; NVwZ 1990, 258; NVwZ 2011, 61; vgl. auch Ziegler NVwZ 1990, 533). Durch die Ausfertigung wird die Authentizität des Bebauungsplans beurkundet; damit steht verbindlich fest, was Inhalt des Bebauungsplans ist (VGH Mannheim a.a.O.). Ferner wird durch die Ausfertigung bestätigt, dass das Verfahren ordnungsgemäß abgelaufen ist.

Das bundesrechtliche Rechtsstaatsprinzip verlangt aber lediglich, dass überhaupt eine Ausfertigung erfolgt, die Art und Weise der Ausfertigung richtet sich nach Landesrecht (BVerwG BauR 1991, 563). Hierzu hat der VGH Mannheim (VBlBW 1991, 19) entschieden, es reiche aus, wenn die Satzung nach § 10 BauGB ausgefertigt werde und die dazu erlassenen Pläne in der Satzung so eindeutig bezeichnet werden, dass eine Verwechslung ausgeschlossen ist. Eine ordnungsgemäße Ausfertigung liegt auch vor, wenn der Satzungsbeschluss in vollem Umfang im Protokoll der Gemeinderatssitzung enthalten ist und dieses vom Bürgermeister unterzeichnet worden ist (VGH Mannheim VBlBW 2009, 466).

Da die Ausfertigung auch den ordnungsgemäßen Verfahrensablauf bestätigen soll, muss sie nach dem Satzungsbeschluss, aber vor der Bekanntmachung des Bebauungsplans erfolgen (BVerwG NVwZ 1999, 878; VGH Mannheim VBlBW 1995, 402; VBlBW 2009, 466). Eine unterbliebene oder fehlerhafte Ausfertigung kann durch ein ergänzendes Verfahren nach § 214 Abs. 4 BauGB geheilt werden (BVerwG NVwZ 1990, 890; 1996, 890; BauR 1997, 595).

h) Genehmigung (§§ 6, 10 Abs. 2 BauGB)

59 Der **Flächennutzungsplan** bedarf für seine Wirksamkeit der Genehmigung nach § 6 BauGB. Das Gleiche gilt nach § 10 Abs. 2 BauGB für **Bebauungspläne** nach § 8

Abs. 2 Satz 2, Abs. 3 Satz 2 und Abs. 4 BauGB, d.h. solche Bebauungspläne, die ohne vorherigen Flächennutzungsplan aufgestellt worden sind.

Die Genehmigungsbehörde (Regierungspräsidium bzw. bei Gemeinden, die der Rechtsaufsicht des Landratsamts unterstehen, das Landratsamt nach § 1 Abs. 1 der DVO zum BauGB – Dürig Nr. 87 a) hat die **Genehmigung** zu erteilen, wenn der Bauleitplan ordnungsgemäß zustande gekommen und auch inhaltlich rechtmäßig ist. Die Genehmigungsbehörde ist hinsichtlich der Kontrolle des Bauleitplans ebenso beschränkt wie das Verwaltungsgericht (BVerwGE 34, 301).

Die Genehmigung ist nach §§ 6 Abs. 4, 11 Abs. 2 BauGB innerhalb von 3 Monaten zu erteilen; die Frist kann aus wichtigem Grund um weitere 3 Monate verlängert werden. Wird diese Frist des § 6 Abs. 4 BauGB jedoch versäumt, gilt die Genehmigung als erteilt.

Die Genehmigung kann nach § 48 VwVfG zurückgenommen werden, wenn der Bauleitplan inhaltlich rechtswidrig ist; dieses gilt auch für die fiktive Genehmigung nach § 6 Abs. 4 BauGB (VGH Mannheim VBlBW 1984, 380; Steiner DVBl 1987, 484). Aus Gründen der Rechtssicherheit kann eine **Rücknahme der Genehmigung** nur bis zur Bekanntmachung des Bauleitplans erfolgen (BVerwG BauR 1987, 171).

Lehnt die Genehmigungsbehörde die Genehmigung dagegen ab, kann die Gemeinde Verpflichtungsklage (BVerwGE 34, 301) erheben, denn die Genehmigung ist ihr gegenüber ein Verwaltungsakt; durch die Ablehnung wird in die Planungshoheit der Gemeinde eingegriffen.

Die Genehmigung muss mit **Auflagen** versehen werden, wenn damit Versagungs- 60
gründe ausgeräumt werden können (BVerwGE 124, 132 = NVwZ 2006, 87; NVwZ 2010, 1026; Dolde BauR 1974, 382; Rosenbach DÖV 1977, 426). Bedingungen sind demgegenüber unzulässig (VGH München BauR 1976, 404; OVG Münster DÖV 1983, 824).

Auflagen sind unbedenklich, solange sie sich nur auf formelle Angelegenheiten beziehen, z. B. zeichnerische Darstellungen im Bebauungsplan (BVerwG NVwZ 1991, 673; BRS 49 Nr. 22), oder nur redaktioneller Natur sind (VGH Kassel NVwZ 1993, 906). Bei materiell-rechtlichen Auflagen ist aber eine erneute Planauslegung und Beteiligung der Träger öffentlicher Belange sowie ein neuer Satzungsbeschluss erforderlich (BVerwGE 75, 262 = BauR 1987, 166; NVwZ 1991, 673; NVwZ 1997, 896; NVwZ 2010, 1026).

Kommt die Gemeinde der Auflage nach, ist eine nochmalige Genehmigung nicht erforderlich (sog. **antizipierte Genehmigung** – BVerwG NVwZ 1997, 896).

Ein Bebauungsplan, der gemäß § 8 Abs. 2 BauGB aus dem Flächennutzungsplan 61
entwickelt worden ist, bedarf keiner Mitwirkung der Aufsichtsbehörde, sondern kann von der Gemeinde sofort nach dem Satzungsbeschluss in Kraft gesetzt werden(§ 10 Abs. 3 BauGB). Die Aufsichtsbehörde kann allerdings ein In-Kraft-Treten eines Bebauungsplans, den sie für rechtswidrig hält, durch eine kommunalaufsichtliche Beanstandung nach § 121 GemO verhindern.

i) Bekanntmachung (§ 10 Abs. 3 BauGB)

Die Genehmigung des Bebauungsplans bzw. der Satzungsbeschluss sind nach § 10 62
Abs. 3 BauGB ortsüblich bekannt zu machen und zugleich der Bebauungsplan zur Einsicht bereitzuhalten (s. dazu BVerwGE 133, 98 = NVwZ 2009, 1103). Der Bebauungsplan selbst wird nicht bekannt gemacht. Das BVerfG (E 65, 283 = NVwZ 1984, 430) hat entschieden, dass das Rechtsstaatsprinzip keine bestimmte Form der Be-

kanntmachung vorschreibt, sondern lediglich verlangt, dass sich jeder Betroffene Kenntnis vom Inhalt der Rechtsnorm verschaffen kann; dieses ist durch die Regelung des § 10 Abs. 3 BauGB gewährleistet. § 10 Abs. 4 BauGB verlangt außerdem, dass dem Bebauungsplan eine Erklärung über die Berücksichtigung der Umweltbelange, die Ergebnisse der Behörden- und Öffentlichkeitsbeteiligung sowie eine Auseinandersetzung mit alternativen Planungsmöglichkeiten beigefügt wird. Eine unterbliebene Bekanntmachung führt zur Nichtigkeit des Bebauungsplans (BVerwG BauR 2004, 1129).

k) Vereinfachtes Verfahren (§§ 13, 13 a BauGB)

62a Nach **§ 13 BauGB** kann die Änderung und Ergänzung eines Bebauungsplans in einem vereinfachten Verfahren (s. dazu Reidt NVwZ 2007, 1029) durchgeführt werden, sofern die Grundzüge des Bebauungsplans nicht berührt werden oder im nichtbeplanten Innenbereich (§ 34 BauGB) bei der Aufstellung eines Bebauungsplans von der bestehenden baurechtlichen Situation nicht wesentlich abgewichen wird. Die Grundzüge der Planung werden nicht berührt, wenn die städtebauliche Situation, die sich aus dem bestehenden Bebauungsplan oder der vorhandenen Bebauung ergibt, im Grundsatz erhalten bleibt (BVerwG NVwZ-RR 2600, 729; NVwZ 2009, 1289). Die Grundzüge der Planung werden i. d. R. berührt, wenn der Baugebietstypus geändert wird (BVerwG NVwZ 2009, 1289)

Die Vereinfachung besteht vor allem darin, dass nach § 13 Abs. 3 BauGB keine Umweltprüfung mit Umweltbericht durchgeführt werden muss und auch eine Planauslegung entfallen kann, sofern die betroffenen Bürger und Träger öffentlicher Belange Gelegenheit zu einer Stellungnahme erhalten (§ 13 Abs. 2 BauGB).

62b **§ 13 a BauGB** (s. dazu Schmidt-Eichstaedt BauR 2007, 1148; Müller-Grüne BauR 2007, 985) wurde durch das BauGB 2007 neu eingeführt. Die Vorschrift erlaubt die Aufstellung von Bebauungsplänen im nicht beplanten Innenbereich (sog. **Bebauungspläne der Innenentwicklung**), ohne dass eine Umweltprüfung und eine Öffentlichkeitsbeteiligung durchgeführt werden muss. Hierin liegt der große Reiz der Vorschrift für die Gemeinden. Voraussetzung ist freilich, dass Umweltbelange nicht erheblich beeinträchtigt werden, so dass nicht die Notwendigkeit einer Umweltprüfung nach der UP-Richtlinie der EU vom 27.6.1985 (85 EWG-ABl. EG Nr. 175) besteht (vgl. § 13 a Abs. 1 Satz 4 BauGB). Dies wird unterstellt bei Bebauungsplänen, die lediglich eine Grundfläche der zulässigen Bauvorhaben von weniger als 20.000 qm vorsehen. Bei Bebauungsplänen mit einer Grundfläche zwischen 20.000 und 70.000 qm ist zu prüfen, ob der Bebauungsplan erhebliche Umweltauswirkungen haben wird. Bei noch größeren Bebauungsplänen wird dies unterstellt, so dass ein Bebauungsplan im vereinfachten Verfahren nicht aufgestellt werden kann.

62c Der Anwendungsbereich des § 13 a BauGB beschränkt sich auf Bebauungspläne im nicht beplanten Innenbereich, bei denen ohnehin schädliche Umwelteinwirkungen i. d. R. nicht zu erwarten sind. Eventuellen europarechtlichen Bedenken ist zudem dadurch Rechnung getragen worden, dass in jedem Fall eine Umweltprüfung durchzuführen ist, wenn der Bebauungsplan erhebliche Umweltauswirkungen haben wird.

6. Außer-Kraft-Treten von Bauleitplänen

63 Bauleitpläne sind grundsätzlich wirksam, solange sie nicht geändert oder aufgehoben werden; hierfür gelten die Vorschriften über die Aufstellung von Bauleitplänen entsprechend (§ 1 Abs. 8 BauGB). Eine Ausnahme hiervon macht § 13 BauGB. Danach kann ein Bebauungsplan ohne Anhörung geändert werden, wenn die Grundzüge der Planung nicht berührt werden (s. dazu oben Rdnr. 62 a sowie BVerwG NVwZ-RR 2000, 759; NVwZ 2009, 1289).

Bebauungspläne können ferner dadurch außer Kraft treten, dass sie über einen langen Zeitraum hinweg nicht angewandt werden, weil sie entweder in Vergessenheit geraten sind, was wohl nur bei Plänen aus der Zeit vor In-Kraft-Treten des BBauG denkbar ist, oder aber nach allgemeiner Ansicht für unwirksam gehalten werden – **gewohnheitsrechtliche Derogation** (BVerwGE 26, 282). Außerdem kann ein Bebauungsplan **obsolet** und damit unwirksam werden, wenn seine Festsetzungen wegen einer **völlig andersartigen Entwicklung gegenstandslos** werden und damit das Vertrauen auf seine Fortgeltung nicht mehr schutzwürdig ist (BVerwGE 54, 5 = NJW 1977, 2325; E 67, 334 = NJW 1984, 138; E 98, 235 = BauR 1995, 807; E 108, 71 = NVwZ 1999, 986; Tysper BauR 2001, 349; Erhardt NVwZ 2006, 1362; Troidl BauR 2010, 1511).

Bsp. a) (OVG Berlin NJW 1980, 1121): Ein Bebauungsplan weist eine Zubringerstraße für eine Stadtautobahn aus; die Absicht, diese Autobahn zu bauen, wird später jedoch endgültig aufgegeben (eb. OVG Münster BauR 2010, 1543).

b) (VGH Mannheim VBlBW 1983, 371): Der Bebauungsplan weist eine größere Fläche als Spielplatz aus. Ein Großteil dieser Fläche wird zur Errichtung eines Parkplatzes verwendet.

c) (VGH Mannheim BRS 49 Nr. 4): Ein im Jahr 1878 aufgestellter Bebauungsplan für ein Wohngebiet ist obsolet, wenn er über 100 Jahre lang nicht verwirklicht wird, sondern stattdessen der betroffene Bereich unter Landschaftsschutz gestellt wird.

d) (VGH Mannheim NVwZ-RR 2003, 407): Der Bebauungsplan wird obsolet, wenn er wegen andersartiger Bebauung des Plangebiets auf unabsehbare Zeit nicht realisiert werden kann (vgl. auch BVerwG NVwZ 2001, 1043).

e) (VGH München NVwZ-RR 2005, 776): Ein Bebauungsplan wird unwirksam, wenn er aus wirtschaftlichen Gründen auf unabsehbare Zeit nicht verwirklicht werden kann.

Das BVerwG stellt aber an das **Obsolet-Werden** strenge Anforderungen. Es reicht nicht aus, dass die Gemeinde ihre städtebauliche Konzeption geändert hat (BVerwG NVwZ-RR 1997, 513), die Verwirklichung des Bebauungsplans derzeit nicht möglich ist, sofern dieser Hinderungsgrund nicht von Dauer ist (BVerwG NVwZ-RR 1998, 415) oder die andersartige Entwicklung sich auf einen Teilbereich beschränkt (BVerwG NVwZ-RR 2000, 411).

Bsp. (OVG Lüneburg NVwZ-RR 1995, 439): In einem durch Bebauungsplan festgesetzten Sondergebiet Campingplatz errichtet ein Schwarzstorchenpaar ein Nest, sodass der Anlage des Campingplatzes § 44 Abs. 1 Nr. 3 BNatSchG entgegensteht; nach dieser Vorschrift dürfen die Brutstätten wild lebender Tiere der besonders geschützten Arten nicht gestört werden.

7. Inhalt der Bauleitpläne

a) Flächennutzungsplan (§ 5 BauGB)

Der Inhalt des **Flächennutzungsplans** ergibt sich aus § 5 BauGB. Danach ist die **64**
bauliche Entwicklung der Gemeinde in den Grundzügen darzustellen; dieses betrifft insbesondere die Bauflächen (vgl. § 5 Abs. 2 Nr. 1 BauGB, § 1 Abs. 1 BauNVO), die Hauptverkehrswege (§ 5 Abs. 2 Nr. 3 BauGB), die Hauptversorgungsanlagen (§ 5 Abs. 2 Nr. 4 BauGB), die Grünflächen (§ 5 Abs. 2 Nr. 5 BauGB) sowie die Flächen für naturschutzrechtliche Ausgleichsmaßnahmen (§ 5 Abs. 2 a BauGB). Die Einzelheiten sollen i. d. R. erst später in den Bebauungsplänen geregelt werden. Der Flächennutzungsplan ist das „grobe Raster", aus dem nach § 8 Abs. 2 BauGB die Bebauungspläne zu entwickeln sind (BVerwGE 48, 70 – vgl. oben Rdnr. 26, 27). Dieses schließt es freilich nicht aus, dass der Flächennutzungsplan im Einzelfall bereits sehr konkrete Darstellungen enthält (**zur Terminologie**: Der Flächennutzungsplan enthält, da er

keine Rechtsnorm ist, keine Festsetzungen oder Ausweisungen wie ein Bebauungsplan, sondern lediglich Darstellungen – vgl. § 5 Abs. 1 Satz 1 BauGB).

b) Bebauungsplan (§ 9 BauGB)

65 Der Inhalt des **Bebauungsplans** ist in § 9 BauGB geregelt. Diese Vorschrift enthält eine abschließende Regelung, die Gemeinde hat also kein Festsetzungserfindungsrecht (BVerwGE 92, 56 = NJW 1993, 2695; E 94, 151 = NJW 1994, 1546; BauR 1995, 351). Ein Vergleich mit § 5 BauGB zeigt, dass der Bebauungsplan wesentlich mehr ins Detail geht. Bedeutsam sind vor allem § 9 Abs. 1 Nr. 1 u. 2 BauGB, wonach Art und Maß der baulichen Nutzung sowie die Bauweise, die überbaubaren Grundstücksflächen und die Stellung der baulichen Anlagen festgesetzt werden können. Zur Konkretisierung dieser Regelung ist die BauNVO heranzuziehen.

Die **BauNVO** ist eine aufgrund von § 9 a Abs. 1 BauGB ergangene Rechtsverordnung vom 26.6.1962 (BGBl. I, 429), neu gefasst durch die Bekanntmachung vom 26.11.1968 (BGBl. I, 1237), vom 15.9.1977 (BGBl. I, 1763), vom 19.12.1986 (BGBl. I, 2665) und vom 23.1.1990 (BGBl. I, 132 – s. dazu Lenz und Heintz BauR 1990, 157 u. 166; zur neueren Rechtsprechung zur BauNVO s. Stüer DVBl 2010, 543).

Art der baulichen Nutzung (§§ 1 – 15 BauNVO)

66 Die BauNVO enthält in §§ 2 – 9 einen Katalog von Baugebieten (s. dazu Rdnr. 82 ff.). Dieser Katalog ist für die Gemeinde bindend; zusätzliche Baugebiete können von ihr nicht geschaffen werden (BVerwG BauR 1991, 169; NVwZ 1999, 1341); hierfür besteht aber im Hinblick auf die Variationsmöglichkeiten des § 1 Abs. 4 – 10 BauNVO i. d. R. auch kein Bedürfnis. Lediglich für Sondergebiete nach §§ 10, 11 BauNVO (s. dazu Rdnr. 88, 89) gibt es keine abschließende Typisierung. Sondergebiete müssen sich aber durch ihre Eigenart deutlich von den Baugebieten nach §§ 2 – 9 BauNVO unterscheiden (BVerwG BauR 1997, 972; NVwZ 1985, 338; NVwZ 2010, 40).

Die **§§ 2 – 9 BauNVO** sind jeweils so aufgebaut, dass in Abs. 1 der Vorschriften die Eigenart der Baugebiete definiert wird, während in Abs. 2 bestimmte bauliche Anlagen als regelmäßig zulässig festgesetzt werden und Abs. 3 diejenigen Anlagen anführt, die im Wege einer Ausnahme nach § 31 Abs. 1 BauGB zugelassen werden können. Diese Regelungen der BauNVO sind nach § 1 Abs. 3 Satz 2 BauNVO ohne besondere Übernahme Bestandteil eines Bebauungsplans. Die Gemeinden können allerdings nach **§ 1 Abs. 4 – 6 BauNVO** abweichende Regelungen treffen, indem sie bestimmte zulässige Nutzungen ausschließen oder das Regel-Ausnahme-Verhältnis anders gestalten. Eine solche abweichende Gestaltung darf aber nicht dazu führen, dass der Gebietscharakter als solcher verloren geht (BVerwG NVwZ 2005, 324).

Bsp. a) (OVG Lüneburg BauR 1981, 454): In einem Mischgebiet darf die gewerbliche Nutzung nicht so weit eingeschränkt werden, dass das Gebiet praktisch zu einem allgemeinen Wohngebiet wird; ebenso darf aber in einem Mischgebiet auch nicht die Errichtung von Wohngebäuden ausgeschlossen werde, weil dadurch faktisch ein Gewerbegebiet geschaffen würde (VGH Mannheim VBlBW 1997, 139).

b) (VGH München BauR 1987, 285; VGH Mannheim VBlBW 1992, 303): Im Dorfgebiet darf landwirtschaftliche Nutzung nicht ausgeschlossen werden.

c) (BVerwG NVwZ 1999, 1341): Im allgemeinen Wohngebiet darf nicht jede andere Nutzung außer Wohnen ausgeschlossen werden, weil dadurch ein reines Wohngebiet entsteht.

Die Abweichung von den §§ 2 ff. BauNVO muss ferner aus städtebaulichen Gründen, d.h. solchen, die nach § 1 Abs. 7 BauGB im Rahmen der Abwägung zu beachten sind, erfolgen.

Bsp. (BVerwGE 77, 308 = NVwZ 1987, 1072; NVwZ 1991, 264): Der Ausschluss von Vergnügungsstätten in einem Kerngebiet ist unzulässig, wenn dadurch der Jugend „die heile Welt“ erhalten werden soll; dieses Ziel ist nicht mit Hilfe des § 1 BauNVO, sondern mit Hilfe des Jugendschutzgesetzes zu verfolgen.

Die Gemeinde kann im Bebauungsplan nach **§ 1 Abs. 7 – 9 BauNVO** auch sehr detaillierte Regelungen treffen, wenn dieses durch besondere städtebauliche Gründe gerechtfertigt wird; die allgemeine planerische Rechtfertigung nach § 1 Abs. 3 BauGB genügt hierfür aber nicht.

Bsp. a) (BVerwG NVwZ 1985, 338): In einem Sondergebiet für Beherbergungsbetriebe kann die Anlage von Küchen in Zuordnung zu einzelnen Zimmern untersagt werden, um zu verhindern, dass Beherbergungsbetriebe in Zweitwohnungsanlagen umgewandelt werden können.

b) (BVerwG NVwZ 1992, 373): Die Festsetzung einer unterschiedlichen Nutzung für einzelne Geschosse bedarf einer besonderen städtebaulichen Rechtfertigung.

Als Regelungsinstrumente sieht § 1 Abs. 7 BauNVO zunächst vor, dass für einzelne Geschosse oder Etagen bestimmte Nutzungsarten vorgeschrieben werden, sog. **vertikale Gliederung** (BVerwG NVwZ 1992, 373). Dieses ist häufig bei Kerngebieten der Fall, wo das Erdgeschoss für Ladengeschäfte, das Obergeschoss für sonstige gewerbliche Nutzungen (Arztpraxen, Versicherungsbüros u. a.) und die darüber liegenden Geschosse für Wohnzwecke vorgesehen sind. Ferner kann die Gemeinde nach § 1 Abs. 8 BauNVO auch für Teilbereiche eines Bebauungsplans Sonderbestimmungen treffen (sog. **horizontale Gliederung**), etwa bei einem Mischgebiet die Wohnnutzung und die gewerbliche Nutzung räumlich trennen. Schließlich kann nach **§ 1 Abs. 9 BauNVO** für bestimmte Arten einer baulichen Nutzung eine **Sonderregelung** getroffen werden (s. dazu OVG Münster BauR 1997, 436; VGH Mannheim NVwZ-RR 2002, 556).

Der Unterschied zwischen § 1 Abs. 5 BauNVO und § 1 Abs. 9 BauNVO, nach denen jeweils bestimmte Arten der baulichen Nutzung ausgeschlossen werden können, besteht darin, dass § 1 Abs. 5 BauNVO nur den Ausschluss einer der in §§ 2 ff. BauNVO ausdrücklich genannten Arten der baulichen Nutzung zulässt, also z. B. die in § 7 Abs. 2 Nr. 2 BauNVO genannten Vergnügungsstätten, während § 1 Abs. 9 BauNVO auch den Ausschluss von speziellen Unterarten ermöglicht, also z. B. aus der Nutzungsart „Vergnügungsstätten“ die Unterart „Diskothek“ oder „Spielhalle“ (BVerwGE 77, 308 = NVwZ 1987, 1072; E 77, 317 = NVwZ 1987, 1074) oder bei Einzelhandelsbetrieben den Ausschluss von bestimmten Geschäften (VGH Mannheim VBlBW 2006, 390; BauR 2005, 1740).

Die bei der BauNVO-Novelle 1990 neu geschaffene Vorschrift des § 1 Abs. 10 BauNVO (s. dazu BVerwG NVwZ 2008, 214; VGH Mannheim DÖV 2009, 378; VGH München BauR 2000, 699; OVG Koblenz NVwZ-RR 2008, 17) ermöglicht es der Gemeinde, im Bebauungsplan zu bestimmen, dass vorhandene bauliche Anlagen auch dann geändert, erweitert oder erneuert werden können, wenn dieses nach den Festsetzungen des Bebauungsplans sonst unzulässig wäre. Die Vorschrift ist speziell auf **Gemengelagen** ausgerichtet und soll verhindern, dass aufgrund der Festsetzung eines neuen oder geänderten Bebauungsplans einseitig die eine Nutzungsart zulässig, die andere Nutzungsart aber unzulässig ist; es soll die Fortentwicklung des vorhandenen Baubestands gewährleistet sein (BVerwG NVwZ 2008, 214; OVG Lüneburg BauR 2002, 906).

§§ 12 – 14 BauNVO regeln für alle Baugebiete die Zulässigkeit von Garagen und Stellplätzen, freien Berufen und Nebenanlagen (s. dazu Rdnr. 90 – 92)

Maß der baulichen Nutzung (§§ 16 – 21 a BauNVO)

67 Der Gemeinderat kann ferner nach §§ 16 ff. BauNVO das Maß der baulichen Nutzung bestimmen, indem er die Grundflächen- und Geschossflächenzahl, die Geschosszahl sowie die Gebäudehöhe festlegt.

Die **Grundflächenzahl** ergibt sich nach § 19 BauNVO aus dem Verhältnis zwischen überbaubarer Grundstücksfläche (Grundriss des Gebäudes) und Grundstücksfläche. Im Bebauungsplan muss nach § 16 Abs. 3 BauNVO stets die überbaubare Grundstücksfläche festgesetzt werden; ist dies nicht geschehen, ist der Bebauungsplan nichtig (BVerwG NVwZ 1996, 894).

Die **Geschossflächenzahl** ist nach § 20 Abs. 2 BauNVO das Verhältnis der Fläche aller Vollgeschosse zur Grundstücksfläche. Dabei können Aufenthaltsräume im Unter- oder Dachgeschoss nach § 20 Abs. 3 Satz 2 BauNVO mitgezählt werden, nicht aber die Fläche von Nebenanlagen und Garagen (§ 20 Abs. 4 BauNVO). Die in der Praxis häufige Festsetzung eines zusätzlichen ausbaufähigen Dachgeschosses (+D) ist unzulässig (so BVerwG NVwZ 1997, 896).

Was ein **Vollgeschoss** ist, richtet sich gemäß § 20 BauNVO nach den landesrechtlichen Bestimmungen, also § 2 Abs. 6 LBO (s. dazu unten Rdnr. 95).

Die **Gebäudehöhe** richtet sich entweder nach der Firsthöhe (Gesamthöhe) oder der Traufhöhe (Schnittpunkt von Außenwand und Dach).

Die Gemeinde ist an die Höchstwerte der Tabelle in § 17 Abs. 1 BauNVO gebunden; sie kann also z. B. nicht in einem Wohngebiet eine Grundflächenzahl von 0,5 festsetzen. Eine Ausnahme hiervon ist nach § 17 Abs. 2 BauNVO nur zulässig, wenn besondere städtebauliche Gründe dieses erfordern; dieses ist der Fall, wenn ein Überschreiten der Obergrenze vernünftigerweise geboten ist (BVerwG BauR 2000, 690; NVwZ 2001, 560), z. B. die Planungskonzeption sonst nicht realisiert werden kann (VGH Mannheim VBlBW 1996, 141).

Bauweise und überbaubare Grundstücksfläche (§§ 22, 23 BauNVO)

68 Der Bebauungsplan kann nach § 22 BauNVO die offene oder die geschlossene Bauweise festsetzen. Offene Bauweise bedeutet, dass die Gebäude einen Abstand (Bauwich) aufweisen müssen, während sie bei geschlossener Bauweise an das Nachbargebäude angebaut werden müssen (§ 22 Abs. 2, 3 BauNVO). **Offene Bauweise** bedeutet aber nicht, dass die Gebäude zur Grundstücksgrenze einen Abstand einhalten müssen. Wie § 22 Abs. 2 BauNVO zeigt, können auch Doppelhäuser und sogar Reihenhäuser bis zu 50 m Länge in offener Bauweise errichtet werden, auch wenn sich Doppelhäuser und insbesondere Reihenhäuser über mehrere Grundstücke erstrecken. Nach der Rechtsprechung des BVerwG (BauR NVwZ 2000, 1055) setzt ein **Doppelhaus** begrifflich voraus, dass die beiden Haushälften auf jeweils getrennten Grundstücken stehen, aber das Gebäude gleichwohl als bauliche Einheit in Erscheinung tritt (eb. VGH Mannheim ZfBR 2009, 805). Nach § 22 Abs. 4 BauNVO kann im Bebauungsplan auch eine andere als die offene oder geschlossene Bauweise festgesetzt werden; in der Praxis spielt vor allem die sog. halboffene Bauweise eine Rolle, bei der die Grundstücke nur einseitig bis an die Grenze bebaut werden, sodass Doppelhäuser mit großen, zusammenhängenden Gartenflächen entstehen.

Während die bauliche Nutzung der Grundstücke im Geltungsbereich eines Bebauungsplans durch die Festsetzung von Grund- und Geschossflächenzahlen nur abstrakt, d.h. nicht auf das einzelne Grundstück bezogen, geregelt wird, kann die Gemeinde durch die Festsetzung von **Baulinien und Baugrenzen (§ 23 BauNVO)** auch bis ins Detail die Bebauung jedes einzelnen Grundstücks festlegen. Baulinien (§ 23

Abs. 2 BauNVO) zwingen den Bauherrn dazu, exakt an dieser Linie zu bauen. Baugrenzen (§ 23 Abs. 3 BauNVO) dürfen nicht überschritten werden, das Bauvorhaben darf aber dahinter zurückbleiben. Durch die Festsetzung eines sog. **Baufensters**, d.h. Baulinien auf allen 4 Seiten, kann die Gemeinde sogar genau den Grundriss und den Standort des Gebäudes festlegen. Demgegenüber sind die häufig im Bebauungsplan eingezeichneten Gebäudegrundrisse (sog. Bauschemata) rechtlich unbeachtlich, soweit sie nicht durch Baugrenzen oder Baulinien fixiert sind (VGH Mannheim, Beschl. v. 5.9.1980 – 8 S 1390/80). Baulinien und Baugrenzen gelten nicht nur für Gebäude, sondern für alle baulichen Anlagen (BVerwG NVwZ 2002, 90 für eine Werbeanlage).

Sonstige Festsetzungen im Bebauungsplan

Neben diesen in beinah allen Bebauungsplänen anzutreffenden Regelungen lässt 69
§ 9 Abs. 1 BauGB noch eine Vielzahl anderer Regelungen zu, die hier nicht im Einzelnen dargestellt werden können. Zu erwähnen sind vor allem folgende mögliche Festsetzungen: Flächen für den Gemeinbedarf (Nr. 5), Verkehrsflächen (Nr. 11), Versorgungsflächen (Nr. 12), öffentliche und private Grünflächen (Nr. 15), Flächen für Gemeinschaftsanlagen (Nr. 22), Flächen für Lärmschutzwälle und ähnliche Einrichtungen zum Schutz gegen Immissionen (Nr. 24). Auslegungsschwierigkeiten bereiten vor allem die Nr. 11 und 24.

§ 9 Abs. 1 Nr. 11 BauGB erlaubt nicht nur die Planung von Verkehrswegen bei der Festsetzung von Baugebieten, sondern auch die sog. isolierte Straßenplanung, d.h. die Aufstellung eines Bebauungsplans, der nur die Festsetzung einer Straße enthält (BVerwGE 38, 52; 72, 172; NVwZ 1994, 275; Dürr in Kodal Straßenrecht Kap. 37 Rdnr. 21 m. w. N.; Schmidt-Eichstaedt BauR 2001, 337). Die Planungsbefugnis ist dabei nicht auf Gemeindestraßen beschränkt, sondern erfasst auch, wie z. B. §§ 17 b Abs. 2 FStrG, 37 Abs. 3 StrG BW zeigen, klassifizierte Straßen (BVerwGE 38, 152 = NJW 1971, 1627; E 80, 184 = DÖV 1989, 223; E 94, 100 = NVwZ 1994, 275). Ferner können nach § 9 Abs. 1 Nr. 11 BauGB auch Verkehrsflächen mit besonderer Zweckbestimmung (Fußwege, Radwege, Fußgängerzonen, Parkflächen) festgesetzt werden (s. dazu VGH Mannheim BauR 2006, 1271; Dürr UPR 1992, 241; VBlBW 1993, 361; Steiner DVBl 1992, 1362; VerwArch 1995, 173). Unzulässig sind dagegen rein verkehrsrechtliche Anordnungen, etwa Einbahnstraßenregelungen oder Geschwindigkeitsbegrenzungen, weil hierfür die Straßenverkehrsbehörde zuständig ist (Brügelmann/Gierke § 9 Rdnr. 206; vgl. aber auch BVerwG NVwZ 1995, 165).

§ 9 Abs. 1 Nr. 24 BauGB lässt Anordnungen zum Schutz vor schädlichen Umwelteinwirkungen zu; in der Praxis betrifft dieses vor allem den Verkehrs- und Gewerbelärm. In Betracht kommt zunächst die Festsetzung von Lärmschutzwällen oder -wänden bzw. die Verpflichtung zum Einbau von Schallschutzfenstern (BVerwG NJW 1995, 2572; VGH München BayVBl 1995, 399; Brügelmann/Gierke BauGB § 9 Rdnr. 453 ff.; Dürr in Kodal Straßenrecht Kap. 37 Rdnr. 21.21). Ist eine solche Festsetzung getroffen worden, haben die dadurch begünstigten Personen einen Anspruch auf die Verwirklichung der Festsetzungen (BVerwG DVBl 1988, 1167; OVG Lüneburg BauR 1993, 456). Es muss sich aber um technische Vorkehrungen handeln (BVerwG NVwZ 1990, 159; 1991, 881; 1994, 1009). Die Festsetzung von Emissionsgrenzwerten oder gar von „Emissionsquoten" für einzelne Grundstücke ist unzulässig (BVerwG NVwZ 1994, 1009); bei Gewerbegebieten ist aber eine Gliederung nach Emissionswerten (sog. immissionswirksame flächenbezogene Schallleistungspegel – IFSP) gemäß § 1 Abs. 4 BauNVO zulässig (BVerwG NVwZ-RR 1997, 522; NVwZ 1998, 1067; BVerwGE 110, 193 = DÖV 2000, 471; Fischer/ Tegeder NVwZ 2005, 30).

Nach **§ 9 Abs. 2 BauGB** (s. dazu Kuschnerus ZfBR 2005, 125; Schieferdecker BauR 2005, 320; Stüer NVwZ 2006, 512) können die Festsetzungen auch zeitlich befristet werden, die sich danach anschließende Nutzung soll aber ebenfalls festgesetzt werden. Dies ist insbesondere bei einem Bebauungsplan für die Gewinnung von Bodenschätzen sinnvoll, wenn bereits der Zeitpunkt der Erschöpfung des Bodenschatzes vorhersehbar ist und auch feststeht, wie dieser Bereich danach genutzt werden soll.

Nach dem durch die BauGB-Novelle 2007 eingeführten **§ 9 Abs. 2a BauGB** kann die Gemeinde ferner durch Bebauungsplan für den nicht beplanten Innenbereich (§ 34 BauGB) festsetzen, dass nur bestimmte Einzelhandelsbetriebe zulässig bzw. unzulässig sind, um eine verbrauchernahe Versorgung der Bevölkerung zu gewährleisten (s. dazu Klinge BauR 2008, 770; Schmidt-Eichstaedt BauR 2009, 41; Sparwasser VBlBW 2007, 281).

Ferner können nach **§ 9 Abs. 4 BauGB** auch bauordnungsrechtliche Bestimmungen in den Bebauungsplan aufgenommen werden (vgl. dazu § 74 LBO sowie Manssen BauR 1991, 697). Derartige bauordnungsrechtliche Regelungen werden in den meisten Bebauungsplänen getroffen, etwa nähere Bestimmungen über die Dachneigung, die Gestaltung der Außenfläche oder die Höhe der Einfriedigungen. Voraussetzung für derartige bauordnungsrechtliche Festsetzungen ist allerdings, dass sie sich „im Rahmen des Gesetzes" halten, d.h. bauordnungsrechtlichen Zielen dienen (VGH Mannheim VBlBW 1996, 69; NVwZ-RR 1988, 63; BauR 1988, 310; VGH Kassel NVwZ-RR 2007, 746: Bestreben nach Uniformität unzulässig – s. dazu im Einzelnen unten Rdnr. 178).

Festsetzungen nach anderen Vorschriften, etwa Wasserschutz- oder Landschaftsschutzgebiete, Planfeststellungsbeschlüsse für den Bau von Straßen, Eisenbahnen oder sonstigen Verkehrsanlagen sowie eingetragene Kulturdenkmäler können gemäß **§ 9 Abs. 6 BauGB** nachrichtlich übernommen werden. Diese nachrichtliche Übernahme hat aber keine rechtsbegründende Wirkung, sondern dient nur der Information über sonstige Regelungen, die für die Zulässigkeit von Bauvorhaben von Bedeutung sind.

Dem Bebauungsplan ist nach **§ 9 Abs. 8 BauGB** eine **Begründung** beizufügen. Da die Begründung nur beizufügen ist, ist sie nicht Teil des Bebauungsplans (BVerwG NJW 1971, 1266; NVwZ 2010, 1561). Die Begründung ist lediglich Auslegungshilfe für die Festsetzungen des Bebauungsplans (BVerwGE 120, 239 = NVwZ 2004, 856).

8. Der fehlerhafte Bebauungsplan

70 Rechtsfolge von formellen und materiellen Fehlern beim Erlass einer Rechtsnorm ist nach allgemeinen Grundsätzen die Nichtigkeit der Norm. Hiervon machen §§ 214 – 216 BauGB in beträchtlichem Umfang eine Ausnahme (s. dazu Quaas/Kukk BauR 2004, 1541; Uechtritz ZfBR 2005, 11; Erbguth DVBl 2004, 802; v.Komorowski/Kupfer VBlBW 2003, 1 ff., 49 ff., 100 ff.). Der Gesetzgeber hat im Interesse der „Bestandskraft von Bebauungsplänen" (so BT-Drucks. 10/4630, 51, 54 und 156 – diese Bezeichnung ist terminologisch ungenau, da eine Rechtsnorm nicht bestandskräftig werden kann) bzw. der **Planerhaltung** (so die Überschrift der §§ 214 – 216 BauGB – vgl. auch BVerwG NVwZ 2003, 171) die sonst allgemein gültigen Regeln über die Rechtsfolgen von Fehlern bei Rechtsnormen durchbrochen und ein recht kompliziertes System von unbeachtlichen, innerhalb einer bestimmten Frist (§ 215 Abs. 1 BauGB) beachtlichen und auch ohne Rüge stets beachtlichen Fehlern ersetzt. Dieses führt dazu, dass es neben den herkömmlichen Instituten der rechtmäßigen und wirksamen Norm sowie der rechtswidrigen und unwirksamen Norm nunmehr auch die zwar rechtswidrige, aber gleichwohl wirksame Norm (bei nach § 214 Abs. 1 BauGB unbeachtlichen Fehlern sowie bei Verstreichen der Frist des § 215 Abs. 1 BauGB), sowie die schwebend unwirksame Norm (innerhalb der Frist des § 215 Abs. 1 BauGB) gibt.

§ 214 Abs. 4 BauGB 2004 hat die nachteiligen Folgen der Fehlerhaftigkeit eines Bebauungsplans weiter eingeschränkt. Nach dieser Vorschrift kann der Fehler nämlich häufig durch ein Planergänzungsverfahren bereinigt werden (s. dazu unten Rdnr. 75).

§§ 214, 215 BauGB gelten nach **§ 216 BauGB** nicht für das Genehmigungsverfahren; die Genehmigungsbehörde muss also die Genehmigung versagen, wenn bei der Aufstellung des Bauleitplans gegen die Vorschriften des BauGB verstoßen worden ist.

a) Verfahrensfehler nach dem BauGB (§ 214 BauGB)

Nach § 214 Abs. 1 BauGB (s. dazu BVerwG NVwZ 2008, 899 – lesenswert) sind **71** **Verfahrensfehler** nur beachtlich, wenn die von der Planung berührten Belange nicht zutreffend ermittelt oder bemerkt worden sind (Nr. 1 – s. dazu oben Rdnr. 48), die Vorschriften über die Bürgerbeteiligung oder die Beteiligung der Träger öffentlicher Belange sowie über einen Bebauungsplan im vereinfachten oder beschleunigten Verfahren nach §§ 13 Abs. 2 (vgl. BVerwG BauR 2009, 1862), 13 a BauGB (Nr. 2), die Begründung des Bebauungsplans (Nr. 3), den Satzungsbeschluss nach § 10 BauGB oder das Genehmigungsverfahren nach § 10 Abs. 2 BauGB sowie die Bekanntmachung (Nr. 4) nicht eingehalten worden sind (Hinweis: § 214 Abs. 1 Nr. 2 BauGB muss mit großer Genauigkeit gelesen werden, da dieser Paragraf sehr unübersichtlich gegliedert ist).

Die nach § 214 Abs. 1 Nr. 1 – 3 BauGB beachtlichen Form- und Verfahrensfehler müssen innerhalb von einem Jahr schriftlich gegenüber der Gemeinde gerügt worden sein (§ 215 Abs. 1 Nr. 1 BauGB); hierfür ist es ausreichend, dass irgendjemand sich auf einen Verfahrensfehler beruft (BVerwGE 67, 334 = NJW 1984, 138). Es reicht nicht aus, dass im Rahmen der Planauslegung nach § 3 Abs. 2 BauGB Einwendungen erhoben worden sind (VGH Mannheim VBlBW 2009, 186).

Die **Rüge** muss nach der Bekanntmachung des Bebauungsplans **schriftlich** gegenüber der Gemeinde erfolgen (BGH NJW 1980, 1751; BVerwG DVBl 1982, 1095); ausreichend hierfür ist, dass sie in einem Prozess erhoben wird, an dem die Gemeinde beteiligt ist (BVerwG NVwZ 1983, 347; VGH Mannheim NVwZ-RR 2009, 146). Vor Ablauf der Jahresfrist sind alle Verfahrensfehler von Amts wegen von den Gerichten zu beachten; danach nur noch die in Nr. 4 angeführten elementaren Fehler. Insoweit kommt eine Beschränkung der Rechtsfolgen eines Verfahrensfehlers nicht in Betracht, weil es sich dabei um die rechtsstaatlich unverzichtbaren Mindestanforderungen an eine Normsetzung handelt.

Unberührt von der Heilung nach §§ 214, 215 BauGB bleiben die kommunalrechtlichen Rügen; insoweit enthält aber § 4 GemO eine vergleichbare Heilungsregelung. Für materiell-rechtliche Fehler des Bebauungsplans gibt es keine Rügefrist (BVerwG NVwZ 2010, 1246).

b) Kommunalrechtliche Fehler

Einen Verstoß gegen **Vorschriften der Gemeindeordnung** stellt insbesondere die **72** Beteiligung von **befangenen Gemeinderäten** (§ 18 GemO – s. dazu Gern Rdnr. 356 ff.; Hager VBlBW 1994, 263) bei dem Satzungsbeschluss nach § 10 BauGB dar.

Die Mitwirkung eines befangenen Gemeinderates führt zur Nichtigkeit des Bebauungsplans (VGH Mannheim BauR 1973, 368), wobei es gleichgültig ist, ob dieser befangene Gemeinderat Einfluss auf die Entscheidung über den Bebauungsplan genommen hat. Der VGH Mannheim (BauR 1974, 394; VBlBW 1982, 298; eb. auch OVG Koblenz BauR 1989, 433) stellt nur darauf ab, ob der befangene Gemeinderat beim Satzungsbeschluss nach § 10 BauGB mitgewirkt hat; eine Teilnahme an vorausgegangenen Gemeinderatssitzungen soll unschädlich sein, weil der Gemeinderat mit dem Satzungsbeschluss zugleich konkludent alle zuvor getroffenen Entscheidungen bestätige. Die Gegenmeinung wendet ein, dass die maßgeblichen Entscheidungen häufig bereits beim Aufstellungsbeschluss nach § 2 Abs. 1 BauGB, zumindest aber beim Beschluss über die Anregungen nach § 3 Abs. 2 BauGB getroffen werden; aus diesem Grund führe jegliche Mitwirkung eines befangenen Gemeinderats bei der Aufstellung des Bebauungsplans zu seiner Nichtigkeit (so OVG Münster NVwZ-RR 1996, 220; OVG Lüneburg NVwZ 1982, 200).

Bsp. für die Befangenheit:

1. Ein Gemeinderat ist Eigentümer eines Grundstücks im Bebauungsplangebiet (VGH Mannheim ESVGH 14, 162; VBlBW 1981, 323 u. 356; NVwZ-RR 1993. 97); das gleiche gilt für die Mieter einer Wohnung im Plangebiet (VGH Mannheim NVwZ-RR 1997, 183).

2. Ein Gemeinderat ist Eigentümer eines Grundstücks, das zwar außerhalb des Bebauungsplangebiets liegt, aber durch die Verwirklichung des Bebauungsplans unmittelbar betroffen würde (VGH Mannheim BRS 27 Nr. 23; VGH Kassel NVwZ-RR 1993, 156).

3. Ein Gemeinderat hat beruflich, z. B. als Architekt, ein Interesse an der Verwirklichung des Bebauungsplans hat (VGH Mannheim BWVBl. 1969, 47; BRS 35 Nr. 22). Dabei reicht allerdings nicht das allgemeine Interesse an möglichen Aufträgen aus, vielmehr muss bereits eine konkrete Aussicht auf einen Auftrag bestehen (VGH Mannheim BRS 40 Nr. 30).

4. Der Inhaber des einzigen Baumarkts am Ort ist bei der Ausweisung eines Sondergebiets „Baumarkt" befangen (VGH Mannheim VBlBW 1987, 27).

73 Außer in den angeführten Fällen ist Befangenheit stets anzunehmen, wenn der Gemeinderat am Bebauungsplan ein **Sonderinteresse** hat, weil er selbst oder eine ihm nahe stehende Person (Ehegatte, Verwandte, Arbeitgeber) einen unmittelbaren Vor- oder Nachteil zu erwarten hat (BVerwG NVwZ 1988, 916; VGH Mannheim NVwZ 1998, 63). Dabei soll zwar bereits „der böse Schein" vermieden werden (VGH Mannheim NVwZ-RR 2005, 773; VBlBW 1987, 24), aber andererseits reichen ganz entfernt liegende Möglichkeiten einer Befangenheit nicht aus, weil sonst die Arbeit des Gemeinderats blockiert würde (VGH Mannheim BauR 2005, 57; OVG Münster BauR 1979, 477). Bei im öffentlichen Dienst stehenden Gemeinderäten ist eine Befangenheit deshalb nicht schon dann anzunehmen, wenn der Dienstherr (Bund oder Land) ein Grundstück im Bebauungsplangebiet besitzt, sondern erst dann, wenn die dienstlichen Aufgaben des Beamten oder seiner Behörde unmittelbar betroffen werden (VGH Mannheim Beschl. v. 8.8.1978 – III 2048/76; OVG Koblenz NVwZ 1984, 6).

Bei der Aufstellung eines Flächennutzungsplans scheidet ein Ausschluss eines Gemeinderats wegen Befangenheit aus, weil der Flächennutzungsplan sich über das ganze Gemeindegebiet erstreckt, sodass i. d. R. die meisten Gemeinderäte bei Anwendung der Befangenheitsgrundsätze nicht mitwirken könnten (OVG Münster BauR 1979, 477; Creutz BauR 1979, 470; Krebs VerwArch 1980, 181).

Die Mitwirkung eines befangenen Gemeinderats ist aber nur dann beachtlich, wenn dieser Fehler innerhalb eines Jahres seit In-Kraft-Treten des Bebauungsplans geltend gemacht wird (§§ 18 Abs. 6 Satz 2, 4 Abs. 4 GemO).

Ein weiterer wesentlicher kommunalrechtlicher Verfahrensfehler liegt vor, wenn die Vorschriften über die **Öffentlichkeit** der Sitzungen des Gemeinderats (§ 35 GemO) nicht beachtet werden (VGH Mannheim ESVGH 15, 185; 17, 118; BRS 17 Nr. 25); insoweit ist eine Heilung nach § 4 Abs. 4 GemO nicht möglich.

c) Materiell-rechtliche Fehler

Das Rechtsstaatsprinzip, wonach Eingriffe in Freiheit und Eigentum nur aufgrund eines Gesetzes möglich sind, hat normalerweise zur Folge, dass untergesetzliche Rechtsnormen nichtig sind, wenn sie gegen gesetzliche Vorschriften verstoßen. Auch insoweit weicht das Bauplanungsrecht teilweise von den allgemeinen Rechtsgrundsätzen ab. **74**

§ 214 Abs. 2 BauGB enthält **Unbeachtlichkeitsregelungen** wegen materiell-rechtlicher Fehler des Bebauungsplans. Nach § 214 Abs. 2 BauGB sind Verstöße gegen die Regelungen des § 8 Abs. 2 – 4 BauGB unter bestimmten Voraussetzungen unbeachtlich (s. dazu oben Rdnr. 28, 29, 33). Dabei ist es nicht von Bedeutung, ob die Gemeinde sich wegen fehlerhafter Auslegung des § 8 BauGB oder aus Gleichgültigkeit über die Bindungen dieser Vorschrift hinweggesetzt hat; lediglich bei bewusstem Rechtsverstoß kommt § 214 Abs. 2 BauGB nicht zur Anwendung (BVerwG NVwZ 1985, 745).

d) Fehlerbewältigung durch ergänzendes Verfahren

Nach § 214 Abs. 4 BauGB können Mängel des Bebauungsplans durch ein ergänzendes Verfahren behoben werden; der fehlerfreie Bebauungsplan kann auch **rückwirkend** in Kraft gesetzt werden (s. dazu BVerwG BauR 2010, 1894; Uechtritz ZfBR 2005, 11). Die Vorschrift findet sowohl für **Verfahrensfehler** als auch für materiell-rechtliche Fehler Anwendung (Finkelnburg NVwZ 2004, 897; Rieger UPR 2003, 161; Dolde NVwZ 2001, 976). **75**

Alle **Verfahrensfehler**, auch solche des Kommunalrechts, können nach § 214 Abs. 4 BauGB durch Wiederholung des Verfahrens vom Stadium des Verfahrensfehlers ab geheilt werden (s. dazu BVerwGE 110,118 = NVwZ 2000, 676; E 119, 25 = NVwZ 2004, 220; Schmidt NVwZ 2000, 977; Dolde NVwZ 2001, 976); hierfür ist nur dann ein Gemeinderatsbeschluss erforderlich, wenn der Satzungsbeschluss oder ein vorheriger Verfahrensabschnitt fehlerhaft waren (BVerwG NVwZ 1997, 893; NVwZ 2001, 203) Eine unterbliebene Ausfertigung kann also vom Bürgermeister ohne Beteiligung des Gemeinderats nachgeholt und der Bebauungsplan dann in Kraft gesetzt werden (BVerwG NVwZ-RR 1997, 515). Ein rückwirkendes In-Kraft-Treten des Bebauungsplans scheidet allerdings aus, wenn sich zwischenzeitlich die Planungsgrundlagen so geändert haben, dass eine neue Abwägung nach § 1 Abs. 7 BauGB erforderlich ist (BVerwGE 119, 54 = NVwZ 2004, 226; NVwZ 2001, 203 u. 431; NVwZ 2002, 83 u. 1385).

Bei **materiell-rechtlichen Fehlern** ist eine Fehlerheilung durch ein ergänzendes Verfahren unproblematisch, soweit es sich lediglich um eine Planergänzung handelt, also z. B. der bei der Neuplanung oder der wesentlichen Änderung einer Straße nach § 41 BImSchG i. V. m. §§ 1, 2 16. BImSchV erforderliche Lärmschutz durch die Festsetzung eines Lärmschutzwalls nach § 9 Abs. 1 Nr. 24 BauGB nachgeholt wird.

Die Ergänzung kann im Verfahren nach § 13 BauGB erfolgen (s. oben Rdnr. 63) und der ergänzende Bebauungsplan nach § 214 Abs. 4 BauGB auch mit rückwirkender Wirkung in Kraft gesetzt werden (Krautzberger/Stüer BauR 2003, 1307).

Eine Behebung eines Abwägungsfehlers durch ein ergänzendes Verfahren ist allerdings nur zulässig, wenn dadurch die **Grundzüge der Planung** nicht berührt werden

(BVerwGE 119, 54 = NVwZ 2004, 226; NVwZ 2000, 1053; NVwZ 2003, 1385). Es wäre z. B. nicht zulässig, im Wege eines ergänzenden Verfahrens den Baugebietscharakter grundlegend zu verändern, etwa aus einem Wohngebiet ein Mischgebiet zu machen. Die nachträgliche „Planreparatur" (so Stüer/Rude DVBl 2000, 322) ist nur möglich bei punktuellen Nachbesserungen im Rahmen einer ansonsten ordnungsgemäßen Gesamtplanung (VGH München GewArch 1999, 432).

Bsp. a) (BVerwG NVwZ 2000, 1053): Anordnung von Ausgleichsmaßnahmen nach §§ 1 a Abs. 3, 9 Abs. 1 a BauGB.

b) (OVG Lüneburg NVwZ-RR 2002, 172): Immissionsschutzmaßnahmen nach § 9 Abs. 1 Nr. 24 BauGB.

c) (BVerwG NVwZ 2002, 1385): Mangelnde Bestimmtheit einzelner Festsetzungen.

d) (BVerwG BauR 2009, 1862): Umwandlung eines WR-Gebiets in ein WA-Gebiet berührt nicht die Grundzüge der Planung.

Bei einer gewichtigen Planänderung würde es sich nicht um ein ergänzendes Verfahren, sondern faktisch um die Neuaufstellung des Bebauungsplans handeln (VGH Mannheim BauR 2002, 738 – Verlegung einer Straße). Die Bürger und die Träger öffentlicher Belange, die gegen die bisherige Festsetzung nichts einzuwenden hatten, müssen Gelegenheit erhalten, sich zu dieser Umplanung zu äußern. Auch die Gesetzesmaterialien (BT-Drucks. 13/6392 S. 74) sprechen nur von der Bereinigung von Fehlern, die das „Grundgerüst der Abwägung" nicht betreffen.

B. Bauplanungsrechtliche Zulässigkeit von Bauvorhaben

1. Bedeutung und System der §§ 29 ff. BauGB

76 §§ 29 ff. BauGB haben die bauplanungsrechtliche Zulässigkeit von Einzelbauvorhaben zum Inhalt. Die städtebauliche Ordnung wird nach den Vorstellungen des Gesetzgebers zunächst durch die Aufstellung von Bauleitplänen gewährleistet; im Geltungsbereich eines Bebauungsplans sind Bauvorhaben nur zulässig, wenn sie dem Bebauungsplan nicht widersprechen (§ 30 Abs. 1 BauGB). Es muss aber auch in Gebieten, in denen kein Bebauungsplan besteht, für eine geordnete städtebauliche Entwicklung gesorgt werden; dieses ist die Aufgabe der §§ 34 (nichtbeplanter Innenbereich) und 35 BauGB (Außenbereich). Ferner muss überall dort, wo kein Bebauungsplan besteht, der Planungshoheit der Gemeinde Rechnung getragen werden (§ 36 BauGB).

Die Geltung der §§ 29 ff. BauGB hängt nicht davon ab, ob für das Bauvorhaben eine Baugenehmigung erforderlich ist Auch bei genehmigungsfreien Vorhaben muss der Bauherr die §§ 29 – 35 BauGB beachten (§ 50 Abs. 5 LBO).

77 Die §§ 30 – 37 BauGB finden nicht nur bei der Errichtung einer baulichen Anlage, sondern auch bei der baulichen Änderung oder Nutzungsänderung einer solchen Anlage Anwendung, sofern diese Maßnahmen eine städtebauliche Relevanz haben (BVerwGE 91, 234 = NVwZ 1993, 983). Eine **Änderung** ist der städtebaulich relevante Umbau bzw. die Erweiterung oder sonstige bauliche Veränderung einer baulichen Anlage (BVerwG NVwZ 1994, 294). Eine **städtebauliche Relevanz** ist anzunehmen, wenn die baulichen Maßnahmen Auswirkungen auf die bauplanungsrechtliche Zulässigkeit des geänderten Bauvorhabens haben können.

Bsp. (BVerwG NVwZ 1994, 1010): Der nachträgliche Einbau von Dachgauben hat keine planungsrechtliche Relevanz für ein Bauvorhaben nach § 34 BauGB, weil es insoweit nur auf die in § 34 Abs. 1 BauGB angeführten Kriterien ankommt.

Eine städtebauliche Relevanz ist jedenfalls bei einer Erhöhung des Maßes der baulichen Nutzung (§ 16 BauNVO) sowie bei Baumaßnahmen, die die Identität des Gebäudes berühren oder hinsichtlich des Aufwands an einen Neubau heran reichen, zu bejahen (BVerwG NVwZ 2000, 1047). Bei der Prüfung der Zulässigkeit einer solchen Maßnahme ist das gesamte Gebäude in der geänderten Form zu berücksichtigen, nicht nur die geänderten Teile (BVerwG NVwZ 2000, 1047; 2002, 1118).

Bsp. (BVerwG NVwZ 1987, 1076): Wird ein Ladengeschäft mit einer Verkaufsfläche von knapp 800 m^2 auf eine Verkaufsfläche von 840 m^2 erweitert, dann wird aus dem Ladengeschäft ein großflächiges Einzelhandelsgeschäft i. S. d. § 11 Abs. 3 BauNVO, auch wenn die zusätzlichen 40 m^2 Verkaufsfläche bei isolierter Betrachtungsweise sicher nicht die in § 11 Abs. 3 BauNVO angesprochenen negativen Auswirkungen haben werden (s. dazu unten Rdnr. 89).

Dieser Grundsatz gilt allerdings nicht, wenn die Baumaßnahme in Bezug auf ihre Zulässigkeit isoliert, also ohne Einbeziehung des gesamten Gebäudes beurteilt werden kann, weil sie keine Auswirkung auf die Zulässigkeit des gesamten Gebäudes haben kann.

Bsp. (BVerwG NVwZ 2000, 1047): Bei einer nachträglichen Veränderung des Dachs ist nur die Zulässigkeit dieser Maßnahme, nicht die Zulässigkeit des bereits genehmigten Gesamtgebäudes zu prüfen.

Eine **Nutzungsänderung** i. S. d. § 29 BauGB ist dann anzunehmen, wenn die Funktion der Anlage in einer Weise geändert wird, die zu einer anderen baurechtlichen Beurteilung führen kann, sich also die Genehmigungsfrage neu stellt (BVerwGE 47, 185 = DVBl 1975, 498; NVwZ 1999, 523; Sarnighausen DÖV 1995, 926). Wird z. B. ein Schreibwarengeschäft in ein Eisenwarengeschäft umgewandelt, dann stellt dieses keine baurechtlich relevante Nutzungsänderung dar, weil für beide Geschäfte dieselben baurechtlichen Grundsätze gelten. Dagegen ist die Umwandlung eines Großhandelsbetriebs in ein Einkaufszentrum (BVerwG NJW 1984, 1771) eine Nutzungsänderung, weil Einkaufszentren nach § 11 Abs. 3 BauNVO nur in Kerngebieten und Sondergebieten zulässig sind. Ebenso ist die Änderung einer Schank- und Speisewirtschaft in eine Diskothek (VGH Kassel NVwZ 1990, 583; OVG Münster NVwZ 1983, 685), ein Nachtlokal mit Striptease (VGH München BauR 2000, 81), eine Spielhalle (VGH Mannheim VBlBW 1986, 109; 1992, 101) oder einen Swinger-Club (VGH Mannheim BauR 2007, 669) sowie eines Kinos in eine Spielhalle (BVerwG BauR 1989, 308) eine Nutzungsänderung, selbst wenn keinerlei bauliche Veränderungen vorgenommen werden. Das Gleiche gilt, wenn ein bisher einem landwirtschaftlichen Betrieb dienendes Gebäude einem Nichtlandwirt überlassen wird (BVerwGE 47, 185 = DVBl 1975, 498), ein Wochenendhaus als Dauerwohnung genutzt wird (BVerwG NVwZ 1984, 510), eine Werkswohnung an betriebsfremde Personen vermietet wird (OVG Münster BauR 2008, 1114), ein Hotel in ein Altenheim umgewandelt wird (BVerwG BauR 1988, 569), eine Skihütte auf eine ganzjährige Bewirtung umgestellt wird (BVerwG NVwZ 2000, 678), eine Lagerhalle als Verkaufsraum dient (BVerwG BauR 1990, 569), ein Pkw-Stellplatz als Dauerabstellplatz für einen Wohnwagen genutzt wird (BVerwG BauR 1993, 300) oder ein Rinderstall in einen Schweinestall (mit wesentlich stärkeren Geruchsemissionen) umgewandelt wird (BVerwG NVwZ 1993, 445); weitere Beispiele für Nutzungsänderungen s. Brügelmann/Dürr § 29 Rdnr. 34, 35. Eine Nutzungsänderung liegt aber nicht vor, wenn sich ohne Mitwirkung des Eigentümers der Kreis der Benutzer ändert; eine Nutzungsintensivierung ist keine Nutzungsänderung.

Bsp. (BVerwG NVwZ 1999, 417): Eine zunächst nur von Besuchern aus der Nachbarschaft aufgesuchte Gaststätte mit Kegelbahn (§ 4 Abs. 2 Nr. 2 BauNVO) wird zunehmend auch von auswärtigen Gästen aufgesucht und ist daher in einem allgemeinen Wohngebiet eigentlich nicht zulässig. Das BVerwG hat gleichwohl eine Nutzungsänderung verneint, weil der Inhaber für die Veränderung des Besucherkreises nicht verantwortlich sei.

78 Die Vorschriften der §§ 30 ff. BauGB gelten nach **§ 38 BauGB** nicht für Vorhaben von überörtlicher Bedeutung (s. dazu BVerwG NVwZ 2001, 90), die der **Planfeststellung** oder einer die Planfeststellung ersetzenden Zulassung bedürfen, ferner nicht für öffentlich zugängliche Abfallbeseitigungsanlagen. Derartige Vorhaben können aufgrund der für alle Planfeststellungsverfahren erforderlichen Abwägung der öffentlichen und privaten Belange auch dann zugelassen werden, wenn sie bei isolierter baurechtlicher Betrachtungsweise unzulässig wären (BVerwGE 70, 242 = NVwZ 1985, 414; NVwZ 2004, 1240; Schmidt-Eichstaedt NVwZ 2003, 129; Breuer NVwZ 2007, 3); § 38 BauGB normiert insoweit einen Vorrang des Fachplanungsrechts (s. dazu oben Rdnr. 24). Die städtebaulichen Belange sind aber im Rahmen der Abwägung angemessen zu berücksichtigen (BVerwG a.a.O.; BVerwGE 100, 388 = NVwZ 1997, 169; VGH Mannheim BauR 2003, 355; Kirchberg/Boll/Schütz NVwZ 2002, 550). Der Vorrang des Fachplanungsrechts bedeutet aber nicht, dass der Fachplanungsträger bestehende Bauleitpläne der Gemeinde einfach ignorieren oder sich zumindest im Wege der Abwägung über sie hinwegsetzen kann; dieses ergibt sich schon aus dem Verweis auf § 7 BauGB in § 38 Satz 2 BauGB. Maßgeblich ist vor allem das Gewicht der beiderseitigen Belange sowie der Grundsatz der Priorität (BVerwG NVwZ-RR 1998, 290; VGH Mannheim BauR 2003, 355).

Besondere Probleme entstehen im Zusammenhang mit Bahnhöfen, nachdem die Bahn AG zunehmend dazu übergeht, im Bahnhofsbereich auch völlig bahnfremde Nutzungen zuzulassen (Stüer NVwZ 2006, 512; Ronellenfitsch VerwArch 1999, 467 u. 581: Warenhäuser mit Gleisanschluss). Da die **Bahnanlagen** einschließlich der Bahnhöfe aufgrund von Planfeststellungsbeschlüssen erstellt wurden, wird ein Vorrang der Fachplanung angenommen, das heißt die Bahnanlagen sind der kommunalen Bauleitplanung entzogen. Anders ist es aber, wenn die Bahnanlagen aufgegeben werden, was freilich eine förmliche „Freigabeerklärung“ durch die Bahn AG voraussetzt (BVerwG NVwZ 1989, 655; BauR 1998, 993; VGH Mannheim NVwZ-RR 1997, 396), oder aber die Nutzung eines Teils des Bahnhofs für bahnfremde Zwecke, die die bestimmungsgemäße Nutzung des Bahnhofs nicht beeinträchtigt (BVerwG NVwZ-RR 1990, 292 für eine Werbeanlage; OVG Lüneburg BauR 1997, 101 für eine Bahnhofsdrogerie).

2. Der Begriff der baulichen Anlage (§ 29 BauGB)

79 § 29 Satz 1 BauGB verlangt für die Anwendung der §§ 30 ff. BauGB, dass es sich um eine **bauliche Anlage** handelt. Der Begriff der baulichen Anlage ist nicht im BauGB, sondern nur in **§ 2 Abs. 1 LBO** wie folgt definiert:

Bauliche Anlagen sind mit dem Erdboden verbundene, aus Baustoffen und Bauteilen hergestellte Anlagen.

Nach § 2 Abs. 1 Satz 2, 1. Altern. LBO ist jedoch eine feste Verbindung nicht erforderlich, vielmehr reicht eine Verbindung Kraft eigener Schwere aus.

Bsp. (VGH Mannheim VBlBW 1993, 431): Eine im Garten aufgestellte Oldtimer-Lokomotive eines Eisenbahn-Fans ist eine bauliche Anlage.

Für fahrbare Anlagen wie Wohnwagen (vgl. BVerwGE 44, 59 = BauR 1973, 366; NVwZ 1987, 144) oder Verkaufsstände (vgl. VGH Mannheim ESVGH 24, 136; OVG Lüneburg BauR 1993, 454; OVG Saar BauR 1993, 453) ist darauf abzustellen, ob die Anlage überwiegend ortsfest benutzt wird. Dabei kommt es nicht darauf an, ob die ortsfeste

Benutzung zeitlich überwiegt; maßgebend ist allein, ob die Anlage als Ersatz für ein Gebäude dient.

Bsp. a) (VGH Kassel BauR 1987, 183): Ein Schiff, das ortsfest über einen Steg zu erreichen ist und als Gaststätte benutzt wird, ist eine bauliche Anlage.

b) (OVG Münster BauR 2004, 67): Ein mit Werbeaufschriften versehener Kfz-Anhänger, der stets an demselben Standort geparkt wird, stellt einen Ersatz für ein Werbeschild dar und ist daher eine bauliche Anlage.

Der Begriff der baulichen Anlage i. S. d. § 29 BauGB ist nach BVerwGE 39, 154 und 44, 59 nicht identisch mit dem bauordnungsrechtlichen Begriff der baulichen Anlage i. S. d. § 2 Abs. 1 LBO. Denn §§ 29 ff. BauGB dienen städtebaulichen Belangen, während für § 2 LBO bauordnungsrechtliche Belange (Gefahrenabwehr) maßgebend sind (BVerwG BauR 2000, 1312; E 114, 206 = NVwZ 2001, 1046). Es kommt hinzu, dass der Begriff der baulichen Anlage in den einzelnen Landesbauordnungen z. T. unterschiedlich definiert wird (vgl. Ernst/Zinkahn/Bielenberg/Krautzberger § 29 Rdnr. 2), während der bundesrechtliche Begriff der baulichen Anlage i. S. d. § 29 BauGB zwangsläufig im ganzen Bundesgebiet einheitlich ausgelegt werden muss.

Nach BVerwGE 44, 59 - Wohnfloß - (eb. BVerwG NJW 1977, 2090 - Tragluftschwimmhalle) setzt sich der Begriff der baulichen Anlage i. S. d. § 29 BauGB zusammen aus dem verhältnismäßig weiten Merkmal des Bauens und dem einengenden Merkmal bodenrechtlicher Relevanz der Anlage (s. dazu BVerwGE 91, 234 = NVwZ 1993, 983; E 114, 206 = NVwZ 2001, 1046).

Unter **Bauen** versteht das BVerwG das Schaffen einer künstlichen Anlage, die auf Dauer mit dem Erdboden verbunden ist; auch hier reicht aber die Verbindung kraft eigener Schwere aus (BVerwG BRS 15 Nr. 87; DÖV 1971, 638). Dabei werden an das Bauen nur geringe Anforderungen gestellt (BVerwG BauR 1993, 300 – geschotterter Stellplatz = bauliche Anlage; anders aber BVerwG NVwZ 1994, 293 für eine Splittaufschüttung sowie BVerwG BauR 1996, 362 für einen unbefestigten Lagerplatz; OVG Hamburg BauR 2005, 849 – Sonnenschutz aus Stoff). Das **Merkmal der Dauer** ist auch erfüllt, wenn die Anlage regelmäßig auf- und abgebaut wird (BVerwG BauR 1977, 109; VGH Mannheim ESVGH 24, 136). Entscheidend ist auch insoweit, ob die Anlage als Ersatz für ein festes Bauwerk dienen soll (BVerwGE 44, 59 = DVBl 1974, 237; BauR 1975, 108). Auf eine unmittelbare Verbindung mit dem Erdboden kommt es nicht an (BVerwG NVwZ 1993, 983; NVwZ 1995, 897; BauR 1995, 508), sodass Werbeanlagen an Gebäuden als bauliche Anlagen gelten (Rspr.-Nachw. s. Rdnr. 80); das gleiche gilt für Mobilfunkanlagen auf einem Dach (OVG Münster NVwZ-RR 2003, 637; VGH Mannheim VBlBW 2002, 260; VGH Kassel BauR 2005, 983 – s. dazu Gehrken NVwZ 2006, 977).

Der demnach sehr weite Begriff des Bauens ist aber einzuschränken durch das weitere Merkmal der **bodenrechtlichen Relevanz**. Die bodenrechtliche Relevanz ist nach der Rechtsprechung des BVerwG (E 91, 234 = NVwZ 1993, 983; NVwZ 2001, 1046) gegeben, wenn das Vorhaben „ein Bedürfnis nach Planung hervorruft". Dabei kommt es nicht auf das einzelne Vorhaben an, sondern auf eine „das einzelne Objekt verallgemeinernde Betrachtungsweise". Maßgeblich ist, ob derartige Vorhaben generell ohne Beachtung bauplanungsrechtlicher Vorschriften und damit letztlich beliebig errichtet werden können. Die Belange des § 1 Abs. 6 BauGB müssen durch die Anlage berührt werden können, was z. B. bei ganz unbedeutenden Bauwerken nicht der Fall ist (OVG Münster BauR 1986, 544 – Zigarettenautomat; OVG Koblenz NVwZ-RR 2001, 289 – Gerätehütte von 10 m^3). Die bodenrechtliche (bauplanungsrechtliche)

Relevanz ist jedenfalls dann nicht gegeben, wenn das Bauvorhaben gar nicht Gegenstand von Festsetzungen in einem Bebauungsplan sein könnte.

Bsp. a) (BVerwG NVwZ 1994, 1011): Die Errichtung von Dachgauben hat keine bauplanungsrechtliche Relevanz, weil die Festsetzung von Dachgauben in einem Bebauungsplan nicht vorgesehen ist (a. M. aber OVG Lüneburg BauR 2006, 493 für großflächige Dachgauben, die nach § 20 Abs. 3 BauNVO die Geschossfläche vergrößern können).

b) (VGH Mannheim VBlBW 1995, 69): Die Umwandlung eines Flachdachs in ein Satteldach hat keine bauplanungsrechtliche Relevanz, da weder § 9 BauGB noch §§ 16 ff. BauNVO Festsetzungen über die Dachform erlauben; derartige Festsetzungen beruhen auf der bauordnungsrechtlichen Ermächtigung des § 74 Abs. 1 Nr. 1 LBO.

Beispiele für bauliche Anlagen:

80

a) **Werbeanlagen** (s. dazu Friedrich BauR 1996, 504) sind bauliche Anlagen, wenn sie aus Baustoffen (Holz, Metall, Plastik, Glas o. ä.) hergestellt sind und im Hinblick auf ihre Größe planungsrechtliche Relevanz haben, weil sie sich auf die Umgebung auswirken; es kommt dabei nicht darauf an, ob sie selbst unmittelbar mit dem Erdboden verbunden sind (z. B. Anschlagtafeln) oder an bzw. auf anderen Anlagen angebracht sind (BVerwGE 91,324 = NVwZ 1993, 983; NVwZ 1995, 987; BauR 1995, 508). Keine baulichen Anlagen sind daher zum einen kleine Werbeanlagen z. B. das Praxisschild eines Rechtsanwalts (VGH Mannheim BauR 1992, 352; VGH Kassel BRS 42 Nr. 152), zum anderen bloße Bemalungen, Beschriftungen u. ä. (VGH Mannheim BauR 1995, 226); eine Werbung mittels sog. Himmelsstrahler ist mangels baulicher Tätigkeit keine bauliche Anlage (OVG Koblenz NuR 2003, 701; VG Stuttgart NVwZ-RR 2000, 14; Hildebrandt VBlBW 1999, 250). Auch Werbeanlagen, die keine baulichen Anlagen sind, bedürfen aber nach §§ 49, 50 LBO einer Baugenehmigung, sofern Nr. 55 oder 56 des Anhangs zur LBO nicht anwendbar sind (s. dazu Rdnr. 212).

b) **Automaten** sind bauliche Anlagen, wenn sie wegen ihrer Größe planungsrechtliche Bedeutung haben; es gelten insoweit die gleichen Grundsätze wie bei Werbeanlagen.

c) **Wohnwagen** und Wohnflöße werden als bauliche Anlagen angesehen, wenn sie als Ersatz für ein festes Gebäude – Wochenendhaus – dienen (BVerwGE 44, 59 = DVBl 1974, 273; NVwZ 1988, 144; VGH Mannheim ESVGH 22 Nr. 30 = BRS 23 Nr. 69; VGH Kassel NVwZ 1988, 165).

d) **Einfriedigungen** sind nur bauliche Anlagen, wenn sie aus Baustoffen – Steine, Holz, Eisen, Kunststoff – hergestellt sind (BVerwG BRS 22 Nr. 69; VGH Mannheim VBlBW 1995, 60); Hecken sind demnach keine baulichen Anlagen i. S. d. § 29 BauGB (OVG Koblenz NVwZ-RR 2005, 527), auch wenn sie nach §§ 49, 50 LBO einer Baugenehmigung bedürfen, falls Nr. 45 – 47 des Anhangs zur LBO keine Anwendung finden.

e) **Campingplätze** sind als solche keine baulichen Anlagen, sie werden aber hinsichtlich der gesamten Anlage zur baulichen Anlage, wenn sie feste Bauwerke (Wasch- und Toilettengebäude, Kiosk) aufweisen (BVerwG BauR 1975, 108; NJW 1975, 2114).

f) Für **Sport- und Tennisplätze** gilt das gleiche wie für Campingplätze; ausreichend für eine Qualifikation als bauliche Anlage ist bereits, dass sie über eine Einzäunung verfügen (VGH München BauR 1982, 141; VGH Kassel BauR 1982, 143; OVG Münster BauR 2000, 81) oder einen festen Bodenbelag bzw. Spielgeräte (Tore) aufweisen (VGH Mannheim VBlBW 1984, 222 und 1987, 464; OVG Saar NVwZ 1985, 770).

g) **Verkaufsstände** und Verkaufswagen sind bauliche Anlagen, wenn sie als Ersatz für eine ortsfeste Anlage dienen, auch wenn sie nicht ständig aufgestellt werden (VGH Mannheim BWVBl. 1973, 141; BRS 39 Nr. 143; OVG Lüneburg BauR 1993, 454; OVG Saar BRS 54 Nr. 141).

h) **Kfz-Abstellplätze** und Lagerplätze werden als bauliche Anlagen i. S. v. § 29 BauGB angesehen, soweit sie über einen betonierten, asphaltierten oder ähnlich befestigten Untergrund verfügen (BVerwG BauR 1993, 300); eine Befestigung des Untergrunds durch bloßes Walzen oder Stampfen oder Aufbringen einer Kiesaufschüttung ist demgegenüber nicht ausreichend (BVerwG BauR 1996, 362; VGH Mannheim VBlBW 1985, 457).

Weitere Beispiele für bauliche Anlagen s. Brügelmann/Dürr § 29 Rdnr. 17 ff.

Hinweis: Auch wenn der Begriff der baulichen Anlage i. S. d. § 29 BauGB unabhängig von der landesrechtlichen Definition dieses Begriffs ist, bleibt doch festzuhalten, dass jedenfalls Anlagen nach § 2 Abs. 1 Satz 1 und 2 LBO regelmäßig unter § 29 BauGB fallen. Eine Auseinandersetzung mit dem unterschiedlichen Inhalt des Begriffs der baulichen Anlage in § 29 BauGB und § 2 Abs. 1 LBO ist deshalb nur in Ausnahmefällen erforderlich (Ortloff NVwZ 1989, 616).

Durch § 29 Abs. 1 BauGB werden ferner **Aufschüttungen und Abgrabungen** größeren Umfangs sowie Lagerstätten den §§ 30 – 36 BauGB unterworfen, auch soweit sie nach der obigen Definition (Rdnr. 76) keine baulichen Anlagen sind. Als Lagerstätten sind auch Lagerplätze anzusehen (BVerwG DÖV 1980, 175; OVG Lüneburg BauR 2006, 1442: 4,5 m hoher Stapel von Heuballen ist bauliche Anlage); hierunter fallen auch Ausstellungsflächen, da es auf den Zweck der Lagerung nicht ankommt (BVerwG NVwZ-RR 1999, 623).

3. Bauvorhaben im beplanten Innenbereich (§ 30 BauGB) – Bedeutung der Baunutzungsverordnung

§ 30 Abs. 1 BauGB gilt nur für Bauvorhaben im Geltungsbereich sog. **qualifizierter** **81**
Bebauungspläne, d.h. Pläne, die mindestens Art und Maß der baulichen Nutzung, die überbaubare Grundstücksfläche und die örtlichen Verkehrsflächen regeln. Bebauungspläne, die diesen Mindestanforderungen nicht entsprechen, etwa nur eine Baugrenze entlang einer Straße ausweisen, sind nach § 30 Abs. 3 BauGB bei der Erteilung der Baugenehmigung allerdings ebenfalls zu beachten; die bauplanungsrechtliche Zulässigkeit bestimmt sich aber im Übrigen nicht nach § 30 BauGB, sondern nach § 34 oder § 35 BauGB.

Nach § 30 Abs. 1 BauGB ist die Genehmigung für das Bauvorhaben zu erteilen, wenn die Errichtung des Bauwerks oder die Nutzungsänderung nicht dem Bebauungsplan widerspricht. Ob das der Fall ist, regelt sich vor allem nach der BauNVO, die nach § 1 Abs. 3 BauNVO Bestandteil des Bebauungsplans ist; außerdem sind natürlich auch die sonstigen Festsetzungen nach § 9 Abs. 1 BauGB zu beachten.

Um das Verständnis der Festsetzungen des Bebauungsplans zu erleichtern, sind die Gemeinden verpflichtet, die in der Planzeichenverordnung vom 18.12.1990 (BGBl I 1991 S. 58) angeführten Symbole und Zeichen zu verwenden. Soweit der Bebauungsplan keine Legende enthält, erschließt sich der Inhalt eines Bebauungsplans also durch die Heranziehung der Planzeichenverordnung.

a) Art der baulichen Nutzung (§§ 2 – 14 BauNVO)

Die Baunutzungsverordnung enthält in §§ 2 ff. zunächst Regelungen über die Art der **82**
baulichen Nutzung. Die in einem Baugebiet generell zulässigen Vorhaben sind jeweils in Abs. 2, die nur als Ausnahme nach § 31 Abs. 1 BauGB zulässigen Vorhaben sind jeweils in Abs. 3 angeführt. Die Gemeinden haben allerdings nach § 1 Abs. 4 – 10 BauNVO (s. dazu oben Rdnr. 66) die Möglichkeit, diese **Systematik** im Bebauungsplan im Einzelnen beträchtlich zu ändern.

Hinweis: Nach § 1 Abs. 3 BauNVO sind die §§ 2 ff. BauNVO Bestandteil des Bebauungsplans. Da der Gemeinderat nur die jeweils geltende Fassung der BauNVO in seine Planungsentscheidung einbeziehen konnte, gilt die BauNVO in der Fassung, die bei Aufstellung des Bebauungsplans in Kraft war (BVerwG BauR 1992, 472; NVwZ 2000, 1054). Bei älteren Bebauungsplänen ist also die BauNVO 1962, 1968 und 1977 heranzuziehen(§§ 25 a – c BauNVO). Die inhaltlichen Änderungen der §§ 2 – 11 BauNVO durch die Novellen 1968, 1977 und 1990 (s. dazu Lenz BauR 1990, 157) sind allerdings nicht sehr weitgehend.

Beispiele für zulässige Bauvorhaben in verschiedenen Baugebieten: Dabei ist regelmäßig auf die typische Erscheinungsform einer baulichen Anlage oder eines Gewerbebetriebs abzustellen (BVerwGE 68, 207 = NJW 1984, 1572; E 68, 342 = NJW 1984, 1768). Auf den konkreten Betrieb kann nur abgestellt werden, wenn dieser durch betriebsbezogene Besonderheiten, etwa nicht zu öffnende Fenster mit Klimaanlage, vom typischen Erscheinungsbild eines solchen Betriebs abweicht (vgl. BVerwG NVwZ 1993, 987; VGH Mannheim NVwZ 1999, 439; VBlBW 2000, 78). Das BVerwG hat ferner als **ungeschriebenes Tatbestandsmerkmal** der §§ 2 bis 9 BauNVO verlangt, dass das Vorhaben **baugebietsverträglich** ist. Das bedeutet, dass es der Eigenart des jeweiligen Baugebiets entsprechen muss (BVerwG NVwZ 2008, 786).

Bsp.: (VGH Mannheim VBlBW 2010, 155): Ein Friedhof einer christlichen Sekte ist in einem Industriegebiet nicht zulässig, obwohl Anlagen für kirchliche Zwecke nach § 9 Abs. 3 Nr. 2 BauNVO im Industriegebiet als Ausnahme zugelassen werden können. Denn Friedhöfe sind in Industriegebieten grundsätzlich fehl am Platz.

83 **1. Reines Wohngebiet**: Zulässig: Studentenwohnheim (OVG Lüneburg BRS 47 Nr. 40), Personalheim (OVG Saar BRS 27 Nr. 33), kleines Büro für eine freiberufliche Tätigkeit (BVerwG BRS 23 Nr. 36, anders aber bei größerem Büro mit zahlreichen Beschäftigten VGH Mannheim BRS 32 Nr. 64), herkömmlicher Spielplatz (BVerwG BRS 28 Nr. 138; VGH Mannheim BauR 1985, 535), Mobilfunkanlage (VGH München BauR 2008, 1108).

Unzulässig: Großes Büro einer Versicherungsgesellschaft (VGH Mannheim BRS 27 Nr. 31), Hundezwinger (OVG Münster BRS 30 Nr. 29), Gastwirtschaft (BVerwG BBauBl 1964, 355; OVG Münster BRS 17 Nr. 23), Warenautomat (OVG Münster BauR 1986, 544), Einzelhandelsgeschäft mit weiterem Einzugsgebiet (VGH Mannheim ESVGH 28, 25; BRS 35 Nr. 33), Tennisplatz (VGH München BauR 1982, 141; VGH Kassel BauR 1982, 143), Kegelbahn (OVG Münster BRS 39 Nr. 65), Bräunungsstudio (VGH Mannheim BWVPr 1986, 39), Werbeanlage für Fremdwerbung (BVerwG BauR 1993, 315), Kindergarten (OVG Münster BauR 1994, 89), ambulanter Pflegedienst (BVerwG BauR 2009, 1556).

84 **2. Allgemeines Wohngebiet**: Zulässig: Ladengeschäfte sowie Schank- und Speisewirtschaft für die Bewohner des Gebiets. Ob diese der Versorgung des Baugebiets dienen, richtet sich nach objektiven Kriterien, nicht nach den Angaben des Bauherrn (BVerwG NVwZ 1999, 417; 1999, 186). Der Betrieb dient jedenfalls dann auch der örtlichen Versorgung, wenn ein nicht nur unerheblicher Teil der Bewohner des Ortes in diesem Ladengeschäft einkauft (BVerwG NVwZ 1993, 455; 1999, 186 u. 417; VGH Mannheim NVwZ-RR 2000, 413). Zulässig sind ferner Tankstelle mit Waschanlage (OVG Münster NVwZ-RR 1997, 16), Jugendheim (VGH München BauR 1982, 239), Aussiedler-Wohnheim (VGH Mannheim NVwZ 1992, 995), nichtstörende Kfz-Werkstatt (VGH Mannheim VBlBW 1982, 48), Lebensmittelmarkt (VGH Mannheim BauR 1982, 253; OVG Lüneburg BauR 1986, 187), Bolzplatz (BVerwG NVwZ 1992, 884), Hotel (VGH Mannheim BauR 1987, 50 – a. M. OVG Berlin NVwZ-RR 1993, 458), Hundezwinger für zwei Dackel (VGH Mannheim BauR 1991, 571), Mobilfunkanlage (VGH München BauR 2008, 1108; a. M. OVG Münster NVwZ-RR 2003, 637).

Unzulässig: Hundezwinger für zwei Schäferhunde (VGH Mannheim NVwZ-RR 1990, 64), Tischlerwerkstatt (BVerwG DVBl 1971, 759), Discountladen (OVG Lüneburg DÖV 1968, 235), Minigolfanlage (OVG Münster BRS 18 Nr. 155), Speditionsunternehmen (VGH Kassel BRS 18 Nr. 19), Schwertransport- und Kranbetriebe (BVerwG NJW 1977, 1932), Kegelbahn (VGH Mannheim BRS 32 Nr. 31), Kfz-Werkstatt (VGH Mannheim Urt. v. 9.1.1979, III 1337/79), LKW-Abstellplatz (VGH Mannheim BRS 39 Nr. 61), Schnellimbiss (OVG Saar NVwZ-RR 1993, 460), Gaststätte ohne Bezug zu Baugebiet (BVerwG NVwZ 1993, 455), großer Lagerplatz (VGH Mannheim VBlBW 1996, 25), großflächiger Gartenbaubetrieb (BVerwG BauR 1996, 816), Ärztehaus (BVerwG BauR 1997, 490), Haltung von Reitpferden (OVG Saar BauR 2009, 1185; s. dazu Stüer DVBl 2010, 543).

3. Mischgebiet: Zulässig: Autowaschanlage (OVG Münster BauR 1977, 112), geräuscharme Kfz-Werkstatt (BVerwG BauR 1975, 396; ZfBR 1986, 148), SB-Waschsalon (VGH Mannheim VBlBW 1993, 61). 85

Unzulässig: Anlagen nach § 4 BImSchG (BVerwG BRS 28 Nr. 27), Einkaufszentren (VGH Mannheim BRS 32 Nr. 32), lärmintensive Kfz-Werkstatt (BVerwG BauR 1975, 296), Pferdestall (OVG Lüneburg BauR 1989, 63), Wohnungsprostitution (VGH Mannheim NVwZ 1997,601).

4. Gewerbegebiet: Zulässig: Wohnräume für Betriebsleiter und Bereitschafts- oder Aufsichtspersonal (BVerwG BauR 1983, 443; vgl. aber OVG Münster BauR 2008, 1114: bei Aufgabe des Gewerbebetriebs entfällt Baugenehmigung), Bordell (BVerwG NJW 1984, 1574 – das aber im Einzelfall nach § 15 BauNVO oder § 3 LBO unzulässig sein kann – eb. auch OVG Hamburg BauR 2009, 1867; OVG Koblenz DVBl 2009, 1395), Beherbergungsbetrieb (BVerwG VBlBW 1993, 49), nicht erheblich störende Anlagen nach § 4 BimSchG (BVerwG NVwZ 1993, 987). 86

Unzulässig: Wohngebäude (OVG Schleswig BauR 1991, 731), Wohnheim für Asylbewerber (VGH Mannheim VBlBW 1989, 309), Baustoff-Recyclinganlage (VGH Mannheim VBlBW 2000, 78), Wohnung für freie Berufe (VGH München BauR 2008, 649).

5. Industriegebiet: Unzulässig: Zwischenlager für atomare Brennstoffe (OVG Münster NJW 1985, 590), Diskothek (BVerwG NVwZ 2000, 1054), Asylbewerberunterkunft (OVG Münster NVwZ-RR 2004, 247), Begräbnisstätte für nicht-christliche Glaubensgemeinschaft (VGH Mannheim BauR 2010, 882).

6. Vergnügungsstätten: Die BauNVO 1990 hat eine sehr differenzierte Regelung für die Zulässigkeit von Vergnügungsstätten eingeführt (Fickert/Fieseler vor §§ 2 ff., Rdnr. 4.4; § 4 a Rdnr. 22 ff.; Stüer DVBl 2010, 544); die frühere Rechtsprechung ist damit z. T. gegenstandslos geworden. 87

§ 4 a Abs. 3 Nr. 2 BauNVO begründet den Typus der sog. kerngebietstypischen Vergnügungsstätte. Dabei handelt es sich um Einrichtungen, die für ein allgemeines Publikum aus einem größeren Einzugsbereich vorgesehen sind und daher regelmäßig nur in Kerngebieten (§ 7 Abs. 2 Nr. 2 BauNVO) sowie ausnahmsweise in Gewerbegebieten (§ 8 Abs. 3 Nr. 3 BauNVO) zulässig sind. Als kerngebietstypisch werden z. B. Spielhallen mit mehr als 100 m² Nutzfläche (VGH Mannheim VBlBW 1992, 101; NVwZ 1990, 86; Lieber VBlBW 2011, 6; vgl. auch BVerwG NVwZ 1991, 264), großflächige Diskotheken, Nachtlokale und ähnliche Einrichtungen angesehen. Sonstige – also nicht kerngebietstypische – Vergnügungsstätten können außerdem in Mischgebieten (§ 6 Abs. 2 Nr. 8 und Abs. 3 BauNVO) und besonderen Wohngebieten (§ 4 a Abs. 3 Nr. 2 BauNVO) eingerichtet werden. In allen anderen Baugebieten sind Vergnügungsstätten generell unzulässig und zwar auch dann, wenn von ihnen keine Störung der Nachtruhe ausgeht (BVerwG NVwZ 1991, 266; BauR 1993, 51; BauR 2000, 1306 – Diskothek in Industriegebiet).

7. Sondergebiete: Die Festsetzung von Sondergebieten nach §§ 10, 11 BauNVO ist nur zulässig, wenn die vorgesehene Bebauung sich so deutlich von den Baugebieten 88 nach §§ 2 bis 9 BauNVO unterscheidet, dass die vorgesehene Bebauung in einem solchen Baugebiet nicht verwirklicht werden könnte (BVerwG NVwZ 2010, 40).

Bsp.: a) (OVG Lüneburg BauR 2009, 1550): Ein Sondergebiet „Wohnen mit Pferden" ist zulässig.

b) (OVG Lüneburg NVwZ 2002, 109): Sondergebiet Altenwohnheim ist unzulässig, da ein Altenwohnheim in Wohngebieten nach §§ 3, 4 BauNVO errichtet werden kann.

Als Sondergebiete, die der **Erholung** dienen (§ 10 BauNVO), können insbesondere Wochenendhausgebiete, Ferienhausgebiete oder Campingplatzgebiete ausgewiesen werden. Der Bebauungsplan muss aber nach § 10 Abs. 2 BauNVO die Art der Nutzung genau festlegen; eine Ausweisung als „Erholungsgebiet" ist mangels Bestimmtheit nichtig (BVerwG BauR 1983, 433; VGH Mannheim BWVPr 1984, 83).

Nach **§ 11 BauNVO** können auch **sonstige Sondergebiete** festgesetzt werden; Abs. 2 nennt als Beispiele Kurgebiete, Ladengebiete, Einkaufszentren und großflächige Handelsbetriebe, Ausstellungsgebiete, Hochschulgebiete, Klinikgebiete; auch insoweit muss aber die Zweckbestimmung eindeutig festgesetzt sein (BVerwG NJW 1983, 2713; VGH Mannheim NVwZ-RR 2001, 716 – Sondergebiet Technologie-Park).

89 **§ 11 Abs. 3 BauNVO** enthält eine Sonderregelung für **Einkaufszentren** (s. dazu BVerwG NVwZ 1990, 1074; BVerwGE 117, 25 = NVwZ 2003, 86) sowie **großflächige Einzelhandelsbetriebe** (s. dazu BVerwGE 68, 243 ff. = NJW 1984, 1768 ff. – insgesamt 4 Entscheidungen – sowie Birk VBlBW 2006, 289; Hauth BauR 2006, 775; Gronemeyer BauR 2006, 1410). Großflächig ist ein Betrieb bei mehr als 800 m² Verkaufsfläche (BVerwG NVwZ 2006, 452). Solche Betriebe sind nach § 11 Abs. 3 BauNVO nur in Sondergebieten oder Kerngebieten zulässig, wenn sie Auswirkungen auf die Ziele der Raumordnung (s. dazu VGH Mannheim VBlBW 2010, 357), die Infrastruktur des Ortes oder der Nachbargemeinden, den Verkehr auf den Zufahrtsstraßen sowie auf die Immissionssituation der Umgebung haben können (zum Rechtsschutz der Nachbargemeinden s. BVerwG BauR 2010, 268; VGH Mannheim NVwZ-RR 2008, 369). Derartige Auswirkungen werden nach § 11 Abs. 3 Satz 3 BauNVO vermutet, wenn die Geschossfläche mehr als 1200 m² beträgt (BVerwGE 68, 243 ff. = NJW 1984, 1768; E 124, 364 = NVwZ 2006, 452).

Ein in den letzten Jahren viel diskutiertes Problem stellen die sog. Factory-Outlet-Center (**FOC**) dar (s. dazu BVerwGE 117, 25 = NVwZ 2003, 86; NVwZ 2006, 932; Otting DVBl 1999, 595; Erbguth NVwZ 2000, 969). Es handelt sich dabei um außerordentlich großflächige Verkaufsstellen von mehreren Produzenten, die Waren mit geringfügigen Fehlern oder aus der auslaufenden Kollektion zu äußerst günstigen Preisen direkt an die Verbraucher abgeben und dadurch Käufer aus einem größeren Umkreis anlocken. Die FOC stellen eine besondere Form der Einkaufszentren dar, deren Zulässigkeit sich nach § 11 Abs. 3 BauNVO richtet (BVerwG a.a.O.; Dolde/Menke NJW 1999, 2152; Reidt NVwZ 1999, 45). Es liegt auf der Hand, dass derartige groß dimensionierte Einrichtungen „Schnäppchenjäger" in großem Umfang anlocken und daher schwerwiegende Einwirkungen auf die Infrastruktur der benachbarten Gemeinden haben können.

Die Vermutung des § 11 Abs. 3 BauNVO, dass großflächige Einzelhandelsbetriebe die angeführten Auswirkungen haben, ist freilich bei besonderer Geschäftsgestaltung widerlegbar, etwa bei einer Beschränkung auf wenige flächenbeanspruchende Produkte wie Möbel, Baumaterialien u. ä.; in derartigen Ausnahmefällen können großflächige Einzelhandelsbetriebe auch in Gewerbe- und Industriegebieten errichtet werden (so BVerwGE 68, 360 = NJW 1984, 1768; E 124, 364 = NVwZ 2006, 452). Zu beachten ist, dass § 11 Abs. 3 BauNVO erst durch die BauNVO-Novelle 1968 geschaffen worden ist. Daraus folgt, dass diese Vorschrift auf bereits zuvor erlassene Bebauungspläne keine Anwendung findet mit der Folge, dass großflächige Einzelhandelsbetriebe und Einkaufszentren auch in Gewerbe- und Industriegebieten zulässig sind, soweit diese durch vor 1968 aufgestellte Bebauungspläne festgesetzt worden sind (BVerwGE 68, 352 = NJW 1984, 1773; BauR 2004, 43). Im Einzelfall kann freilich ein Verbrauchermarkt nach § 15 BauNVO auch in einem solchen Gewerbe- oder Industriegebiet unzulässig sein.

Stellplätze und Garagen (§ 12 BauNVO): In allen Baugebieten dürfen nach § 12 BauNVO Stellplätze und Garagen angelegt werden; in Wohngebieten beschränkt § 12 Abs. 2 BauNVO die Zahl der Stellplätze und Garagen im Interesse der Wohnruhe auf den durch die zugelassene Nutzung verursachten Bedarf (s. dazu Dürr BauR 1997, 7). 90

Gebäude und Räume für freie Berufe (§ 13 BauNVO): Nach § 13 BauNVO dürfen freiberuflich Tätige auch in Wohngebieten Räume – nicht aber ganze Gebäude – zur Ausübung ihres Berufs nutzen; in anderen Baugebieten können auch ganze Gebäude für diesen Zweck verwandt werden. Diese Vorschrift trägt dem Umstand Rechnung, dass durch eine freiberufliche Tätigkeit i. d. R. keine wesentliche Störung des Wohnens verursacht wird. Freiberuflich tätig i. S. d. § 13 BauNVO sind Personen, welche persönliche Dienstleistungen erbringen, die auf individueller geistiger Leistung oder sonstiger persönlicher Fertigkeit beruhen (BVerwGE 68, 324 = NVwZ 1984, 236: NVwZ 2001, 1284; OVG Hamburg BauR 1997, 613), z. B. Ärzte, Rechtsanwälte, Architekten, Krankengymnasten, Handels- und Versicherungsvertreter, Makler u. ä. Nach Ansicht des BVerwG fällt eine handwerkliche oder kaufmännische Tätigkeit grundsätzlich nicht unter § 13 BauNVO, selbst wenn sie keine Störungen der Umgebung bewirkt, wie dieses z. B. bei einer Schneiderwerkstatt der Fall wäre (eb. VGH Mannheim BauR 1986, 39 – Bräunungsstudio; OVG Lüneburg NVwZ-RR 1994, 487 – Herstellung von Software). Damit der Wohncharakter von Wohngebieten nicht beeinträchtigt wird, verlangt das BVerwG (BVerwGE 68, 324 = NVwZ 1984, 236; NVwZ 2001, 1284) aber, dass weniger als die Hälfte des Gebäudes für freiberufliche Zwecke genutzt wird; zu berücksichtigen sind dabei aber nur die Flächen von Räumen, die als Aufenthaltsräume (§ 2 Abs. 7 LBO – s. dazu Rdnr. 210) genutzt werden können (OVG Lüneburg NVwZ-RR 2008, 22). 91

Daraus folgt, dass z. B. ein „Ärztehaus“ in einem allgemeinen Wohngebiet nicht nach § 13 BauNVO zugelassen werden kann (BVerwG VBlBW 1997, 215 mit Anm. Dürr). Es kann allerdings nach § 4 Abs. 3 Nr. 2 BauNVO als nichtstörender Gewerbebetrieb zugelassen werden (Dürr a.a.O.; a. M. aber BVerwG a.a.O.). Die weithin vertretene Ansicht, § 4 Abs. 3 Nr. 2 BauNVO erfasse nur Gewerbebetriebe im Sinne der §§ 1 GewO, 18 EStG (so OVG Hamburg BauR 1997, 613; Fickert/Fieseler § 2 Rdnr. 24), lässt die unterschiedliche Funktion von gewerbe- bzw. steuerrechtlichen Vorschriften einerseits, baurechtlichen Vorschriften andererseits außer Betracht.

Nebenanlagen (§ 14 BauNVO): Nach § 14 BauNVO dürfen in allen Baugebieten außer den jeweils zulässigen Bauvorhaben auch Nebenanlagen errichtet werden; dieses sind Anlagen, die gegenüber dem Hauptgebäude sowohl im Hinblick auf die Größenverhältnisse als auch im Hinblick auf ihre Funktion eine untergeordnete Bedeutung haben (BVerwG VBlBW 2000, 146; NVwZ 2004, 1244). 92

Bsp. a) (BVerwG NJW 1977, 2090): Eine Traglufthalle für ein privates Schwimmbad ist eine Nebenanlage zu einem Wohnhaus (eb. OVG Lüneburg BauR 2003, 218 für eine Schwimmhalle).

b) (BVerwG NJW 1986, 393): Ein privater Tennisplatz ist eine Nebenanlage zu einer großen Villa – s. aber auch VGH Mannheim NVwZ 1985, 767: Privatsportplatz ist keine Nebenanlage zu Wohnhaus.

c) (BVerwG BauR 2000, 73): Ein kleines Gebäude zur Unterbringung von Brieftauben ist eine Nebenanlage zum Wohnhaus.

d) (BVerwG NVwZ 2000, 680): Eine Mobilfunkanlage ist keine Nebenanlage, da sie nicht nur das jeweilige Gebäude versorgt (eb. OVG Münster NVwZ-RR 2004, 404).

Die Nebenanlage darf aber dem Charakter des Baugebiets nicht widersprechen (s. dazu BVerwG NJW 1983, 2713 – Windenergieanlage in Wohngebieten; BVerwG NVwZ-RR 1994, 309 – Ozelot-Haltung in Wohngebiet; VGH Mannheim BauR 1989, 697 – Hundezwinger im Wohngebiet).

Soweit eine Nebenanlage nicht die Voraussetzungen des § 14 BauNVO erfüllt, ist zu prüfen, ob sie nach der für das Baugebiet maßgeblichen Vorschrift zugelassen werden kann (BVerwG BauR 1993, 315 – Werbeanlage an Wohnhaus).

b) § 15 BauNVO

93 Die typisierende Betrachtungsweise der BauNVO (BVerwGE 68, 207 = NJW 1984, 572 und E 68, 342 = NJW 1984, 1768; NVwZ 2008, 786) kann bei atypischer Fallgestaltung zu unangemessenen Ergebnissen führen, die ein Abweichen von den Bestimmungen der BauNVO verlangen. Zugunsten des Bauherrn kommt in einem solchen Fall eine Befreiung nach § 31 Abs. 2 BauGB in Betracht. Zum Schutz der Umgebung oder sonstiger öffentlicher Belange schreibt **§ 15 BauNVO** vor, dass nach §§ 2 – 14 BauNVO grundsätzlich zulässige Anlagen im Einzelfall unzulässig sind, wenn sie der **Eigenart des Baugebiets widersprechen** oder **unzumutbare Störungen der Umgebung** hervorrufen bzw. selbst solchen Störungen ausgesetzt sind.

Die Eigenart des Baugebiets ergibt sich dabei aus der vorhandenen Bebauung im Baugebiet (BVerwGE 79, 308 = BauR 1988, 440; VGH Mannheim NVwZ-RR 2010, 45; OVG Hamburg BauR 2009, 1556), insbesondere der Größe der Gebäude (VGH München BauR 2008, 1556: großes Hotel in einem durch kleine Wohngebäude und Fremdenbeherbergungsbetriebe geprägten Mischgebiet).

Zur Ermittlung der nicht mehr zumutbaren Störungen kann auf die immissionsschutzrechtlichen Regelungen zurückgegriffen werden (BVerwG BauR 2000, 234), die die Zumutbarkeitsgrenze nach § 15 Abs. 3 BauNVO zwar nicht abschließend festlegen, aber als Orientierungswerte auch im Baurecht heranzuziehen sind (BVerwG NVwZ 1999, 298; BauR 2000, 234). § 15 BauNVO ist letztlich eine gesetzliche Ausgestaltung des baurechtlichen Rücksichtnahmegebots (BVerwGE 98, 235 = NVwZ 1996, 379; BauR 2000, 234 – zum Rücksichtnahmegebot s. Rdnr. 265 ff.).

Bsp. a) (BVerwG NVwZ 1999, 298): Ein in einem allgemeinen Wohngebiet als Nebenanlage nach § 14 BauNVO grundsätzlich zulässiger Altglas-Container kann im Einzelfall wegen der Störung der Wohnruhe unzulässig sein.

b) (BVerwG NJW 1985, 1575): Ein Bordell kann wegen § 15 BauNVO im Gewerbegebiet unzulässig sein.

c) (BVerwG NJW 1988, 3168): Ein Einzelhandelsgeschäft kann nach § 15 BauNVO in einem Mischgebiet unzulässig sein, wenn dadurch der Anteil der gewerblichen Nutzung in dem Baugebiet auf 85 % erhöht wird und damit der Gebietscharakter als Mischgebiet in Frage gestellt ist.

d) (OVG Hamburg BauR 2009, 1556): Ein Wohngebäude mit 5 Wohnungen entspricht nicht der Eigenart eines durchweg mit Familienheimen (2 Wohnungen) bebauten Gebiets.

§ 15 BauNVO ist als **Feinkorrektur des Bebauungsplans** bestimmt, kann also die Festsetzungen nur ergänzen. Dagegen ist die Vorschrift kein Mittel, um eine planerische Fehlentscheidung zu korrigieren (BVerwG NVwZ 1993, 987).

Bsp. (BVerwG BauR 1989,306): Ein Bebauungsplan, der unter Missachtung des Rücksichtnahmegebots neben einer vorhandenen Wohnbebauung einen großen Hotelkomplex mit Parkhaus vorsieht, kann nicht dadurch „gerettet" werden, dass die Genehmigung des Parkhauses wegen § 15 BauNVO abgelehnt wird.

§ 15 BauNVO bezieht sich nur auf §§ 2 ff. BauNVO, nicht auf §§ 16 ff. BauNVO, auch wenn in Abs. 1 vom Umfang des Bauvorhabens die Rede ist (BVerwG NVwZ 1995, 899). Damit wird lediglich darauf abgestellt, dass bei einigen Vorhaben, z. B. Vergnügungsstätten (vgl. oben Rdnr. 87) auch die Größe für die Zulässigkeit in bestimmten Baugebieten maßgeblich ist.

c) Maß der baulichen Nutzung (§§ 16 – 21 a BauNVO)

Während die §§ 2 ff. BauNVO durch die Festsetzung von Baugebieten die Art der baulichen Nutzung unmittelbar bestimmen, wenden sich die §§ 16 ff. BauNVO (s. dazu Heintz BauR 1990, 166) mit ihren Regelungen über das zulässige Maß der baulichen Nutzung zunächst an den Bebauungsplan-Normgeber, d.h. den Gemeinderat. Dieser kann nach § 16 Abs. 2 BauNVO durch die Festsetzung der Gebäudehöhe, der Zahl der Vollgeschosse, der Grundflächenzahl und der Geschossflächenzahl sowie – nur in Industriegebieten – der Baumassenzahl die bauliche Nutzung der Grundstücke im Geltungsbereich eines Bebauungsplans beschränken. Dabei schreibt § 16 Abs. 3 Nr. 1 BauNVO zwingend vor, dass die Grundfläche des Gebäudes festgelegt werden muss (BVerwG NVwZ 1996, 894; VGH München NVwZ 1997, 1016). Das Gleiche gilt nach Nr. 2 für die Gebäudehöhe, soweit ohne eine solche Festsetzung das Orts- oder Landschaftsbild beeinträchtigt wird (s. dazu Fickert/Fieseler BauNVO § 16 Rdnr. 42 ff.). 94

Die **Gebäudehöhe** kann als Firsthöhe (Höhe des Daches) oder Traufhöhe (Schnittpunkt der Außenwand mit dem Dach) festgesetzt werden. Wann ein Geschoss als Vollgeschoss gilt, ergibt sich nach § 20 Abs. 1 BauNVO aus den landesrechtlichen Vorschriften, in Baden-Württemberg aus § 2 Abs. 6 LBO. Danach sind **Vollgeschosse** solche Geschosse, die mehr als 1,40 m aus der im Mittel gemessenen Geländeoberfläche hinausragen und mindestens 2,30 m hoch sind. Für die Höhe ist maßgeblich die Distanz zwischen Oberkante Fußboden des unteren und des darüber liegenden Geschosses. Die im Mittel gemessene Geländeoberfläche ergibt sich aus der Höhenlage des Geländes an den Gebäudeecken (§ 2 Abs. 6 Satz 2 LBO). 95

Untergeschosse zählen nur dann als Vollgeschosse, wenn sie mehr als 1,40 m über die Geländeoberfläche hinausragen. **Dachgeschosse** sind nach § 2 Abs. 6 Satz 4 LBO nur Vollgeschosse, wenn sie über mehr als 3/4 der Grundfläche eine Höhe von 2,30 m aufweisen. Diese Regelung gestattet es einem geschickten Bauherrn – bzw. Architekten – auch bei einer Beschränkung der Zahl der Vollgeschosse im Bebauungsplan auf nur ein Geschoss praktisch drei zu Wohnzwecken nutzbare Geschosse anzulegen: Das Untergeschoss ragt nur 1,30 m aus der Geländeoberfläche auf; das Dachgeschoss wird nur mit einer Höhe von 2,20 m ausgestattet, was nach § 34 Abs. 1 LBO zur Anlage von Aufenthaltsräumen im Dachgeschoss ausreicht. 96

Bitte beachten: Die obigen Ausführungen zu den Anforderungen an ein Vollgeschoss gelten nach Ansicht des VGH Mannheim (VBlBW 1985, 99; NVwZ-RR 1999, 558; eb. OVG Berlin DVBl 1989, 1065; Sauter, LBO § 2 Rdnr. 83) nur für Bebauungspläne, die nach dem 1.1.1996, d.h. nach dem In-Kraft-Treten der neuen LBO (vgl.

Rdnr. 5) erlassen worden sind; für ältere Bebauungspläne ist auf die Anforderungen des § 2 Abs. 5 LBO a.F. an Vollgeschosse abzustellen (a. M. allerdings VGH Kassel BauR 1985, 293). Es gelten insoweit dieselben Grundsätze wie bei § 1 Abs. 3 BauNVO (s. oben Rdnr. 82).

97 Das Bauvorhaben muss ferner die im Bebauungsplan festgesetzte **Grund- und Geschossflächenzahl** beachten; zur Bedeutung dieser Begriffe s. oben Rdnr. 67.

d) Bauweise und überbaubare Grundstücksfläche (§§ 22, 23 BauNVO)

98 Außerdem muss das Bauvorhaben der im Bebauungsplan festgesetzten **Bauweise** (s. dazu oben Rdnr. 68) entsprechen. Dabei bedeutet offene Bauweise allerdings nicht nur die Errichtung von Einzelhäusern. Auch Doppelhäuser und Hausgruppen bis 50 m Länge fallen nach § 22 Abs. 2 BauNVO noch unter den Begriff der offenen Bauweise (vgl. zu den einzelnen Begriffen des § 22 BauNVO: BVerwG NVwZ 2000, 1055; VGH Mannheim VBlBW 2000, 25 sowie oben Rdnr. 68).

99 Schließlich kann das Bauvorhaben nur innerhalb der im Bebauungsplan festgesetzten **Baugrenzen** oder **Baulinien** (s. dazu oben Rdnr. 68) errichtet werden; dabei müssen auch unterirdische Bauteile innerhalb der Baugrenzen/Baulinien bleiben (so VGH München BRS 49 Nr. 172; Fickert/Fieseler BauNVO § 23 Rdnr. 12). Eine Ausnahme gilt allerdings nach § 23 Abs. 5 BauNVO für Nebenanlagen (s. oben Rdnr. 92) sowie für Anlagen, die in den Abstandsflächen zulässig sind (s. dazu Rdnr. 188 u. 193). Diese können auch außerhalb der überbaubaren Flächen zugelassen werden.

100 Der Bebauungsplan enthält ferner i. d. R. neben den bauplanungsrechtlichen Festsetzungen auch noch eine Vielzahl gestalterischer Bestimmungen, die aufgrund von § 74 LBO in den Bebauungsplan aufgenommen werden (s. oben Rdnr. 69).

4. Ausnahmen und Befreiungen (§ 31 BauGB)

101 Nach § 31 Abs. 1 BauGB kann die Baurechtsbehörde im Einvernehmen mit der Gemeinde (§ 36 BauGB) **Ausnahmen** von den Festsetzungen des Bebauungsplans zulassen. Wenn § 31 Abs. 1 verlangt, dass die Ausnahme ausdrücklich im Bebauungsplan vorgesehen sein muss, so ist das missverständlich. Ausdrücklich vorgesehen sind auch die in dem jeweiligen Abs. 3 der §§ 2 – 9 BauNVO genannten Bauvorhaben, da diese Ausnahmeregelungen wegen § 1 Abs. 3 BauNVO automatisch Bestandteil des Bebauungsplans sind (BVerwG NVwZ 2000, 680; VGH München BauR 2008, 1108).

Im Bebauungsplan kann aber festgesetzt werden, dass nach §§ 2 – 9 BauNVO zulässige Ausnahmen ganz oder teilweise nicht Bestandteil des Bebauungsplans sind, d.h. nicht zulässig sind (§ 1 Abs. 6 Nr. 1 BauNVO). Ferner können ausnahmsweise zulässige Bauvorhaben für allgemein zulässig erklärt werden (§ 1 Abs. 6 Nr. 2 BauNVO).

Eine Ausnahme nach § 31 Abs. 1 BauGB ist noch von der Planungshoheit der Gemeinde erfasst und stellt damit eine Verwirklichung der Planungsvorstellungen der Gemeinde dar (BVerwGE 108, 190 = NVwZ 1999, 981; VGH Mannheim BauR 1995, 223; VBlBW 1995, 402; 1996, 24). Durch Entscheidungen nach § 31 Abs. 1 BauGB darf aber die Grundsatzentscheidung der Gemeinde über die zulässige Bebauung in dem maßgeblichen Gebiet nicht in Frage gestellt werden, d.h. die Ausnahme muss auch wirklich eine Ausnahme bleiben und nicht der Regelfall werden; § 31 Abs. 1 BauGB darf nicht dazu benutzt werden, de facto eine Bebauungsplanänderung vorzunehmen (BVerwG 2002, 1118 u. 1384; VGH Mannheim a.a.O.; VGH München NVwZ-RR 2007, 736).

Eine **Befreiung** (s. dazu Schmidt-Eichstaedt NVwZ 1998, 571; Claus DVBl 2000, 241) **102** stellt nach § 31 Abs. 2 BauGB eine Abweichung von den Planungsvorstellungen der Gemeinde, wie sie im Bebauungsplan ihren Niederschlag gefunden haben, dar. Sinn dieser Vorschrift ist es, eine Einhaltung des Bebauungsplans nicht auch dort zu erzwingen, wo dieses wegen der besonderen Situation sinnlos wäre. Eine Befreiung ist nach § 31 Abs. 2 Halbs. 1 BauGB grundsätzlich nicht zulässig, wenn die **Grundzüge der Planung** berührt werden. Dieses ist der Fall, wenn von den die Planung tragenden Festsetzungen abgewichen werden soll (BVerwG NVwZ 2009, 1103; BauR 2009, 78; VGH Mannheim BauR 2007, 1845) oder bei einer Vielzahl anderer Grundstücke mit derselben Begründung eine Befreiung verlangt werden könnte (BVerwG NVwZ 1999, 1110; NVwZ 2000, 679). In diesem Fall ist eine Änderung des Bebauungsplans geboten (BVerwG NVwZ 1990, 556). Mit den Grundzügen der Planung ist die dem Bebauungsplan zugrunde liegende städtebauliche Konzeption gemeint, nicht etwa die Planungskonzeption für die ganze Gemeinde (Ernst/Zinkahn/Bielenberg/Krautzberger § 31 Rdnr. 35; s. dazu im einzelnen Brügelmann/Gierke §§ 13 Rdnr. 27 ff.).

Während § 31 Abs. 2 BauGB 1987 noch ausdrücklich vorschrieb, dass die Befreiung nur im **Einzelfall** zulässig ist, enthält § 31 Abs. 2 BauGB 1998 diese Einschränkung nicht mehr. Nach den Gesetzesmaterialien (BT-Drucks. 13/6392 S. 56) soll dadurch erreicht werden, dass auch in mehreren Fällen eine Befreiung möglich ist; die Grenze für regelmäßige Befreiungen soll erst dann erreicht werden, wenn § 1 Abs. 3 BauGB eine förmliche Bebauungsplanänderung erforderlich macht (s. dazu Mager DVBl 1999, 205). Es fragt sich allerdings, ob dieses gesetzgeberische Ziel erreichbar ist (s. dazu im einzelnen Brügelmann/Dürr § 31 Rdnr. 27 ff.). Es spricht vieles dafür, dass die **atypische Sondersituation** immanentes Merkmal einer jeden Befreiung ist (so BVerwG NVwZ 1989, 1060: die Befreiung ist ihrem Wesen nach stets auf eine Berücksichtigung der besonderen Umstände des Einzelfalls angelegt). Es ist deshalb trotz der Neufassung des § 31 Abs. 2 BauGB daran festzuhalten, dass eine Befreiung nach § 31 Abs. 2 BauGB nur in atypischen Sonderfällen in Betracht kommt, in denen der Normzweck des Bebauungsplans ein Abweichen von den Festsetzungen des Bebauungsplans zulässt (eb. Battis/Krautzberger/Löhr NVwZ 1997, 1160; Dolderer NVwZ 1998, 568; Jäde/Dirnberger/Weiß § 31 Rdnr. 13; Schrödter/Schmaltz § 31 Rdnr. 19; a. M. VGH Mannheim NVwZ 2004, 337; Schmidt-Eichstaedt NVwZ 1998, 571; Hermann NVwZ 2004, 309; Claus DVBl 2000, 241). Das BVerwG (NVwZ 1999, 1110) kommt mit einer etwas anderen Begründung praktisch zu demselben Ergebnis. Das BVerwG lässt zwar offen, ob weiterhin eine atypische Einzelfallsituation erforderlich ist. Es stellt darauf ab, ob durch die Abweichung vom Bebauungsplan die Grundzüge der Planung berührt werden, was regelmäßig der Fall sein soll, wenn die Planungskonzeption des Bebauungsplans verlassen wird, insbesondere bei wesentlichen Festsetzungen in vielen anderen Fällen mit derselben Begründung eine Abweichung vom Bebauungsplan begehrt werden könnte (BVerwG NVwZ 1999, 1110; NVwZ 2000, 679; VGH Mannheim VBlBW 2007, 267) oder die Abweichung weit reichende städtebauliche Auswirkungen hätte (OVG Münster BauR 2009, 1409).

Bsp. a) (VGH Mannheim VBlBW 2000, 78): Grundzüge der Planung werden berührt, wenn in einem Gewerbegebiet, das an ein Wohngebiet grenzt, eine Anlage zum Recycling von Bauschutt genehmigt wird, die eigentlich nur in einem Industriegebiet zugelassen werden kann.

b) (BVerwG BauR 2009, 78): Mobilfunkanlage in WR-Gebiet berührt Grundzüge der Planung, wenn der Gemeinderat ein „kompromissloses“ WR-Gebiet wollte.

c) (OVG Hamburg BauR 2009, 1556): Grundzüge der Planung werden berührt, wenn statt der zulässigen 2 Wohnungen pro Gebäude ein Haus mit 5 Wohnungen errichtet werden soll.

Damit reduziert sich das Problem der Atypik auf die unbedeutenden Festsetzungen, z. B. die Zulässigkeit von Wintergärten oder ähnlichen Anbauten außerhalb der überbaubaren Grundstücksflächen; insoweit wäre eine großzügigere Befreiungspraxis jedenfalls im Ergebnis meistens hinnehmbar (OVG Münster BauR 2007, 1198; VGH München BRS 71 Nr. 76).

103 Nach § 31 Abs. 2 Nr. 1 BauGB kann eine Befreiung gewährt werden, wenn **Gründe des Wohls der Allgemeinheit** dieses erfordern. Ein „Erfordern" ist nach der Rechtsprechung des BVerwG (E 56, 71 = NJW 1979, 993; BauR 2004, 1124) dann zu bejahen, wenn aus Gründen des Allgemeinwohls vernünftigerweise eine Abweichung vom Bebauungsplan geboten ist; eine unabweisbare Notwendigkeit ist nicht erforderlich.

Bsp. a) (BVerwGE 56, 71 = NJW 1979, 989): Für den Betrieb eines Volksbildungsheims in Freiburg, das ein- bis zweiwöchige Veranstaltungen kultureller Art durchführt, kann eine Befreiung nach § 31 Abs. 2 Nr. 1 BauGB für die Einrichtung eines Bettentrakts im Anschluss an das Veranstaltungsgebäude erteilt werden, wenn die Kursteilnehmer in der Fremdenverkehrssaison Schwierigkeiten haben, eine Unterkunft zu angemessenen Preisen zu finden und der Bebauungsplan die Errichtung eines Anbaus nicht zulässt.

b) (BVerwG BauR 2004, 1124): Eine Mobilfunkanlage, die zur Gewährleistung des Telefonverkehrs erforderlich ist, dient dem öffentlichen Wohl.

Für eine Befreiung nach § 31 Abs. 2 Nr. 1 BauGB reicht es allerdings nicht aus, dass das Vorhaben dem öffentlichen Wohl dient. Es muss hinzukommen, dass gerade die Abweichung vom Bebauungsplan aus Gründen des öffentlichen Wohls geboten ist (Jäde/Dirnberger/Weiß § 31 Rdnr. 19). § 31 Abs. 2 BauGB begünstigt nicht nur Baumaßnahmen der öffentlichen Hand, sondern auch Vorhaben privater Träger, die dem Wohl der Allgemeinheit dienen (VGH Mannheim BRS 36 Nr. 182).

104 Die Befreiungsregelung des § 31 Abs. 2 Nr. 2 BauGB, wonach eine Befreiung zulässig ist, wenn ein Abweichen vom Bebauungsplan **städtebaulich vertretbar ist**, soll nach dem Willen des Gesetzgebers (BT-Drucks. 10/4630, 85) „Einengungen bei den Befreiungsmöglichkeiten beseitigen, die durch die bisherige Rechtsprechung entstanden sind". Vertretbar ist grundsätzlich jede Bebauung, die gemäß den Grundsätzen des § 1 Abs. 5 – 7 BauGB im Bebauungsplan hätte festgesetzt werden können (BVerwGE 108, 190 = NVwZ 1999, 981; BVerwGE 117, 50 = NVwZ 2003, 478; VGH Mannheim VBlBW 2007, 267 u. 385). Die Regelung ist heftig kritisiert worden (v. Feldmann/Groth DVBl 1986, 652; Dolderer NVwZ 1998, 567). In der Tat würde eine Regelung, bei der bereits die Vertretbarkeit der Abweichung eine Befreiung zulässt (so Krautzberger NVwZ 1987, 452; Lenz BauR 1987, 1; Schmidt-Eichstaedt DVBl 1989, 1), den Bebauungsplan in vielen Fällen praktisch zur Disposition der Verwaltung stellen. Es ist z. B. häufig vertretbar und berührt nicht die Grundzüge der Planung, wenn statt der vorgesehenen zwei Geschosse ein dreigeschossiges Bauwerk zugelassen, der vorgesehene Standort der Garage verlegt oder die festgesetzte Baugrenze überschritten wird; ebenso sind zahlreiche vertretbare Abweichungen von der Art der baulichen Nutzung denkbar.

Die erforderliche Einschränkung der Befreiungsmöglichkeit wird nach der Rechtsprechung des BVerwG (E 117, 50 = NVwZ 2003, 478; VGH Mannheim VBlBW 2007, 385) durch das unter Rdnr. 102 dargestellte Erfordernis, dass die Grundzüge der Planung nicht berührt werden dürfen, in einer im Ergebnis durchaus praktikablen Weise erreicht. Diese Rechtsprechung führt allerdings dazu, dass nur die wesentlichen Festsetzungen des Bebauungsplans eingehalten werden müssen, während die weniger gewichtigen Festsetzungen weitgehend zur Disposition der Baurechtsbehörde stehen, wobei eine exakte Grenzziehung zwischen wesentlichen und unwesentlichen Festsetzungen kaum möglich ist. Daher sprechen nicht nur rechtssystematische, sondern auch praktische Erwägungen dafür, für eine Befreiung nach § 31 Abs. 2 Nr. 2 BauGB weiterhin eine atypische Einzelfallsituation zu verlangen.

Eine Befreiung wegen **offensichtlich nicht beabsichtigter Härte** nach § 31 Abs. 2 **105**
Nr. 3 BauGB ist zulässig, wenn das Grundstück wegen seiner besonderen Verhältnisse bei Einhaltung des Bebauungsplans nicht oder nur schwer bebaut werden kann und diese Beschränkung nicht durch die Zielsetzung des Bebauungsplans gefordert wird (BVerwGE 56, 71 = NJW 1979, 939; NVwZ 1991, 264; BauR 1990, 582; NJW 1991, 2783).

Bsp. (BVerwG BRS 22 Nr. 185): Ein Gewerbebetrieb befindet sich in einem reinen Wohngebiet; der Gewerbebetrieb war schon vor Aufstellung des Bebauungsplans vorhanden. Der Gewerbebetrieb ist zwingend auf die Errichtung eines weiteren Betriebsgebäudes angewiesen. Nach § 3 BauNVO ist aber der Bau von gewerblich genutzten Gebäuden unzulässig; hier ist eine Befreiung nach § 31 Abs. 2 Nr. 3 BauGB geboten, denn der Satzungsgeber wollte und konnte bei Aufstellung des Bebauungsplans nicht die Existenz des vorhandenen Gewerbebetriebs in Frage stellen (eb. OVG Lüneburg BauR 1987, 74 für die Aufstockung eines Wohngebäudes).

Eine Befreiung ist nicht möglich, wenn die Härte vom Gemeinderat beabsichtigt ist, etwa eine vom Grundstückseigentümer gewünschte Festsetzung ausdrücklich abgelehnt wurde (OVG Lüneburg NVwZ 1995, 914; OVG Münster NVwZ-RR 2005, 388).

Bsp. (OVG Lüneburg NVwZ 1995, 914): Wenn der Gemeinderat bei der Aufstellung eines Bebauungsplans für ein allgemeines Wohngebiet ausdrücklich die Fortführung einer Tankstelle auf den vorhandenen Gebäudebestand beschränkt, kann nicht im Wege einer Befreiung die Errichtung eines zusätzlichen Autopavillons zum Verkauf von Kraftfahrzeugen zugelassen werden.

Für die Zulässigkeit einer Befreiung sind jedoch nur objektive, grundstücksbezogene Umstände bedeutungsvoll, nicht dagegen die persönlichen oder wirtschaftlichen Verhältnisse des jeweiligen Bauherrn (BVerwG BauR 1988, 335; NVwZ 1991, 265; NJW 1991, 2783; BauR 1990, 582).

Ob eine offensichtlich nicht beabsichtigte Härte vorliegt, unterliegt voller verwaltungsgerichtlicher Kontrolle (BVerwGE 56, 71 = NJW 1979, 939).

Alle drei Alternativen des § 31 Abs. 2 BauGB erlauben nur dann eine Befreiung, wenn **106**
die Abweichung auch unter Würdigung nachbarlicher Interessen mit den öffentlichen Belangen vereinbar ist. Eine Beeinträchtigung **öffentlicher Belange** durch das geplante Vorhaben kann nur im Rahmen einer Bebauungsplanänderung durch Abwägung aller betroffener Belange gelöst werden, nicht durch eine Einzelentscheidung nach § 31 Abs. 2 BauGB (BVerwGE 56, 71 = NJW 1979, 939). Soweit eine Bebauungsplanänderung zur Lösung städtebaulicher Konflikte erforderlich ist, scheidet also eine Befreiung nach § 31 Abs. 2 BauGB aus.

Als „Faustregel" kann darauf abgestellt werden, ob das Vorhaben sich bei unterstellter Ungültigkeit des Bebauungsplans gemäß § 34 Abs. 1 BauGB in die nähere Umgebung einfügen würde (BVerwGE 117, 50 = NVwZ 2003, 478 – zur Frage des Einfügens s. Rdnr. 115 ff.). Öffentliche Belange werden z. B. beeinträchtigt, wenn das Vorhaben Planungsabsichten der Gemeinde oder anderer Planungsträger erschwert oder sogar vereitelt (BVerwGE 117, 50 = NVwZ 2003, 478; VGH Mannheim BauR 2007, 1687; OVG Münster BauR 2007, 1198).

Ferner sind die **nachbarlichen Interessen** zu würdigen; sie stehen aber einer Befreiung nicht von vornherein entgegen. Daher kommt eine Befreiung auch dann in

Betracht, wenn der Nachbar durch die Abweichung stärker beeinträchtigt wird als durch ein dem Bebauungsplan entsprechendes Bauvorhaben (BVerwGE 56, 71). Der Interessenausgleich zwischen Bauherrn und Nachbarn hat unter Berücksichtigung der Grundsätze zum Gebot der Rücksichtnahme zu erfolgen (BVerwG BauR 1987, 70; OVG Lüneburg BauR 2009, 954 – s. dazu Rdnr. 265 ff.).

107 Auch wenn die Voraussetzungen des § 31 BauGB für eine Ausnahme oder eine Befreiung vorliegen, besteht nach der nun allgemein vertretenen Ansicht kein Rechtsanspruch auf eine Ausnahme oder Befreiung, vielmehr steht diese Entscheidung im **Ermessen** der Baurechtsbehörde und der Gemeinde (so für die Ausnahme: BVerwGE 26, 282 und 40, 268; NJW 1987, 969; OVG Lüneburg NVwZ-RR 1994, 248; VGH München BauR 2008, 1108; NVwZ-RR 2007, 736; für die Befreiung: BVerwGE 56, 71 = NJW 1979, 939; E 88, 191 = NJW 1991, 3293; E 117, 50 = NVwZ 2003, 478; s. dazu im einzelnen Brügelmann/Dürr § 31 Rdnr. 21 und 55). Für die Einräumung einer Ermessensermächtigung spricht der Wortlaut des § 31 BauGB, wonach eine Ausnahme bzw. Befreiung erteilt werden „kann". Da die Festsetzungen eines Bebauungsplans eine Eigentumsbindung i. S. v. Art. 14 Abs. 1 Satz 2 GG darstellen, ist es – anders als bei § 35 Abs. 2 BauGB (s. dazu unten Rdnr. 129) – auch aus verfassungsrechtlichen Gründen nicht geboten, das „kann" in ein „muss" umzudeuten.

Die Frage, ob bei § 31 BauGB ein Ermessen der Baurechtsbehörde gegeben ist, hat aber im Regelfall keine praktische Bedeutung, denn es lassen sich kaum sachgerechte Ermessenserwägungen für eine Versagung der Ausnahme oder Befreiung denken, wenn die Tatbestandsvoraussetzungen des § 31 BauGB vorliegen und weder der Normzweck noch Belange der Allgemeinheit oder der Nachbarn eine Einhaltung der Norm erfordern (BVerwGE 117, 50 = NVwZ 2003, 478; VGH Mannheim BauR 2003, 1526; BauR 2007, 1546).

Eine Ermessensreduzierung auf Null nimmt das BVerwG (BauR 1993, 51) an, wenn früher ein Bauantrag zu Unrecht abgelehnt wurde und er nunmehr wegen eines zwischenzeitlich in Kraft getretenen Bebauungsplans nicht mehr genehmigt werden kann; in diesem Fall soll unter dem Aspekt des Folgenbeseitigungsanspruchs ein Anspruch auf Befreiung bestehen, sofern eine Befreiung überhaupt rechtlich zulässig ist.

108 Über die Befreiung wird i. d. R. in der Baugenehmigung entschieden; die Befreiung kann jedoch auch nachträglich erteilt werden. Nach § **58 Abs. 1 Satz 2 LBO** müssen Ausnahmen und Befreiungen ausdrücklich ausgesprochen werden. Dagegen ist ein ausdrücklicher Antrag des Bauherrn auf Befreiung nicht erforderlich (BVerwG NVwZ-RR 1990, 529; NVwZ 1993, 170).

5. Bauvorhaben im nichtbeplanten Innenbereich (§ 34 BauGB)

a) Abgrenzung Innenbereich – Außenbereich

109 Der Bereich des Gemeindegebiets, für den kein qualifizierter Bebauungsplan vorhanden ist, wird von § 34 BauGB (Innenbereich) oder § 35 BauGB (Außenbereich) erfasst. Dabei ist der Außenbereich nicht unbedingt identisch mit der freien Landschaft, vielmehr umfasst der Außenbereich den gesamten nichtbeplanten Bereich, der nicht im Zusammenhang bebaut ist, d.h. wo die vorhandene Bebauung nicht als Ordnungs- und Regelungsfaktor für die Bebauung bisher nicht bebauter Grundstücke in Betracht kommt (BVerwGE 41, 227; BauR 1977, 403).

Bsp. (BVerwGE 41, 227): Die Bebauung eines ca. 7 ha großen, unbebauten Geländes in Köln, das auf allen Seiten von bebauten Gebieten bzw. Verkehrsanlagen umgeben ist, richtet sich nach § 35 BauGB, weil die umgebende Bebauung wegen der räumlichen Entfernung nicht in der Lage ist, prägend auf ein Bauvorhaben in der Mitte der freien Fläche zu wirken (sog. Außenbereich im Innenbereich; eb. BVerwG NJW 1977, 1978 für eine 6,5 ha große Freifläche inmitten des bebauten Gebiets; VGH Mannheim VBlBW 2006, 433 für eine aufgegebene Kasernenanlage im Stadtgebiet von Rastatt – s. dazu Manssen BauR 2008, 31; OVG Münster BauR 2010, 1543).

§ 34 BauGB kann demnach nur dort Anwendung finden, wo die vorhandene Bebauung einen **städtebaulichen Ordnungsfaktor** für zukünftige Bauvorhaben darstellt, sodass die städtebaulichen Belange des § 1 Abs. 5 – 7 BauGB gewahrt bleiben. Eine Bebauung nach § 34 BauGB scheidet dagegen aus, wenn die städtebauliche Ordnung wegen der Größe der freien Fläche nur durch Aufstellung eines Bebauungsplans gewahrt werden kann. § 34 BauGB ist kein Ersatzplan anstelle eines Bebauungsplans, sondern lediglich ein Planersatz, solange ein Bebauungsplan noch nicht aufgestellt worden ist (BVerwGE 62, 151 = NJW 1981, 2720; NVwZ 1999, 527; 2000, 1169).

Ein im Zusammenhang bebauter **Ortsteil** i. S. d. § 34 BauGB setzt voraus, dass die **110** vorhandene Bebauung den **Eindruck der Geschlossenheit und Zusammengehörigkeit** erweckt und Ausdruck einer organischen Siedlungsstruktur ist (BVerwGE 31, 20; E 75, 34 = NVwZ 1987, 406; NVwZ 2001, 70; VGH Mannheim VBlBW 2007, 305 – lesenswert); die Ansiedlung muss nach der Zahl der vorhandenen Gebäude ein gewisses Gewicht haben. Zu letzterem Punkt lassen sich allerdings kaum feste Zahlenangaben machen, es kommt vielmehr auf die jeweiligen Verhältnisse in der betreffenden Landschaft an (BVerwG ZfBR 1984, 151; VGH Mannheim VBlBW 2007, 305).

Das **städtebauliche Gewicht** eines Ortsteils muss nach der Zahl der Gebäude und der Bebauungsdichte jedenfalls über das einer Splittersiedlung i. S. d. § 35 Abs. 3 BauGB hinausgehen (BVerwG NVwZ-RR 2001, 83; VGH Mannheim VBlBW 2007, 305; OVG Münster NVwZ-RR 2005, 682). Maßgeblich sind dabei nur die vorhandenen Gebäude; das gilt auch für materiell-rechtswidrige oder sogar ungenehmigte Bauten, sofern die Baurechtsbehörde diesen Zustand duldet (OVG Münster NVwZ-RR 1993, 400).

Das BVerwG hat z. B. bei 4 Gebäuden einen im Zusammenhang bebauten Ortsteil verneint (BauR 1977, 396; 1994, 495), ebenso bei 6 Gebäuden in einem dünn besiedelten Gebiet (NVwZ-RR 1994, 371). Der VGH Mannheim hat bei 7 teils für Wohnzwecke, teils für landwirtschaftliche Zwecke genutzten Gebäuden eine Anwendung des § 34 BauGB abgelehnt (VGH Mannheim NuR 1993, 322); bei 5 Wohn- und 5 landwirtschaftlichen Gebäuden sowie einem Gasthaus dagegen bejaht (VGH Mannheim BauR 1984, 496), ebenso bei 9 Wohngebäuden mit Nebengebäuden und einer Straußenwirtschaft (VGH Mannheim BauR 2004, 1914) sowie bei 12 Wohngebäuden (VGH Mannheim BauR 1987, 59); andererseits aber bei 11 Wohngebäuden einen Ortsteil verneint (VGH Mannheim VBlBW 1997, 342). Die angeführten Beispiele zeigen, dass die „quantitative Schwelle" für einen Ortsteil bei etwa 10 – 12 Gebäuden liegt, wobei dieser Wert lediglich einen groben Anhaltspunkt darstellen kann. Unberücksichtigt bleiben Gebäude, die nicht für einen ständigen Aufenthalt bestimmt sind, z. B. Scheunen oder Ställe sowie Freizeitanlagen (BVerwG BauR 2000, 1310; NVwZ 2001, 70; BauR 2002, 1825).

In jedem Fall ist aber Voraussetzung für § 34 BauGB, dass die Bebauung nicht völlig **111** regel- und systemlos erfolgt sein darf, sondern eine **funktionsbedingte organische Siedlungsstruktur** vorhanden ist; das BVerwG hat z. B. 30 wahllos in die Landschaft gestreute Gebäude nicht als im Zusammenhang bebauten Ortsteil angesehen (BVerwG BauR 1976, 185).

112 Auch wenn ein im Zusammenhang bebauter Ortsteil vorliegt, bleibt häufig zweifelhaft, wo dieser endet, wenn die Bebauung nach außen hin allmählich ausläuft. Um derartige Zweifel zu beseitigen, können die Gemeinden nach § 34 Abs. 4 Nr. 1 BauGB die Abgrenzung Innenbereich – Außenbereich durch Satzung regeln (s. dazu Hansen DVBl 1986, 1044; Dyong ZfBR 1982, 109).

Eine solche **Klarstellungssatzung** hat nach einer viel vertretenen Rechtsansicht (BVerwG BauR 1990, 451; VGH Mannheim VBlBW 1993, 379; OVG Bautzen NVwZ-RR 2001, 1070; Battis/Krautzberger/Löhr § 34 Rdnr. 64; Berliner Komm. § 34 Rdnr. 61) nur deklaratorische Bedeutung, begründet also nicht die Innen- bzw. Außenbereichsqualität eines Grundstücks; maßgeblich soll letztlich die jeweilige tatsächliche Grundstückssituation sein. Dem kann nicht zugestimmt werden. Eine reine deklaratorische Abgrenzungssatzung wäre überflüssig, außerdem gibt es keine rein deklaratorisch wirkende Rechtsnorm (VGH München BayVBl. 1993, 573; Jeand'Heur NVwZ 1995, 1174; Schink DVBl 1999, 367; offen gelassen von BVerwG NVwZ-RR 1995, 429) – wegen der in § 34 Abs. 4 genannten Entwicklungs- und Ergänzungssatzungen s. unten Rdnr. 120 ff.

113 Solange eine solche Satzung nicht ergangen ist, **endet der Innenbereich** unabhängig vom Verlauf der Grundstücksgrenzen (BVerwGE 35, 256; BauR 1989, 60) unmittelbar hinter dem letzten Haus des im Zusammenhang bebauten Ortsteils (BVerwG NVwZ-RR 1992, 227; BauR 2000, 1310; VGH Mannheim VBlBW 1993, 430; 1995, 432); dies gilt auch bei landwirtschaftlich (§ 201 BauGB) genutzten Gebäuden am Ortsrand (BVerwG BauR 2007, 1383). Der Innenbereich erstreckt sich dabei auch noch auf die hinter dem Haus gelegene Hof- und Gartenfläche; dort sind allerdings keine Hauptgebäude, sondern nur noch Nebenanlagen zulässig (BVerwG BauR 1989, 60; VGH Kassel NVwZ-RR 2005, 686; OVG Koblenz NVwZ-RR 2005, 603). Maßgebend sind dabei nur tatsächlich vorhandene Gebäude, nicht dagegen zwar genehmigte, aber noch nicht errichtete Bauvorhaben (BVerwGE 35, 256; BauR 1993, 445; BauR 2000, 1171). Der Bebauungszusammenhang endet aber stets an der **Gemeindegrenze**, bebaute Grundstücke auf der Nachbargemarkung bleiben unberücksichtigt (BVerwGE 27, 137 und 28, 268; NVwZ-RR 2001, 83 – s. dazu Seibel BauR 2006, 1242). Unberücksichtigt bleiben ferner bauliche Anlagen, die optisch praktisch nicht in Erscheinung treten (BVerwG NVwZ 1993, 985 – Stellplatz; BauR 1993, 303 – befestigter Reitplatz; BauR 2000, 1171 – Tennisplatz; NVwZ 2001, 70 – Sportplatz; VGH Mannheim VBlBW 1996, 381 – kleiner Schuppen; NVwZ-RR 2000, 481 – Bocciabahn).

Eine Fläche, die unmittelbar an das letzte vorhandene Gebäude des Innenbereichs anschließt, zählt bereits zum Außenbereich (BVerwG NVwZ-RR 1998, 156). Etwas anderes gilt nur, wenn das Grundstück bebaut war und das neue Bauvorhaben als Ersatz für das frühere Gebäude anzusehen ist; dabei muss allerdings ein gewisser zeitlicher Zusammenhang zwischen dem Untergang des alten Bauwerks und dem Neubau bestehen (BVerwG BauR 1987, 52; 1988, 574; 2000, 1171; NVwZ 1999, 524; OVG Münster BauR 2006, 959). Dieser zeitliche Zusammenhang kann sogar nach zwölf Jahren noch gegeben sein, wenn die Wiederbebauung sich wegen Verhandlungen mit der Gemeinde über die zukünftige bauliche Nutzung des Grundstücks verzögert (so BVerwGE 75, 34 = NVwZ 1987, 406).

114 Der Bebauungszusammenhang wird durch sog. **Baulücken**, d.h. einzelne unbebaute oder der Bebauung entzogene Grundstücke (Sportplatz, Parkanlage, Felsen) nicht unterbrochen, soweit der Eindruck der Geschlossenheit und Zusammengehörigkeit erhalten bleibt (BVerwGE 31, 20 und 35, 256; NVwZ 1997, 899; VGH Mannheim VBlBW 2007, 305). Etwas anderes gilt aber dann, wenn die Baulücke so groß ist, dass die vorhandene Bebauung keinen prägenden Einfluss auf die Bebauung der Baulücke ausüben kann (BVerwGE 41, 227; VGH Mannheim NVwZ-RR 2000, 481); als maximale Größe einer Baulücke, die den Bebauungszusammenhang noch nicht unterbricht, gelten bei aufgelockerter Bebauung ca. 150 m (BVerwG Buchholz 406.11 Nr. 29 zu § 34 BBauG; a. M. OVG Bremen BRS 44 Nr. 50); bei einer Distanz von 160 m wurde eine Baulücke bereits verneint (VGH Mannheim VBlBW 1987, 23; eb. VGH München BauR 1989, 309 bei 130 m u. NVwZ-RR 2007, 447 bei 150 m), bei 90 m demgegenüber bejaht (VGH Mannheim BauR 1987, 59; BauR 1992, 45).

Das BVerwG (E 55, 369 = BauR 1978, 276; BauR 2000, 1310) macht jedoch eine Ausnahme von dem Grundsatz, dass der Außenbereich unmittelbar hinter dem letzten Haus des Innenbereichs beginnt, für den Fall, dass sich hinter dem letzten Haus bzw. der Häuserreihe noch eine unbebaute Fläche anschließt, die ihrerseits deutlich durch natürliche Hindernisse, etwa eine Böschung (BVerwG BauR 2009, 216; VGH Mannheim BauR 1990, 576), einen Fluss (BVerwG BauR 2000, 1310), Eisenbahn oder Weg von der freien Landschaft abgegrenzt ist, sodass diese freie Fläche bei natürlicher Betrachtungsweise noch als Teil des Innenbereichs erscheint.

b) Das Einfügen in die nähere Umgebung

Die Zulässigkeit eines innerhalb des Bebauungszusammenhangs gelegenen Bau- **115**
vorhabens bestimmt sich nach § 34 Abs. 1 u. 2 BauGB. Dabei ist § 34 Abs. 2 BauGB zuerst zu prüfen, sofern sich die Umgebung des Bauvorhabens in den Baugebietskatalog der §§ 2 ff. BauNVO einordnen lässt (BVerwG NVwZ 1995, 897; 2000, 1050) – s. dazu Rdnr. 119.

Nach § 34 Abs. 1 BauGB ist ein Vorhaben zulässig, wenn es sich nach Art und Maß der baulichen Nutzung, Bauweise und überbauter Grundstücksfläche in die Eigenart der näheren Umgebung einfügt (vgl. BVerwG BauR 2007, 514), die Erschließung gesichert ist, die Anforderungen an gesunde Wohn- und Arbeitsverhältnisse gewahrt bleiben und das Ortsbild nicht beeinträchtigt wird.

Wie weit der Bereich der für eine Beurteilung maßgeblichen **näheren Umgebung** zu ziehen ist, richtet sich jeweils nach dem Einwirkungsbereich des Vorhabens auf seine Umgebung (BVerwGE 55, 369 = BauR 1978, 276; E 62, 151 = NJW 1981, 2770; E 84, 322 = NVwZ 1990, 755); demnach ist der maßgebliche Bereich bei einem immissionsträchtigen Gewerbebetrieb wesentlich größer als bei einem Wohngebäude (Ernst/Zinkahn/Bielenberg/Krautzberger § 34 Rdnr. 46).

§ 34 BauGB lässt ein Bauvorhaben nur zu, wenn es sich in die vorhandene Bebauung **116**
einfügt. Das Einfügungsgebot beschränkt sich auf die in § 34 Abs. 1 BauGB genannten Kriterien (vgl. Rdnr. 115). Auf sonstige in § 34 Abs. 1 BauGB nicht genannte Kriterien kommt es nicht an (z. B. Dachform, Firstrichtung).

Bsp. a) (OVG Koblenz NVwZ 1994, 699): Die Zahl der Wohnungen ist für § 34 Abs. 1 BauGB irrelevant.

b) (VGH Mannheim VBlBW 2001, 60): Der Ausbau des Dachgeschosses spielt für das Einfügen keine Rolle. Anders ist es aber, wenn durch Dachaufbauten (Dachgiebel) das Maß der baulichen Nutzung in einer nach außen sichtbaren Weise erhöht wird (BVerwG NVwZ 1994, 1006; OVG Lüneburg NVwZ-RR 2006, 526).

Einfügen bedeutet nach der grundlegenden Entscheidung des BVerwG (E 55, 369 = NJW 1978, 2564; eb. BVerwGE 67, 23 = NJW 1983, 2713; NVwZ 1995, 698; NVwZ

1999, 524), dass das Bauvorhaben den durch die vorhandene Bebauung gebildeten **Rahmen nicht überschreiten** darf.

Bsp. (BVerwGE 55, 369): Ist in der Umgebung eine zwei- bis viergeschossige Bebauung vorhanden, dann kann das zu errichtende Bauwerk 2, 3 oder 4 Geschosse aufweisen, ein eingeschossiges oder fünfgeschossiges Gebäude ist demgegenüber unzulässig.

Ein Überschreiten des Rahmens ist ausnahmsweise unschädlich, wenn dadurch die „städtebauliche Harmonie" nicht beeinträchtigt wird, d.h. **keine städtebaulichen Spannungen** begründet oder vorhandene Spannungen verstärkt werden (BVerwG NVwZ 1999, 524; NVwZ-RR 1996, 275). So kann sich z. B. ein fünfgeschossiges Gebäude noch in eine zwei- bis viergeschossig bebaute Umgebung einfügen, wenn es in einer Bodensenke errichtet werden soll. Eine in der näheren Umgebung nicht noch einmal vorhandene bauliche Anlage kann sich gleichwohl einfügen i. S. d. § 34 Abs. 1 BauGB, wenn sie keine städtebaulichen Spannungen hervorruft (BVerwGE 67, 23 = NJW 1983, 2713 – Windenergieanlage; BauR 1994, 81; NVwZ 1995, 698; BauR 1999, 373 – Kurhaus). Umgekehrt kann trotz des Einhaltens des Rahmens die städtebauliche Harmonie gestört werden – das BVerwG spricht von „Unruhe stiften" bzw. „die vorgegebene Situation belasten, stören oder verschlechtern" –, wenn etwa bei zwei- bis viergeschossiger Bauweise ein viergeschossiges Gebäude errichtet wird, das statt der üblichen 2,70 m pro Geschoss eine Geschosshöhe von 3,5 m aufweist. Das Gleiche gilt, wenn das Vorhaben sich – noch – einfügt, aber eine sog. **negative Vorbildwirkung** entfaltet, indem es andere gleichartige Vorhaben nach sich zieht und so die Situation „zum Umkippen" bringt (BVerwGE 44, 302; NJW 1980, 605; 1981, 473).

Bsp. a) (BVerwG NJW 1981, 139): Die Errichtung einer Schweinemastanstalt kann in einem Dorfgebiet unzulässig sein, wenn zu erwarten ist, dass weitere Landwirte diesem Beispiel folgen werden.

b) (BVerwG NVwZ 1995, 698): Eine Spielhalle fügt sich in einen bisher mit Wohn- und Geschäftshäusern bebauten Bereich nicht ein, wenn mit der Ansiedlung weiterer Spielhallen und damit dem sog. trading-down-Effekt zu rechnen ist.

Zur Auslegung des Begriffs des Einfügens kann auch auf die **BauNVO** als sachverständige Konkretisierung städtebaulicher Planungsgrundsätze abgestellt werden (so BVerwGE 32, 31; NVwZ 1987, 884; NVwZ 1995, 698). Dieses bezieht sich aber vor allem auf die §§ 2 ff. BauNVO, während die Höchstwerte des § 17 BauNVO nicht maßgeblich sind (VGH Kassel BauR 1989, 66). Es kommt nämlich für das Einfügen nicht auf die Grundstücksgrenzen an; maßgeblich ist der tatsächliche Gesamteindruck (BVerwG BauR 1989, 60; NVwZ 1987, 1080). Dem abstrakten Maß der baulichen Nutzung (Geschossflächenzahl, Grundflächenzahl) kommt daher keine Bedeutung zu; letztlich entscheidend sind die optisch wahrnehmbaren Umstände, insbes. die Größe des Gebäudes im Verhältnis zur umgebenden Bebauung (BVerwG NVwZ 1994, 1006; BauR 1996, 823; NVwZ-RR 1997, 519; BauR 2007, 514; OVG Lüneburg NVwZ-RR 2006, 526).

Bei der Ermittlung der Eigenart der näheren Umgebung bleiben sog. „**Fremdkörper**" außer Betracht. Hierunter versteht man ein Gebäude, das völlig aus dem Rahmen der sonst vorhandenen Bebauung fällt (BVerwGE 84, 322 = NVwZ 1990, 755; NVwZ 1994, 294; BVerwG BauR 2007, 672 – kleines Bauunternehmen im Wohngebiet). Diese Einschränkung ist aber nur bei Extremfällen anwendbar. Ein Fremdkörper ist auch bei einem nur vereinzelt vorkommenden Vorhaben nicht anzunehmen, wenn dieses infolge seiner Größe die Eigenart des Baugebiets mitprägt (BVerwGE 84, 322).

Im Rahmen des Einfügens kommt dem **Gebot der Rücksichtnahme** (s. dazu Rdnr. 265) eine besondere Bedeutung zu. Ein Bauvorhaben, das auf die vorhandene Umgebung nicht die gebotene Rücksicht nimmt, fügt sich nicht i. S. d. § 34 Abs. 1 BauGB ein, auch wenn im Übrigen alle oben angegebenen Merkmale des Einfügens gegeben sind (BVerwG NVwZ-RR 1997, 516; NVwZ 1999, 524). **117**

Bsp. a) (BVerwG DÖV 1981, 673): Zwölfgeschossiges Gebäude verletzt wegen seiner „erdrückenden" Wirkung das Gebot der Rücksichtnahme gegenüber benachbarten Gebäuden mit nur zwei bis drei Geschossen (eb. VGH Mannheim NVwZ-RR 2008, 159).

b) (BVerwG BauR 1986, 61): Kegelbahn verletzt das Gebot der Rücksichtnahme in einem reinen Wohngebiet.

c) (BVerwG DVBl 1986, 1172): Eine zwölf Meter hohe Siloanlage unmittelbar an der Grenze verstößt gegen das Gebot der Rücksichtnahme.

d) (VGH Kassel NVwZ-RR 1996, 306): Das Überschreiten der faktischen hinteren Baulinie einer Reihenhausanlage durch Errichtung eines Anbaus ist wegen des „Scheuklappeneffekts" rücksichtslos gegenüber den Bewohnern des benachbarten Reihenhauses; z. T. wird auch von „Einmauerung" oder „Gefängnishofsituation" gesprochen (VGH Mannheim NVwZ-RR 2005, 89).

Das Gebot der Rücksichtnahme schützt aber nicht nur die Wohnbevölkerung vor Immissionen und sonstigen Beeinträchtigungen, sondern schützt umgekehrt auch den Inhaber eines Gewerbebetriebs davor, dass er infolge heran rückender Wohnbebauung immissionsschutzrechtlichen Einschränkungen ausgesetzt sein könnte (BVerwG NVwZ 1993, 1184; BauR 2002, 432; OVG Münster BauR 1996, 222; NVwZ-RR 1998, 357).

Bsp. (BVerwG ZfBR 1986, 45): Die Errichtung von Wohnhäusern in der Nachbarschaft einer Schwermetall-Gießerei ist rücksichtslos.

Dabei ist auf eine Erweiterungsabsicht des Gewerbebetriebs nur dann Rücksicht zu nehmen, wenn diese bereits im vorhandenen Baubestand angelegt ist; auf lediglich genehmigte, aber noch nicht ausgeführte Vorhaben braucht nicht Rücksicht genommen zu werden (BVerwG DVBl 1993, 445).

Dem Gebot der Rücksichtnahme kommt vor allem in sog. **Gemengelagen** Bedeutung zu (zur Gemengelage s. Dolde DVBl 1983, 732; Ziegert BauR 1984, 15 u. 138). Gemengelagen sind gekennzeichnet durch das Nebeneinander bzw. sogar Durcheinander von Nutzungsarten, die nicht miteinander harmonisieren, insbesondere Wohnbebauung einerseits, gewerbliche Nutzung andererseits. Die Pflicht zur Rücksichtnahme bedeutet hier, dass der Inhaber eines Wohnhauses einerseits höhere Immissionen und sonstige Beeinträchtigungen hinnehmen muss als in Wohngebieten, andererseits der Gewerbetreibende sich weiter gehende Einschränkungen gefallen lassen muss als in einem Gewerbe- oder sogar Industriegebiet (BVerwG NVwZ 1984, 511 und 646). Das BVerwG hält wegen des Gebots der Rücksichtnahme bei der Festsetzung der zulässigen Immissionswerte eine Mittelwertbildung für geboten, d.h. Grenzwerte, die zwischen denen für Wohn- bzw. Gewerbegebiete liegen (BVerwGE 50, 49; NVwZ 1983, 609; VGH München NVwZ-RR 1990, 549). **118**

Vergleichbare Probleme, die durch eine Heranziehung des Rücksichtnahmegebots gelöst werden müssen, entstehen auch bei der Nachbarschaft von Wohnbebauung und **Sportanlagen** (s. dazu BVerwGE 81, 197 = NJW 1989, 1291; E 109, 246 = NVwZ 2000, 1050; Uechtritz NVwZ 2000, 1006; Stüer/Middelbeck BauR 2003, 38) sowie bei der Nachbarschaft von Wohnbebauung und **Intensiv-Tierhaltung** (s. dazu BVerwG NJW 1981, 319; NVwZ 1987, 884; DVBl 1993, 652; VGH Mannheim NVwZ-RR 1996, 2; weitere Nachweise bei Brügelmann/Dürr § 34 Rdnr. 57 ff.).

§ 34 Abs. 1 BauGB verlangt ferner, dass die Anforderungen an gesunde Wohn- und Arbeitsverhältnisse(s. dazu § 136 Abs. 3 BauGB) gewahrt bleiben und das **Ortsbild** nicht beeinträchtigt wird. Diese Anforderungen haben eine selbständige Bedeutung neben dem Einfügen in die vorhandene Bebauung (BVerwG NVwZ 1991, 51; VGH Mannheim DÖV 1990, 160; VGH Kassel BauR 2009, 1260). Eine Beeinträchtigung des Ortsbilds ist insbesondere gegeben, wenn ein Gebäude sich hinsichtlich seiner äußeren Gestaltung deutlich von der Umgebung unterscheidet und deren Erscheinungsbild negativ beeinflusst, wobei der maßgebliche Bereich weiter reicht als beim Einfügen (BVerwG NVwZ 2000, 1169). Gesunde Wohn- und Arbeitsverhältnisse sind nicht mehr gegeben, wenn das Gebäude städtebauliche Missstände aufweist, wobei nur Mindestanforderungen verlangt werden können; das Überschreiten der Immissionsgrenzwerte reicht dafür nicht aus (VGH Kassel BauR 2009, 1260).

118a Durch das EAG Bau 2004 wurde § 34 Abs. 3 BauGB neu geschaffen. Die Vorschrift untersagt die Errichtung von Vorhaben, die schädliche Auswirkungen auf zentrale Versorgungsbereiche in der Gemeinde selbst oder in Nachbargemeinden erwarten lassen (s. dazu BVerwGE 129, 307 = NVwZ 2008, 308; NVwZ 2010, 587 u. 590; Uechtritz NVwZ 2007, 660; Terwiesche NVwZ 2010, 553; Füßer/Lau BauR 2009, 1828; Erhardt NVwZ 2009, 944). Sie hat vor allem Bedeutung für Einkaufszentren und großflächige Einzelhandelsbetriebe und stellt eine § 11 Abs. 3 BauNVO (s. dazu oben Rdnr. 89) vergleichbare Regelung dar. § 11 Abs. 3 BauGB ist allerdings nach der Rechtsprechung des BVerwG (NVwZ 2010, 590; NVwZ 2009, 779) bei § 34 Abs. 3 BauGB weder direkt noch mittelbar anwendbar. Dies leuchtet nicht ein, denn die städtebauliche Interessenlage ist bei beiden Vorschriften identisch.

Zweck der Vorschrift ist es, die sog. Fernwirkungen von Einkaufszentren und großflächigen Einzelhandelsbetrieben auf die Infrastruktur der Gemeinde selbst oder der Nachbargemeinden zu berücksichtigen. Diese Belange werden durch das Einfügungsgebot des § 34 Abs. 1 BauGB nicht erfasst, weil diese Vorschrift nur auf die nähere Umgebung abstellt. Unter den Begriff des zentralen Versorgungsbereichs fallen nicht nur tatsächlich vorhandene Bereiche dieser Art, sondern auch solche, die in Bauleitplänen als solche Bereiche ausgewiesen sind (BVerwGE 129, 307 = NVwZ 2008; NVwZ 2009, 781). Nach den Gesetzesmaterialien (BT-Drucks. 15/2250 S. 33) soll ein zentraler Versorgungsbereich auch dann vorliegen, wenn er in einem Entwicklungskonzept oder einer sonstigen städtebaulichen Planung (vgl. § 1 Abs. 6 Nr. 11 BauGB – i. d. R. als Marktkonzept oder Zentrenkonzept bezeichnet) ausgewiesen ist. Dies wird jedoch überwiegend abgelehnt (zum Meinungsstand s. Terwiesche NVwZ 2010, 552). Denn ein Markt- oder Zentrenkonzept ist keine Satzung und daher für den Bürger nicht rechtsverbindlich. Außerdem bedürfen Eingriffe in Freiheit und Eigentum, also auch in die durch Art. 2 und 14 GG gewährleistete Baufreiheit, nach Art. 20 Abs. 3 GG einer gesetzlichen Grundlage und können daher nicht auf eine informelle Planung gestützt werden.

Ein zentraler Versorgungsbereich ist ein räumlich abgegrenzter Bereich mit Einzelhandelsbetrieben, Dienstleistungsbetrieben und Gaststätten mit einer über den unmittelbaren Nahbereich hinausgehenden Versorgungsfunktion (BVerwGE 129, 307 = BauR 2008, 315; NVwZ 2010, 590). Eine Beeinträchtigung eines zentralen Versorgungsbereichs ist anzunehmen, wenn die Versorgungsfunktion nicht oder nur noch eingeschränkt wahrgenommen werden kann (BVerwGE 129, 307 = NVwZ 2008, 308; NVwZ 2009, 779; NVwZ 2010, 587 und 590; Kuschnerus, ZfBR 2009, 24). Ob dies der Fall ist, wird i. d. R. durch ein Marktgutachten, in dem der Kaufkraftverlust prognostiziert wird, ermittelt (BVerwGE 129, 307 = NVwZ 2008, 308; NVwZ 2010, 587 und 590). Daneben kann auch ein Vergleich der Verkaufsfläche im zentralen Versorgungsbereich mit der Verkaufsfläche des geplanten Einzelhandelsbetriebs ein Indiz für schädliche Auswirkungen sein; ferner kann auf die räumliche Entfernung, die Preisgestaltung und sogar auf die Parkmöglichkeiten abgestellt werden (so insbes. OVG Münster BauR 2009, 1701).

c) § 34 Abs. 2 BauGB i. V. m. §§ 2 – 11 BauNVO

119 Soweit die nähere Umgebung einem der in §§ 2 – 11 BauNVO angeführten Baugebiete entspricht, kommt es hinsichtlich der Art der baulichen Nutzung nach § 34 Abs. 2 BauGB allein darauf an, dass das Vorhaben nach §§ 2 – 15 BauNVO in dem jeweiligen Baugebiet zulässig ist (BVerwG NVwZ 1990, 557; NVwZ-RR 1997, 463; NVwZ 2000, 1050). Die Verweisung in § 34 Abs. 2 BauGB auf die BauNVO ist eine sog. dynamische Verweisung, d.h. es ist die jeweils gültige Fassung der BauNVO heranzuziehen (BVerwG NVwZ 2000, 1050). Ausgenommen von der Heranziehung der §§ 2 ff. BauNVO wird allerdings § 4 a BauNVO, da die Festsetzung eines besonderen Wohngebiets eine planerische Entscheidung der Gemeinde voraussetzt, die nicht durch die vorhandene Bebauung ersetzt werden kann (BVerwG NVwZ 1993, 1100).

Umstritten, aber zu bejahen ist die Anwendbarkeit der §§ 10, 11 BauNVO, da es insoweit durchaus faktische Sondergebiete gibt (so BVerwG NVwZ 1984, 582; 1991, 982; 1994, 285; Battis/Krautzberger/Löhr § 34 Rdnr. 49; Spannowsky/Uechtritz § 34 Rdnr. 50; a. M. Jäde/Dirnberger/Weiß § 34 Rdnr. 122; Dolde/Menke NJW 1999, 2154; Borges DVBl 1998, 626). Neben der Vereinbarkeit mit §§ 2 ff. BauNVO ist im Rahmen des § 34 Abs. 2 BauGB hinsichtlich der Art der baulichen Nutzung nicht mehr zu prüfen, ob das Vorhaben sich in die nähere Umgebung im Sinne des § 34 Abs. 1 BauGB einfügt (BVerwG NVwZ 1990, 557; NVwZ 1995, 897; NVwZ 2000, 1050).

Soweit ein Vorhaben nach §§ 2 – 9 BauNVO nur als **Ausnahme** zulässig ist, findet § 31 Abs. 1 BauGB (s. dazu Rdnr. 101) entsprechende Anwendung.

Für das **Maß der baulichen Nutzung**, die zulässige Bauweise und die überbaubare Grundstücksfläche ist dagegen nicht auf §§ 16 ff. BauNVO, sondern allein auf die nähere Umgebung abzustellen (s. dazu oben Rdnr. 116). § 34 Abs. 2 BauGB verweist nur bezüglich der Art der baulichen Nutzung auf die BauNVO (BVerwG a.a.O.).

Soweit durch die schematisierende und typisierende Betrachtungsweise der BauNVO im Einzelfall eine unangemessene Beschränkung der Bebaubarkeit eines Grundstücks eintritt, kann dem durch eine **Befreiung** nach §§ 34 Abs. 2, 31 Abs. 2 BauGB Rechnung getragen werden (s. dazu Brügelmann/Dürr § 34 Rdnr. 100). § 34 Abs. 2 BauGB bewirkt somit eine starke Angleichung der Zulässigkeit von Bauvorhaben im nichtbeplanten Innenbereich an den beplanten Innenbereich (BVerwG NVwZ-RR 1997, 463).

d) Sonderregelung für bestehende Gewerbebetriebe und Wohngebäude (§ 34 Abs. 3 a BauGB)

120 § 34 Abs. 3 a BauGB 2004 hat eine Sondervorschrift für Gewerbebetriebe wieder in Kraft gesetzt, die bereits durch § 34 Abs. 3 BauGB 1987 geschaffen und durch das BauROG 1998 abgeschafft worden ist. Die Vorschrift gestattet die **Erweiterung, Änderung, Nutzungsänderung oder Erneuerung von vorhandenen Gewerbebetrieben** oder Handwerksbetrieben, auch wenn diese sich nicht im Sinne des § 34 Abs. 1 BauGB in die nähere Umgebung einfügen. Durch die BauGB-Novelle 2007 wurde der Anwendungsbereich auf die Erweiterung, Änderung und Erneuerung von Wohngebäuden ausgedehnt.

§ 34 Abs. 3 a BauGB (s. dazu Schidlowski/Baluch BauR 2006, 784) stellt materiellrechtlich einen **Befreiungstatbestand** dar (Ernst/Zinkahn/Bielenberg/Krautzberger § 34 Rdnr. 88 e; Berl. Komm. § 34 Rdnr. 72 h; eb. BVerwGE 84, 322 = NVwZ 1990, 755 zu § 34 Abs. 3 BauGB 1987) und trägt dem Umstand Rechnung, dass der Bestandsschutz nur bestehende Anlagen erfasst, aber keine Veränderungen erlaubt, die über eine Instandhaltung hinausgehen (s. dazu Rdnr. 135). § 34 Abs. 3 a BauGB ermöglicht es insbesondere, bestehende Gewerbe- oder Handwerksbetriebe zu erweitern oder auf sonstige Weise zu verändern, wenn dieses sowohl mit den nachbarlichen Interessen als auch mit den öffentlichen Belangen vereinbar ist; die Parallele zu § 31 Abs. 2 BauGB ist offensichtlich (s. dazu Rdnr. 106). Die Befreiungsmöglichkeit nach § 34 Abs. 3 a BauGB kommt vor allem Gewerbebetrieben in Gemengelagen zugute (so zu § 34 Abs. 3 BauGB 1987 BVerwGE 84, 322 = NVwZ 1990, 755).

e) Entwicklungs- und Ergänzungssatzungen (§ 34 Abs. 4 u. 5 BauGB)

121 § 34 Abs. 4 BauGB ermächtigt die Gemeinde zum Erlass von Klarstellungssatzungen (Nr. 1 – s. Rdnr. 113), Entwicklungssatzungen (Nr. 2) und Ergänzungssatzungen (Nr. 3 – s. dazu Greiving VerwArch 1998, 585; Schink DVBl 1999, 367). Während durch eine Klarstellungssatzung lediglich die Grenze zwischen Innenbereich und Außenbereich festgelegt wird, aber kein neues Baugelände entsteht (s. dazu oben Rdnr. 113), wird durch eine Entwicklungs- und Ergänzungssatzung ein bisher zum Außenbereich zählendes Gelände dem Innenbereich zugeordnet und erhält damit Baulandqualität.

Entwicklungssatzungen nach § 34 Abs. 4 Nr. 2 BauGB können bereits bebaute Bereiche im Außenbereich zum Innenbereich erklären, sofern die von der Satzung erfasste Fläche im Flächennutzungsplan als Baufläche ausgewiesen ist. Die Gemeinde erhält damit die Möglichkeit, vorhandene Bebauungsansätze im Außenbereich (Splittersiedlungen i. S. d. § 35 Abs. 3 BauGB) zu Ortsteilen i. S. d. § 34 Abs. 1 BauGB zu entwickeln (OVG Schleswig NVwZ-RR 2002, 485).

Ergänzungssatzungen nach § 34 Abs. 4 Nr. 3 BauGB ermöglichen es, den Verlauf des Ortsrands bei Erlass einer Satzung nach § 34 Abs. 4 Nr. 1 od. 2 BauGB durch Einbeziehung bisher unbebauter Flächen in den im Zusammenhang bebauten Ortsteil abzurunden bzw. zu begradigen. Anders als bei den sog. Abrundungssatzungen nach § 34 Abs. 4 Nr. 3 BauGB 1987 ist eine Ergänzungssatzung nach § 34 Abs. 4 Nr. 3 BauGB 1998 nicht darauf beschränkt, die vorhandene Bebauung abzurunden, sondern kann auch außerhalb der bisherigen Bebauung liegende Flächen in den Innenbereich einbeziehen (OVG Münster BauR 2003, 665), z. B. bei einer nur einseitigen Bebauung einer Straße auch die Grundstücke auf der anderen Seite der Straße zum Innenbereich erklären, sofern diese Flächen durch die angrenzende Bebauung im Innenbereich geprägt werden (BVerwG BauR 2009, 617; VGH Mannheim BauR 2007, 1851; Dolde/Menke NJW 1999, 2155). Eine Ergänzungssatzung erlaubt aber nur die Ergänzung der bisherigen Bauflächen, nicht die Schaffung neuer Baugebiete; hierfür bedarf es eines Bebauungsplans (ebenso OVG Münster a.a.O.; Jäde/Dirnberger/Weiß § 34 Rdnr. 48 ff.).

§ 34 Abs. 5 Satz 2 BauGB erlaubt ferner, **einzelne Festsetzungen nach § 9 BauGB** in die Satzung aufzunehmen; in Betracht kommen insoweit vor allem Bestimmungen über die Art der baulichen Nutzung und die überbaubare Grundstücksfläche. Wie die Worte „einzelne Festsetzungen“ zeigen, kann in der Satzung aber keine umfassende Regelung der zulässigen baulichen Nutzung getroffen werden; wenn die Gemeinde dieses für nötig hält, muss sie einen Bebauungsplan aufstellen

(VGH Mannheim BauR 2007, 1851; OVG Münster BauR 2003, 665). Eine Satzung nach § 34 Abs. 4 BauGB stellt also keinen Bebauungsplan-Ersatz dar.

Satzungen nach § 34 Abs. 4 Nr. 2 u. 3 BauGB müssen gemäß § 34 Abs. 5 Nr. 1 mit **121a** der **geordneten städtebaulichen Entwicklung vereinbar** sein (VGH Mannheim BWVPr 1991, 116). Dieses ist insbesondere dann der Fall, wenn die Satzung nicht im Widerspruch zum Flächennutzungsplan steht (Dyong ZfBR 1982, 110; Lenz BauR 1987, 8). Ferner darf weder eine Umweltverträglichkeitsprüfung erforderlich sein, noch ein FFH-Gebiet beeinträchtigt werden (§ 34 Abs. 5 Nr. 2 u. 3 BauGB). Wenn durch die Schaffung neuer Bauplätze städtebauliche Spannungen ausgelöst oder verstärkt werden, muss der Ausgleich der widerstreitenden Interessen durch die Aufstellung eines Bebauungsplans bewirkt werden (OVG Saar NVwZ 1982, 125; VGH München BauR 1989, 309).

Bsp. (OVG Saar NVwZ 1982, 125): Das bisher nur mit wenigen Gebäuden bebaute Gelände zwischen dem Ortsrand und einem großen Bauhof einer Straßenbaufirma wird durch eine Satzung nach § 34 Abs. 4 BauGB zum Innenbereich erklärt; das OVG Saar hält diese Satzung für nichtig, weil die Abwägung der Belange der Wohnbebauung und der gewerblichen Nutzung durch einen Bebauungsplan zu erfolgen habe.

Das **Verfahren** zum Erlass von Satzungen nach § 34 Abs. 4 BauGB ist in § 34 Abs. 6 BauGB geregelt; diese Vorschrift verweist im Wesentlichen auf das vereinfachte Verfahren nach § 13 BauGB.

Für den Rechtsschutz gegen Satzungen nach § 34 Abs. 4 BauGB gilt das für Bebauungspläne Gesagte entsprechend (s. dazu unten Rdnr. 288 ff.).

6. Bauvorhaben im Außenbereich (§ 35 BauGB)

Bei der Zulässigkeit von Bauvorhaben im Außenbereich (zur Abgrenzung Innenbe- **122** reich – Außenbereich s. Rdnr. 112) ist zu unterscheiden zwischen den privilegierten Vorhaben des § 35 Abs. 1 BauGB und den nichtprivilegierten Vorhaben des § 35 Abs. 2 BauGB. **Privilegierte Vorhaben** sind im Außenbereich generell zulässig, wenn öffentliche Belange nach § 35 Abs. 3 BauGB nicht entgegenstehen; **nichtprivilegierte Vorhaben** können dagegen nur im Einzelfall genehmigt werden, wenn sie öffentliche Belange nicht beeinträchtigen.

Dieser Unterschied bezüglich der Berücksichtigung öffentlicher Belange bedeutet nach der Rechtsprechung des BVerwG (E 28, 148; E 48, 109 = NJW 1975, 2114; E 68, 311 = NVwZ 1984, 367), dass bei der **Abwägung** zwischen dem Bauvorhaben und den davon betroffenen öffentlichen Belangen die gesetzliche Privilegierung des § 35 Abs. 1 BauGB besonders berücksichtigt werden muss. Ein an sich privilegiertes Vorhaben ist nur dann unzulässig, wenn ihm höherwertige Belange der Allgemeinheit entgegenstehen. Der VGH Mannheim (ESVGH 29, 102) hat z. B. die Erteilung einer Baugenehmigung für eine nach § 35 Abs. 1 Nr. 3 BauGB privilegierte Kiesgewinnungsanlage in einem als Naherholungsgebiet von Ulm dienenden Wald abgelehnt (vgl. auch BVerwG NVwZ 1986, 203 – Reithalle im Landschaftsschutzgebiet; OVG Münster BauR 2001, 222 – Schweinemastanstalt in einem reizvollen Tal).

In der Praxis läuft die Unterscheidung zwischen privilegierten und nichtprivilegierten Vorhaben darauf hinaus, dass privilegierte Vorhaben im Außenbereich grundsätzlich zulässig sind, weil der Gesetzgeber für derartige Vorhaben anstelle eines Bebauungsplans eine generelle Zuweisung in den Außenbereich vorgenommen hat (BVerwGE 28, 148 = NJW 1968, 1105; E 68, 311 = NJW 1984, 367; E 48, 109 = NJW 1975, 2114). Nichtprivilegierte Bauvorhaben sind dagegen grundsätzlich im Außenbereich unzulässig (std. Rspr. seit BVerwGE 27, 137; vgl. BauR 2006, 1103).

a) Privilegierte Vorhaben

123 Von den sieben in § 35 Abs. 1 BauGB genannten Fallgruppen sind vor allem vier Fälle von praktischer Relevanz: land- und forstwirtschaftliche Vorhaben (§ 35 Abs. 1 Nr. 1 BauGB), einem ortsgebundenen Betrieb dienende Vorhaben (§ 35 Abs. 1 Nr. 3 BauGB), Vorhaben, die wegen ihrer besonderen Zweckbestimmung oder ihrer Eigenart nur im Außenbereich ausgeführt werden sollen (§ 35 Abs. 1 Nr. 4 BauGB) sowie Windkraftanlagen (§ 35 Abs. 1 Nr. 5 BauGB).

124 Bei den einem **land- oder forstwirtschaftlichen Betrieb** (s. dazu Ziegler DVBl 1990, 629) dienenden Vorhaben liegt in der Praxis das Hauptproblem darin, solche landwirtschaftlichen „Betriebe" von der Privilegierung auszuscheiden, die nur zum Schein unterhalten werden, um ein sonst nach § 35 Abs. 2, 3 BauGB nicht zulässiges Bauvorhaben im Außenbereich zu verwirklichen (BVerwG NVwZ 1986, 916). Der **Begriff der Landwirtschaft** ist in § 201 BauGB gesetzlich definiert, diese Begriffsbestimmung ist auch für § 35 Abs. 1 Nr. 1 BauGB maßgebend. Zu beachten ist, dass nach § 201 BauGB nicht nur Ackerbau und Viehzucht sowie Erwerbsgartenbau und -obstbau, sondern auch die berufsmäßige Imkerei (s. dazu BVerwG BauR 1991, 579) und Fischerei privilegiert sind; der Begriff der Landwirtschaft i. S. d. § 201 BauGB geht also weit über den sonstigen Sprachgebrauch hinaus. Die Viehzucht ist allerdings nur dann zur Landwirtschaft i. S. d. § 201 BauGB zu zählen, wenn sie überwiegend auf einer eigenen Futtergrundlage beruht (BVerwG NVwZ 1986, 203; NVwZ 1990, 64); eine Schweinemastanstalt ist daher kein landwirtschaftlicher Betrieb (BVerwG NJW 1981, 139). Durch das BauGB 1987 eingeführt wurde die Privilegierung der Pensionstierhaltung (vgl. dazu BVerwG NVwZ 1986, 200). Von § 35 Abs. 1 Nr. 1 BauGB nicht erfasst werden Verkaufsstellen, in denen landwirtschaftliche Bedarfsgegenstände an die Landwirte verkauft werden (BVerwG BauR 1993, 435 – Raiffeisen-Genossenschaft) sowie Betriebe, die land- oder forstwirtschaftliche Arbeiten erledigen (BVerwG NVwZ-RR 1997, 9).

124a Nach der Rechtsprechung der Verwaltungsgerichte stellt aber nicht jede landwirtschaftliche Betätigung einen landwirtschaftlichen Betrieb i. S. d. § 35 Abs. 1 Nr. 1 BauGB dar. Vielmehr ist Voraussetzung, dass es sich um einen ernsthaften, **auf Dauer angelegten Betrieb** handelt, der dazu bestimmt ist, mit seinem Ertrag einen Beitrag zum Lebensunterhalt des Betriebsinhabers zu leisten (BVerwGE 26, 161; NVwZ 1986, 916; BauR 2005, 1174; Ziegler NVwZ 2010, 748). Das BVerwG (NVwZ 1986, 916; VGH Mannheim BauR 2003, 219) hält es dabei nicht für entscheidend, ob tatsächlich ein Gewinn erwirtschaftet wird. Maßgeblich für die Privilegierung ist vielmehr die Absicht der **Gewinnerzielung**, sofern diese nicht unrealistisch ist. Zur Gewinnerzielung zählt es auch, wenn die erzeugten Produkte im Haushalt des Grundstückseigentümers verbraucht werden, weil dadurch der Kauf entsprechender Produkte erspart wird (VGH Mannheim VBlBW 2010, 111). Dabei kommt allerdings – insbesondere bei Nebenerwerbsbetrieben – der tatsächlichen Gewinnerzielung eine erhebliche indizielle Bedeutung für einen Betrieb i. S. d. § 35 Abs. 1 Nr. 1 BauGB zu (BVerwG BauR 2005, 1174; OVG Münster NVwZ-RR 2000, 347); daneben spielen aber auch die Betriebsgröße, die Ausstattung mit Maschinen und die landwirtschaftliche Erfahrung des Betriebsinhabers eine maßgebliche Rolle (BVerwGE 26, 121; VGH Mannheim BauR 2003, 219). Entscheidend ist, ob bei einer Gesamtwürdigung aller Umstände davon auszugehen ist, dass die landwirtschaftliche Betätigung zu Erwerbszwecken und nicht etwa aus sonstigen Gründen, insbesondere aus Liebhaberei erfolgt. Das bedeutet zunächst, dass eine landwirtschaftliche Betätigung, die nur aus Liebhaberei (BVerwG NVwZ-RR 1996, 373 – Fischteich eines Naturfreundes;

VGH Mannheim BRS 25 Nr. 62 – Pferdezucht eines Industriekaufmanns, VBlBW 1982, 295 – Pferdezucht eines Kraftfahrers) betrieben wird, nicht privilegiert ist.

Die Qualifikation als landwirtschaftlicher Betrieb hängt ferner nach der Rechtsprechung des BVerwG davon ab, ob der Landwirtschaftsbetrieb auf **Eigenfläche** oder **Pachtland** geführt wird, weil nur bei einer hinreichenden Eigenfläche die Dauerhaftigkeit des Betriebs gesichert sei (BVerwGE 41, 138; VGH Kassel NVwZ-RR 2009, 750: mehr als 50 % Eigenfläche). Hieran soll sich durch die Einführung eines Kündigungsschutzes in § 595 BGB nichts geändert haben (so BVerwG BauR 1989, 182). Jedenfalls bei langfristigen Pachtverträgen muss ein Landwirtschaftsbetrieb anerkannt werden (Battis/Krautzberger/Löhr § 35 Rdnr. 23) **124b**

Nicht erforderlich ist dagegen, dass die Landwirtschaft hauptberuflich betrieben wird; auch der Betrieb des **Nebenerwerbslandwirts** ist privilegiert (BVerwGE 26, 121; NVwZ 2005, 1174; VGH Mannheim BauR 2003, 219), soweit er überhaupt einen nennenswerten Umfang erreicht – verneint bei 2 Pferden (BVerwG NVwZ-RR 1990, 63; OVG Lüneburg BauR 1994, 95); Weihnachtsbaumkultur von 2000 m² (VGH Kassel BRS 36 Nr. 81) – bejaht bei Wanderschäferei mit 280 Schafen (BVerwG DÖV 1983, 816); Champignonzucht (OVG Lüneburg BauR 1983, 348); 100 ha Wald (BVerwG BRS 52 Nr. 70). **124c**

Schließlich muss das Bauvorhaben für eine Privilegierung nach § 35 Abs. 1 Nr. 1 BauGB dem Landwirtschaftsbetrieb **dienen**, d.h. es muss nach Größe und Funktion dem Betrieb zugeordnet sein. Dabei wird einerseits nicht verlangt, dass das Bauvorhaben für den Betrieb unbedingt erforderlich ist, andererseits reicht bloße Nützlichkeit nicht aus; maßgebend ist, ob ein vernünftiger Landwirt ein derartiges Gebäude unter Berücksichtigung des Gebots größtmöglicher Schonung des Außenbereichs errichtet hätte (BVerwGE 19, 75 und 41, 138; BauR 1994, 607). Ein Vorhaben, das primär dazu bestimmt ist, dem Eigentümer ein Wohnen im Außenbereich unter dem Deckmantel der Landwirtschaft zu ermöglichen, dient nicht der Landwirtschaft (BVerwG NVwZ 1986, 644). **124d**

Nach § 35 Abs. 1 Nr. 1 BauGB sind auch solche Vorhaben privilegiert, die zwar selbst keine landwirtschaftliche Nutzung darstellen, aber mit dieser Nutzung in unmittelbarem Zusammenhang stehen – sog. **mitgezogener Betriebsteil** (BVerwG NVwZ 1986, 200 ff.); dieses ist z. B. bei einer Winzerstube eines Weinbaubetriebs (BVerwG NJW 1989, 576), der sog. Straußenwirtschaft (VG Karlsruhe VBlBW 2000, 372), der Vermietung von Fremdenzimmern – Ferien auf dem Bauernhof (VGH München BayVBl. 1984, 567; Ziegler DVBl 1986, 454) oder dem Selbstverkauf landwirtschaftlicher Produkte (OVG Münster BauR 2000, 245), nicht aber bei einem Camping-Platz (VGH München BauR 2006, 2021) der Fall. **124e**

Ein nach § 35 Abs. 1 Nr. 1 BauGB als „Anhängsel" privilegiert mitgezogener Betriebsteil liegt aber nicht vor, wenn es sich um einen zweiten Betrieb neben dem Landwirtschaftsbetrieb handelt, der nach Umfang und Einkommen dem Landwirtschaftsbetrieb in etwa gleichkommt (BVerwG BRS 57 Nr. 102 für eine ganzjährig betriebene „Straußenwirtschaft").

§ 35 Abs. 1 Nr. 3 BauGB privilegiert zum einen **öffentliche Versorgungsbetriebe**, wobei es nicht darauf ankommt, dass der Betreiber ein Unternehmen der öffentlichen Hand ist. Entscheidend ist, dass die Versorgungsleistung der Allgemeinheit zugute kommt, was z. B. auch bei einem privaten Elektrizitätswerk der Fall sein kann, wenn der erzeugte Strom in das öffentliche Netz eingespeist wird (BVerwGE 96, 95 = NVwZ 1995, 64). Auch Mobilfunkanlagen sind nach § 35 Abs. 1 Nr. 3 BauGB privilegiert, **125**

wenn sie auf einen konkreten Standort im Außenbereich angewiesen sind (VGH Mannheim BauR 1998, 313; VGH München ZfBR 2006, 684).

Ferner privilegiert § 35 Abs. 1 Nr. 3 BauGB **ortsgebundene Betriebe**. Bei den ortsgebundenen Betrieben i. S. d. § 35 Abs. 1 Nr. 3 BauGB handelt es sich i. d. R. um Anlagen zur Gewinnung von Bodenschätzen. Dabei sind selbstverständlich die reinen Produktions- und Transportanlagen privilegiert, z. B. eine Kiesgrube (BVerwGE 51, 346 = NJW 1977, 119; E 77, 300 = NVwZ 1988, 54), ein Steinbruch (BVerwG DVBl 1983, 893; VGH Mannheim BRS 24 Nr. 63) oder ein Gipsabbau (BVerwG ZfBR 1990, 41). Zweifelhaft ist dagegen, in welchem Umfang auch Verarbeitungsanlagen in den Genuss der Privilegierung nach § 35 Abs. 1 Nr. 3 BauGB kommen. Das BVerwG (E 51, 346 = NJW 1977, 119 – Transportbetonanlage im Zusammenhang mit einer bestehenden Kiesgrube) hat ausgeführt, es komme nicht auf die wirtschaftliche Zweckmäßigkeit, sondern auf die typische funktionelle Verbundenheit an; für den Fall des BVerwG war maßgeblich, ob eine Kiesgrube und eine Transportbetonanlage sachlich-funktionell zusammengehören und deshalb typischerweise zusammen erstellt werden. Hinsichtlich des Merkmals des „Dienens“ hat das BVerwG unter Bezugnahme auf die Rechtsprechung zum Landwirtschaftsbetrieb festgestellt, das Vorhaben müsse dem ortsgebundenen Betrieb zu- und untergeordnet sein.

Nach der Rechtsprechung des BVerwG (E 96,95 = NVwZ 1995, 64) ist auch bei den in § 35 Abs. 1 Nr. 3 BauGB genannten Fernmelde- und öffentlichen Versorgungseinrichtungen Voraussetzung für eine Privilegierung, dass die Anlage ortsgebunden ist. Dieses steht zwar in einem gewissen Widerspruch zum Wortlaut, wird aber durch den in Abs. 5 verankerten Grundsatz der Schonung des Außenbereichs gerechtfertigt.

Ortsgebundenheit bedeutet, dass die Anlage auf einen bestimmten Standort im Außenbereich angewiesen ist; es reicht nicht aus, dass sie irgendwo im Außenbereich errichtet werden muss.

Bsp. a) (VGH Mannheim NVwZ-RR 1998, 715): Eine Mobilfunkanlage ist nicht nach § 35 Abs. 1 Nr. 3 privilegiert, weil sie zwar im Außenbereich, aber nicht an einer bestimmten Stelle erstellt werden muss (eb. VGH München BauR 2002, 439).

b) (BVerwG BauR 1996, 362): Ein Holzlagerplatz für ein Sägewerk ist nicht deswegen ortsgebunden, weil er auf eine Berieselung mit Wasser aus einem Bach angewiesen ist; hierfür kommt praktisch jeder Bach in Betracht.

126 Besonders schwer zu erfassen sind die nach **§ 35 Abs. 1 Nr. 4 BauGB privilegierten Vorhaben**, also Anlagen, die wegen ihrer Eigenart, insbesondere wegen ihrer der Allgemeinheit dienenden Funktion oder wegen immissionsschutzrechtlicher Probleme, nur im Außenbereich errichtet werden sollen (s. dazu BVerwGE 96,95 = NVwZ 1995, 64; NVwZ 2000, 678). Denn anders als bei § 35 Abs. 1 Nr. 1 – 3 BauGB handelt es sich dabei um die verschiedensten Anlagen mit den unterschiedlichsten Funktionen. Für eine Privilegierung nach § 35 Abs. 1 Nr. 4 BauGB ist nach der Rechtsprechung des BVerwG (E 34, 1; E 48, 109 = NJW 1975, 2114 – Zeltplatz) nicht erforderlich, dass das Vorhaben – wie z. B. eine Munitionsfabrik – schlechterdings nur im Außenbereich errichtet werden kann, was z. B. bei einer Hühnermastanstalt nicht der Fall ist, da derartige Anlagen gelegentlich auch im oder am Rande des Innenbereichs zu finden sind. Maßgebend ist vielmehr, ob nach den konkreten Verhältnissen nur eine Errichtung im Außenbereich in Betracht kommt (BVerwG BauR 1976, 347 = DVBl 1977, 916 – CVJM-Heim; BVerwGE 48, 109 = NJW 1975, 2114 – Campingplatz).

Selbst wenn das aber bei einem Vorhaben der Fall ist, bleibt zu prüfen, ob es im Außenbereich errichtet werden **soll**; die Weite des Tatbestands des § 35 Abs. 1 Nr. 4 BauGB muss durch eine einschränkende Auslegung dieses Tatbestandsmerkmals ausgeglichen werden (BVerwGE 96, 95 = NVwZ 1995, 64). Das BVerwG weist zu Recht darauf hin, dass nicht alles, was wegen seiner Anforderungen oder Belastungen in Bezug auf die Umwelt nicht im Innenbereich verwirklicht werden kann, allein deshalb im Außenbereich gebaut werden soll; sonst wäre der Außenbereich weniger geschützt als der Innenbereich. Es muss geboten sein, ein derartiges Vorhaben gerade im Außenbereich zu errichten (BVerwGE 67, 33 = NJW 1983, 2716; BauR 1992, 52; NVwZ 2000, 678). Dieses setzt voraus, dass die Errichtung im Außenbereich bauplanungsrechtlich billigenswert ist und dieses es auch unter Berücksichtigung der städtebaulichen Funktion des Außenbereichs rechtfertigt, es bevorzugt im Außenbereich zuzulassen (so BVerwG NVwZ 1984, 169 für eine Hühnermastanstalt; BVerwG NJW 1976, 2226 – Jugendherberge; VGH Mannheim NVwZ 1986, 63 – öffentl. Grillplatz). Nicht billigenswert i. S. dieser Rechtsprechung sind zunächst Bauvorhaben, auf deren Errichtung im Außenbereich verzichtet werden kann.

Bsp. (BVerwG NVwZ 1986, 645): Dem Inhaber eines Jagdreviers in fußläufiger Entfernung zum nächsten Ort (max. 6 km) ist es zuzumuten, auf eine Jagdhütte im Jagdrevier zu verzichten und sich im Ort eine Unterkunft zu suchen (ebenso auch BVerwG BauR 1996, 374).

Ferner sind solche Anlagen nicht billigenswert, deren Errichtung im Außenbereich im Hinblick auf den Gleichheitssatz nicht wünschenswert ist, weil sie lediglich der individuellen Erholung dienen und damit im Widerspruch zur Funktion des Außenbereichs als Erholungsgebiet für die Allgemeinheit stehen (BVerwG BauR 1992, 52).

Bsp. a) (BVerwGE 48, 109 = NJW 1975, 2114; VGH Mannheim VBlBW 1990, 134): Ein Zeltplatz für Dauercamping soll im Außenbereich nicht errichtet werden, weil er nur der Erholung derjenigen dient, die dort einen Standplatz für ihren Wohnwagen bzw. ihr Zelt haben – das BVerwG hat mit derselben Erwägung auch einen Zeltplatz für regelmäßig wechselnde Besucher für nichtprivilegiert gehalten; dieses erscheint wenig überzeugend (s. dazu Otto BauR 1978, 109).

b) (BVerwG BauR 1992, 52; BRS 52 Nr. 77): Ein Golfplatz ist nicht privilegiert, da er nur für Vereinsmitglieder zur Verfügung steht.

Schließlich „sollen" nach § 35 Abs. 1 Nr. 4 BauGB nicht Anlagen im Außenbereich errichtet werden, die jedenfalls in einer gedachten Vielzahl den Außenbereich belasten, weil sie bei einer Privilegierung grundsätzlich überall im Außenbereich errichtet werden könnten (NVwZ 2000, 678). § 35 Abs. 1 Nr. 4 BauGB erfasst keine Vorhaben, die in größerer Zahl zu erwarten sind und damit eine „**Vorbildwirkung**" für gleichartige Bauvorhaben hätten.

Bsp. (BVerwGE 96, 95 = NVwZ 1995, 64): Die Errichtung einer gewerblichen Windkraftanlage auf einer Nordseeinsel ist nicht nach § 35 Abs. 1 Nr. 4 BauGB privilegiert, weil im gesamten norddeutschen Küstenbereich günstige Verhältnisse für die Ausnutzung der Windkraft bestehen und jedenfalls eine größere Zahl von Windkraftanlagen das Landschaftsbild erheblich beeinträchtigen können. Die durch § 35 Abs. 1 Nr. 6 BauGB 1998 eingeführte Privilegierung von Windkraftanlagen gab es im Zeitpunkt der Entscheidung des BVerwG noch nicht (s. dazu Rdnr. 127 a).

Diese Rechtsprechung hat das BVerwG im Falle der Genehmigung eines **CVJM-** 127
Heimes im Außenbereich (BauR 1976, 347 = DVBl 1977, 196) im Wesentlichen bestätigt (eb. BVerwG BauR 1974, 328 u. BauR 1980, 49 für Jugend- und Erwachsenenbildungsheime einer Religionsgemeinschaft; BVerwG DÖV 1979, 213 für FKK-Anlage; BVerwG 1988, 455 für Altenheim; BVerwG BRS 52 Nr. 79 für Hundesportplatz); derartige Gebäude sind nicht privilegiert.

Wochenendhäuser sind nicht nach § 35 Abs. 1 Nr. 4 BauGB privilegiert, denn sie sollen wegen ihrer Zweckbestimmung, nämlich der Erholung Einzelner zu dienen, nicht ungeplant im Außenbereich errichtet werden, sondern im Innenbereich, insbesondere in hierfür nach § 10 Abs. 1 BauNVO ausgewiesenen Wochenendhausgebieten (std. Rspr., z. B. BVerwGE 18, 247 = NJW 1964, 1973; NVwZ 2000, 1048; BauR 2001, 227).

Diese Rechtsprechung des BVerwG führt im Ergebnis dazu, dass praktisch nur noch Gartenhäuschen für Schrebergärten (VGH Mannheim VerwRspr. 20, 346; OVG Münster BRS 22 Nr. 69), Fischerhütten für Hobbyfischer (BVerwG BauR 1978, 121; VGH Mannheim BRS 24 Nr. 69), Jagdhütten, soweit sie im Jagdbezirk liegen und sich größenmäßig auf die Bedürfnisse der Jagdausübung beschränken (BVerwGE 58, 124 = NJW 1980, 1063; BauR 1996, 374 u. 829), Schutzhütten (NVwZ 2000, 678; VGH Mannheim NVwZ 1986, 63), Bienenhäuser (BVerwG BauR 1975, 104) und ähnliche kleinere Anlagen (VGH Mannheim VBlBW 1982, 295; NJW 1984, 1576), der Erholung der Allgemeinheit dienende Anlagen (VGH Mannheim VBlBW 1994, 920 – gemeindlicher Grillplatz) sowie besonders immissionsträchtige Anlagen, die auch nicht in einem Gewerbe- oder Industriegebiet untergebracht werden können, z. B. ein Schießstand (BVerwG DÖV 1978, 774), eine Kabelabbrennanlage (BVerwGE 55, 118), eine Hühnermastanstalt (BVerwG NVwZ 1984, 169; OVG Münster BauR 2009, 1565), eine Schweinemastanlage (OVG Lüneburg NVwZ-RR 2010, 91 – zur Tierhaltung im Außenbereich s. Söfker NVwZ 2008, 1273) sowie eine Hundezucht (BVerwGE 67, 41 = NJW 1983, 2718; OVG Münster BauR 2008, 956) unter das Privileg des § 35 Abs. 1 Nr. 4 BauGB fallen.

127a § 35 Abs. 1 Nr. 5 BauGB privilegiert Wasser- und **Windkraftanlagen** (s. dazu Ecker VBlBW 2001, 173; Jeromin BauR 2003, 820; Hornmann NVwZ 2006, 96). Dieser Privilegierungstatbestand wurde eingeführt, weil derartige Anlagen nicht standortgebunden sind und damit nicht von § 35 Abs. 1 Nr. 3 BauGB erfasst werden (BVerwGE 90, 95 = NVwZ 1995, 64). Die Privilegierung bedeutet aber nicht, dass Windkraftanlagen überall in der freien Landschaft errichtet werden können. Eine Errichtung in Natur- oder Landschaftsschutzgebieten scheitert i. d. R. an den Bestimmungen der naturschutzrechtlichen Verordnungen (BVerwG BauR 2000, 1311; OVG Münster BauR 2006, 1715). Aber auch in anderen Gebieten, die nicht unter Schutz gestellt sind, kann die Genehmigung abgelehnt werden, wenn es sich um besonders reizvolle Landschaften handelt, sodass die Windkraftanlage einen Eingriff in Natur und Landschaft i. S. d. § 14 BNatSchG darstellt (BVerwG BauR 2002, 1059; BauR 2003, 829; VGH Mannheim NVwZ 2000, 1063), gegen den Artenschutz (OVG Koblenz NVwZ-RR 2010, 310) oder das Rücksichtnahmegebot (s. dazu Rdnr 265 ff.) verstößt, weil sie eine „optisch bedrängende Wirkung" auf die Nachbarschaft hat (BVerwG BauR 2007, 674) oder § 35 Abs. 3 Satz 3 BauGB entgegensteht (s. dazu unten Rdnr. 128 a, b).

Nach **§ 35 Abs. 1 Nr. 6 BauGB** privilegiert sind Biogasanlagen (s. dazu Mantler BauR 2007, 50). Die Anlage muss von einem oder mehreren benachbarten Landwirten betrieben werden (BVerwG NVwZ 2009, 585; Kruschinski BauR 2009, 1234). Je Hof darf nur eine Biogasanlage betrieben werden.

128 Die nach § 35 Abs. 1 BauGB privilegierten Vorhaben sind grundsätzlich im Außenbereich zulässig, sofern ihnen nicht im Einzelfall **öffentliche Belange** entgegenstehen. Eine Kollision zwischen dem Privilegierungstatbestand und öffentlichen Belangen muss durch eine Abwägung der betroffenen privaten und öffentlichen Interessen bewältigt werden (BVerwGE 48, 109 = NJW 1975, 214; E 77, 300 = NVwZ 1988, 54; E 124, 132 = NVwZ 2006, 87). Dabei handelt es sich um eine sog. nachvollziehende Abwägung, die es Behörden und Gerichten aufgibt, die gesetzliche Bewertung der betroffenen Belange nachzuvollziehen, und den Behörden keinen gerichtlich nicht nachprüfbaren Abwägungsspielraum überlässt. Zu den öffentlichen Belangen zählen insbesondere die in § 35 Abs. 3 BauGB angeführten Belange (BVerwG BauR 1997,

444; OVG Münster BauR 2007, 677 – Verunstaltung der Landschaft) – s. dazu Rdnr. 130 ff.

Das BVerwG hat früher (E 28, 148 = NJW 1968, 1105) angenommen, die Festsetzungen eines **Flächennutzungsplans** könnten einem privilegierten Vorhaben nicht als öffentlicher Belang entgegenstehen, weil § 35 Abs. 1 BauGB nach Art eines Ersatzbebauungsplans die privilegierten Vorhaben im Außenbereich generell für zulässig erkläre. Diese Ansicht hat es später (BVerwGE 67, 33 u. 68, 311 = NVwZ 1984, 367; NVwZ 2006, 87; s. dazu Hoppe DVBl 1991, 1277) dahin gehend modifiziert, dass der Flächennutzungsplan ein privilegiertes Vorhaben dann verhindern kann, wenn er eine konkrete, standortbezogene Aussage über die Nutzungsmöglichkeit des Baugrundstücks enthält, etwa eine Verkehrsanlage vorsieht (BVerwG NVwZ 1997, 899). Die pauschale Ausweisung des Außenbereichs als land- und forstwirtschaftliche Nutzfläche ist dagegen zu unbestimmt und kann daher einem privilegierten Vorhaben nicht entgegenstehen.

Nach **§ 35 Abs. 3 Satz 3 BauGB** hat der Flächennutzungsplan ferner insoweit Bedeutung, als privilegierte Vorhaben nach Abs. 1 Nr. 2 – 6 i. d. R. nicht errichtet werden dürfen, wenn hierfür im Flächennutzungsplan besondere Standorte (sog. **Konzentrationszonen**) dargestellt sind (s. dazu BVerwG NVwZ 2010, 1561; Schidlowski NVwZ 2001, 388). **128a**

Bsp. (BVerwGE 77, 300 = NVwZ 1988, 54): Die Darstellung einer Auskiesungskonzentrationszone im Flächennutzungsplan hat zur Folge, dass der Anlage von Kiesgruben außerhalb dieser Zone öffentliche Belange entgegenstehen (eb. für Windkraftanlagen BVerwG E 117, 287 = NVwZ 2003, 733; E 118, 33 = NVwZ 2003, 738; E 122, 109 = NVwZ 2005, 211; NVwZ 2008, 559).

Der Ausschluss nach § 35 Abs. 3 Satz 3 BauGB tritt nur i. d. R. ein. Bei besonderen Verhältnissen kann daher eine privilegierte Anlage auch außerhalb einer Konzentrationszone errichtet werden (BVerwGE 117, 287 = NVwZ 2003, 733). Allerdings muss der Ausschluss bestimmter Nutzungen auf einem Gesamtkonzept beruhen, das auch Raum für diese Nutzungen lässt (BVerwGE 122, 109 = NVwZ 2005, 211; BauR 2008, 951; VGH München BauR 2009, 1565). Ein genereller Ausschluss von Windkraftanlagen im Flächennutzungsplan ist daher unzulässig (BVerwGE 122, 109 = NVwZ 2005, 211; NVwZ 2008, 559; E 118, 33 = NVwZ 2003, 733; zu Windkraftanlagen s. Rolshoven NVwZ 2006, 516; Sydow NVwZ 2010, 1534).

Bsp. (VGH Mannheim VBlBW 2007, 178): Ein Standort für Windkraftanlagen darf nicht so klein bemessen werden, dass eine wirtschaftlich sinnvolle Nutzung der Windenergie praktisch nicht möglich ist; der VGH Mannheim spricht insoweit von einer Verhinderungs- bzw. Feigenblattplanung.

Zur Sicherung erst geplanter Darstellungen eines Flächennutzungsplans nach § 35 Abs. 3 Satz 3 BauGB kann ein Bauantrag gemäß § 15 Abs. 3 BauGB maximal 1 Jahr lang zurückgestellt werden.

Vergleichbare Grundsätze gelten gemäß § 35 Abs. 3 Satz 2 BauGB auch für die Ziele der Raumordnung und **Landesplanung**; die Festsetzungen des **Landesentwicklungsplans** und der **Regionalpläne** können privilegierte Vorhaben nur dann verhindern, wenn sie sachlich und räumlich hinreichend konkretisiert sind (BVerwGE 68, 319 = NJW 1984, 1367; Hoppe/Spoerr NVwZ 1999, 945). Nach § 35 Abs. 3 Satz 2 Halbs. 1 BauGB dürfen raumbedeutsame Vorhaben den Zielen der Raumordnung (§ 3 Abs. 1 Nr. 2 ROG) nicht widersprechen. Die Vorschrift normiert also einen generellen Vorrang der Ziele der Raumordnung gegenüber der Privilegierung eines Vorhabens nach § 35 Abs. 1 BauGB (VGH Mannheim UPR 2000, 79; VBlBW 2007, 178; Sparwasser VBlBW 2008, 171). **128b**

Soweit raumbedeutsame Vorhaben (§ 3 Abs. 1 ROG; vgl. auch BVerwGE 45, 47 = NJW 1987, 2389; NVwZ 2003, 738; VGH Mannheim VBlBW 2007, 178) in einem solchen Plan enthalten sind, steht damit zugleich nach § 35 Abs. 3 Satz 2 Halbs. 2 BauGB fest, dass öffentliche Belange dem Vorhaben nicht entgegenstehen. Diese Regelung beruht auf der Erwägung, dass die betroffenen öffentlichen Belange bereits bei der Aufstellung des Plans zu berücksichtigen waren (BVerwG NVwZ 2003, 1261; VGH Mannheim NVwZ 1990, 983; OVG Lüneburg NVwZ 2000, 579).

Andererseits können die Ziele der Raumordnung, also in Baden-Württemberg der Regionalplan, die Errichtung privilegierter Vorhaben gemäß § 35 Abs. 3 Satz 3 BauGB auch dadurch verhindern, dass im Regionalplan an bestimmten Stellen eine spezielle Ausweisung erfolgt mit dem Ziel, dass nur an dieser Stelle und nicht auch woanders diese Bodennutzung erfolgen soll (BVerwGE 77, 300 = NVwZ 1988, 54; NVwZ 2003, 1261).In § 11 Abs. 7 LplG wird insoweit unterschieden zwischen Vorrang-, Vorbehalts- und Eignungsgebieten (s. dazu Hornmann NVwZ 2006, 969). Bei Vorranggebieten müssen in diesem Bereich bestimmte Nutzungen verwirklicht werden mit der Folge, dass andere Nutzungen ausgeschlossen sind. In Vorbehaltsgebieten werden bestimmten Nutzungen ein besonders Gewicht eingeräumt, ohne dass andere Nutzungen von vornherein zurücktreten müssen. Die Festsetzung von Eignungsgebieten bedeute, dass der Bereich für bestimmte Nutzungen geeignet ist, diese Nutzungen aber damit an anderer Stelle nicht zulässig sind (VGH Mannheim VBlBW 2007, 178).

Ein Ausschluss bestimmter Nutzungen außerhalb des festgesetzten Bereichs ist zunächst nur bei Eignungsgebieten gegeben. Im Übrigen steht die Festsetzung eines Vorranggebiets für Windkraftanlagen im Regionalplan nicht der Errichtung einer Windkraftanlage an anderer Stelle (sog. weiße Gebiete) entgegen (BVerwG BauR 2006, 496).

b) Nichtprivilegierte Vorhaben

129 **Nichtprivilegierte Vorhaben** können nach § 35 Abs. 2 BauGB zugelassen werden, wenn ihre Ausführung oder Benutzung öffentliche Belange nicht beeinträchtigt. Trotz des Wortes „können" besteht nach allgemeiner Ansicht (BVerwGE 18, 247; BGH BauR 1981, 357) wegen des auch im Außenbereich geltenden Grundsatzes der Baufreiheit ein **Rechtsanspruch** auf eine Baugenehmigung, sofern öffentliche Belange nicht beeinträchtigt werden, was allerdings wegen § 35 Abs. 3 Nr. 1, 5 u. 7 BauGB nur in Ausnahmefällen in Betracht kommt.

§ 35 Abs. 3 BauGB enthält eine allerdings nicht erschöpfende Aufzählung der öffentlichen Belange, bei deren Beeinträchtigung ein nichtprivilegiertes Vorhaben nicht errichtet werden darf. Folgende **öffentliche Belange** sind in der Praxis am bedeutsamsten:

130 aa) Das Bauvorhaben widerspricht den Darstellungen des **Flächennutzungsplans**. Der Flächennutzungsplan reicht zwar nicht aus, um die Zulässigkeit eines ihm entsprechenden Bauvorhabens im Außenbereich zu begründen, solange kein aus dem Flächennutzungsplan entwickelter (§ 8 Abs. 2 BauGB) Bebauungsplan aufgestellt worden ist (BVerwG BauR 2000, 1171; 1991, 51; VGH Mannheim NVwZ-RR 2000, 481). Dagegen stellt ein Widerspruch des Bauvorhabens zum Flächennutzungsplan regelmäßig eine Beeinträchtigung öffentlicher Belange dar, weil im Flächennutzungsplan die Planungskonzeption der Gemeinde zum Ausdruck kommt (BVerwG BauR 1991, 179). Das BVerwG hat allerdings § 35 Abs. 3 Nr. 1 BauGB dahin gehend eingeschränkt, dass der Flächennutzungsplan nur insoweit ein Vorhaben im Außenbereich verhindern kann, als seine Festsetzungen den tatsächlichen Verhältnissen ent-

sprechen (BVerwGE 68, 311 = NVwZ 1984, 367; E 77, 300 = NVwZ 1988, 54; NVwZ 1997, 899; 2000, 1048). Denn der Flächennutzungsplan ist kein Rechtssatz; es gibt keine Rechtfertigung für eine Verhinderung von dem Flächennutzungsplan zuwiderlaufenden Bauvorhaben, wenn der Flächennutzungsplan nicht mehr der tatsächlichen Situation entspricht.

bb) Das Bauvorhaben ruft **schädliche Umwelteinwirkungen** hervor oder ist ihnen **131**
ausgesetzt. Die Definition des Begriffs der schädlichen Umwelteinwirkungen in § 3 Abs. 1 BImSchG gilt auch für § 35 Abs. 3 BauGB (BVerwGE 52, 122 = NJW 1978, 62; NVwZ 2008, 76). Diese Bestimmung soll verhindern, dass der Außenbereich mit Immissionen belastet wird, soweit ein Vorhaben nicht nach § 35 Abs. 1 Nr. 3 oder 4 BauGB privilegiert ist (BVerwGE 55, 118 = BauR 1978, 124), andererseits aber auch die Inhaber privilegierter Betriebe vor immissionsschutzrechtlichen Abwehransprüchen schützen. § 35 Abs. 3 Nr. 3 BauGB ist eine Kodifizierung des Gebots der Rücksichtnahme (BVerwG BauR 1983, 143; NVwZ 1991, 64).

Bsp. a) (VGH München NVwZ-RR 1995, 430): Errichtung eines großen Schafstalls neben dem Wohngebäude eines anderen Landwirtschaftsbetriebs.

b) (BVerwG NVwZ 2008, 76): Windkraftanlage in 340 m Abstand zum Wohngebäude eines landwirtschaftlichen Betriebs.

cc) **Belange des Naturschutzes** und der Landschaftspflege werden durch das Bauvorhaben beeinträchtigt. Bei § 35 Abs. 1 Nr. 5 BauGB ist zu differenzieren zwischen Natur- und Landschaftsschutzgebieten einerseits, sonstigen Außenbereichsgebieten andererseits (BVerwG NVwZ 1998, 58; BauR 2008, 1420). Bei festgesetzten Schutzgebieten ist bereits eine Beeinträchtigung naturschutzrechtlicher Belange unzulässig. Bei sonstigen Gebieten werden öffentliche Belange erst bei einer **Verunstaltung des Landschaftsbilds** berührt; dieses ist der Fall bei einer Bebauung, die von dem Betrachter als grob unangemessen empfunden wird (BVerwG NVwZ 1991, 64; OVG Münster BauR 2001, 223).

Bsp. a) (BVerwG NJW 1995, 2648): Eine 13 m hohe Monumentalfigur mitten im Wald kann wegen Verunstaltung des Landschaftsbildes unzulässig sein, auch wenn sie ein Kunstwerk im Sinne des Art. 5 GG darstellt (s. zur Verunstaltung des Landschaftsbilds auch BVerwG NVwZ 1998, 58).

b) (OVG Münster BauR 2001, 223): Die Errichtung einer Schweinemastanstalt in einer bisher unberührten Tallandschaft (Ems) stellt eine Verunstaltung dar.

dd) Ferner steht eine Beeinträchtigung der **natürlichen Eigenart der Landschaft** **132**
oder ihrer Aufgabe als **Erholungsgebiet für die Allgemeinheit** einer Genehmigung eines Vorhabens im Außenbereich entgegen. Die natürliche Eigenart der Landschaft wird gekennzeichnet durch die dort vorhandene Bodennutzung, i. d. R. also Land- und Forstwirtschaft. Bauliche Vorhaben, deren Zweckbestimmung in keinem Zusammenhang mit dieser Funktion der Außenbereichslandschaft stehen und auch nicht der allgemeinen Erholung dienen, stellen deshalb eine Beeinträchtigung der natürlichen Eigenart der Landschaft dar (BVerwGE 26, 111 = NJW 1967, 1099; 1998, 58; 2000, 1048; BauR 2001, 227).

Dabei ist für die Beurteilung der Beeinträchtigung der natürlichen Eigenart der Landschaft nur auf die **objektive Nutzungsmöglichkeit** des Gebäudes, nicht auf seine augenblickliche Verwendung abzustellen (VGH Mannheim VBlBW 1987, 274; OVG Lüneburg NVwZ-RR 1994, 493). Ein als Wochenendhaus geeignetes Gebäude wird daher nicht dadurch zulässig, dass es nur zur Aufbewahrung von landwirtschaftlichen Geräten genutzt wird. Es kommt auch nicht darauf an, ob das Gebäude deutlich sichtbar oder – etwa durch Bepflanzung – verborgen ist, maßgebend ist allein der

Widerspruch zwischen der objektiven Zweckbestimmung des Gebäudes und der in seiner Umgebung vorhandenen Bodennutzung (BVerwG NJW 1970, 346; VGH Mannheim ESVGH 17, 127; VBlBW 1988, 111).

Der Erholungswert einer Landschaft wird insbesondere beeinträchtigt durch Erholungs- und Freizeitanlagen, die nur von einem beschränkten Personenkreis genutzt werden können (s. dazu Rdnr. 126).

133 ee) § 35 Abs. 3 letzte Altern. BauGB will verhindern, dass der Außenbereich durch die Entstehung, Verfestigung oder Erweiterung einer **Splittersiedlung** planlos zersiedelt wird (BVerwGE 27, 137 und 54, 74 = BauR 1977, 399; NVwZ 2004, 982; OVG Münster NVwZ-RR 2008, 682 – lesenswert). Eine Bebauung des Außenbereichs mit Wohngebäuden oder Wochenendhäusern stellt i. d. R. eine Zersiedelung des Außenbereichs dar und beeinträchtigt damit öffentliche Belange nach § 35 Abs. 3 Satz 1 Nr. 7 BauGB, weil zu befürchten ist, dass ein solches Bauvorhaben weitere gleichartige Bauwünsche nach sich zieht und damit „Vorbildwirkung" entfaltet (BVerwGE 54, 74 = BauR 1977, 398; BauR 2000, 1173; NVwZ 2006, 1289).

Etwas anderes gilt aber, wenn eine bereits vorhandene Splittersiedlung abgerundet, d.h. eine Baulücke zwischen den vorhandenen Gebäuden bebaut wird (BVerwGE 54, 74 = BauR 1977, 399; NVwZ 2006, 1289; OVG Münster BauR 1996, 688). Es muss sich aber um die Schließung einer Baulücke innerhalb einer Splittersiedlung handeln. Dagegen werden öffentliche Belange berührt, wenn eine Splittersiedlung so erweitert wird, dass sie zu einem Ortsteil i. S. d. § 34 Abs. 1 BauGB wird, weil eine derartige Ausweitung der Bebauung im Außenbereich eine planerische Entscheidung der Gemeinde (Bebauungsplan, Entwicklungssatzung nach § 34 Abs. 4 Nr. 2 BauGB) voraussetzt (BVerwG BauR 2000, 1175; OVG Münster a. a. O.).

Eine ungeplante Zersiedelung des Außenbereichs ist auch bei der sog. Anschlussbebauung zu befürchten, wenn nämlich im Anschluss an den Ortsrand weitere bauliche Anlagen errichtet werden, was dazu führt, dass die Ortschaft sich planlos in den Außenbereich ausdehnt (BVerwGE 27, 139; BauR 1991, 55; NVwZ 1985, 747; OVG Münster a. a. O.).

ff) Öffentliche Belange werden ferner beeinträchtigt, wenn raumbedeutsame Vorhaben gegen die **Ziele der Raumordnung** verstoßen; insoweit gelten für nichtprivilegierte Vorhaben dieselben Grundsätze wie für privilegierte Vorhaben (s. dazu oben Rdnr. 128 b).

134 gg) Die Aufzählung öffentlicher Belange in § 35 Abs. 3 BauGB ist nicht abschließend, wie das Wort „insbesondere" zeigt (BVerwG NVwZ 1998, 58; BauR 2007, 781). So stellt das **Gebot der Rücksichtnahme** einen **sonstigen öffentlichen Belang** i. S. d. § 35 Abs. 3 BauGB dar (BVerwG BauR 1990, 689; NVwZ 2007, 336).

Bsp. (BVerwGE 52, 122 = NJW 1978, 62): Das Gebot der Rücksichtnahme ist verletzt, wenn ein Landwirt im Außenbereich einen Schweinestall in unmittelbarer Nachbarschaft zu einem Wohnhaus anlegt, obwohl er auch einen anderen Standort wählen könnte, bei dem der Nachbar nicht gestört würde.

Später hat das BVerwG allerdings das Gebot der Rücksichtnahme auch in § 35 Abs. 3 Satz 1 Nr. 3 BauGB (schädliche Umwelteinwirkungen) verankert. Zum Inhalt des Gebots der Rücksichtnahme s. Rdnr. 44 u. Rdnr. 265.

Ferner erkennt das BVerwG (E 117,25 = NVwZ 2003, 86) das Bedürfnis nach vorheriger **Planung** als ungeschriebenen öffentlichen Belang an.

Bsp. (BVerwGE 117, 25): Der Bau eines FOC – s. Rdnr. 89 – von 21.000 m^2 mit 61 Geschäften und 2 Gaststätten setzt wegen der erforderlichen Koordination der verschiedenen öffentlichen und privaten Belange (z. B. der Zufahrtsstraße, der Parkplätze, der Abfallbeseitigung) einen vorherigen Bebauungsplan voraus, so dass eine solche Anlage nicht „planlos" errichtet werden kann.

c) Bestandsschutz

Das Problem des Bestandsschutzes (s. dazu Mampel ZfBR 2002, 327; Aichele/Herr NVwZ 2003, 415; Appel DVBl 2005, 340) ist nicht spezifisch auf den Außenbereich bezogen, es entsteht vielmehr überall dort, wo vorhandene bauliche Anlagen umgebaut, durch andere Anlagen ersetzt oder wenigstens ihre Nutzung geändert werden soll und dieses nach den nunmehr für das jeweilige Gebiet maßgeblichen baurechtlichen Vorschriften unzulässig ist. Dennoch hat die Rechtsprechung der Verwaltungsgerichte die Grundsätze zum Bestandsschutz im Wesentlichen an Außenbereichsfällen entwickelt, weil gerade im Außenbereich die Erhaltung und sinnvolle Nutzung eines funktionslos gewordenen Gebäudes nur möglich war, wenn dieses durch den Bestandsschutz gedeckt war. Eine gewisse Erleichterung ist allerdings seit 1.1.1977 durch die Neuregelung des § 35 Abs. 4 – 6 BBauG eingetreten, die jedenfalls die größten Mängel der früheren Rechtslage und Rechtsprechung beseitigt hat; § 35 Abs. 4 BauGB hat hieran im Wesentlichen festgehalten. **135**

Voraussetzung für den Bestandsschutz ist zunächst, dass überhaupt eine **funktionsfähige bauliche Anlage** vorhanden ist. Ein Trümmerhaufen oder eine Ruine eines Bauwerks genießen keinen Bestandsschutz (BVerwGE 61, 112 = NJW 1981, 2140; NJW 1986, 2126; BauR 1991, 55), auch wenn dieser Zustand unabhängig vom Willen des Eigentümers, etwa durch Brand oder Naturkatastrophe eingetreten ist (BVerwGE 47, 126; E 72, 363 = NJW 1986, 2126; VGH München NVwZ-RR 2007, 513). Der Bestandsschutz deckt schließlich nicht den Abbruch eines Bauwerks und die Errichtung eines Ersatzbaus (BVerwGE 62, 32 = NJW 1981, 2143; E 72, 362 = NJW 1986, 2126).

Ferner dient der Bestandsschutz nur dazu, das Gebäude bzw. die gewerbliche Anlage in seinem **bisherigen Bestand** zu erhalten, eine Erweiterung oder Funktionsänderung fällt dagegen nicht unter den Bestandsschutz (BVerwGE 50, 49 = DVBl 1976, 214; E 61, 285 = NJW 1981, 1224; E 68, 360 = NJW 1984, 1771; E 72, 363 = NJW 1986, 2126). **136**

Stets ist dabei erforderlich, dass zwischen dem früheren und dem jetzigen Zustand hinsichtlich des Standorts, des Bauvolumens und der Nutzung eine **Identität** besteht (BVerwGE 47, 126 = BauR 1975, 114; NJW 1981, 2140; NVwZ 2002, 92), sodass das geänderte Gebäude zwar als restauriertes oder modernisiertes Gebäude, nicht aber als Ersatzbau oder gar als aliud anzusehen ist. Wenn bauliche Veränderungen die Kosten eines Neubaus erreichen oder eine statische Neuberechnung des Gebäudes erforderlich ist, entfällt der Bestandsschutz (BVerwG NVwZ 2002, 92). Die Umwandlung eines landwirtschaftlich genutzten Gebäudes in eine Metallschleiferei (BVerwGE 47, 185), eines Speditionsunternehmens in einen Kranbetrieb (BVerwG NJW 1977, 1932), eines Großhandelsunternehmens in einen Verbrauchermarkt (BVerwG NJW 1984, 1771), einer Diskothek in eine Spielhalle (BVerwG BauR 1990, 582), die Verdoppelung der Produktion einer Ziegelei durch Installation eines neuen Brennofens (BVerwGE 50, 49), die Umwandlung eines Bahnwärterhauses in ein Wochenendhaus (VGH Mannheim VBlBW 1992, 218), die Nutzung eines Jagdhauses als Wohnhaus (BVerwG BauR 1994, 737) sowie die Erweiterung eines Kurhauses (BVerwG NVwZ 1999, 524) fallen nicht unter den Bestandsschutz.

Beim Bestandsschutz ist zunächst zu unterscheiden zwischen dem aktiven und dem passiven Bestandsschutz (s. dazu Brügelmann/Dürr § 35 Rdnr. 122 ff.; Dürr VBlBW **137**

2000, 457). Aktiver Bestandsschutz bedeutet einen Anspruch auf Genehmigung eines Bauvorhabens wegen des Bestandsschutzes. Der passive Bestandsschutz schützt nur vor der Verpflichtung zur Beseitigung eines baurechtswidrigen Vorhabens. Das BVerwG hat den aktiven Bestandsschutz früher unmittelbar aus Art. 14 GG abgeleitet (BVerwGE 47, 185; 50, 49; 61, 285). Diese Rechtsprechung hat es aber aufgegeben, da der Inhalt des Eigentums durch die Gesetze festgelegt werden muss und ein unmittelbar aus Art. 14 GG abgeleiteter Bestandsschutz daher entfällt (BVerwG NVwZ 1999, 524; BauR 2010, 2060). Das BVerwG beruft sich dabei auf die Rechtsprechung des BVerfG (E 58, 300 – Nassauskiesung). Danach scheidet ein **aktiver Bestandsschutz** von vornherein aus.

Bsp. (BVerwGE 106, 228 = NJW 1998, 842): Die Errichtung einer Garage neben einem Wohnhaus im Außenbereich wird nicht durch den Bestandsschutz zugelassen (a. M. noch BVerwGE 72, 362 = NJW 1986, 2126).

Ein **passiver Bestandsschutz** ist zunächst unbestritten gegeben, wenn das Bauwerk baurechtlich genehmigt wurde. Durch die Feststellungswirkung der Baugenehmigung wird verbindlich festgestellt, dass es mit den baurechtlichen Vorschriften übereinstimmt; dieses gilt auch dann, wenn dieses in Wirklichkeit nicht der Fall ist (s. Rdnr. 223). Ein Bestandsschutz besteht auch, wenn das Bauwerk zwar nicht genehmigt wurde, aber bei seiner Errichtung oder auch danach den baurechtlichen Vorschriften entsprach. Insoweit besteht weitgehend Einigkeit, dass auch die nur materielle Rechtmäßigkeit zu irgendeinem Zeitpunkt ausreicht, um einem Bauvorhaben Bestandsschutz zu vermitteln (BVerwG 3, 351; 47, 158 = BauR 1975, 44; BVerwGE 61, 285 = NJW 1981, 1224; VGH München NVwZ-RR 2000, 273).

Der passive Bestandsschutz entfällt, wenn das Gebäude nicht mehr besteht (BVerwG NVwZ 1991, 1076) oder in völlig anderer Weise genutzt wird. Noch nicht abschließend geklärt ist dagegen, ob und ggf. wann der durch eine Baugenehmigung vermittelte Bestandsschutz entfällt, wenn die bisherige Nutzung für längere Zeit aufgegeben wurde, ohne dass eine anderweitige Nutzung erfolgt ist (s. dazu unten Rdnr. 224).

d) § 35 Abs. 4 – 6 BauGB (begünstigte Vorhaben)

138 Die einschränkende Rechtsprechung zum Bestandsschutz (s. oben Rdnr. 135 ff.) führte früher allerdings in vielen Fällen zu unbefriedigenden Ergebnissen, insbesondere bei dem Umbau oder der Nutzungsänderung ehemals landwirtschaftlich genutzter Gebäude im Außenbereich. So hätte z. B. der Landwirt, der seinen landwirtschaftlichen Betrieb aufgab und einer sonstigen Beschäftigung nachging, bei konsequenter Anwendung der Bestandsschutzregeln eigentlich sofort seinen Bauernhof im Außenbereich abreißen und sich in dem nächsten Dorf eine Wohnung nehmen müssen (so in der Tat BVerwGE 47, 185). Dieses unangemessene Ergebnis ist durch § 35 Abs. 4 BBauG 1976 (nun § 35 Abs. 4 BauGB) beseitigt worden.

Nach der Rechtsprechung des BVerwG (E 84, 322 = NVwZ 1988, 357; E 106, 228 = NVwZ 1998, 842) stellt § 35 Abs. 4 BauGB eine abschließende Regelung der Zulässigkeit von Nutzungsänderungen, Erweiterungen und Ersetzungen von Vorhaben im Außenbereich dar, sodass ein darüber hinausgehender Rückgriff auf die allgemeinen Grundsätze des Bestandsschutzes nicht möglich ist. In der baurechtlichen Praxis lassen sich beinah alle relevanten Bestandsschutzfälle mit § 35 Abs. 4 BauGB zufrieden stellend regeln.

Den in **§ 35 Abs. 4 BauGB** angeführten Nutzungsänderungen, Wiederaufbau- oder Erweiterungsmaßnahmen kann nicht entgegengehalten werden, dass sie dem Flächennutzungsplan widersprechen, die natürliche Eigenart der Landschaft beeinträchtigen oder die Entstehung bzw. Verfestigung einer Splittersiedlung zu befürchten sei. Damit sind die wesentlichsten Hindernisgründe für ein nichtprivilegiertes Vorhaben im Außenbereich ausgeräumt, sodass i. d. R. die Genehmigung zu erteilen ist. Die sonstigen öffentlichen Belange des § 35 Abs. 3 BauGB werden dagegen von § 35 Abs. 4 BauGB nicht berührt; falls sie beeinträchtigt werden, kann auch ein nach § 35 Abs. 4 BauGB begünstigtes Vorhaben nicht zugelassen werden (BVerwG NVwZ-RR 1994, 372 – Belange des Naturschutzes). Die einzelnen Tatbestände des § 35 Abs. 4 BauGB sollen nur isoliert angewandt werden können, eine kombinierte Anwendung soll unzulässig sein.

Bsp. (BVerwG NJW 1998, 842): Ein durch einen Sturm zerstörtes Gebäude darf nicht nach Nr. 3 neu errichtet und zugleich nach Nr. 5 erweitert werden. Dieses überzeugt nicht. Der Bauherr wird dadurch gezwungen, zunächst das Gebäude in der früheren Größe wieder zu errichten und es dann aufgrund einer zweiten Baugenehmigung zu erweitern.

Nach **§ 35 Abs. 4 Nr. 1 BauGB** kann einer Änderung der Nutzung eines vor mehr als **139**
7 Jahren zulässigerweise errichteten und nach § 35 Abs. 1 Nr. 1 BauGB privilegierten Gebäudes ohne wesentliche Änderung der äußeren Gestalt des Gebäudes nicht entgegengehalten werden, dass sie die angeführten öffentlichen Belange beeinträchtige. Sinn und Zweck dieser Regelung ist es, dass landwirtschaftliche Gebäude, die wegen Aufgabe oder Einschränkung der Landwirtschaft nicht mehr in der bisherigen Weise genutzt werden können, einer sinnvollen Nutzung zugeführt werden. Zulässigerweise errichtet worden ist ein Gebäude, wenn es entweder baurechtlich genehmigt worden ist oder aber materiell-rechtlich den maßgeblichen Vorschriften, insbesondere § 35 BauGB/BBauG entsprach (BVerwGE 58, 124 = NJW 1980, 1010; E 62, 32 = NJW 1981, 2143; NVwZ 1999, 297; BauR 2007, 1697)

Das Verbot einer wesentlichen Änderung beschränkt auf das Äußere des Gebäudes; im Inneren ist dagegen sogar die sog. Entkernung, also die vollständige Änderung des Gebäudeinneren bei Erhaltung der Außenwände, zulässig (Battis/Krautzberger/Löhr § 35 Rdnr. 89; Jäde/Dirnberger/Weiß § 35 Rdnr. 101; a. M. Schrödter § 35 Rdnr. 322).

§ 35 Abs. 4 Nr. 1 BauGB verlangt ferner einen räumlich-funktionalen Zusammenhang des Gebäudes mit der Hofstelle eines landwirtschaftlichen Betriebs (BVerwG BauR 2006, 1103); eine von der Hofstelle 300 m entfernt gelegene Feldscheune kann daher nicht unter Berufung auf § 35 Abs. 4 Nr. 1 BauGB umgenutzt werden (BVerwG DÖV 2001, 959). Soweit ein bisher landwirtschaftlichen Zwecken dienendes Gebäude in ein Wohngebäude umgewandelt wird, dürfen maximal drei Wohnungen pro Hofstelle (ohne die nach § 35 Abs. 1 Nr. 1 BauGB privilegierten Wohnungen) entstehen. Die Anforderung des § 35 Abs. 4 Nr. 1 c BauGB, dass die Aufgabe der bisherigen (landwirtschaftlichen) Nutzung nicht länger als 7 Jahre zurück liegen dürfe, ist für Baden-Württemberg durch § 1 AGBauGB (Dürig Nr. 87 b) auf Grund der Ermächtigung des § 245 b Abs. 2 BauGB außer Kraft gesetzt worden.

Nach **§ 35 Abs. 4 Nr. 2 BauGB** kann ein irgendwann einmal (BVerwGE 58, 124 = NJW **140**
1980, 1010; E 62, 32 = NJW 1981, 2143) zulässigerweise errichtetes (s. oben Rdnr. 139), aber nunmehr Missstände oder Mängel (§ 177 Abs. 3 BauGB) aufweisendes (sog. abgängiges) Wohngebäude abgerissen und an seiner Stelle ein gleichartiges (BVerwG NVwZ-RR 2004, 982) Wohngebäude errichtet werden. Das alte Haus muss seit längerer Zeit vom Eigentümer selbst bewohnt worden sein (OVG Münster NVwZ-RR 2004, 480) und das neue Haus ebenfalls dem Eigentümer und seiner Familie als Wohnung dienen sollen (VGH Mannheim BauR 2006, 975). Es soll verhindert werden, dass wohlhabende Personen baufällige Wohngebäude im Außenbereich aufkaufen

und sich damit die Möglichkeit verschaffen, im Außenbereich nach dem Abbruch des alten Hauses ein modernes Wohngebäude zu errichten. § 35 Abs. 4 Nr. 2 BauGB gestattet lediglich den Wiederaufbau zum Zweck der Nutzung des Neubaus als Dauerwohnung, nicht dagegen für Freizeitzwecke als Wochenendhaus (BVerwG NVwZ 1995, 700; VGH Mannheim BauR 2006, 975) oder als Ferienwohnung (BVerwG BauR 2002, 1059).

Vergleichbar ist das neue Wohngebäude, wenn es hinsichtlich des Standorts, des Bauvolumens und der Funktion ungefähr dem früheren Bauwerk entspricht; § 35 Abs. 4 Nr. 2 BauGB verlangt keine vollständige Identität zwischen altem und neuem Haus (BVerwGE 58, 124 = NJW 1980, 1010; E 61, 290 = NJW 1981, 2828). § 35 Abs. 4 Satz 2 BauGB erlaubt auch eine geringfügige Erweiterung des Bauvolumens (BVerwG NVwZ 1991, 1076).

141 **§ 35 Abs. 4 Nr. 3 BauGB** erlaubt den alsbaldigen Wiederaufbau eines im Außenbereich zulässigerweise errichteten (s. dazu Rdnr. 139), durch Brand, Naturkatastrophe oder andere außergewöhnliche Ereignisse zerstörten Gebäudes. Die Zerstörung muss durch ein außergewöhnliches Ereignis (hierzu zählt auch die mutwillige Zerstörung von Menschenhand – BVerwG BauR 1983, 55) erfolgt sein; eine Zerstörung durch natürlichen Verfall infolge mangelhafter Pflege reicht nicht aus (BVerwGE 62, 32 = NJW 1981, 2143).

Der Wiederaufbau muss „alsbald" erfolgen, also zu einem Zeitpunkt, in dem man noch allgemein mit dem Wiederaufbau rechnet (BVerwGE 58, 124 = NJW 1980, 1010). Das BVerwG (NJW 1982, 400) hat hierfür folgende Zeitspanne zwischen der Vernichtung des alten Gebäudes und der eindeutigen Offenbarung der Absicht des Wiederaufbaus – i. d. R. durch Stellung eines Antrags auf Baugenehmigung – angenommen: bei einem Zeitraum bis zu einem Jahr ist stets ein alsbaldiger Aufbau zu bejahen; bei 1 – 2 Jahren ist dieses i. d. R. der Fall; bei mehr als 2 Jahren kann dagegen nur bei besonderer Fallgestaltung noch von einem alsbaldigen Wiederaufbau gesprochen werden – wegen § 35 Abs. 4 Satz 2 BauGB s. oben Rdnr. 140 a. E.

142 Nach **§ 35 Abs. 4 Nr. 5 BauGB** kann ein zulässigerweise (s. dazu oben Rdnr. 139) errichtetes Wohngebäude angemessen (s. dazu BVerwG NVwZ 2004, 982) erweitert werden, soweit dieses zur Befriedigung der Wohnbedürfnisse angemessen ist; das Gebäude darf aber nach der Erweiterung nur maximal 2 Wohnungen aufweisen (s. dazu BVerwG NVwZ-RR 1995, 295). Eine Errichtung eines neuen Gebäudes wird dagegen von der Vorschrift nicht erfasst (BVerwGE 106, 228 = NVwZ 1998, 842); das gleiche gilt für den Anbau eines Gebäudes an ein bereits bestehendes Haus (BVerwGE 120, 130 = NVwZ 2004, 982; ZfBR 2008, 593). Die Vorschrift gilt nicht für Ferienhäuser (BVerwG NVwZ 1995, 700). Allerdings darf eine zweite Wohnung nur eingerichtet werden, wenn das gesamte Gebäude vom Eigentümer und seiner Familie bewohnt wird (s. dazu BVerwG NVwZ 1989, 355); damit soll das sozialpolitisch erwünschte Zusammenleben von zwei Generationen unter einem Dach ermöglicht werden. Die Erweiterung darf aber die bauliche Identität des Altbaus nicht in Frage stellen, dieser muss „die Hauptsache bleiben" (OVG Lüneburg NVwZ-RR 1996, 6).

§ 35 Abs. 4 Nr. 6 BauGB (s. dazu Hoppe DVBl 1990, 1009; Guldi NVwZ 1996, 849) erlaubt schließlich die angemessene Erweiterung eines bestehenden, zulässigerweise errichteten (s. Rdnr. 140) Gewerbebetriebs. Dabei darf der Betrieb aber nicht im Wege der Salamitaktik mehrmals angemessen erweitert werden, wenn dadurch eine insgesamt nicht mehr angemessene Vergrößerung erreicht wird (BVerwG NVwZ-RR 1993, 176; 1994, 371). Unter § 35 Abs. 4 Nr. 6 BauGB fällt nicht die Erweiterung eines Innenbereichsbetriebs in den Außenbereich (BVerwG NVwZ 1994, 293). Die Erweiterung muss in zweifacher Hinsicht angemessen sein: zum einen in Bezug auf das vorhandene Gebäude, zum anderen in Bezug auf den vorhandenen Betrieb (BVerwG NVwZ-RR 1994, 371; Brügelmann/Dürr § 35 Rdnr. 161 ff.).

Die nach § 35 Abs. 1 – 4 BauGB zulässigen Vorhaben müssen nach **§ 35 Abs. 5** 143
BauGB in flächensparender und den Außenbereich schonender Weise ausgeführt werden (zum sog. Schonungsgebot s. BVerwG BauR 1991, 579; OVG Lüneburg NVwZ-RR 1996,6 – Dachausbau statt Errichtung eines Anbaus; OVG Koblenz NVwZ-RR 2007, 581 – Betonmauer um Pferdekoppel). Ferner soll die Baurechtsbehörde nach § 35 Abs. 5 Satz 2 BauGB eine Sicherung dafür verlangen, dass die Beschränkungen des § 35 Abs. 4 BauGB auch tatsächlich eingehalten werden. Diese Sicherung erfolgt durch Eintragung einer Baulast.

e) Außenbereichssatzung

Durch § 35 Abs. 6 BauGB wird die Möglichkeit geschaffen, dass die Gemeinde durch 143a
eine Satzung für vorhandene Splittersiedlungen im Außenbereich eine Bebauung mit Wohngebäuden sowie mit kleinen Handwerks- oder Gewerbebetrieben vorsehen kann (s. dazu BVerwG NVwZ 2006, 1289; VGH München BauR 2004, 51; Schink DVBl 1999, 367). Die Außenbereichssatzung unterscheidet sich von einer Innenbereichssatzung nach § 34 Abs. 4 BauGB vor allem dadurch, dass nicht die Schaffung bzw. Erweiterung eines Ortsteils i. S. d. § 34 Abs. 1 BauGB bezweckt wird, sondern die von der Außenbereichssatzung erfasste Fläche weiterhin zum Außenbereich gehört; sie erlaubt auch nicht die Erweiterung einer Splittersiedlung zu einem Ortsteil i. S. d. § 34 BauGB (BVerwG BauR 2000, 1175; OVG Lüneburg NVwZ-RR 2001, 368). Die Außenbereichssatzung hat nur eine Lückenschließungsfunktion (BVerwG NVwZ 2006, 1289).

7. Bauen im Vorgriff auf einen Bebauungsplan (§ 33 BauGB)

§ 33 BauGB (s. dazu Scheidler BauR 2006, 310; Uechtritz/Buchner BauR 2003, 813; 144
Bartholomäi BauR 2001, 725) stellt insofern einen Sonderfall dar, als diese Vorschrift für alle Fälle der §§ 30, 34 und 35 BauGB Anwendung findet, sofern sich ein Bebauungsplan in der Aufstellung befindet. Die Vorschrift bezweckt, eine Bebauung gemäß einem Bebauungsplan bereits in dem Zeitraum zwischen dessen endgültiger Konzeption und dem In-Kraft-Treten nach § 10 BauGB zuzulassen; der bauwillige Bürger soll nicht darunter leiden, dass sich das Bebauungsplanverfahren noch eine gewisse Zeit hinzieht (BVerwG NVwZ 1986, 647; BauR 2003, 55).

Voraussetzung für eine Genehmigung nach § 33 BauGB ist deshalb, dass das Verfahren zur Aufstellung eines Bebauungsplans bereits so weit fortgeschritten ist, dass mit der Realisierung der vorliegenden Plankonzeption konkret zu rechnen ist – **materielle Planreife** (BVerwG BRS 23 Nr. 33; VGH Mannheim VBlBW 2008, 385; OVG Münster NVwZ-RR 2001, 568). Zumindest die Auslegung nach § 3 BauGB und die Beteiligung der Träger öffentlicher Belange nach § 4 BauGB muss i. d. R. abgeschlossen sein – **formelle Planreife** (§ 33 Abs. 1 Nr. 1 BauGB) –; hiervon ist aber nach § 33 Abs. 2 BauGB eine Ausnahme möglich (OVG Münster NVwZ 1992, 278; Haußner BauR 1993, 411). Eine Genehmigung nach § 33 BauGB scheidet aus, wenn die Genehmigungsbehörde zu erkennen gibt, dass sie den Bebauungsplan in dieser Form nicht genehmigen wird (BVerwG BRS 15 Nr. 13; VGH Mannheim BRS 27 Nr. 39), wenn beachtliche Bürgereinwendungen vorliegen (BVerwG NVwZ 1993, 1205; VGH Mannheim NVwZ-RR 1998, 96) oder wenn der Bebauungsplan inhaltliche Mängel aufweist, insbesondere im Hinblick auf § 1 Abs. 5 – 7 BauGB bedenklich ist (VGH

Kassel BRS 27 Nr. 20 und 28 Nr. 25). Eine Genehmigung nach § 33 Abs. 1 BauGB setzt ferner voraus, dass das Verfahren zur Aufstellung des Bebauungsplans nicht „stecken geblieben ist", also kontinuierlich weiter betrieben wird (BVerwG 117, 25 = NVwZ 2003, 86).

Zu beachten ist, dass § 33 BauGB nur eine Genehmigung eines Bauvorhabens ermöglicht, das sonst vor In-Kraft-Treten des Bebauungsplans nicht genehmigt werden könnte. § 33 BauGB kann dagegen nicht die Errichtung eines Bauvorhabens verhindern, das nach der derzeitigen Rechtslage zulässig, nach dem zukünftigen Bebauungsplan aber unzulässig wäre. Denn § 33 BauGB dient nicht der Sicherung der Bauleitplanung während der Planaufstellung, hierfür sieht das BauGB vielmehr eine Veränderungssperre nach §§ 14 ff. BauGB vor. Diese Vorschriften wären überflüssig, wenn ein Bauvorhaben wegen eines in Aufstellung befindlichen Bebauungsplans bereits nach § 33 BauGB verhindert werden könnte (std. Rspr. seit BVerwGE 20, 127).

8. Einvernehmen nach § 36 BauGB

145 Da durch die Genehmigung von Bauvorhaben, die nicht auf einem Bebauungsplan beruhen, die Planungshoheit der Gemeinde beeinträchtigt werden kann, dürfen Baugenehmigungen nach §§ 31, 33, 34 und 35 BauGB nur im **Einvernehmen** mit der Gemeinde erteilt werden (s. dazu Groß BauR 1999, 560; Horn NVwZ 2002, 406; Dippel NVwZ 1999, 921). Das Einvernehmen wird nur verwaltungsintern erklärt, nach außen hin ergeht gegenüber dem Bauherrn nur eine Entscheidung der Baurechtsbehörde (BVerwGE 22, 342; NVwZ-RR 1992, 529).

Die Gemeinde muss über die Erteilung des Einvernehmens innerhalb von zwei Monaten entscheiden, sonst gilt das Einvernehmen als erteilt (§ 36 Abs. 2 Satz 2 BauGB); die **Frist** beginnt aber erst nach Vorlage der vollständigen Planunterlagen (VGH Mannheim BauR 2003, 1534). Allerdings muss die Gemeinde die Unvollständigkeit der Unterlagen rügen; andernfalls läuft die 2-Monatsfrist auch bei unvollständigen Unterlagen ab (BVerwG NVwZ 2005, 213; VGH Mannheim VBlBW 2009, 61). Die Frist kann die Gemeinde dazu nutzen, ein nicht erwünschtes Bauvorhaben, das aber nach der bestehenden Rechtslage zugelassen werden müsste, durch einen Beschluss zur Aufstellung eines Bebauungsplans nach § 2 Abs. 1 BauGB sowie eine Veränderungssperre nach § 14 Abs. 1 BauGB zur Sicherung dieser Planung zu verhindern (BVerwG NVwZ 1986, 566; BauR 1988, 695; VGH Mannheim NVwZ 1994, 797).

Über die Erteilung des Einvernehmens entscheidet der **Gemeinderat** (bzw. ein Gemeinderatsausschuss) und nicht der Bürgermeister, da der Gemeinderat Inhaber der Planungshoheit ist (VGH Mannheim VBlBW 1984, 115). Eine Übertragung dieser Kompetenz auf den Ortschaftsrat ist unzulässig, weil die Auswirkungen eines Bauvorhabens auf das gesamte Gemeindegebiet zu berücksichtigen sind (VGH Mannheim a.a.O.). Ist die Gemeinde selbst Baurechtsbehörde, bedarf es nach der nunmehr auch nach dem VGH Mannheim (Urt. v. 8.7.2009 – 8 S 1686/08 – ESVGH 60, 123; a. M. noch VGH Mannheim VBlBW 2004, 56) keines Einvernehmens der Gemeinde, auch wenn verschiedene Gemeindeorgane, nämlich der Bürgermeister bzw. der Gemeinderat über die Baugenehmigung bzw. das Einvernehmen zu entscheiden haben. Die Annahme des BVerwG, ein innergemeindlicher Konflikt müsse mit Hilfe der kommunalrechtlichen Vorschriften bewältigt werden, findet allerdings in der GemOBW keine Stütze. Wie ein derartiger Konflikt bewältigt werden kann, ist nicht geregelt worden.

146 Wird das **Einvernehmen** der Gemeinde **nicht erteilt**, dann muss die Baurechtsbehörde die Baugenehmigung ablehnen, auch wenn sie selbst das Bauvorhaben für genehmigungsfähig hält, oder aber das Einvernehmen ersetzen (§ 36 Abs. 2 Satz 3 BauGB; vgl. auch BVerwGE 22, 342; NVwZ 1986, 566; NVwZ-RR 1993, 529). Von der durch § 36 Abs. 2 Satz 3 BauGB eröffneten Möglichkeit, dass eine durch Landesrecht zu bestimmende Behörde das Einvernehmen ersetzen kann (s. dazu Dippel NVwZ 1999, 921), hat das Land Baden-Württemberg erst durch die LBO-Novelle 2010 Gebrauch gemacht. Nach § 54 Abs. 4 LBO kann die Baugenehmigungsbehörde das rechtswidrig verweigerte Einvernehmen ersetzen. Die Ersetzung ist ein Verwaltungsakt, der von der Gemeinde wegen der Verletzung ihrer Planungshoheit mit Rechtsmittel angegriffen werden kann (OVG Lüneburg NVwZ-RR 2009, 866; Beutling/Pauli BauR 2010, 418; Battis/Krautzberger/Löhr § 36 Rdnr. 17). Strittig ist allerdings, ob die Ersetzung des Einvernehmens eine Ermessensentscheidung ist (so OVG Lüneburg NVwZ-RR 2009, 865; VGH München BauR 2006, 2022; Wortha VBlBW 2010, 219; Battis/Krautzberger/Löhr § 36 Rdnr. 13; a. M. OVG Koblenz NVwZ-RR 2000, 85; Horn NVwZ 2002, 406; Dolderer BauR 2000, 491). Für die Einräumung eines Ermessens spricht vor allem der Wortlaut der Vorschrift; die Erwägungen zum Ermessen bei Befreiungen nach § 31 Abs. 2 BauGB (s. Rdnr. 107) lassen sich auf § 36 Abs. 2 Satz 3 BauGB übertragen.

Soweit fest steht, dass die Verweigerung des Einvernehmens rechtswidrig war, dürfte sich das Ermessen allerdings i. d. R. auf Null reduzieren. Denn die Ersetzungsmöglichkeit dient vor allem dem Interesse des Bauherrn an einer schnellen Erteilung der Baugenehmigung (BT-Drucks. 13/6392 S. 10). Anders kann es aber sein, wenn die Beurteilung der Rechtslage schwierig ist. Lehnt die Baugenehmigungsbehörde es ab, das Einvernehmen zu ersetzen, kann dem Bauherrn ein Schadensersatzanspruch wegen Amtspflichtverletzung auch gegen die Baugenehmigungsbehörde zustehen (Wortha VBlBW 2010, 219).

Verfahrensrechtlich bestimmt § 54 Abs. 4 Satz 2 LBO, dass die Baugenehmigung zugleich als Ersatzvornahme dient. Dies bedeutet, dass mit der Erteilung der Baugenehmigung zugleich eine Ersetzung eines rechtswidrig verweigerten Einvernehmens erfolgt. Rechtsmittel der Gemeinde haben nach § 54 Abs. 4 Satz 3 LBO keine aufschiebende Wirkung.

Die Baugenehmigungsbehörde ist an eine Erteilung des Einvernehmens nicht gebunden, sondern kann den Bauantrag gleichwohl ablehnen (BVerwG NVwZ-RR 1993, 529; NVwZ 1997, 700). Da das Einvernehmen ein verwaltungsinterner Vorgang und damit kein Verwaltungsakt ist, muss bei einem versagten Einvernehmen auf Erteilung der Baugenehmigung und nicht etwa auf Erteilung des Einvernehmens geklagt werden (BVerwGE 28, 145). Beklagter ist demnach die Baurechtsbehörde; die Gemeinde ist aber beizuladen (BVerwG NVwZ 1986, 556; DVBl 1974, 235).

Das Einvernehmen darf nach **§ 36 Abs. 2 Satz 1 BauGB** nur aus den sich aus §§ 31 – 35 BauGB ergebenden Gründen **versagt** werden (BVerwG NVwZ 1990, 657). Daraus folgt, dass nur in den Fällen der §§ 31, 33 Abs. 2 und 34 Abs. 2 Halbs. 2 und Abs. 3 a BauGB ein Ermessen besteht; im Übrigen muss das Einvernehmen dagegen erteilt werden, wenn das Bauvorhaben planungsrechtlich zulässig ist. Die Gemeinde kann sich bei der Versagung des Einvernehmens auf alle in §§ 31 bis 35 BauGB genannten Versagungsgründe stützen, also auch auf solche, die nicht dem Schutz ihrer Planungshoheit dienen, z. B. die in § 35 Abs. 3 Nr. 5 BauGB angeführten Belange des Naturschutzes und der Landschaftspflege (BVerwG NVwZ 2010, 1561; VGH Mannheim DVBl. 1998, 909; a. M. VGH Kassel NVwZ-RR 2009, 750). Nach dem eindeutigen Wortlaut des § 36 Abs. 2 Satz 1 BauGB hat die Gemeinde bauplanungsrechtlich eine umfassende Prüfungskompetenz. **146a**

In § 36 Abs. 2 BauGB wird § 14 BauGB nicht als Versagungsgrund angeführt. Hierbei handelt es sich um ein Redaktionsversehen, da das Erfordernis des Einvernehmens gerade dazu dient, der Gemeinde die Möglichkeit zu eröffnen, zur Verhinderung des Vorhabens eine Veränderungssperre zu erlassen (s. oben Rdnr. 145) und eine Ausnahme von der Veränderungssperre nach § 14 Abs. 2 Satz 2 BauGB nur im Einvernehmen mit der Gemeinde erteilt werden darf.

Die Erklärung des Einvernehmens kann nach der Rechtsprechung des BVerwG (NVwZ 1997, 900) von der Gemeinde nicht zurückgenommen werden, da die Frist des § 36 Abs. 2 Satz 2 BauGB erkennen lasse, dass dem Bauherrn eine längere Ungewissheit nicht zugemutet werden soll. Dieses überzeugt nicht, weil sogar eine Baugenehmigung zurückgenommen werden kann. Dem BVerwG (a.a.O.) ist aber darin zuzustimmen, dass die Frist nicht verlängert werden kann.

Die Gemeinde kann nach § 36 Abs. 2 BauGB das Einvernehmen also nur versagen, wenn das Bauvorhaben **bauplanungsrechtlich nicht zulässig** ist. Aus bauordnungsrechtlichen Gründen darf daher das Einvernehmen nicht versagt werden. Wird das Einvernehmen zu Unrecht versagt, dann entstehen **Amtshaftungsansprüche** (BGHZ 65, 182 = NJW 1976, 184; NVwZ-RR 2003, 403; NJW 2006, 117; Lansnicker/Schwirtzek NVwZ 1996, 745; Schlick BauR 2008, 290). Dabei kann sich die Gemeinde nicht auf die mangelnde Rechtskenntnis ihrer Gemeinderäte berufen. Diese sind nämlich als Inhaber eines öffentlichen Amtes verpflichtet, sich über die Rechtslage zu informieren, sofern sie selbst nicht hinreichend rechtskundig sind (BGH NJW 1981, 2122; BauR 1984, 498).

Neben dem Amtshaftungsanspruch gewährt der BGH (BGHZ 97, 446; 118, 253; BauR 1997, 446) auch einen Anspruch auf Entschädigung wegen **enteignungsgleichen Eingriffs**.

146b Erteilt die Baurechtsbehörde trotz fehlenden Einvernehmens der Gemeinde die Baugenehmigung, dann kann die Gemeinde hiergegen wegen Verletzung ihrer Planungshoheit **Klage** erheben (BVerwGE 22, 248; BauR 2010, 1737; NVwZ 1994, 265). Ebenso kann die Gemeinde klagen, wenn die Baurechtsbehörde eine Baugenehmigung unter Missachtung eines Bebauungsplans erteilt, ohne eine einvernehmensbedürftige Befreiung zu erteilen (BVerwG NVwZ 1982, 310; VGH Mannheim NVwZ 1999, 442) oder gegen ein Bauvorhaben, das gegen einen Bebauungsplan verstößt, keine Abbruchanordnung erlassen wird (BVerwG NVwZ 2000, 1048).

9. öffentliche Bauten (§ 37 BauGB)

147 Bauvorhaben des Bundes oder der Länder mit **besonderer öffentlicher Zweckbestimmung** können nach § 37 BauGB auch abweichend von §§ 30 – 36 BauGB errichtet werden (s. dazu Ritgen DÖV 1997, 1034). Der Sinn dieser Vorschrift liegt darin, dass notwendige öffentliche Bauten, insbesondere technische Anlagen wie Fernsehtürme, Fernmeldeeinrichtungen, Forschungsvorhaben, aber auch Strafanstalten, psychiatrische Landeskrankenhäuser u. ä., die wegen ihrer besonderen Eigenarten und Auswirkungen nicht nach §§ 30, 34, 35 BauGB genehmigungsfähig sind, gleichwohl errichtet werden können und zwar auch **gegen den Willen der Gemeinde**, da § 36 BauGB nicht anwendbar ist; § 37 BauGB stellt somit materiell-rechtlich eine Befreiungsregelung dar (BVerwG ZfBR 1981, 243; NVwZ 1993, 892; OVG Münster BauR 2004, 463). Für derartige Vorhaben ist nach § 70 Abs. 1 LBO keine Baugenehmigung, sondern nur eine Zustimmung der Baurechtsbehörde erforderlich.

Die Zustimmung stellt einen **Verwaltungsakt** dar, bei dem zwischen den Belangen des öffentlichen Bauherrn und den städtebaulichen Interessen an der Einhaltung der §§ 30 ff. BauGB abzuwägen ist und die Zulässigkeit des öffentlichen Bauvorhabens verbindlich festgestellt wird (BVerwG NVwZ 1993, 892; VGH Kassel NVwZ 2001, 823; Krist BauR 1993, 516).

Erteilt die Gemeinde ihr nach § 36 BauGB erforderliches Einvernehmen zu einem Bauvorhaben des Bundes oder Landes nicht, dann wird dieses nach § 37 Abs. 1 BauGB bei Vorhaben mit besonderer öffentlicher Zweckbestimmung durch eine Entscheidung der höheren Verwaltungsbehörde ersetzt.

Für **Vorhaben der Landesverteidigung**, die nach § 70 Abs. 3 LBO weder einer Genehmigung noch einer Zustimmung bedürfen, enthält § 37 Abs. 2 BauGB eine Sonderregelung; derartige Vorhaben können sogar gegen den Willen der Gemeinde und der höheren Verwaltungsbehörde errichtet werden (s. dazu BVerwG NVwZ 1993, 892; OVG Lüneburg NuR 2000, 527).

Gegen eine Zustimmung kann der Nachbar ebenso wie gegen eine Baugenehmigung Rechtsmittel einlegen (VGH Kassel NVwZ 1995, 1010).

10. Erschließung des Bauvorhabens

Nach allen Tatbeständen der §§ 30 ff. BauGB darf eine Baugenehmigung nur erteilt 148 werden, wenn die **Erschließung gesichert** ist (s. dazu Sarnighausen NVwZ 1993, 424; Wilhelm DNotZ 2004, 33). Eine gesicherte Erschließung setzt voraus, dass im Zeitpunkt der Bezugsfertigkeit des Hauses die erforderlichen Erschließungsanlagen hergestellt und benutzbar sind (BVerwGE 64, 186 = NVwZ 1982, 377; NVwZ 2010, 1561). Unter Erschließung ist der Anschluss an die Straße, die Abwasserbeseitigung sowie die Wasserversorgung zu sehen (BVerwG BauR 1974, 398; NJW 1975, 402; VGH Mannheim NVwZ-RR 1998, 13).

Die **wegemäßige Erschließung** ist als gesichert anzusehen, wenn das Bauvorhaben mit öffentlichen Fahrzeugen (Müllabfuhr, Feuerwehr, Krankenwagen, Post) erreicht werden kann und der zu erwartende Verkehr nicht zu einer Überbelastung der Straße führt (BVerwGE 64, 186 = NVwZ 1982, 377; E 92, 304 = NVwZ 1994, 299; BauR 2000, 1173). Hierfür reicht es bei Wohngebäuden aus, dass Großfahrzeuge (Feuerwehr, Müllabfuhr) in die Nähe des Gebäudes gelangen können und kleinere Fahrzeuge (Krankenwagen) über einen kurzen Wohnweg (vgl. BVerwG NVwZ 1994, 1910; VGH Mannheim NVwZ 1997, 89; NVwZ-RR 1998, 13) notfalls unmittelbar bis zum Grundstück fahren können (BVerwG VBlBW 2007, 141); ein Stichweg von nur knapp 3 m Breite kann daher ausreichen (BVerwGE 92, 304 = NVwZ 1994, 299; einschränkend aber BVerwG BauR 2000, 1173). Die Erschließung ist aber nicht gesichert, wenn das Grundstück nur über eine Straße zu erreichen ist, deren Anbindung an das Verkehrsnetz unzureichend ist (BVerwGE 68, 352 = NJW 1984, 1773 – Einkaufszentrum; BVerwGE 75, 34 = NVwZ 1987, 406; NVwZ 1997, 389). Die baurechtliche Praxis stellt hinsichtlich der straßenmäßigen Erschließung auf die RASt 2006 ab (s. dazu Brügelmann/Dürr § 30 Rdnr. 23). Liegt das Baugrundstück nicht an einer öffentlichen Straße, muss die Zufahrt zu einer öffentlichen Straße durch Baulast gesichert sein (§ 4 Abs. 1 LBO).

Eine ordnungsgemäße **Abwasserbeseitigung** ist i. d. R. nur durch einen Anschluss an eine Kanalisation gewährleistet (VGH Mannheim VBlBW 1981, 52). Ist dies nicht möglich, kann eine gesicherte Erschließung nur angenommen werden, wenn eine anderweitige Abwasserbeseitigung wasserrechtlich zugelassen worden ist (VGH

Mannheim a.a.O.). Zu den Anforderungen an die Erschließung s. im einzelnen Brügelmann/Dürr § 30 Rdnr. 13 ff.

149 In den Fällen der **§§ 30, 34 BauGB** muss gewährleistet sein, dass die Erschließungsanlagen jedenfalls bei Fertigstellung des Bauvorhabens vorhanden sind (BVerwG NJW 1977, 405; NVwZ 1986, 38 u. 646; 1994, 281). Dieses ist der Fall, wenn die Gemeinde sich selbst zur Durchführung der **Erschließung** bereit erklärt hat oder aber einen Erschließungsvertrag mit einem Dritten geschlossen hat (BVerwG NJW 1977, 405; NVwZ 1986, 36).

Ferner hat die Rechtsprechung trotz der Regelung des § 123 Abs. 3 BauGB, wonach **kein Anspruch auf die Erschließung** besteht, in bestimmten Fällen einen solchen Anspruch angenommen, wenn nämlich das Erschließungsermessen der Gemeinde auf Null reduziert ist (BVerwG NVwZ 1993, 1102; OVG Lüneburg NVwZ-RR 2000, 486; Gloria NVwZ 1991, 720; Hofmann-Hoeppel BauR 1993, 520). So kann z. B. aus der Aufstellung eines Bebauungsplans ein Anspruch des Eigentümers eines vom Bebauungsplan erfassten Grundstücks auf den Bau der Erschließungsanlagen innerhalb eines angemessenen Zeitraums folgen, sofern das Grundstück durch den Bebauungsplan eine zuvor vorhandene Erschließung verliert (BVerwGE 92, 8 = NVwZ 1993, 1102; E 88, 166 = NVwZ 1991, 1087; BauR 2000, 247). Das Gleiche gilt, wenn das Grundstück mit Zustimmung der Gemeinde bereits bebaut wurde (BVerwGE 88, 166 = NVwZ 1991, 1087; E 92, 8 = NVwZ 1993, 1102). Schließlich muss die Gemeinde i. d. R. auf das Angebot eines Dritten eingehen, die notwendigen Erschließungsanlagen auf eigene Kosten zu bauen (BVerwGE 92, 8 = NVwZ 1993, 1103; BauR 2000, 247; NVwZ 2010, 1561). Dieser Grundsatz gilt aber nur bei Angeboten, deren Verwirklichung zu erwarten ist (BVerwG NVwZ-RR 2002, 413).

Schwierigkeiten entstehen vor allem in den Fällen des **§ 35 BauGB**. Man kann hier bei privilegierten Vorhaben natürlich nicht dieselben Anforderungen stellen wie im Innenbereich (BVerwGE 74, 19 = NJW 1986, 2775; NVwZ 2009, 232); der Anschluss eines nach § 35 Abs. 1 Nr. 1 BauGB zulässigen landwirtschaftlichen Gebäudes an die Kanalisation und Wasserversorgung ist häufig gar nicht möglich. Hier ist es ausreichend, wenn die bauordnungsrechtlichen Anforderungen an die Abwasserbeseitigung und die Wasserversorgung (§ 33 LBO) erfüllt sind und eine den jeweiligen Anforderungen entsprechende Zufahrt vorhanden ist (BVerwG a.a.O.). Die Privilegierung eines Vorhabens nach § 35 Abs. 1 BauGB darf jedenfalls nicht an übertriebenen Erschließungsanforderungen scheitern (BVerwG DÖV 1983, 816 – ein vier Meter breiter Kiesweg reicht als Zufahrt zu einem Bauernhof aus; VG Meiningen BauR 2006, 1267 – Feldweg als ausreichende Erschließung für eine Windkraftanlage). Demgemäß kann bei Jagdhäusern, Gartenhäusern und ähnlichen Bauvorhaben eine Erschließung durch eine befestigte Straße nicht verlangt werden (VGH Mannheim BRS 15 Nr. 70). Bei nichtprivilegierten Wohngebäuden sind dagegen an die Erschließung keine geringeren Anforderungen zu stellen als im Innenbereich (BVerwGE 74, 19; VGH Mannheim VBlBW 1988, 23: Fahrbahnbreite von 2,5 m nicht ausreichend; VGH Mannheim NVwZ-RR 1994, 562: Kleinkläranlage oder geschlossene Grube reicht zur Abwasserbeseitigung nicht aus).

C. Sicherung der Bauleitplanung

1. Veränderungssperre (§§ 14 ff. BauGB)

150 Zur Sicherung der Bauleitplanung vor tatsächlichen Veränderungen während des Verfahrens zur Aufstellung eines Bebauungsplans hat das BauGB den Gemeinden

die Möglichkeit eingeräumt, eine förmliche Veränderungssperre (s. dazu Schenke WuV 1995, 253; Hager/Kirchberg/Schütz NVwZ 2002, 400) zu erlassen (§ 14 BauGB) oder bei der Baurechtsbehörde die Zurückstellung eines Baugesuchs um max. ein Jahr (§ 15 BauGB) zu beantragen (s. dazu Schenke a.a.O.; Stelkens ZfBR 1980, 119).

Voraussetzung ist in beiden Fällen, dass die Gemeinde ausdrücklich die **Aufstellung oder Änderung eines Bebauungsplans** beschlossen und den Beschluss öffentlich bekannt gemacht hat (BVerwG NVwZ 1993, 471; VGH Mannheim VBlBW 1993, 349). Die Beschlüsse über die Aufstellung des Bebauungsplans und den Erlass der Veränderungssperre können in derselben Gemeinderatssitzung gefasst werden und beide Beschlüsse gemeinsam bekannt gegeben werden (OVG Weimar NVwZ-RR 2002, 415). Nicht notwendig ist dagegen, dass bereits Klarheit über die endgültige Konzeption des Bebauungsplans besteht (BVerwGE 51, 121 = NJW 1977, 400; NVwZ 2004, 984; VGH Mannheim VBlBW 2006, 142), sofern überhaupt eine **Planungskonzeption** erkennbar ist (OVG Lüneburg BauR 2000, 73; VGH Mannheim VBlBW 2008, 143; NVwZ-RR 2006, 11 u. 522; VBlBW 2010, 475). Es ist auch unschädlich, wenn die Bebauungsplankonzeption fehlerhaft oder rechtlich bedenklich ist, soweit die Mängel im Verfahren zur Aufstellung des Bebauungsplans noch behebbar sind (BVerwG BauR 1990, 694; VGH Mannheim NVwZ-RR 2006, 11 u. 522; VBlBW 2010, 475). Unzulässig ist dagegen eine Veränderungssperre, die nur erlassen wird, um ein Bauvorhaben zu verhindern, also eine Bauleitplanung, die nicht positiv städtebauliche Ziele verfolgt, sondern nur eine bestimmte Nutzung verhindern will (BVerwG NVwZ 2004, 984; VGH Mannheim NVwZ-RR 2003, 546; VBlBW 2008, 143; VBlBW 2010, 475).

Bsp. (VGH Mannheim VBlBW 1998, 310): Die Gemeinde erlässt eine Veränderungssperre zur Sicherung eines zukünftigen Gewerbegebiets, um eine geplante Grastrocknungsanlage eines Landwirts zu verhindern; mit der baulichen Nutzung des Gewerbegebiets ist jedoch in den nächsten 50 Jahren nicht zu rechnen.

Dagegen ist eine Veränderungssperre unbedenklich, wenn der Bebauungsplan zur Verfolgung positiver städtebaulicher Zielsetzungen bestimmte Vorhaben verhindern soll.

Bsp. a) (VGH Mannheim VBlBW 2006, 142): Die Veränderungssperre dient der Sicherung eines Bebauungsplans, der in der Innenstadt von Mannheim die Errichtung eines Sex-Shops verhindern soll (Vermeidung des sog. trading-down-effects).

b) (VGH Mannheim VBlBW 2010, 475): Die Erweiterung eines Steinbruchs kann durch eine Veränderungssperre unterbunden werden, wenn dadurch in eine besonders schutzwürdige Bergkuppe eingegriffen würde – Wachenberg in Weinheim mit Wachenburg als die Stadt prägendes Landschaftsbild).

Die Veränderungssperre wird nach § 16 BauGB **als Satzung** beschlossen und ist **151**
ortsüblich bekannt zu machen (§ 16 Abs. 2 BauGB).

Rechtsfolge einer Veränderungssperre ist nach § 14 Abs. 1 BauGB, dass bauliche Vorhaben nach § 29 BauGB (Errichtung, Änderung und Nutzungsänderung einer baulichen Anlage) nicht mehr durchgeführt werden dürfen (Nr. 1) und auch sonstige wesentliche Veränderungen von Grundstücken oder baulichen Anlagen unzulässig sind (Nr. 2).

Ausgenommen von diesem Bauverbot des § 14 BauGB sind zunächst bereits vor In- **152**
Kraft-Treten der Veränderungssperre **genehmigte Bauvorhaben**, ferner Unterhaltungsarbeiten sowie die Fortführung der bisherigen Nutzung (§ 14 Abs. 3 BauGB – s. dazu Graf NVwZ 2004, 1435). Ein Bauvorhaben ist auch dann genehmigt i. S. v.

§ 14 Abs. 3 BauGB, wenn ein Bauvorbescheid erteilt worden ist (BVerwG 69, 1 = NJW 1984, 1473 – bspr. von Dürr JuS 1984, 770).

§ 14 Abs. 3 BauGB findet auch dann Anwendung, wenn das Kenntnisgabeverfahren (Rdnr. 214) durchlaufen wurde, weil damit die formale Legalität des Bauvorhabens gegeben ist (VGH Mannheim VBlBW 1997, 141); § 15 Abs. 1 Satz 2 BauGB ist insoweit einschränkend auszulegen. Verfahrensfreie Vorhaben fallen nach dem Wortlaut der Vorschrift nicht unter § 14 Abs. 3 BauGB, auch wenn mit dem Bau bei In-Kraft-Treten der Veränderungssperre bereits begonnen wurde. Da aber ein begonnenes Bauwerk unter dem Schutz des Art. 14 Abs. 1 GG steht und es dem Bauherrn nicht zugemutet werden kann, das Bauvorhaben einzustellen, muss § 14 Abs. 3 BauGB entsprechende Anwendung finden (VGH München BauR 2009, 1871; Ernst/Zinkahn/Bielenberg/Krautzberger § 14 Rdnr. 61 a; a. M. Brügelmann/Sennekamp § 14 Rdnr. 87; Hager/Kirchberg/Boll NVwZ 2002, 400).

153 Außerdem kann die Baurechtsbehörde im Einvernehmen mit der Gemeinde nach § 14 Abs. 2 BauGB eine **Ausnahme** von der Veränderungssperre zulassen, wenn öffentliche Belange nicht entgegenstehen. Das wird i. d. R. der Fall sein, wenn das Bauvorhaben die Verwirklichung des geplanten Bebauungsplans nicht beeinträchtigt (VGH Mannheim VBlBW 1985, 140; BauR 2003, 68). Nach BVerwG (NJW 1968, 2350) besteht unter dem Gesichtspunkt des Folgenbeseitigungsanspruchs sogar ein Rechtsanspruch auf eine Ausnahme nach § 14 Abs. 2 BauGB, wenn vor In-Kraft-Treten der Veränderungssperre ein Bauantrag zu Unrecht abgelehnt wurde und das Bauvorhaben die Planungsabsichten der Gemeinde nicht berührt. Bei einer Entscheidung über die Erteilung einer Ausnahme nach § 14 Abs. 2 BauGB spielen nur öffentliche Belange eine Rolle; daher hat der Nachbar keinen Anspruch darauf, dass nicht eine Baugenehmigung ergeht, die dem zukünftigen Bebauungsplan zuwiderläuft (BVerwG BauR 1989, 186).

154 Die **Dauer der Veränderungssperre** beträgt nach § 17 Abs. 1 Satz 1 BauGB zwei Jahre, die Gemeinde kann die Veränderungssperre nach § 17 Abs. 1 Satz 3 BauGB um ein weiteres Jahr verlängern. Nach Ablauf der 3-Jahres-Frist kann eine Veränderungssperre nach § 17 Abs. 2 nochmals um ein weiteres Jahr auf maximal vier Jahre verlängert werden.

Dieses setzt jedoch das Vorliegen besonderer Umstände voraus. Das BauGB geht im Anschluss an die Rechtsprechung des BGH (std. seit BGHZ 30, 338 – Freiburger Bausperren-Urteil) davon aus, dass auch eine umfangreiche Planung in drei Jahren abgeschlossen sein kann. Besondere Umstände i. S. d. § 17 Abs. 2 BauGB sind deshalb nur anzunehmen, wenn der Gemeinde wegen der ganz außergewöhnlichen Schwierigkeit der Planung aus von ihr nicht zu vertretenden Umständen die Aufstellung des Bebauungsplans innerhalb von drei Jahren unmöglich war (BVerwGE 51, 121 = NJW 1977, 400; NVwZ 1993, 475; VGH Mannheim VBlBW 2010, 475; VBlBW 2006, 144). Eine verzögerliche Planung infolge unzureichender Personalausstattung (VGH Mannheim VBlBW 2006, 144) oder einer unnötig große Dimensionierung des Bebauungsplangebiets (BVerwGE 51, 121), unnötig langer Verhandlungen mit betroffenen Bürgern oder beteiligten Fachbehörden (OVG Münster NJW 1975, 1751) sowie Entscheidungsschwächen des Gemeinderats (OVG Lüneburg BauR 2002, 594) stellen demnach keine besonderen Umstände dar, die ein Überschreiten der 3-Jahres-Frist rechtfertigen können.

Bsp. (VGH Mannheim VBlBW 2006, 142): Infolge von Erkrankungen und Todesfällen bei den Mitarbeitern verzögert sich die Aufstellung des Bebauungsplans. Der VGH Mannheim hat angenommen, die Verzögerung sei von der Gemeinde zu vertreten, weil die maßgeblichen Umstände aus ihrer Sphäre stammen und letztlich auf Entscheidungsschwäche beruhen (wohl bezogen auf den Einsatz von Vertretern).

155 Eine abgelaufene Veränderungssperre kann nach § 17 Abs. 3 BauGB **erneut beschlossen** werden, sofern das Bedürfnis zur Sicherung der Planungsabsichten weiter besteht. Sonstige Voraussetzungen für eine erneute Veränderungssperre nach Ablauf einer früheren Veränderungssperre sieht § 17 Abs. 3 BauGB nicht vor. Es bietet sich deshalb für eine verzögerlich planende Gemeinde geradezu an, nach Ablauf von drei Jahren nicht etwa die bestehende Veränderungssperre nach § 17 Abs. 2 BauGB zu verlängern, sondern stattdessen nach § 17 Abs. 3 BauGB eine erneute Veränderungssperre zu erlassen. Das BVerwG (E 51, 121 = NJW 1977, 400; eb. VGH Mannheim NVwZ-RR 1995, 135) hat hierzu entschieden, dass die Gemeinde grundsätzlich die Wahl zwischen der Verlängerung der bestehenden Veränderungssperre und dem Erlass einer erneuten Veränderungssperre habe. Unabhängig davon, welche Möglichkeit die Gemeinde wähle, müssten aber bei einer Bausperre von mehr als drei Jahren stets die besonderen Umstände des § 17 Abs. 2 BauGB gegeben sein; andernfalls sei sowohl die verlängerte als auch die erneute Veränderungssperre unwirksam. Diese Ansicht des BVerwG erscheint zutreffend, denn sie vermeidet das kuriose Ergebnis, dass eine Bausperre im 4. Jahr nur bei Vorliegen besonderer Umstände, nach dem 4. Jahr dagegen auch ohne diese besonderen Umstände verhängt werden kann. Die Gesamtdauer von Veränderungssperre und erneuter Veränderungssperre kann über 4 Jahre hinausgehen, wenn hierfür besondere Umstände vorliegen (BVerwGE 51, 121 = NVwZ 1977, 400; VGH Mannheim NVwZ-RR 1995, 135). Dies kann z. B. der Fall sein, wenn ein anderer Planungsträger, auf dessen Planungen die Gemeinde Rücksicht nehmen muss, seine Planung nicht innerhalb der 4-Jahres-Frist abschließen kann, z. B. die Bahn sich nicht festlegt, ob sie eine die Ortschaft durchschneidende Bahnlinie oberirdisch oder in Tunnellage führen will.

156 Die Regelung des § 17 Abs. 1 BauGB über die Geltungsdauer einer Veränderungssperre stellt insofern eine rechtliche Besonderheit dar, als die Geltungsdauer nach der Rechtsprechung des BVerwG nicht für alle Normadressaten gleich ist. Denn nach **§ 17 Abs. 1 Satz 2 BauGB** ist auf die 2-Jahres-Frist einer Veränderungssperre die Dauer der erstmaligen Zurückstellung eines Baugesuchs nach § 15 BauGB anzurechnen. Diese **Anrechnung** bezieht sich aber nur auf den jeweiligen Baubewerber, dessen Bauantrag zurückgestellt worden ist, während für alle übrigen Grundstückseigentümer im Bereich der Veränderungssperre die volle 2-Jahres-Frist des § 17 Abs. 1 Satz 1 BauGB gilt (so BVerwGE 51, 121 = NJW 1977, 400; NVwZ 1993, 471 u. 475; VGH Mannheim 2003, 840). Auf die Geltungsdauer der Veränderungssperre ist nach BVerwG NJW 1971, 445 (eb. BVerwG NVwZ 1990, 694; NVwZ 1993, 471 u. 475) eine sog. **faktische Zurückstellung** anzurechnen, d.h. der Zeitraum, der dadurch vergeht, dass ein Bauantrag oder eine Bauanfrage (vgl. VGH Mannheim VBlBW 1993, 349) verzögerlich behandelt oder rechtswidrig abgelehnt wird. Denn die Baurechtsbehörde hätte es sonst in der Hand, die zeitliche Begrenzung des § 17 BauGB dadurch zu unterlaufen, dass sie über einen Bauantrag entweder nicht entscheidet oder ihn rechtswidrig ablehnt; für den Baubewerber hat die faktische Zurückstellung die gleiche Folge wie eine förmliche Zurückstellung nach § 15 BauGB. Als Beginn des Anrechnungszeitraums ist der Termin anzusetzen, zu dem bei sachgerechter Behandlung des Bauantrags eine Baugenehmigung erteilt worden wäre. Der VGH Mannheim (VBlBW 1985, 141) hat früher in Analogie zu § 75 VwGO angenommen, dass dieses drei Monate nach Eingang des Bauantrags geschehen wäre. Nunmehr wird man auf die Frist des § 54 Abs. 4 LBO abstellen müssen. Die Anrechnung einer faktischen Zurückstellung kann dazu führen, dass eine Veränderungs-

sperre für einzelne Grundstücke überhaupt nicht in Kraft tritt, wenn nämlich seit der faktischen Zurückstellung mehr als 3 Jahre vergangen sind und die besonderen Umstände des § 17 Abs. 2 BauGB für eine Erstreckung des Bauverbots über drei Jahre hinaus nicht vorliegen (vgl. auch insoweit BVerwGE 51, 12 = NJW 1977, 400; BauR 1990, 694).

Dieser Rechtsprechung des BVerwG ist mit der Einschränkung zuzustimmen, dass eine nach § 17 Abs. 1 Satz 2 BauGB anzurechnende faktische Zurückstellung nur dann angenommen werden kann, wenn der Bauantrag gerade wegen der Aufstellung des Bebauungsplans nicht bearbeitet oder – etwa infolge fehlerhafter Anwendung des § 33 BauGB – abgelehnt wurde. Es gibt dagegen keine Rechtfertigung dafür, eine Ablehnung eines Baugesuchs auch dann als anzurechnende faktische Zurückstellung zu behandeln, wenn das Baugesuch völlig unabhängig von dem in Aufstellung befindlichen Bebauungsplan aus sonstigen Gründen abgelehnt wurde, etwa weil die Abstandsfläche nicht eingehalten werde (eb. OVG Berlin BauR 1991, 188; Jäde/Dirnberger/Weiß § 17 Rdnr. 16).

157 Die Veränderungssperre tritt nach § 17 Abs. 5 BauGB von selbst **außer Kraft**, wenn das Verfahren zur Aufstellung des Bebauungsplans abgeschlossen ist; dieses gilt auch dann, wenn der Bebauungsplan fehlerhaft und daher unwirksam ist (BVerwG NVwZ 1990, 656). Ferner ist die Veränderungssperre nach § 17 Abs. 4 BauGB außer Kraft zu setzen, wenn die Voraussetzungen des § 14 BauGB entfallen sind, z. B. die Gemeinde ihre Planungsabsichten aufgegeben hat (VGH Mannheim VBlBW 2008, 143) oder der Bauleitplanung unüberwindliche Hindernisse, z. B. die Festsetzungen eines neuen Regionalplans, entgegenstehen (VGH München BauR 1991, 60).

158 Wenn die Veränderungssperre länger als vier Jahre dauert, ist nach § 18 BauGB eine **Entschädigung** zu leisten (s. dazu BGH NVwZ 2007, 485; Grube BauR 1999, 1419; Hager/Kirchberg NVwZ 2002, 538). Der betroffene Grundstückseigentümer muss also eine Veränderungssperre vier Jahre lang entschädigungslos hinnehmen; auf diese Frist ist jedoch die Dauer einer förmlichen oder faktischen Zurückstellung anzurechnen (BGHZ 58, 124; 73, 161; BauR 1981, 254; NVwZ 1982, 329). Dieses gilt aber nur bei rechtmäßigen Veränderungssperren. Bei einer Veränderungssperre, die rechtswidrig ist, weil die Voraussetzungen des § 14 Abs. 1 BauGB nicht vorlagen, ist nach der zitierten Rechtsprechung des BGH von Anfang an eine Entschädigung zu zahlen; ebenso besteht eine Entschädigungspflicht, wenn die Voraussetzungen für eine Veränderungssperre, etwa infolge einer Änderung der Planung, nachträglich weggefallen sind (BGHZ 73, 161; BauR 1981, 254). Ein Entschädigungsanspruch scheidet allerdings aus, wenn der Betroffene es unterlassen hat, gegen die faktische Zurückstellung seines Baugesuchs Rechtsmittel einzulegen (BGH a.a.O.).

159 Zur Verhinderung eines unerwünschten Bauvorhabens kann die Gemeinde nach **§ 15 Abs. 1 BauGB** beantragen, dass die Baurechtsbehörde die Entscheidung über den Bauantrag um maximal ein Jahr **zurückstellt** (Hill BauR 1981, 253). Voraussetzung hierfür ist, dass der Beschluss zur Aufstellung eines Bebauungsplans gefasst worden ist. Die Baurechtsbehörde muss dem Antrag der Gemeinde entsprechen (Battis/Krautzberger/Löhr § 15 Rdnr. 4).

Nach § 15 Abs. 3 BauGB kann auf Antrag der Gemeinde ein Baugesuch zurück gestellt werden, wenn die Gemeinde beschlossen hat, einen Flächennutzungsplan mit Konzentrationszonen (s. Rdnr. 128 a) für privilegierte Vorhaben aufzustellen oder einen bestehenden Flächennutzungsplan entsprechend zu ändern.

Umstritten ist, ob der von einer **Zurückstellung** betroffene Bauherr den Zurückstellungsbescheid mit der Anfechtungsklage angreifen kann (so OVG Lüneburg BRS 49

Nr. 156; VGH Kassel NVwZ-RR 2009, 790; OVG Berlin NVwZ 1995, 399; Rieger BauR 2003, 1512) oder ob er nur eine Verpflichtungsklage auf Erteilung der begehrten Baugenehmigung bzw. des Bauvorbescheids erheben kann, da die isolierte Anfechtung des Zurückstellungsbescheids für den Bauherrn keinen Nutzen habe (so VGH Mannheim VBlBW 1999, 216; NVwZ-RR 2003, 333; Ernst/Zinkahn/Bielenberg/Krautzberger § 15 Rdnr. 72; Berl. Komm. § 15 Rdnr. 19). Für eine Anfechtungsklage gegen den Zurückstellungsbescheid kann schon wegen der Genehmigungsfrist des § 54 Abs. 4 LBO und der Möglichkeit, bei Überschreiten der Frist Amtshaftungsansprüche geltend zu machen, das Rechtsschutzbedürfnis nicht verneint werden.

§ 44 a VwGO steht der Zulässigkeit einer Anfechtungsklage nicht entgegen, da die Zurückstellung sich mit dem Ablauf des Zurückstellungszeitraums erledigt und ihre Rechtmäßigkeit bei einer Verpflichtungsklage auf Erteilung einer Baugenehmigung keine Rolle mehr spielt (so Rieger BauR 2003, 1512).

Nach der Rechtsprechung des VGH Mannheim (VBlBW 1985, 185; anders noch VGH Mannheim BauR 1981, 261) ist die Zeit einer faktischen Zurückstellung eines Bauantrags auch auf die Jahresfrist für eine Zurückstellung nach § 15 BauGB anzurechnen.

2. Teilungsgenehmigung (§ 19 BauGB)

Das früher für alle Teilungen eines Grundstücks im beplanten oder nichtbeplanten **160**
Innenbereich sowie für Grundstücksteilungen bebauter oder zu bebauender Grundstücke im Außenbereich gemäß § 19 BBauG/BauGB 1987 geltende Erfordernis einer Genehmigung durch die Baurechtsbehörde ist durch die BauGB-Novellen 1998 und 2004 beseitigt worden. Geblieben ist lediglich die Teilungsgenehmigung nach § 22 BauGB für Fremdenverkehrsgemeinden (s. unten Rdnr. 162).

§ 19 Abs. 2 BauGB 2004 schreibt lediglich vor, dass durch Grundstücksteilungen **161**
keine Verhältnisse entstehen dürfen, die den **Festsetzungen des Bebauungsplans widersprechen**. Dieses ist z. B. der Fall, wenn durch eine Teilung (§ 19 Abs. 1 BauGB) das Grundstück so parzelliert wird, dass die im Bebauungsplan festgesetzte Bebauung nicht mehr realisiert werden kann (VGH Mannheim NVwZ 1989, 656 – Zerschneidung eines Baufensters). Nicht geregelt ist allerdings, welche Rechtsfolgen ein Verstoß gegen § 19 Abs. 2 BauGB hat. (s. dazu Brügelmann/Dürr § 19 Rdnr. 20 ff.). Da eine Genehmigungspflicht nicht besteht, kann eine gegen den Bebauungsplan verstoßende Grundstücksteilung kaum verhindert werden. Man könnte allenfalls daran denken, dass die Teilung wegen § 134 BauGB nichtig ist. Dieses wäre aber kaum mit dem Grundsatz der Rechtssicherheit, der gerade im Grundstücksverkehr wichtig ist, kaum zu vereinbaren (Spannowsky/Uechtritz § 22 Rdnr. 13 m. w. N.).

Die Annahme des OVG Berlin (BRS 65 Nr. 204), die Baurechtsbehörde könne nach der bauaufsichtlichen Generalklausel (in Bad.-Württ. § 47 LBO) ein Rückgängigmachen der Teilung anordnen, trifft jedenfalls für Bad.-Württ. nicht zu. Denn § 47 LBO setzt rechtswidrige Anlagen oder Einrichtungen voraus, kann daher bei rechtswidrigen Grundstücksverhältnissen nicht herangezogen werden.

Durch die LBO 2010 wurde in **§ 8 Abs. 2 LBO** eine § 19 Abs. 2 BauGB entsprechende bauordnungsrechtliche Teilungsbestimmung für bebaute Grundstücke eingeführt. Die Vollzugsprobleme dieser Vorschrift sind vergleichbar. In Betracht käme allenfalls ein Widerruf der Baugenehmigung nach § 49 Abs. 2 Nr. 3 VwVfG oder Auflagen zur

Vermeidung von Gefahren in Folge der Grundstücksteilung (Fischer VBlBW 2010, 213; Sauter § 8 Rdnr. 10).

162 **§ 22 BauGB** sieht eine Genehmigungspflicht für die Begründung von **Wohnungseigentum** und die Teilung von Eigentumswohnungen vor (s. dazu Greiving DVBl 2001, 336). Sinn der Regelung ist es nach den Gesetzesmaterialien (BT-Drucks. 10/6166, 143), die Umwandlung von Beherbergungsbetrieben und Wohngebäuden in Zweitwohnungsanlagen zu verhindern, weil durch sog. Rollladensiedlungen das Ortsbild beeinträchtigt wird und außerdem ein Mangel an Unterkunftsmöglichkeiten für Feriengäste entstehen kann (BVerwG NVwZ 1995, 271; NVwZ 1996, 999; NVwZ-RR 1996, 373). § 22 BauGB fällt durch einen ungewöhnlich komplizierten Inhalt auf; auch bei sorgfältiger Lektüre ist die Vorschrift nur schwer verständlich.

§ 22 Abs. 1 BauGB sieht vor, dass die durch den Fremdenverkehr geprägten Gemeinden durch Bebauungsplan oder eine besondere Satzung eine **Genehmigungspflicht** für die Begründung von Wohnungseigentum einführen können, sofern die Fremdenverkehrsfunktion des Baugebiets (bei einem Bebauungsplan) oder sogar der gesamten Gemeinde bzw. eines Ortsteils (bei einer Satzung) durch Zweitwohnungsanlagen beeinträchtigt wird (s. dazu BVerwG NVwZ 1995, 375; NVwZ 1996, 999). Der Geltungsbereich muss nach Ansicht des BVerwG auf den durch den Fremdenverkehr geprägten Bereich beschränkt werden und kann sich daher nur ausnahmsweise auf den ganzen Ort erstrecken (BVerwG UPR 1996, 30; NVwZ 1998, 227). Ist eine solche Genehmigungspflicht nach § 22 Abs. 1 BauGB begründet worden, darf die Genehmigung für die Schaffung von Wohnungseigentum gleichwohl nur untersagt werden, wenn im konkreten Fall eine Beeinträchtigung der Belange des Fremdenverkehrs zu befürchten ist (§ 22 Abs. 4 BauGB).

163 Für die Erteilung der Genehmigung ist die Baurechtsbehörde zuständig, die im Einvernehmen mit der Gemeinde entscheidet. Die Entscheidung muss innerhalb eines Monats ergehen; die Frist kann verlängert werden. Wird die Frist versäumt, gilt die Genehmigung als erteilt (§ 22 Abs. 5 BauGB). Zur verfahrensmäßigen Absicherung der Genehmigungspflicht sieht § 22 Abs. 6 BauGB vor, dass bei einem von § 22 Abs. 1 BauGB erfassten Grundstück eine Vollziehung der Begründung von Wohnungseigentum durch Eintragung in das Grundbuch erst erfolgen darf, wenn dem Grundbuchamt ein Genehmigungsbescheid oder ein Negativattest vorgelegt worden ist.

3. Vorkaufsrecht (§§ 24 ff. BauGB)

164 § 24 Abs. 1 BauGB begründet ein gesetzliches Vorkaufsrecht für die Gemeinde (s. dazu Stock ZfBR 1987, 110; Bönker BauR 1996, 313). **Voraussetzung** ist, dass es sich um den Verkauf eines Grundstücks handelt, das im Bebauungsplan als öffentliche Bedarfsfläche oder als Fläche für Ausgleichsmaßnahmen nach § 1 a Abs. 3 BauGB ausgewiesen ist (Nr. 1), das in einem Umlegungsgebiet (Nr. 2), Sanierungsgebiet (Nr. 3) oder im Geltungsbereich einer Erhaltungssatzung (Nr. 4) gelegen ist, es sich um Bauerwartungsland im Außenbereich (Nr. 5) oder um unbebaute Wohnbaugrundstücke im Innenbereich (Nr. 6) handelt. Das Vorkaufsrecht kann auch lediglich für eine Teilfläche eines Grundstücks ausgeübt werden (BVerwG BauR 1990, 697; BGH NVwZ 1991, 297).

Ferner kann die Gemeinde durch besondere Satzung nach § 25 Abs. 1 BauGB das Vorkaufsrecht auch für sonstige unbebaute Grundstücke im Geltungsbereich eines Bebauungsplans sowie für Gebiete, in denen sie städtebauliche Entwicklungsmaßnahmen beabsichtigt, einführen (vgl. BVerwG NVwZ 2000, 1044; VGH Mannheim

NVwZ 1991, 284; OVG Münster BRS 59 Nr. 106). § 25 BauGB dient der langfristigen Bodenvorratspolitik der Gemeinde, eine bereits konkretisierte Planung der Gemeinde ist nicht erforderlich (BVerwG VBlBW 2010, 235).

Das Vorkaufsrecht darf aber nur ausgeübt werden, wenn das **Wohl der Allgemeinheit** dieses rechtfertigt (§§ 24 Abs. 3, 25 Abs. 2 Satz 1 BauGB – s. dazu BVerwG NJW 1990, 2703; NVwZ 2010, 593). Der Gemeinde ist es daher verwehrt, sich aus anderen Gründen durch die Ausübung des Vorkaufsrechts Grundstücke zu beschaffen (BVerwG NJW 1993, 2695; NVwZ 2000, 1044; VGH Mannheim NVwZ-RR 2000, 769). Nach § 27 a BauGB kann das Vorkaufsrecht in den in dieser Vorschrift angeführten Ausnahmefällen auch zugunsten Dritter ausgeübt werden, insbesondere für Zwecke des sozialen Wohnungsbaus bzw. für Wohnungen von Personen mit besonderem Wohnbedarf (Behinderte, Studenten, alte Personen, kinderreiche Familien – vgl. Brügelmann/Roos § 27 a Rdnr. 8) oder zugunsten öffentlicher Bedarfs- und Erschließungsträger.

§ 26 BauGB schließt das Vorkaufsrecht in bestimmten Fällen aus, insbesondere bei Grundstücksgeschäften innerhalb der Familie (§ 26 Nr. 1 BauGB). Wird das Grundstück entsprechend den städtebaulichen Zielsetzungen der Gemeinde genutzt, scheidet nach § 26 Nr. 4 BauGB die Ausübung des Vorkaufsrechts aus (vgl. BVerwG NVwZ 1994, 284). Der Käufer eines Grundstücks kann die Ausübung des Vorkaufsrechts nach § 27 BauGB dadurch abwenden, dass er sich verpflichtet, das Grundstück entsprechend den Festsetzungen des Bebauungsplans oder den Entwicklungszielen der Gemeinde zu nutzen.

Der Verkäufer eines Grundstücks, bei dem der Gemeinde nach §§ 24, 25 BauGB das **165**
Vorkaufsrecht zusteht, hat der Gemeinde nach § 28 Abs. 1 BauGB den Kaufvertrag anzuzeigen. Die Gemeinde kann dann innerhalb von 2 Monaten das Vorkaufsrecht ausüben (§ 28 Abs. 2 BauGB); die **Ausübung des Vorkaufsrechts** erfolgt durch einen von beiden Vertragsparteien anfechtbaren Verwaltungsakt (BVerwG NVwZ 2000, 1044). Innerhalb der Gemeinde ist i. d. R. der Gemeinderat und nicht etwa der Bürgermeister für die Entscheidung über die Ausübung des Vorkaufsrechts zuständig (VGH Mannheim VBlBW 1980, 33); anders kann es aber bei großen Städten sein, soweit es sich um ein Geschäft der laufenden Verwaltung handelt (OVG Münster NVwZ 1995, 915).

Die Ausübung des Vorkaufsrechts steht im Ermessen der Gemeinde; bei der Ermessensbetätigung sind auch die Interessen des Käufers zu berücksichtigen (BVerwG NVwZ 1994, 282).

Damit der Verkäufer seiner Verpflichtung zur Anzeige des Kaufvertrags auch nachkommt, darf das Grundbuchamt den Erwerber erst ins Grundbuch eintragen, wenn der Verkäufer oder der Käufer eine Bescheinigung der Gemeinde vorlegt, dass sie das Vorkaufsrecht nicht ausübt oder dass es durch Ablauf der 2-Monats-Frist erloschen ist (§ 28 Abs. 1 Satz 2 BauGB).

Übt die Gemeinde das Vorkaufsrecht nach §§ 24, 25 BauGB aus, tritt sie nach § 28 Abs. 2 BauGB i. V. m. §§ 506 ff. BGB in den Kaufvertrag als Erwerber ein. Beim Vorkaufsrecht nach § 27 a BauGB wird dagegen der begünstigte Dritte der Vertragspartner des Verkäufers (§ 27 a Abs. 2 BauGB).

Hinsichtlich des **Kaufpreises** ist zunächst der im Kaufvertrag vereinbarte Preis maß- **166**
geblich (§ 28 Abs. 2 BauGB i. V. m. § 505 Abs. 2 BGB). Liegt dieser allerdings deutlich über dem Verkehrswert, ist der Verkehrswert nach § 28 Abs. 3 Satz 1 BauGB der Kaufpreis (sog. preislimitiertes Vorkaufsrecht). Da dieses dazu führen könnte, dass

der Verkäufer das Grundstück zu einem Preis verkaufen muss, zu dem er es eigentlich gar nicht verkaufen wollte, kann er nach § 28 Abs. 3 Satz 2 BauGB innerhalb eines Monats vom Kaufvertrag zurücktreten. Eine Sonderregelung gilt für die Ausübung des Vorkaufsrechts bei öffentlichen Bedarfsflächen und Ausgleichsflächen (§ 24 Abs. 1 Nr. 1 BauGB). Da die Gemeinde sich diese Flächen notfalls im Wege der Enteignung beschaffen könnte, schreibt § 28 Abs. 4 BauGB vor, dass der bei einer Enteignung zu zahlende Betrag der maßgebliche Kaufpreis ist.

Der **Rechtsschutz** gegen die Ausübung des Vorkaufsrechts erfolgt durch Widerspruch und Anfechtungsklage, wenn das Vorkaufsrecht zum vereinbarten Preis ausgeübt wird. Das Rechtsmittel kann sowohl vom Verkäufer als auch vom Käufer eingelegt werden (BGH NJW 1991, 239; NVwZ 2000, 1044). Beim sog. preislimitierten Vorkaufsrecht ist dagegen der Antrag nach § 217 BauGB auf gerichtliche Entscheidung durch die Kammer für Baulandsachen zu stellen (Battis/Krautzberger/Löhr, vor §§ 24 ff. Rdnr. 8; Brügelmann/Roos § 24 Rdnr. 174 ff.).

D. Zusammenarbeit mit Privaten (§§ 11, 12 BauGB)

1. Städtebauliche Verträge (§ 11 BauGB)

167 § 11 BauGB ermächtigt die Gemeinden zum Abschluss von privatrechtlichen oder öffentlich-rechtlichen Verträgen zur **Vorbereitung der Bauleitplanung** (städtebauliche Verträge – s. dazu Reidt BauR 2001, 46 u. UPR 2008, 41; Krautzberger UPR 2007, 407; Busse KommJur 2009, 241). Die Regelung stellt ebenso wie die Vorgängervorschrift des § 6 BauGB-MaßnG inhaltlich im Wesentlichen eine Kodifizierung der bereits zuvor anerkannten Rechtsgrundsätze dar.

168 Ein städtebaulicher Vertrag ist nach **§ 11 Abs. 1 Nr. 1 BauGB** insbesondere zulässig, wenn die Gemeinde mit Hilfe eines Bauträgers ein neues Baugebiet schaffen will. Die Gemeinde kann ihm die Vorbereitung der Aufstellung des Bebauungsplans (insbes. die Ausarbeitung der Planunterlagen sowie die Anhörung von Grundstückseigentümern und Fachbehörden) und die eventuell notwendige Bodenordnung durch Umlegung übertragen. Der Bauträger erhält dadurch aber keine hoheitlichen Befugnisse gegenüber den Grundstückseigentümern. Die Aufstellung des Bebauungsplans durch eine Satzung nach § 10 BauGB bleibt weiterhin allein Sache der Gemeinde.

169 **§ 11 Abs. 1 Nr. 2 BauGB** hat die Zulässigkeit von privatrechtlichen Verträgen mit den Grundstückseigentümern im Vorfeld der Aufstellung eines Bebauungsplans bestätigt. In der Praxis spielen vor allem die sog. **Einheimischen-Modelle** (s. dazu VGH München NVwZ 1999, 1008; VGH Mannheim NVwZ 2001, 694) eine Rolle. Dabei verpflichten sich die Grundstückseigentümer vertraglich gegenüber der Gemeinde oder dem von dieser eingeschalteten Bauträger, die zukünftigen Baugrundstücke nur bzw. zumindest bevorzugt an Ortsansässige zu verkaufen; zur Absicherung dieser Verpflichtung geben die Grundstückseigentümer vorab ein Verkaufsangebot an die Gemeinde ab (sog. Weilheimer Modell). Das BVerwG (E 92, 56 = NJW 1993, 2695) hat eine derartige Vereinbarung auch schon früher für zulässig gehalten. Die Vertragsfreiheit der Grundstückseigentümer wird dadurch zwar beträchtlich eingeschränkt; dieses ist aber zumutbar, da die Gemeinde den Bebauungsplan, der den Grundstücken überhaupt erst Baulandqualität verleiht, sonst nicht aufgestellt hätte. Zulässig sind ferner auch Vereinbarungen, wonach ein Einheimischer ein Baugrundstück (i. d. R. von der Gemeinde) zu einem verbilligten Kaufpreis erwerben kann, aber im Fall des Weiterverkaufs an einen Ortsfremden innerhalb einer bestimmten Frist (i.

d. R. 10 – 15 Jahre) den Mehrerlös an die Gemeinde herausgeben muss (BGH NVwZ 2003, 371).

Das BVerwG (NVwZ 2009, 1109) hat es ferner für zulässig gehalten, dass durch einen städtebaulichen Vertrag die Höhe des Verkaufpreises der zukünftigen Baugrundstücke begrenzt wird, damit auch Einheimische die Möglichkeit haben, ein Baugrundstück zu erwerben. Dies darf allerdings nicht soweit gehen, dass für den Grundstückseigentümer kein Planungsgewinn mehr verbleibt, also kein finanzieller Vorteil in Folge der Festsetzungen als Baugelände übrig bleibt (s. dazu Grziwotz BayVBl 2008, 759).

§ 1 Abs. 3 BauGB stellt klar, dass sich aus städtebaulichen Verträgen **kein Anspruch auf Aufstellung eines Bebauungsplans** ergibt, weil ein solcher Anspruch auch nicht vertraglich begründet werden kann (s. Rdnr. 41 ff.).

§ 11 Abs. 1 Nr. 3 BauGB regelt die sog. **Folgekostenvereinbarungen**. Hierunter **170**
sind vertragliche Vereinbarungen zwischen Gemeinde und Bauträger über einen Zuschuss des Bauträgers zu den durch die Bebauung aufgrund des Bebauungsplans bedingten Aufwendungen der Gemeinde für Infrastrukturmaßnahmen (z. B. Schule, Kinderspielplatz, Kindergarten, Sportanlagen, öffentlicher Personennahverkehr) zu verstehen. Das BVerwG (E 42, 333 = NJW 1973, 1895; E 90, 310 = NJW 1993, 1810) hatte bereits früher solche Verträge für zulässig gehalten, soweit zwischen der übernommenen Zahlungsverpflichtung und den Mehraufwendungen der Gemeinde ein unmittelbarer sachlicher Zusammenhang besteht; es durfte also nur „eine Art Aufwendungsersatz“ vereinbart werden. Die infrastrukturellen Maßnahmen müssen nicht unbedingt im Bebauungsplangebiet liegen; ferner können auch bereits erfolgte Maßnahmen Gegenstand einer Folgekostenvereinbarung sein (BVerwG NVwZ 2009, 1109).

§ 11 Abs. 2 BauGB verlangt neben der Kausalität zwischen Zahlungsverpflichtung und Aufwendungen der Gemeinde, dass die vertraglich übernommene Verpflichtung angemessen ist; es darf also nicht zu einer finanziellen Ausnutzung des Mangels an Bauplätzen durch die Gemeinde kommen, sodass diese etwa mit der Aufstellung von Bebauungsplänen Gewinn machen könnte. § 11 Abs. 2 BauGB verbietet daher, dass die Gemeinde sich finanzielle Leistungen für Maßnahmen zusagen lässt, auf die ein Rechtsanspruch besteht.

Städtebauliche Verträge bedürfen nach § 11 Abs. 3 BauGB der **Schriftform**, soweit **171**
nicht eine andere Form vorgeschrieben ist. Daraus folgt, dass Verträge, in denen Grundstücke übereignet oder belastet werden, in der Form des § 313 b BGB abgeschlossen werden müssen (BGHZ 58, 392; 70, 247; VGH Mannheim NVwZ 1997, 699).

2. Vorhabenbezogener Bebauungsplan – Vorhaben- und Erschließungsplan (§ 12 BauGB)

Der Vorhaben- und Erschließungsplan (s. dazu Oerder BauR 2009, 744; Busse **172**
KommJur 2008, 1) ist ausgerichtet auf die **Einschaltung einer Bauträgerfirma als Investor** und muss sich auf ein **konkretes Bauvorhaben**, nicht nur auf die Schaffung eines neuen Baugebiets beziehen (BVerwG NVwZ 2004, 329). Die Besonderheit des Vorhaben- und Erschließungsplans besteht in einer „Paketlösung“ (so Brügelmann/Neuhausen § 12 Rdnr. 3), nämlich dem Vorhaben- und Erschließungsplans des Investors, der gemeindlichen Satzung und dem Durchführungsvertrag zwischen Gemeinde und Investor (OVG Münster BauR 2006,1275). Ein Investor, der in der Lage

ist, die Aufschließung des Baugebiets einschließlich der Erschließungsmaßnahmen auf seine Kosten durchzuführen, kann der Gemeinde einen Vorhaben- und Erschließungsplan über die bauliche Nutzung des in Aussicht genommenen Baugebiets vorlegen. Da das Instrument des Vorhaben- und Erschließungsplans von der finanziellen Leistungsfähigkeit des Investors abhängt, kann die Gemeinde insoweit weitere Nachweise verlangen (OVG Bautzen NVwZ 1995, 181).

173 Die Gemeinde entscheidet nach § 12 Abs. 2 BauGB auf **Antrag des Investors** über die Einleitung des **Verfahrens** zur Aufstellung des vorhabenbezogenen Bebauungsplans. Die Entscheidung steht nach § 12 Abs. 2 BauGB im Ermessen der Gemeinde; ein Rechtsanspruch besteht also nicht (VGH Mannheim NVwZ 2000, 1060; Reidt BauR 1998, 909). Fällt die Entscheidung positiv aus, wird zwischen dem Investor und der Gemeinde ein sog. **Durchführungsvertrag** abgeschlossen, in dem sich der Investor zur Durchführung der Planung und Erschließung sowie zur Tragung der dadurch entstehenden Kosten verpflichtet. Der Durchführungsvertrag muss jedenfalls noch vor dem Satzungsbeschluss des Gemeinderats nach § 10 Abs. 1 BauGB abgeschlossen werden. Ist dieses nicht geschehen, ist der Bebauungsplan nichtig (OVG Münster BauR 2006, 1275; VGH Mannheim NVwZ-RR 2003, 407). Nach der neueren Rechtsprechung des VGH Mannheim (VBlBW 2009, 348) reicht es aus, wenn im Zeitpunkt des Satzungsbeschlusses ein verbindliches Angebot des Vorhabenträgers vorliegt. Die Gemeinde ist trotz eines abgeschlossenen Durchführungsvertrags berechtigt, das Verfahren zur Aufstellung des Bebauungsplans aus sachlichen Gründen abzubrechen, ohne dass der Vorhabenträger Schadenersatzansprüche für seine bisherigen Aufwendungen verlangen kann (OVG Münster BauR 2009, 777). Bei einer „grundlosen" Einstellung des Verfahrens kann sich die Gemeinde aber schadensersatzpflichtig machen wegen Verletzung der Amtspflicht zu konsequentem Verhalten (BGH NVwZ 2006, 1207; Fischer DVBl. 2001, 258; Uechtritz ZfBR 2006, 773).

Für den **vorhabenbezogenen Bebauungsplan** nach § 12 BauGB gelten grundsätzlich dieselben Vorschriften wie für einen normalen Bebauungsplan. Allerdings enthält § 12 Abs. 3 – 6 BauGB einige Sonderbestimmungen. So ist die Gemeinde nach § 12 Abs. 3 Satz 2 BauGB nicht an den numerus clausus der Festsetzungen nach § 9 BauGB bzw. §§ 2 ff. BauNVO gebunden, sodass ein vorhabenbezogener Bebauungsplan auch sehr spezielle Regelungen enthalten kann (VGH Mannheim NVwZ 1997, 699; Reidt BauR 1998, 909). §§ 14 – 28 BauGB kommen nicht zur Anwendung, weil der Vorhabenträger ohnehin die Verfügungsgewalt über die vom Vorhaben- und Erschließungsplan erfassten Flächen haben muss; andernfalls wäre er zur Verwirklichung des Vorhaben- und Erschließungsplans gar nicht in der Lage (vgl. § 12 Abs. 1 BauGB sowie Birk NVwZ 1995, 625). Der Vorhabenträger kann nach § 12 Abs. 5 BauGB nur mit Zustimmung der Gemeinde ausgetauscht werden, wobei die Zustimmung nur verweigert werden darf, wenn zu befürchten ist, dass der neue Vorhabenträger den Vorhaben- und Erschließungsplan nicht ordnungsgemäß – insbesondere nicht termingerecht – durchführen wird. Wird der im Durchführungsvertrag vereinbarte **Termin für die Verwirklichung** des Vorhaben- und Erschließungsplans nicht eingehalten, soll die Gemeinde den Bebauungsplan nach § 12 Abs. 6 BauGB aufheben, wobei Schadensersatzansprüche des Vorhabenträgers ausdrücklich ausgeschlossen werden. Der vorhabenbezogene Bebauungsplan ist nach § 30 Abs. 2 BauGB die Grundlage für die Erteilung von Baugenehmigungen.

III. Bauordnungsrecht

A. Funktion des Bauordnungsrechts

Das Bauordnungsrecht (s. dazu Reichel/Schulte, Handbuch des Bauordnungsrechts; Finkelnburg/Ortloff/Otto, Öffentl. Baurecht II) soll, wie die frühere Bezeichnung als Baupolizeirecht zum Ausdruck bringt, sicherstellen, dass durch die Errichtung und Nutzung baulicher Anlagen keine Gefährdung oder Beeinträchtigung der Bewohner des Hauses und der nähern Umgebung eintritt; es dient damit der präventiven **Gefahrenabwehr** (§§ 3 – 40 LBO). **174**

Der zweite wesentliche Teil des Bauordnungsrechts befasst sich mit dem **formellen Baurecht**, d.h. dem Verfahren zur Erteilung von Baugenehmigungen sowie der Ermächtigung für Maßnahmen der Baurechtsbehörden zur Durchsetzung der baurechtlichen Bestimmungen (§§ 41 – 72 LBO).

B. Materiell-rechtliche Regelungen des Bauordnungsrechts

Die LBO enthält eine Vielzahl von Anforderungen an bauliche Anlagen, die allerdings zu einem erheblichen Teil keine rechtlichen Probleme aufwerfen. Wenn z. B. § 13 Abs. 1 LBO vorschreibt, dass eine bauliche Anlage standsicher sein muss, so ist das weniger ein juristisches als vielmehr ein technisches Problem; über die Forderung des § 34 LBO, dass Aufenthaltsräume eine Höhe von 2,30 m aufweisen müssen, sind weder juristische noch technische Streitigkeiten denkbar. Im Folgenden sollen deshalb vor allem diejenigen Regelungen des Bauordnungsrechts behandelt werden, die in der Praxis – und damit auch im Examen – die meisten Schwierigkeiten bereiten. **175**

1. Verunstaltungsverbot (§ 11 Abs. 1 und 2 LBO)

Bauliche Anlagen dürfen nach § 11 Abs. 1 und 2 LBO weder selbst verunstaltet wirken, **176**

Bsp. (VGH Mannheim BWVBl 1971, 123): Das Dach einer Scheune wird mit hell glänzenden Aluminiumplatten gedeckt.

noch darf die **Umgebung verunstaltet werden**.

Bsp. a) (VGH Mannheim ESVGH 17, 139): Eine großflächige Werbetafel wirkt in einem Wohngebiet verunstaltend (eb. VGH Mannheim VBlBW 1992, 99).

b) (VGH Mannheim BauR 1974, 120). Ein Zaun im Außenbereich wirkt verunstaltend, weil er die Landschaft zerschneidet und ein Grundstück willkürlich heraus parzelliert; anders sind landwirtschaftliche Zäune zu beurteilen (VGH Mannheim BRS 38 Nr. 140).

c) (VGH Mannheim Urt. vom 12.10.1983, 3 S 1525/83): In einem gepflegten Wohnviertel wirkt eine Wellblechgarage verunstaltend.

d) (VGH Kassel BRS 56 Nr. 126): Eine im 8-Sekunden-Takt wechselnde Lichtwerbung von 3,8 x 2,5 m Größe an einer bisher von Werbung freien Hauswand stellt eine Verunstaltung dar (eb. OVG Münster BauR 1998, 113 für eine Prisma-Werbeanlage in der Nähe einer gotischen Kirche).

Eine Verunstaltung setzt voraus, dass die bauliche Anlage über das Unschöne hinaus das Gesamtbild ihrer Umgebung in solcher Weise stört, dass der für ästhetische Eindrücke offene Betrachter, der sog. gebildete Durchschnittsmensch, in seinem ästhetischen Empfinden nicht bloß beeinträchtigt, sondern verletzt wird und die bauliche Anlage damit **als hässlich empfindet** (so die std. Rspr. der Verwaltungsgerichte seit BVerwGE 2, 172; eb. BVerwG NVwZ 1998, 58; VGH Mannheim VBlBW 2009, 466; OVG Münster NVwZ-RR 2003, 823). Von Bedeutung ist vor allem, dass das Verunstaltungsverbot es der Baurechtsbehörde nicht gestattet, dem Bauherrn ästhetische Vorstellungen aufzuzwingen; auch ein nach Ansicht der Baurechtsbehörde unschönes Gebäude muss genehmigt werden. Erst wenn die Grenze zwischen „Unschönheit" und eindeutiger Hässlichkeit überschritten ist und die Anlage „nachhaltigen Protest auslöst" (so BVerwG NJW 1995, 2648; OVG Münster BauR 1998, 113; OVG Berlin BRS 64 Nr. 149), kann die Baurechtsbehörde einschreiten bzw. die Baugenehmigung ablehnen. Die Verwendung neuer Baumaterialien stellt als solche noch keine Verunstaltung dar (VGH Mannheim ESVGH 16, 127). Auch ein bereits – etwa durch Werbeanlagen – verunstaltetes Gebiet kann noch weiter verunstaltet werden (OVG Münster NVwZ 1993, 89).

Bei der Beurteilung der Frage, ob ein Bauvorhaben verunstaltend wirkt, steht der Baurechtsbehörde kein Beurteilungsspielraum zu, vielmehr unterliegt diese Frage voller verwaltungsgerichtlicher Kontrolle (BVerwGE 2, 172).

Weitere Beispiele für Verunstaltung:

Verunstaltung **bejaht**: Großflächige Werbeanlage im Wohngebiet (VGH Mannheim VBlBW 2009, 466), Schaukasten für großflächige Werbung im Wohngebiet (VGH Mannheim VBlBW 1992, 99), Zigarettenautomat im Wohngebiet (OVG Münster BRS 18 Nr. 106), Dacheindeckung mit Wellasbestzement (OVG Münster BRS 24 Nr. 120), Bretterzaun im Außenbereich (OVG Münster OVGE 23, 160 und BRS 25 Nr. 125), Maschendrahtzaun im Außenbereich (VGH Mannheim BRS 27 Nr. 14), Scheune aus Wellaluminium im Außenbereich (VGH München BRS 25 Nr. 124), Glattputz an Gebäude mit Stuckfassade (OVG Berlin BauR 1984, 624), Kunststofffenster in Jugendstilhaus (OVG Hamburg BauR 1984, 625), großflächige Wandmalerei im Villengebiet (VGH Kassel BRS 49 Nr. 152), 67 m^2 große Werbeanlage an Bürogebäude (VGH Kassel BRS 57 Nr. 179).

Verunstaltung **verneint**: Auffälliger Holzverschlag im Innenstadtbereich (VGH Mannheim BRS 28 Nr. 80), unauffällige Hütte im Außenbereich (VGH Mannheim BRS 30 Nr. 112), Tragluftschwimmhalle im Wohngebiet (OVG Münster BRS 28 Nr. 20), großflächige Werbetafel in Geschäftsstraße (VGH Mannheim VBlBW 1985, 334); von der Umgebung abweichende Dachform (OVG Münster BRS 35 Nr. 130; OVG Lüneburg BRS 35 Nr. 131); Maschendrahtzaun um Fischteich (VGH Mannheim BRS 48 Nr. 108); Litfasssäule im Wohngebiet (OVG Hamburg NVwZ-RR 1998, 616).

2. Werbeanlagen (§§ 2 Abs. 9, 11 Abs. 3 und 4 LBO)

177 § 2 Abs. 9 LBO enthält eine **Legaldefinition** der Werbeanlage (s. dazu Friedrich BauR 1996, 504); danach sind nicht nur Werbeschilder und Werbetafeln, sondern auch Beschriftungen und Bemalungen (OVG Münster BRS 60 Nr. 129) sowie Lichtwerbungen Werbeanlagen i. S. d. LBO; dagegen fällt die Wahlwerbung nicht unter die Vorschriften der LBO.

Bsp. (VGH München NVwZ 1997, 201): Eine durch Strahler bewirkte Lichtsäule über einer Diskothek, die mehrere Kilometer weit sichtbar ist, stellt eine Werbeanlage dar (eb. VG Stuttgart NVwZ-RR 2000, 13 für sog. „Sky-Beamer").

Werbeanlagen, die keine baulichen Anlagen sind (z. B. Beschriftungen oder Bemalungen – VGH Mannheim BRS 50 Nr. 143; Lichtwerbung – OVG Münster NVwZ 1995, 718 u. VGH München NVwZ 1997, 201; Dia-Projektions-Werbeanlage – OVG Münster

NVwZ-RR 2003, 823; Werbefolie – VGH Mannheim BRS 56 Nr. 134), sind nach § 49 LBO dennoch genehmigungspflichtig, weil sie in Nr. 9 des Anhangs zu § 50 LBO aufgeführt sind (s. dazu Rdnr. 212). Für solche Anlagen ist vor allem das Verunstaltungsverbot des § 11 Abs. 3 LBO zu beachten (s. dazu Rdnr. 176).

Die Gemeinden können nach § 74 Abs. 1 Nr. 2 LBO besondere Regelungen über Werbeanlagen treffen, die allerdings auf bestimmte Gebiete beschränkt sein müssen. Diese **Ortsbausatzungen** müssen sich aber „im Rahmen dieses Gesetzes" halten, d.h. sie müssen bauordnungsrechtlichen Zielen dienen (BVerwG NVwZ-RR 1998, 487; VGH Mannheim VBlBW 2007, 358; NVwZ-RR 1988, 63; OVG Münster BauR 2004, 73). Dabei ist zu beachten, dass wie bei Polizeiverordnungen nach § 10 PolG eine **abstrakte Gefahr** ausreicht, d.h. dass nach allgemeiner Erfahrung durch bestimmte Werbeanlagen eine Gefährdung bauordnungsrechtlicher Ziele zu befürchten ist. Bei der gebotenen abstrakten Betrachtungsweise ist nach der Rechtsprechung des BVerwG (E 40, 94; 21, 251; BauR 1980, 452 u. 465; eb. VGH Mannheim ESVGH 15, 124 und 17, 139) zwar bei großflächigen Werbeanlagen in Wohngebieten eine Beeinträchtigung der Eigenart dieser Baugebiete zu befürchten, nicht aber in Mischgebieten, deren Eigenart auch durch die gewerbliche Nutzung mitbestimmt wird (eb. OVG Münster BauR 1998, 113 für ein Kerngebiet). Während nämlich in **Misch- und Gewerbegebieten** auch eine großflächige Werbetafel i. d. R. nicht besonders auffällt (VGH Mannheim BauR 1981, 462), stellt sie in einem **Wohngebiet** einen ausgesprochenen Fremdkörper dar. Da das Aufstellen von Werbetafeln aber zu der durch Art. 14 GG geschützten Baufreiheit gehört, kann es nur eingeschränkt werden, wenn dieses durch überwiegende öffentliche Belange gerechtfertigt ist. Dieses ist z. B. bei Werbeanlagen in einem historischen Altstadtgebiet der Fall (BVerwG NJW 1980, 2091). Übereinstimmend mit diesen Grundsätzen lässt § 11 Abs. 4 LBO in Wohngebieten nur Plakatsäulen und -tafeln sowie Werbung an der Stätte der eigenen Leistung zu (s. dazu VGH Mannheim ESVGH 27, 94 = BWVPr 1976, 262; OVG Münster BRS 57 Nr. 178; OVG Hamburg NVwZ-RR 1998, 116). 178

Bauplanungsrechtlich können Werbeanlagen **Nebenanlagen** i. S. d. § 14 BauNVO sein, wenn sie in einem funktionellen Zusammenhang mit einer gewerblichen oder sonstigen Nutzung auf dem Grundstück stehen (s. BVerwG BRS 57 Nr. 176; s. dazu auch oben Rdnr. 92). Andernfalls stellen sie eine selbständige gewerbliche Hauptnutzung dar, deren Zulässigkeit sich nach §§ 2 ff. BauNVO richtet; dieses ist insbes. bei den großflächigen Plakattafeln der Fall (BVerwG BauR 1993, 315). In einem Wohngebiet sind derartige Werbeanlagen i. d. R. unzulässig, weil sie der Eigenart des Baugebiets nicht entsprechen (BVerwG BauR 1980, 452 und 455).

Zu beachten ist, dass Werbeanlagen nicht nur baurechtliche Probleme aufwerfen. Nach **§ 25 Abs. 1 NatSchG** sind Werbeanlagen außerhalb der im Zusammenhang bebauten Ortsteile grundsätzlich unzulässig; Ausnahmen sind nach § 25 Abs. 2 NatSchG zulässig für Werbeanlagen an der Stätte der eigenen Leistung (vgl. dazu VGH Mannheim ESVGH 27, 94 und 20, 75) sowie Hinweisschilder auf abgelegene Gaststätten und landwirtschaftliche Selbstvermarktungsbetriebe; im Übrigen kann die Naturschutzbehörde im Einzelfall Ausnahmen zulassen. **§ 33 Abs. 1 Nr. 3 StVO** verbietet ferner jede Werbung außerhalb geschlossener Ortschaften, wenn dadurch der Verkehr abgelenkt oder belästigt werden könnte; auch durch innerörtliche Werbung darf der Verkehr außerhalb geschlossener Ortschaften nicht gestört werden. Schließlich unterfallen Werbeanlagen nach **§ 9 Abs. 6 FStrG** dem Anbauverbot entlang der Bundesfernstraßen und Bundesautobahnen. 179

3. Abstandsregelungen (§§ 5 – 7 LBO)

a) Abstandsfläche (§§ 5, 6 LBO)

180 Seit der LBO-Novelle 1984 schreibt § 6 Abs. 1 LBO 1984 bzw. § 5 Abs. 1 LBO 1995 vor, dass vor den Außenwänden eines Gebäudes **Abstandsflächen** liegen müssen, und zwar nicht nur im Bereich zur Grundstücksgrenze, sondern **um das ganze Haus herum**. In der Abstandsfläche dürfen nur Grenzgaragen (§ 6 Abs. 1 Nr. 2 LBO – s. Rdnr. 193) sowie die in § 6 Abs. 1 LBO genannten sonstigen Kleinbauten errichtet werden. Die Abstandsfläche dient, wie § 6 Abs. 3 Nr. 2 LBO zeigt, zum einen dem **Schutz der Nachbarn** vor dem **Entzug von Licht, Luft und Sonne**, zum anderen aber auch dem **Schutz der Bewohner** des Hauses selbst davor, dass die Wohn- und Aufenthaltsräume nicht **ausreichend belüftet, belichtet und besonnt** werden (VGH Mannheim VBlBW 1985, 187; 1991, 474); hierfür besteht jedenfalls bei Gebäuden, die nicht vom Eigentümer selbst bewohnt werden, durchaus ein Bedürfnis. Ferner soll die Abstandsfläche das Übergreifen von Bränden verhindern. Die Abstandsvorschriften schützen dagegen nach der neueren Rechtsprechung **nicht die nachbarliche Wohnruhe** (sog. Sozialabstand) bzw. den Wohnfrieden, da es für den einzuhaltenden Abstand nicht auf die Nutzung eines Gebäudes ankommt (VGH Mannheim VBlBW 2000, 287; 1999, 26; OVG Koblenz BauR 2000, 553; OVG Saar BauR 2001, 1245; Sauter § 5 Rdnr. 4; a. M. OVG Münster NVwZ-RR 2006, 309).

181 Soweit nach bauplanungsrechtlichen Vorschriften an die Grenze gebaut werden muss (Festsetzung der **geschlossenen Bauweise** gemäß § 22 Abs. 1 BauNVO bzw. bei § 34 BauGB eine geschlossene Bauweise in der Umgebung), ist eine Abstandsfläche nach § 5 Abs. 1 Satz 2 Nr. 1 LBO nicht notwendig (s. dazu VGH Mannheim VBlBW 2000, 116); dadurch soll eine Divergenz zwischen Bauplanungs- und Bauordnungsrecht vermieden werden (BVerwG NVwZ-RR 1995, 310).

182 Das Gleiche gilt, wenn nach bauplanungsrechtlichen Vorschriften an der Grenze gebaut werden darf und gesichert ist, dass der Nachbar ebenfalls einen **Grenzbau** errichtet. § 5 Abs. 1 Satz 2 Nr. 2 LBO 1995 verlangt auch nicht – wie § 6 Abs. 1 Satz 2 Nr. 2 LBO 1984 –, dass der Nachbar einen Anbau an das Grenzgebäude errichten wird. Es reicht nunmehr aus, dass er überhaupt an die Grenze baut (VGH Mannheim VBlBW 1997, 221; BauR 2006, 1114; VBlBW 2007, 283). Daher ist § 5 Abs. 1 Satz 2 LBO auch dann Genüge getan, wenn vom Nachbarn an anderer Stelle der Grenze ein Grenzbau errichtet wird. Durch die Neufassung wird vermieden, dass der zuerst errichtete Grenzbau festlegt, wo und in welcher Größe ein Grenzbau errichtet werden darf (Sauter § 5 Rdnr. 51). Der Nachteil ist freilich, dass eine versetzte Grenzbebauung möglich ist. Eine Grenzgarage reicht allerdings für § 5 Abs. 1 Satz 2 Nr. 2 LBO nicht aus (VGH Mannheim NVwZ-RR 1999, 491).

183 Da die Abstandsflächen nach § 5 Abs. 2 LBO auf dem Baugrundstück selbst liegen müssen, ist damit zwangsläufig auch ein entsprechender Abstand zur Grundstücksgrenze gewährleistet. Die Abstandsfläche kann nach § 7 Abs. 1 LBO ganz oder teilweise auf das Nachbargrundstück verlagert werden, sofern der Nachbar sich durch Baulast verpflichtet, diesen Teil seines Grundstücks nicht zu bebauen (vgl. dazu VGH Mannheim VBlBW 1987, 69; NVwZ-RR 2002, 263). Die Abstandsfläche kann nach § 5 Abs. 2 Satz 2 LBO auch auf angrenzenden öffentlichen Verkehrsflächen, Grün- und Wasserflächen liegen, bei beidseitig anbaubaren Flächen jedoch nur bis zur Mitte. Daraus folgt zwangsläufig, dass auch gegenüber öffentlichen Verkehrsflächen ein Abstand einzuhalten ist, soweit die Abstandsfläche nicht vollständig auf diese Verkehrsfläche gelegt werden kann (VGH Mannheim BRS 42 Nr. 118).

Bei **Nutzungsänderungen** hat der VGH Mannheim (VBlBW 1987, 465; BWVPr 1991, 295) früher angenommen, dass bei jeder Nutzungsänderung die Abstandsregelung neu geprüft werden müsse, weil eine andere Nutzung die durch § 5 LBO geschützte Wohnruhe mehr belasten könne. Nachdem der VGH Mannheim (s. Rdnr. 181) die Wohnruhe nicht mehr als Schutzgut der Abstandsflächenvorschriften anerkennt, sind bei Nutzungsänderungen §§ 5, 6 LBO nicht mehr zu prüfen (so früher schon VGH Mannheim VBlBW 1981, 358; 1983, 358; eb. OVG Münster NVwZ-RR 2006, 309; Sauter § 5 Rdnr. 29). Ausnahmsweise ist bei einer Nutzungsänderung die Abstandsfläche erneut zu prüfen, wenn die neue Nutzung den Schutzzweck des § 5 LBO nachteilig berührt (VGH Mannheim NVwZ-RR 2010, 387). Dies kann z. B. der Fall sein, wenn von der neuen Nutzung eine erhöhte Brandgefahr ausgeht. **184**

Die **Tiefe der Abstandsfläche** beträgt nach § 5 Abs. 4 und 7 LBO 40 % der Höhe der Außenwand. In Baugebieten mit intensiver baulicher Nutzung, nämlich Kerngebieten und besonderen Wohngebieten einerseits, Gewerbegebieten und Industriegebieten andererseits, verlangt § 5 Abs. 7 LBO nur 20 % bzw. 12,5 % der Wandhöhe als Abstandsfläche. Diese Regelung setzt eigentlich voraus, dass ein Bebauungsplan besteht; im nichtbeplanten Innenbereich kann es unter Umständen zu erheblichen Abgrenzungsschwierigkeiten kommen. **185**

Die Abstandsfläche muss nach § 5 Abs. 7 LBO in jedem Fall mindestens 2,5 m, bei Wänden bis 5 m Breite 2 m, betragen. **186**

Die durch die LBO-Novelle 1985 eingeführte Differenzierung zwischen der objektivrechtlich einzuhaltenden Abstandsfläche und dem deutlich kleineren Abstand mit nachbarschützender Wirkung ist durch die LBO-Novelle 2010 beseitigt worden, weil in der bauordnungsrechtlichen Praxis ohnehin nur der nachbarschützende Teil der Abstandsfläche beachtet wurde (so LT-Drucks. 14/5013 S. 38). Die Reduzierung der Abstandsfläche durch die LBO-Novelle 2010 auf den früher nachbarschützenden Abstand hat zur Folge, dass das sog. Schmalseitenprivileg nach § 5 Abs. 8 LBO a. F. für Außenwände mit weniger als 16 m Länge entfallen ist.

Die Höhe der Außenwand bemisst sich dabei nach der Differenz zwischen der Geländeoberfläche und dem Schnittpunkt der Außenwand mit dem Dach (§ 5 Abs. 4 Satz 2 LBO – s. dazu VGH Mannheim VBlBW 2001, 62). Geländeaufschüttungen sind nur zu berücksichtigen, sofern es für sie einen sachlichen Grund gibt und die Aufschüttung nicht nur deswegen erfolgt ist, um die Außenwandhöhe und damit auch die Abstandsfläche zu verkleinern (VGH Mannheim BauR 1997, 92).

§ 5 Abs. 1 LBO stellt klar, dass Abstandsflächen nicht nur mit Gebäuden im Sinn des § 2 Abs. 2 LBO, sondern auch mit **sonstigen baulichen Anlagen** einzuhalten sind. Bei baulichen Anlagen, die keine Gebäude sind, z. B. Mauern oder Aufschüttungen, ist nach § 6 Abs. 1 Nr. 5 LBO eine Abstandsfläche nicht erforderlich, wenn diese nicht höher als 2,5 m sind oder ihre Wandfläche nicht mehr als 25 m² beträgt. Diese Maße gelten alternativ, nicht kumulativ (a. M. zu § 6 Abs. 9 LBO a. F.: VGH Mannheim VBlBW 2009, 65). **187**

Kleinere bauliche Anlagen, z. B. Stellplätze, Terrassen, Treppen, Rampen, Einfriedigungen, Stützmauern sind in den Abstandsflächen nach § 6 Abs. 1 LBO generell zulässig. **188**

§ 6 Abs. 3 LBO sieht **Ausnahmen** von der nach § 5 LBO erforderlichen Abstandsfläche vor; der Abstand kann bis auf Null reduziert werden (VGH Mannheim VBlBW 1986, 25). Zunächst muss nach Nr. 1 dieser Vorschrift eine geringere Abstandsfläche zugelassen werden, wenn die Gestaltung des Straßenbilds oder besondere örtliche **189**

Verhältnisse dieses erfordern; unter „erfordern“ ist im Anschluss an BVerwGE 56, 71 = NJW 1979, 939 (zu § 31 Abs. 2 Nr. 1 BauGB, s. dazu oben Rdnr. 103) nicht eine zwingende Notwendigkeit zu verstehen, vielmehr reicht es aus, wenn vernünftigerweise mit geringerem Abstand gebaut wird; dieses kann z. B. bei dicht bebauten Gebieten im Stadtkern der Fall sein (so Sauter § 6 Rdnr. 32).

190 Nach **§ 6 Abs. 3 Nr. 2 LBO** muss eine geringere Abstandsfläche ferner zugelassen werden, wenn eine ausreichende Belichtung, Belüftung und Brandschutz gewährleistet ist und erhebliche nachbarliche Belange nicht beeinträchtigt werden.

Der VGH Mannheim (VBlBW 2000, 286; VBlBW 2009, 185; NVwZ-RR 2010, 631) nimmt an, dass bei einem Unterschreiten der Abstandsfläche i. d. R. eine **erhebliche Beeinträchtigung des Nachbarn** gegeben ist; dieses soll auch bei einem Unterschreiten um nur wenige cm (VGH Mannheim BauR 1997, 92: 7,5 cm) der Fall sein. Nur in Ausnahmefällen kann eine erhebliche Beeinträchtigung des Nachbarn verneint werden, z. B. bei besonderen topographischen Verhältnissen, etwa bei einem größeren Höhenunterschied zwischen den beiden Grundstücken oder bei einem besonderen Zuschnitt des Nachbargrundstücks, so dass die Nutzung des Nachbargrundstücks auch bei einem geringeren Abstand nicht betroffen wird. Eine Sondersituation, die eine Ausnahme nach § 6 Abs. 3 LBO rechtfertigt, kann sich aber auch aus den Verhältnissen auf dem Baugrundstück oder den Besonderheiten des Bauvorhabens ergeben, die die Beeinträchtigung des Nachbarn als zumutbar erscheinen lassen (VGH Mannheim VBlBW 2009, 65; NVwZ-RR 2010, 387 – Altbestand mit geringem Abstand).

In diesem Fall räumt § 6 Abs. 3 LBO dem Bauherrn einen Rechtsanspruch auf eine geringere Abstandsfläche ein (VGH Mannheim BauR 1997, 92).

Zum Nachbarschutz der §§ 5, 6 LBO s. unten Rdnr. 278.

191 Die Zulässigkeit einer Grenzbebauung nach den §§ 5, 6 LBO entbindet nicht von der Einhaltung der bauplanungsrechtlichen Vorschriften über die offene Bauweise oder die im Bebauungsplan festgesetzten seitlichen Baugrenzen (VGH Mannheim NVwZ-RR 1999, 491). Bauplanungsrecht und Bauordnungsrecht stehen grundsätzlich gleichberechtigt nebeneinander, soweit es nicht gesetzliche Vorrangsregelungen wie z. B. § 5 Abs. 1 Satz 3 LBO gibt.

192 Die Gemeinden können nach § 74 Abs. 1 LBO aus baugestalterischen oder bauhistorischen Gründen durch **Ortsbausatzung** für einzelne Ortsteile – nicht aber für die ganze Gemeinde – größere oder kleinere Abstände als in § 5 Abs. 7 LBO vorgesehen vorschreiben. Ferner können durch einen Bebauungsplan abweichende Abstandsflächen festgesetzt werden (§ 9 Abs. 1 Nr. 2 a BauGB).

b) Grenzgaragen und andere Grenzbauten (§ 6 Abs. 1 LBO)

193 § 6 Abs. 1 LBO erlaubt die Errichtung von Garagen und von sonstigen Nebenräumen ohne Einhaltung einer Abstandsfläche, sofern diese die angeführten Größenmaße nicht übersteigen. Die Nebenräume können zum einen in oder unter dem Garagenbau liegen (VGH Mannheim BauR 1994, 485); sie können aber auch ein selbständiges Gebäude darstellen. Nach § 6 Abs. 1 Nr. 1 LBO dürfen zunächst Gebäude und Gebäudeteile (z. B. Stützmauern, Terrassen, Kellerabgänge) bis zu 1 m Höhe ohne Abstand zur Grenze gebaut werden. § 6 Abs. 1 Nr. 2 LBO erlaubt ferner kleinere Garagen und Nebenanlagen ohne Abstand, sofern diese nicht länger als 9 m sind (§ 6 Abs. 1 Satz 2 LBO); die Außenwand darf nicht höher als 3 m und größer als 25 m^2 sein. § 6

Abs. 2 LBO erlaubt es, dass das Gebäude nicht unmittelbar an der Grenze steht, sondern ein Abstand von mindestens 0,5 m eingehalten wird.

Bezugspunkt für die angeführten Höhenmaße ist nach § 6 Abs. 1 Satz 3 LBO der höchste Punkt des Geländes entlang der Garage (wegen der Relevanz von Geländeanschüttungen s. Rdnr. 185). Daraus folgt, dass der Garagenbaukörper in Hanglage durchaus eine größere Höhe als 3 m aufweisen kann, was zu einer erheblichen Beeinträchtigung der Nachbarn führen könnte Dieses wird dadurch verhindert, dass die Wandfläche an der Nachbargrenze nicht mehr als 25 m^2 betragen darf (s. dazu VGH Mannheim BRS 47 Nr. 101). Diese Beschränkung der Wandflächengröße hat zur Folge, dass die Höchstmaße von 9 m Länge und 3 m Höhe nicht vollständig ausgenutzt werden können.

Da der Gesetzgeber in § 6 Abs. 1 LBO Grenzgaragen generell für zulässig erklärt hat, **194**
muss der Nachbar die mit jeder Grenzgarage verbundene Beeinträchtigung durch eine Verschattung sowie den Fahrzeuglärm grundsätzlich hinnehmen und kann sich insoweit auch nicht auf das Gebot der Rücksichtnahme berufen (BVerwG BRS 44 Nr. 177; Schlotterbeck/v.Arnim/Hager § 37 Rdnr. 99). Anders kann es aber sein, wenn die Zufahrt zur Grenzgarage besonders lang ist (OVG Lüneburg NVwZ-RR 2001, 503; OVG Münster BauR 2007, 89) oder die Garage unmittelbar vor einem Fenster eines Aufenthaltsraums errichtet wird und die Möglichkeit besteht, die Garage ohne Nachteile für den Bauherrn auch an anderer Stelle zu errichten (VGH München NVwZ-RR 1995, 9).

Bauplanungsrechtlich können Garagen nach § 23 Abs. 5 BauNVO auch auf den nicht überbaubaren Grundstücksflächen zugelassen werden.

4. Stellplätze und Garagen (§ 37 LBO)

Nach § 37 Abs. 1 u. 2 LBO sind bei der Errichtung baulicher Anlagen **geeignete** **195**
Stellplätze in ausreichender Zahl herzustellen. Für Wohngebäude ist 1 Stellplatz pro Wohnung vorgeschrieben, für sonstige bauliche Anlagen ist für die Anzahl der erforderlichen Stellplätze die VwV-Stellplätze vom 18.12.1986 (GABl. 1987, 7), geändert durch die VwV-Stellplätze vom 16.4.1996 (GABl. S. 289) maßgebend. Diese wird vom VGH Mannheim als norminterpretierende Verwaltungsvorschrift angesehen (so VGH Mannheim VBlBW 1985, 459; VBlBW 2001, 373; eb. Schlotterbeck/v.Arnim/Hager § 37 Rdnr. 19).

Nach **§ 12 BauNVO** dürfen in Wohngebieten nur die für die zugelassene Nutzung erforderlichen Stellplätze und Garagen angelegt werden (s. dazu BVerwGE 94, 151 = NJW 1994, 1546; Dürr BauR 1997, 6).

Die Stellplatzverpflichtung entfällt auch nicht bei Bauvorhaben, die in einer **Fußgängerzone** liegen, weil auch diese Vorhaben einen Kfz-Verkehr hervorrufen (VGH Mannheim BWVPr 1994, 41). Zwar kommt in diesem Fall die Anlage von Stellplätzen auf dem Baugrundstück nicht in Betracht. Es bleibt aber die Möglichkeit, die Stellplätze außerhalb der Fußgängerzone anzulegen, sich an einer Gemeinschaftsanlage zu beteiligen oder einen Ablösebetrag nach § 37 Abs. 5 LBO zu zahlen.

Bei der **Änderung und Nutzungsänderung** eines Gebäudes sind nach § 37 Abs. 2 **196**
LBO nur für die zusätzlich zur früheren Nutzung zu erwartenden Fahrzeuge Stellplätze anzulegen (VGH Mannheim NVwZ 2000, 1068). Auch hierauf kann nach Satz 2 der Vorschrift ganz oder teilweise verzichtet werden, wenn bei mindestens 5 Jahre alten Gebäuden zusätzlicher Wohnraum durch einen Dachausbau geschaffen wird und die Anlage der erforderlichen Stellplätze in zumutbarer Weise nicht möglich ist.

197 § 37 Abs. 1 LBO spricht nur von Stellplätzen. Stattdessen muss die Behörde nach § 37 Abs. 1 Satz 3 LBO auch den Bau von **Garagen** zulassen. Garagen haben gegenüber offenen Stellplätzen den Nachteil, dass sie nur Fahrzeuge der Bewohner des Gebäudes, nicht aber der Besucher aufnehmen können (VGH Mannheim VBlBW 1982, 175).

198 Zum **Schutz der Nachbarschaft** (s. dazu Sarnighausen NVwZ 1996, 7; Dürr BauR 1997, 7) schreibt § 37 Abs. 7 LBO vor, dass durch Stellplätze und Garagen das Arbeiten und Wohnen, die Ruhe und Erholung in der Umgebung nicht erheblich gestört werden darf. Das bedeutet, dass nicht jede Störung unzulässig ist; eine unerhebliche Störung muss der Nachbar hinnehmen. Kleingaragen sind im Hinblick auf die generelle Zulassung an der Grundstücksgrenze nach § 6 Abs. 1 LBO nicht als erhebliche Störung im Sinn des § 37 Abs. 7 LBO anzusehen (VGH Mannheim BRS 28 Nr. 78; 49 Nr. 138); Ausnahmen sind jedoch möglich, z. B. bei sehr steiler Zufahrt (VGH Mannheim BWVPr 1984, 258). Eine Störung ist nur dann erheblich, wenn sie dem Betroffenen billigerweise nicht zugemutet werden kann (VGH Mannheim VBlBW 2000, 76). Der durch eine zugelassene Bebauung verursachte Stellplatzbedarf ist dabei i. d. R. der Nachbarschaft zuzumuten (VGH Mannheim VBlBW 1996, 143; NVwZ-RR 1998, 611; OVG Lüneburg NVwZ-RR 2001, 503).

Die technischen Anforderungen an Garagen und Stellplätze sind in der Garagenverordnung vom 13.9.1989 (GBl S. 458 – Dürig Nr. 85 c) geregelt.

199 Die notwendigen Stellplätze werden i. d. R. gemäß § 37 Abs. 4 LBO **auf dem Baugrundstück** selbst angelegt. Kann oder will der Bauherr die notwendigen Stellplätze auf dem eigenen Grundstück nicht herstellen, dann ist es nach § 37 Abs. 4 LBO ausreichend, wenn die Stellplätze **auf einem nahe gelegenen Grundstück** (s. dazu Schlotterbeck/v.Arnim/Hager § 37 Rdnr. 39; Sauter § 37 Rdnr. 57) eingerichtet werden und die Benutzung dieses Grundstücks durch Baulast gesichert ist.

Bsp. (VGH Mannheim VBlBW 1985, 459): Bei einem Spielsalon ist ein Parkplatz in 800 Meter Entfernung nicht mehr ausreichend.

Der VGH Mannheim (BRS 44 Nr. 109) nimmt an, dass bei Wohngrundstücken maximal 300 Meter, bei Ladengeschäften sogar nur 150 Meter noch als zumutbare Entfernung für einen Stellplatz angesehen werden können; für eine Arztpraxis wurden ebenfalls 300 m als zumutbar angesehen (VGH Mannheim Die Fundstelle 1995 Nr. 316).

Ferner kann im Bebauungsplan vorgeschrieben werden, dass der Bauherr sich an einer **Gemeinschaftsgarage** auf einem dafür im Bebauungsplan vorgesehenen Grundstück (§ 9 Abs. 1 Nr. 22 BauGB) beteiligen muss (BVerwG BauR 1989, 439; Sauter § 37 Rdnr. 54). Die Einzelheiten über die Herstellung und Verwaltung einer solchen Gemeinschaftsanlage sind in § 40 Abs. 1 LBO geregelt.

200 Schließlich kann der Bauherr seine Stellplatzpflicht nach § 37 Abs. 4 LBO dadurch erfüllen, dass er mit Zustimmung der Gemeinde irgendwo im Gemeindegebiet die für sein Vorhaben erforderliche Zahl von Stellplätzen anlegt. Diese Regelung lässt sich nur im Zusammenhang mit dem unten zu erörternden Ablösevertrag verstehen. Der Bauherr soll statt der Zahlung eines Geldbetrags an die Gemeinde auch die Möglichkeit haben, mit diesem Betrag selbst Stellplätze zu schaffen; die Nutzung als Stellplatz muss durch Baulast gesichert werden. Durch das Erfordernis der Zustimmung der Gemeinde ist gewährleistet, dass die Stellplätze nur dort angelegt werden, wo auch ein Bedarf für weitere Stellplätze besteht. Ein Anspruch auf diese Zustimmung besteht nicht (Sauter § 37 Rdnr. 63).

Die durch die LBO-Novelle 1983 neu geschaffene Regelung des § 39 Abs. 5 LBO a.F. (= § 37 Abs. 5 LBO n.F.) hat erstmals den **Ablösevertrag** (früher Garagendispensvertrag) normiert (s. dazu Ehlers DVBl 1986, 529). Es war allerdings auch zuvor unstreitig, dass Ablöseverträge zulässig sind (BVerwGE 23, 213; NJW 1980, 1294; VGH Mannheim BauR 1981, 272). Im Ablösevertrag verpflichtet sich der Bauherr, zur Ablösung seiner Stellplatzverpflichtungen einen Geldbetrag an die Gemeinde zu zahlen, den diese zur Anlage öffentlicher Parkplätze, für Anlagen des Öffentlichen Personennahverkehrs oder für Fahrradwege zu verwenden hat. Das BVerwG ist von seiner früheren Rechtsprechung (BVerwG NJW 1986, 600), dass es sich bei dem Ablösebetrag um eine Sonderabgabe handelt, inzwischen abgerückt und qualifiziert den Ablösebetrag nun als Ausgleichsleistung (Ersatzgeld) für die Freistellung von der Verpflichtung zur Anlage eines Stellplatzes (BVerwGE 122, 1 = NVwZ 2005, 215). 201

§ 37 Abs. 5 LBO stellt die Ablösung der Stellplatzverpflichtung durch Zahlung einer Ablösesumme allerdings nicht in das Belieben des Bauherrn oder der Gemeinde. Die Möglichkeit besteht vielmehr nur dann, wenn die Herstellung der erforderlichen Stellplätze unter Anwendung des § 37 Abs. 4 LBO nicht oder aber nur mit unzumutbaren Schwierigkeiten möglich ist.

Die Ablösung der Stellplatzverpflichtung durch Zahlung eines Geldbetrags scheidet allerdings nach § 37 Abs. 6 Satz 1 LBO aus bei **Wohnungen**. Diese erst durch die LBO-Novelle 1995 eingeführte Sonderregelung soll der Verteuerung von Wohnraum entgegenwirken. Kann der Bauherr der Stellplatzverpflichtung nach § 37 Abs. 1 Satz 2 LBO bei sonstigen Vorhaben aus rechtlichen, tatsächlichen oder wirtschaftlichen Gründen nicht nachkommen, wird er hiervon nach § 37 Abs. 6 Satz 2 LBO freigestellt.

Die Gemeinde ist zum Abschluss eines Vertrags nach § 37 Abs. 5 LBO nicht verpflichtet; dieses gilt auch dann, wenn der Bauherr sonst das Bauvorhaben nicht verwirklichen kann (BVerwG BRS 40 Nr. 146).

Über die **Höhe der Geldleistung** sagt § 37 Abs. 5 LBO nichts aus; sie richtet sich nach den ersparten Aufwendungen des Bauherrn sowie den Kosten für die Schaffung derjenigen Zahl öffentlicher Stellplätze, die der Stellplatzverpflichtung des Bauherrn nach § 37 Abs. 1 LBO entspricht (Sauter § 37 Rdnr. 95; Schlotterbeck/v.Arnim/Hager § 37 Rdnr. 84; vgl. auch OVG Lüneburg BRS 49 Nr. 142: 15.000,– DM pro Stellplatz; OVG Münster BRS 58 Nr. 122: 14.000 DM pro Stellplatz; OVG Berlin BRS 58 Nr. 123: 17.600 DM je Stellplatz). Der Geldbetrag ist innerhalb eines angemessenen Zeitraums für die in § 37 Abs. 5 LBO angeführten Einrichtungen zu verwenden; das OVG Münster (NJW 1983, 2835) hat sogar einen Zeitraum von 10 Jahren noch für angemessen gehalten. 202

Die Verpflichtung zur Zahlung der vereinbarten Ablösesumme hängt nur von der Erteilung der Baugenehmigung, nicht aber von der Verwirklichung des Bauvorhabens ab (VGH Mannheim BauR 1991, 66; OVG Koblenz NVwZ-RR 2004, 243). Grundlage für die Ablösevereinbarung ist nämlich die Erteilung der Baugenehmigung, nicht aber deren Ausnutzung (a. M. OVG Münster NVwZ-RR 1998, 15).

Auch wenn der Bauherr sich wirksam zur Zahlung einer Ablösesumme verpflichtet hat, kann die Gemeinde den Betrag nicht durch Leistungsbescheid anfordern, da es an dem für einen Leistungsbescheid erforderlichen Über-/Unterordnungsverhältnis fehlt; die Gemeinde muss vielmehr **Leistungsklage** erheben (so auch VGH Mannheim BRS 30 Nr. 108; a. M. OVG Münster NJW 1983, 2835). Etwas anderes gilt, wenn die Zahlungspflicht in einer Auflage zur Baugenehmigung festgelegt worden ist, denn dann kann diese Auflage zwangsweise durchgesetzt werden (VGH Mannheim BRS 30 Nr. 108; OVG Greifswald BRS 67 Nr. 159).

5. Sonstige materiell-rechtliche Vorschriften des Bauordnungsrechts

203 Hier sollen nur diejenigen Vorschriften erörtert werden, deren Auslegung Schwierigkeiten aufweist oder die besonders bedeutungsvoll sind, so dass sie jeder, der sich mit dem Baurecht befasst, kennen muss.

a) **§ 3 LBO** enthält eine § 1 PolG vergleichbare **bauordnungsrechtliche Generalklausel**. Die Frage, ob durch eine bauliche Anlage Recht oder Ordnung verletzt wird, ist deshalb unter Heranziehung der zu § 1 PolG entwickelten Grundsätze zu beantworten; erforderlich ist eine konkrete Gefahr (VGH Mannheim VBlBW 1985, 221; 1988, 111; Sauter § 3 Rdnr. 10 ff.).

Bsp. a) (VGH Mannheim VBlBW 1982, 94): Einsturzgefahr eines abgebrannten Gebäudes.

b) (VGH Mannheim VBlBW 1984, 117): Anbringen eines Kaugummiautomaten, der durch eine verkehrsreiche Straße von einer Schule getrennt wird.

Der Bauherr muss ferner nach § 3 Abs. 3 LBO die allgemein anerkannten **Regeln der Technik** (s. dazu Dolderer VBlBW 1998, 448) einhalten. Hierzu zählen vor allem die zahlreichen DIN-Vorschriften (BVerwG BauR 1997, 290); eine Zusammenstellung der DIN-Vorschriften enthält die Bekanntmachung des Wirtschaftsministeriums vom 6.5.2009 (GABl 2009, 127).

204 b) **§ 4 Abs. 1 LBO** verlangt eine **Erschließung** durch eine öffentliche Straße oder einen befahrbaren öffentlich-rechtlich, d.h. durch eine Baulast nach § 71 LBO gesicherten Zugang zu einer solchen Straße. Ein dinglich gesichertes Wegerecht nach § 1018 BGB reicht deshalb nicht aus (Sauter § 4 Rdnr. 18); erst recht nicht das Notwegrecht nach § 917 BGB (OVG Münster NJW 1977, 725; VGH Mannheim VBlBW 1982, 92).

205 c) **§ 4 Abs. 3 LBO** sieht einen **Abstand vom Waldrand** von mindestens 30 m vor, um einerseits Schäden durch umstürzende Bäume oder herabfallende Äste zu vermeiden und andererseits Waldbrände durch Funkenflug zu verhindern (Sauter § 4 Rdnr. 32). Ein geringerer Abstand darf deshalb nur gestattet werden, wenn keine Bedenken wegen Brandschutz oder Gefährdung des Gebäudes bestehen (VGH Mannheim BWVPr 1994, 211); ein Verzicht des Bauherrn auf Schadensersatzansprüche ist unbeachtlich (VGH Mannheim a.a.O.; a. M. aber VGH Mannheim BauR 1989, 441).

206 d) **§ 13 LBO** verlangt, dass bauliche Anlagen standfest sind; sie müssen nach menschlichem Ermessen den zu erwartenden Belastungen standhalten (VGH Mannheim VBlBW 1999, 308). Ferner darf die Standfestigkeit anderer Gebäude und die Tragfähigkeit des Baugrunds der Nachbargrundstücke nicht gefährdet werden. Nach § 53 Abs. 1 LBO i. V. m. § 9 LBOVVO (Dürig Nr. 85 b) muss deshalb rechtzeitig vor Baubeginn der Nachweis der **Standsicherheit** durch Vorlage der statischen Pläne erbracht werden.

207 e) Die dem **Immissionsschutz** dienende Regelung des **§ 14 LBO** wird weitgehend durch das Bundesimmissionsschutzgesetz verdrängt (vgl. VGH Mannheim VBlBW 1982, 137). Im Rahmen der Erteilung einer Baugenehmigung ist insbesondere **§ 22 BImSchG** zu beachten (BVerwG NVwZ 1987, 884; 1989, 666; DVBl 2001, 1451). Danach sind vermeidbare schädliche Umwelteinwirkungen zu vermeiden und unvermeidbare schädliche Umwelteinwirkungen auf ein Mindestmaß zu reduzieren. In der baurechtlichen Praxis wird zur Klärung der Frage, ob eine schädliche Umwelteinwirkung (§ 3 Abs. 1 BImSchG) vorliegt, auf die technischen Regelwerke (TA Lärm, TA

Luft, VDI-Richtlinie, DIN-Vorschriften) zurückgegriffen (BVerwG NVwZ 2008, 76; Schlotterbeck/v.Arnim/Hager § 14 Rdnr. 23).

Der Baugenehmigung beigefügte **Auflagen** hinsichtlich der zulässigen Immissionswerte reichen nur aus, wenn auch tatsächlich gewährleistet ist, dass die Auflage beachtet wird.

f) §§ 26, 27 LBO verlangen, dass zur Verhinderung der Ausbreitung von Bränden **208**
widerstandsfähige **Brandwände** errichtet werden; dieses ist insbesondere bei Gebäuden mit geringen Abständen, zwischen aneinander gereihten Gebäuden und innerhalb ausgedehnter Gebäude erforderlich. Außerdem enthalten §§ 5 – 8 LBOAVO (Dürig Nr. 85 a) detaillierte Anforderungen an die Feuerbeständigkeit von Wänden, Decken, Dächern und sonstigen Bauteilen.

g) In Ergänzung der bauplanungsrechtlichen Regelungen der §§ 30 ff. BauGB, wo- **209**
nach bauliche Anlagen ausreichend erschlossen sein müssen (s. oben Rdnr. 148 ff.), stellt § 33 LBO sowie § 17 LBOAVO besondere Anforderungen an die **Wasserversorgung und Abwasserbeseitigung**. Von Bedeutung ist vor allem, dass bauliche Anlagen möglichst an die Kanalisation anzuschließen sind (§ 17 LBOAVO – vgl. auch § 45 b WG). Kleinkläranlagen und geschlossene Gruben sind i. d. R. unzulässig (VGH Mannheim VBlBW 1982, 52); Ausnahmen kommen aber bei Grundstücken in ländlichen Gebieten in Betracht (Schlotterbeck/v.Arnim/Hager § 33 Rdnr. 29 ff.), sofern eine wasserrechtliche Genehmigung nach § 45 e WG vorliegt (VGH Mannheim a.a.O.).

h) §§ 34 – 36 LBO normieren zur Gewährleistung gesunder Wohnverhältnisse gewis- **210**
se **Mindestanforderungen an Wohnungen und Aufenthaltsräume** (§ 2 Abs. 7 LBO). Ein Aufenthaltsraum ist ein Raum, in dem sich Menschen nicht nur kurzfristig aufhalten; der Aufenthalt braucht aber weder täglich erfolgen noch sich über mehrere Stunden erstrecken (VGH Mannheim BRS 29 Nr. 68 – Betsaal einer Sekte).

Nach § 34 Abs. 1 LBO müssen Aufenthaltsräume mindestens 2,30 m hoch sein; im Dachgeschoss reicht eine Höhe von 2,20 m aus. Die Größe der Fenster von Aufenthaltsräumen muss nach § 34 Abs. 2 LBO mindestens 1/10 der Fläche des Raumes betragen; in besonderen Fällen reichen auch kleinere Fenster aus.

Im Untergeschoss können Aufenthaltsräume nach § 34 Abs. 3 LBO nur eingerichtet werden, wenn die Decke der Räume mindestens 1,30 m über der Fensterbrüstung liegt.

Wohnungen müssen baulich abgeschlossen sein und einen besonderen Zugang aufweisen (§ 35 Abs. 1 u. 2 LBO). Sie müssen eine ins Freie lüftbare Küche (§ 35 Abs. 3 LBO) haben.

Bei Gebäuden mit mehreren Wohnungen (Gebäudeklasse 3 – 5 gemäß § 2 Abs. 4 LBO) sind Abstellräume für Kinderwagen und Fahrräder sowie ein Trockenraum (§ 35 Abs. 4 LBO) einzurichten. Für die Abstell- und Trockenräume ist eine bestimmte Mindestgröße nicht mehr vorgeschrieben; die Maße des § 24 AVO-LBO a.F. von 6 m^2 bzw. 30 m^2 können aber als Anhaltspunkt dienen. Ferner muss nach § 9 Abs. 2 LBO ein Kinderspielplatz eingerichtet werden, wenn nicht ein öffentlicher Spielplatz in unmittelbarer Nähe liegt; das setzt eine Entfernung von weniger als 200 m voraus (BVerwG NVwZ 1985, 833; ZfBR 1994, 96; Battis/Krautzberger/Löhr § 127 Rdnr. 35).

6. Sonderbauvorhaben (§ 38 LBO)

211 § 38 LBO erlaubt für bauliche Anlagen und Räume besonderer Art und Nutzung (sog. Sonderbauvorhaben) abweichend von §§ 4 – 37 LBO besondere Anforderungen, um Gefahren sowie erheblich Nachteile oder Belästigungen zu vermeiden.

In § 39 Abs. 1 Satz 2 LBO werden die in Betracht kommenden Abweichungen aufgeführt, in § 39 Abs. 2 LBO die in Betracht kommenden Vorhaben. Diese Kataloge sind aber nicht abschließend, wie das Wort insbesondere zeigt. Die Baurechtsbehörde muss daher im Einzelfall prüfen, ob bei einem größeren Vorhaben mit intensiveren Auswirkungen auf die Umgebung spezielle Anforderungen nach § 38 LBO zu stellen sind (OVG Lüneburg BauR 2003, 226).

§ 39 Abs. 1 Satz 1 Halbs. 2 LBO lässt in geeigneten Fällen auch Abweichungen von §§ 4 - 37 LBO zu Gunsten des Vorhabens zu und ergänzt damit § 56 Abs. 2 LBO (Sauter § 38 Rdnr. 12).

C. Verfahrensvorschriften

1. Zulassungsverfahren

a) Baugenehmigungsbedürftige Anlagen (§ 49 LBO)

212 Nach § 49 Abs. 1 LBO bedarf die **Errichtung und der Abbruch baulicher Anlagen** sowie der in § 50 LBO aufgeführten anderen Anlagen der **Baugenehmigung**, soweit in §§ 50, 51 LBO nichts anderes bestimmt ist.

Bsp. (VG Stuttgart NVwZ-RR 2000, 13): Ein „Sky-Beamer“ (Werbung durch Himmelsstrahler) ist keine bauliche Anlage (s. dazu Rdnr. 177), jedoch genehmigungspflichtig, weil Werbeanlagen in Nr. 9 des Anhangs zu § 50 LBO aufgeführt sind und diese Werbung die für eine Genehmigungsfreiheit erforderliche maximale Größe von 1 m^2 überschreitet.

Dem Errichten einer Anlage steht nach **§ 2 Abs. 12 LBO** das Herstellen, Aufstellen, Anbringen, Einrichten, Ändern und die Nutzungsänderung gleich, dem Abbruch wird das Beseitigen gleichgestellt. Auch diese Maßnahmen sind deshalb nach § 49 LBO genehmigungspflichtig.

Instandhaltungsarbeiten (§ 50 Abs. 4 LBO) sowie unwesentliche Änderungen an oder in Anlagen oder Einrichtungen (Nr. 2 e des Anhangs zu § 50 LBO) bedürfen keiner Baugenehmigung. Instandhaltungsarbeiten sind allerdings nur solche, die den Bestand des Gebäudes unter Wahrung seines bisherigen Nutzungszwecks unverändert erhalten (Sauter § 50 Rdnr. 68). Eine genehmigungsfreie unwesentliche Änderung kann nur dann angenommen werden, wenn weder das Äußere des Gebäudes verändert wird, noch erhebliche Änderungen im Innern vorgenommen werden, insbesondere die statischen Verhältnisse unverändert bleiben (BVerwG BRS 36 Nr. 99; VGH Mannheim BRS 47 Nr. 195). In jedem Fall muss die Identität des Bauwerks erhalten bleiben (BVerwG BauR 1986, 302); insbesondere darf sich nicht die Frage nach der baurechtlichen Zulässigkeit des geänderten Vorhabens stellen (VGH Mannheim VBlBW 1997, 141).

Bei einer Änderung eines Bauvorhabens ist nicht nur der geänderte Teil, sondern das gesamte Bauvorhaben Gegenstand des Baugenehmigungsverfahrens (BVerwG NVwZ 2002, 1118). Wenn die Änderung baurechtlich isoliert betrachtet werden kann, kommt es nur auf die Zulässigkeit der Änderung an (BVerwG NVwZ 2000, 1047 – vgl. Rdnr. 77).

Umbauten innerhalb eines Wohngebäudes sind nach Nr. 2 a u. 2 c des Anhangs zu § 50 LBO stets genehmigungsfrei, auch wenn es sich um wesentliche Änderungen, etwa das Versetzen tragender Wände handelt (Sauter § 50 Rdnr. 60).

Eine **Nutzungsänderung** bedarf auch ohne jede bauliche Maßnahme einer Bauge- 213
nehmigung, sofern für die neue Nutzung weiter gehende Anforderungen gelten als für die bisherige (vgl. § 50 Abs. 2 LBO).

Weitergehende Anforderungen gelten nicht nur dann, wenn andere Vorschriften für die neue Nutzung maßgeblich sind, sondern auch dann, wenn das neue Vorhaben nach derselben Vorschrift anders zu beurteilen ist (VGH Mannheim VBlBW 1984, 209). Eine baurechtlich bedeutsame Nutzungsänderung setzt nach der Rechtsprechung des BVerwG (E 47, 185 = DVBl 1975, 498) eine Funktionsänderung voraus (s. dazu im Einzelnen oben Rdnr. 77).

b) Kenntnisgabepflichtige Vorhaben (§ 51 LBO)

Die LBO-Novelle 1995 hat in Fortführung der früheren BaufreistellungsVO 214
v. 26.4.1990 (GBl I S. 144 – s. dazu Bahle BWVPr 1990, 196) das Kenntnisgabeverfahren eingeführt; vergleichbare Regelungen finden sich in den meisten Landesbauordnungen (s. dazu Reichel/Schulte § 13 Rdnr. 16). Der Unterschied zum Baugenehmigungsverfahren besteht darin, dass bestimmte Vorhaben (insbes. Wohnbauvorhaben im Geltungsbereich eines Bebauungsplans – vgl. § 51 Abs. 1 Nr. 1 und Abs. 2 LBO) der Baurechtsbehörde nur durch **Vorlage der Baupläne** zur Kenntnis gebracht werden müssen. Eine Genehmigung oder sonstige Zulassung erfolgt nicht; vielmehr kann der Bauherr nach einer in § 59 Abs. 4 LBO näher geregelten Frist von max. 1 Monat mit dem Bau beginnen, sofern die Baurechtsbehörde den Baubeginn nicht untersagt. § 51 Abs. 5 Satz 2 LBO stellt klar, dass die Bauvorlagen von der Baurechtsbehörde nicht geprüft werden müssen. Das schließt aber eine Prüfung nicht aus. Dies folgt schon aus dem Verweis auf § 47 Abs. 1 LBO, dessen Anwendung voraussetzt, dass das Bauvorhaben materiell-rechtlich unzulässig ist (eb. Sauer § 51 Rdnr. 32).

Die Einführung des Kenntnisgabeverfahrens war im Gesetzgebungsverfahren sehr umstritten. Die Bedenken richten sich vor allem dagegen, dass eine mit der gebotenen Sorgfalt durchgeführte präventive Kontrolle des Bauvorhabens i. d. R. schon wegen der relativ kurzen Fristen kaum möglich ist und man sich erklärtermaßen auf die – häufig nur recht eingeschränkt vorhandene – Gesetzestreue von Bauherrn und Architekten verlässt. Das Kenntnisgabeverfahren bringt auch für den Bauherrn nicht nur Vorteile, denn der Wegfall einer Baugenehmigung hat zur Folge, dass es auch keine Bestandskraft einer Baugenehmigung mehr gibt; dieser handelt „auf eigene Gefahr“ (so VG Münster BauR 1999, 626; Ortloff NVwZ 2000, 752).

Den Bedenken gegen das Kenntnisgabeverfahren hat der Gesetzgeber dadurch Rechnung getragen, dass nach § 51 Abs. 7 LBO auf Antrag des Bauherrn auch bei Vorhaben, die nach § 51 LBO nur der Kenntnisgabe unterliegen, ein **Baugenehmigungsverfahren durchgeführt** werden muss.

§ 51 Abs. 1 LBO sieht ein Kenntnisgabeverfahren vor für Wohngebäude (Nr. 1) – ausgenommen Hochhäuser gemäß § 38 Abs. 2 LBO –, sonstige Gebäude der Gebäudeklassen 1 – 3 gemäß § 2 Abs. 4 LBO (Nr. 2) – außer Gaststätten –, bauliche Anlagen, die keine Gebäude gemäß § 2 Abs. 2 LBO sind (Nr. 3) sowie Garagen und Nebenanlagen (Nr. 4). Voraussetzung ist allerdings nach § 51 Abs. 2 LBO in allen Fällen, dass das Vorhaben im Geltungsbereich eines **qualifizierten Bebauungsplans** oder einer Vorhaben- und Erschließungssatzung liegt und noch keine Veränderungssperre besteht. Soweit das Bauvorhaben einer **Ausnahme oder Befreiung** bedarf, muss diese allerdings nach § 51 Abs. 6 LBO förmlich beantragt und erteilt werden.

c) vereinfachtes Baugenehmigungsverfahren (§ 52 LBO)

214a Durch § 52 LBO 2010 wurde das vereinfachte Baugenehmigungsverfahren eingeführt. Dieses Verfahren ist für dieselben Bauvorhaben zulässig wie das Kenntnisgabeverfahren nach § 52 Abs. 1 LBO. Im Unterschied zum Kenntnisgabeverfahren erhält der Bauherr aber eine Baugenehmigung und damit einen gesicherten Rechtsstatus. Allerdings beschränken sich die Rechtswirkungen auf die von der Baurechtsbehörde nach § 52 Abs. 2 LBO zu prüfenden Zulässigkeitsvoraussetzungen, nämlich §§ 29 – 38 BauGB (Nr. 1), §§ 5 – 7 LBO (Nr. 2) sowie andere öffentlich-rechtliche Spezialvorschriften, die im Rahmen eines Baugenehmigungsverfahrens zu prüfen sind (Nr. 3 – s. Rdnr. 228 – 230).

Für Außenbereichsvorhaben schreibt § 52 Abs. 2 Nr. 3 b LBO eine umfassende Prüfung vor, so dass kein Unterschied zu einer Baugenehmigung nach § 49 LBO besteht (Fischer VBlBW 2010, 217).

214b Die Baurechtsbehörde braucht zwar nach § 52 Abs. 2 LBO nur die in dieser Vorschrift angeführten Bestimmungen zu prüfen. Sie ist aber nicht gehindert, auch die Einhaltung sonstiger Vorschriften zu prüfen (LT-Drucks. 14/5013, S. 53) und bei einem offensichtlichen Verstoß gegen diese Vorschriften den Bauantrag abzulehnen. Dies wird zum Teil auf ein fehlendes Sachbescheidungsinteresse (so OVG Koblenz BauR 2009, 799; Reichel/Schulte S. 783), zum Teil auf eine Anwendung des § 47 LBO (so LT-Drucks. 14/5013, S. 53) gestützt. Die Annahme, die Baugenehmigungsbehörde müsse wegen des eingeschränkten Prüfungsumfangs zunächst die Baugenehmigung erteilen, könne aber anschließend gem. § 47 LBO den Bau des Gebäudes untersagen (so VGH München BayVBl 2009, 507; Fischer VBlBW 2010, 216) ist zwar auf den ersten Blick rechtsdogmatisch konsequent. Es dürfte aber für den Bauherrn geradezu abwegig erscheinen, wenn ihm in Nr. 1 des Bescheids eine Baugenehmigung erteilt wird und in Nr. 2 die Ausnutzung dieser Baugenehmigung verboten wird

214c § 52 Abs. 4 LBO sieht vor, dass über Abweichungen, Ausnahmen und Befreiungen von Vorschriften, die im vereinfachten Verfahren eigentlich nicht geprüft werden können, auf besonderen Antrag im vereinfachten Verfahren entschieden wird. Diese Vorschrift dient dem Interesse des Bauherrn an der Klärung von Rechtsfragen, die im vereinfachten Verfahren nach § 52 Abs. 2 LBO nicht geklärt werden können. Der Bauherr hat es also in der Hand, durch einen Antrag nach § 52 Abs. 4 LBO den Prüfungsumfang der Entscheidung der Baurechtsbehörde zu erweitern. § 52 Abs. 4 LBO setzt einen **besonderen Antrag** voraus. Die Rechtsprechung, dass mit dem Bauantrag zugleich auch ein konkludenter Antrag auf Ausnahmen oder Befreiungen von dem Bauvorhaben entgegenstehenden Vorschriften gestellt wurde (s. Rdnr. 219), gilt daher für § 52 Abs. 4 LBO nicht.

d) verfahrensfreie Vorhaben (§ 50 LBO)

215 § 50 LBO stellt bestimmte Vorhaben, die in dem Anhang zu dieser Vorschrift näher bezeichnet sind, von jeglichem Zulassungsverfahren frei; dieses bedeutet, dass der Grundstückseigentümer ohne irgendeine Beteiligung der Baurechtsbehörde, der Gemeinde oder der Nachbarn derartige Vorhaben errichten darf.

Der **Anhang zu § 50 Abs. 1 LBO** enthält einen umfangreichen Katalog verfahrensfreier Vorhaben. Hiervon bedürfen nur wenige Regelungen einer Erläuterung:

aa) Nach Nr. 1 a sind **Gebäude ohne Aufenthaltsraum**, Toiletten oder Feuerstätten bis zu 40 m^3 umbauten Raums im Innenbereich und 20 m^3 im Außenbereich verfahrensfrei; dabei sind die Außenmaße maßgeblich (VGH Mannheim BRS 32 Nr. 124).

Ein **Gebäude** setzt nach § 2 Abs. 2 LBO ein Dach voraus. Seitenwände sind dagegen nicht erforderlich; es reicht aus, dass die Anlage durch Pfeiler oder sonstige Einrichtungen seitlich begrenzt wird. Ferner muss das Bauwerk von Menschen durch eine Tür oder ähnliche Öffnung betreten werden können. Ein Tank mit Einstiegsluke ist daher kein Gebäude (VGH Mannheim Urt. v. 23.6.1982 – 3 S 1599/81).

bb) Ein **landwirtschaftliches Gebäude** ohne Aufenthaltsraum i. S. d. Nr. 1 c ist ein einfach gestaltetes Bauwerk, das zur Aufbewahrung von landwirtschaftlichen Geräten und Erzeugnissen sowie zum kurzfristigen Schutz von Personen bei Unwettern bestimmt ist (VGH Mannheim BRS 22 Nr. 134). Dabei kommt es nicht auf die tatsächliche Nutzung, sondern auf die objektive Nutzungsmöglichkeit an (VGH Mannheim BRS 22 Nr. 134); ein zum sog. wochenendmäßigen Wohnen geeignetes Gebäude ist deshalb auch dann kein landwirtschaftlicher Schuppen, wenn es tatsächlich zum Aufbewahren landwirtschaftlicher Produkte genutzt wird.

cc) Zu den **Einfriedigungen** i. S. d. Nr. 7 gehören auch Hecken (VGH Mannheim Urt. v. 26.11.1987 – 5 S 721/87; Reichel/Schulte § 3 Rdnr. 225). Eine offene Einfriedigung ist nicht etwa eine Einfriedigung, die das Grundstück nicht auf allen Seiten umgibt. Vielmehr wird hierunter eine Einfriedigung verstanden, bei der die Bauteile kleiner sind als die Zwischenräume. Ein Maschendrahtzaun ist daher keine geschlossene Einfriedigung.

dd) **Werbeanlagen** im Innenbereich sind bis zu einer Größe von 1 m^2 verfahrensfrei (Nr. 9 a). Dabei kommt es bei beidseitig oder mehrseitig beschrifteten Werbeanlagen auf die jeweils von einem bestimmten Standort aus sichtbare Werbefläche an (OVG Münster BauR 1986, 549; a. M. Sauter § 50 Rdnr. 160: Summe aller werbewirksamen Flächen). Genehmigungsfrei sind ferner Werbeanlagen in Gewerbe- und Industriegebieten bis zu 10 m Höhe.

ee) Untergeordnete oder **unbedeutende Anlagen** sind nach Nr. 12 verfahrensfrei. Es handelt sich dabei um Vorhaben, die wegen ihrer geringen Größe oder ihren geringen Auswirkungen auf die Umgebung keine baurechtliche Relevanz haben. Der VGH Mannheim (NVwZ 1989, 230) hat dieses bei einer Solaranlage verneint.

Hinweis: Auch eine bei isolierter Betrachtungsweise verfahrensfreie Anlage kann als Teil einer **Gesamtanlage** genehmigungspflichtig sein (VGH Mannheim BRS 39 Nr. 143; VGH Kassel BRS 64 Nr. 152; Ortloff NVwZ 2003, 660; vgl. auch BVerwG NVwZ 1994, 294).

Bsp. a) (BVerwG BauR 1975, 108): In den Boden eingelassene Holzplatten sind nach Anhang Nr. 12 zu § 50 LBO verfahrensfrei. Sie unterliegen aber der Genehmigungspflicht, wenn sie Teil eines Campingplatzes sind und als Unterlage für Zelte dienen sollen.

b) (OVG Münster BauR 2000, 81): Eine Einfriedigung im Innenbereich ist nach Nr. 7 a des Anhangs zu § 50 LBO genehmigungsfrei. Wenn die Einfriedigung aber einen Bolzplatz umgibt, müssen beide als Einheit gesehen werden und unterliegen der Genehmigungspflicht.

Verfahrensfrei sind nach § 50 Abs. 2 LBO ferner **Nutzungsänderungen**, soweit für die neue Nutzung keine weiter gehenden Anforderungen gelten als für die bisherige Nutzung (s. oben Rdnr. 213) oder zusätzlicher Wohnraum in Gebäuden geringer Höhe (§ 2 Abs. 5 LBO) im Innenbereich geschaffen wird.

§ 50 Abs. 4 LBO erklärt schließlich **Instandhaltungsarbeiten** (s. dazu oben Rdnr. 212) für verfahrensfrei.

2. Die Baurechtsbehörde (§ 46 LBO)

216 Für baurechtliche Maßnahmen sind die unteren Baurechtsbehörden zuständig, soweit nichts anderes bestimmt ist (§ 48 Abs. 1 LBO). Untere Baurechtsbehörden sind zunächst nach § 46 Abs. 1 LBO die unteren Verwaltungsbehörden, d.h. die Landratsämter, Stadtkreise und Großen Kreisstädte. Ferner sind nach § 46 Abs. 2 LBO Gemeinden und Verwaltungsgemeinschaften **untere Baurechtsbehörde**, wenn sie ausreichend mit Fachkräften besetzt sind und das Regierungspräsidium dieses auf Antrag der Gemeinde bzw. Verwaltungsgemeinschaft festgestellt hat (eine Übersicht findet sich bei Neuffer Das neue Baurecht in Bad.-Württ. § 48 Rdnr. 9). Der Übergang der Zuständigkeit vom Landratsamt auf die Gemeinde bzw. Verwaltungsgemeinschaft ist im Gesetzblatt bekannt zu geben.

Nach § 46 Abs. 1 LBO ist das Regierungspräsidium höhere Baurechtsbehörde, das Wirtschaftsministerium oberste Baurechtsbehörde. Ein Novum ist das in § 47 Abs. 5 Satz 2 LBO statuierte Selbsteintrittsrecht der höheren Baurechtsbehörde, wenn die untere Baurechtsbehörde einer Weisung keine Folge leistet.

3. Die Baugenehmigung

a) Voraussetzungen für die Erteilung der Baugenehmigung

217 Nach § 58 Abs. 1 LBO ist die Baugenehmigung zu erteilen, wenn dem Bauvorhaben keine **von der Baurechtsbehörde zu prüfenden öffentlich-rechtlichen Vorschriften** entgegenstehen; privatrechtliche Hinderungsgründe bleiben demnach außer Betracht (s. Rdnr. 220). Von der Baurechtsbehörde sind zunächst solche Vorschriften nicht zu prüfen, die durch Rechtsverordnung nach § 73 Abs. 4 LBO ausgenommen sind. Vor allem aber sind nach dem durch die LBO 2010 neu eingeführten § 58 Abs. 1 Satz 2 LBO solche Vorschriften nicht zu prüfen, über deren Einhaltung eine andere Behörde in einem gesonderten Verfahren durch Verwaltungsakt entscheidet. Diese neue Vorschrift entspricht inhaltlich der schon zuvor überwiegend vertretenen Ansicht (VGH München NVwZ 1994, 305; VGH Mannheim NVwZ-RR 1991, 140, 248 u. 540; BauR 2003, 492; Vondung VBlBW 1998, 411; a. M. OVG Bautzen BRS 57 Nr. 187; OVG Münster BauR 2003, 1870).

Bsp. (VGH Mannheim BauR 1996, 532): Eine Baugenehmigung darf nicht deswegen versagt werden, weil die ebenfalls erforderliche sanierungsrechtliche Genehmigung nach § 144 BauGB noch nicht erteilt wurde.

Für Baden-Württemberg gilt somit nicht die sog. **Schlusspunkttheorie** (s. dazu OVG Münster BauR 2003, 1870; Ortloff NVwZ 2003, 660; Mampel BauR 2002, 719), wonach die Baugenehmigung den Schlusspunkt des behördlichen Zulassungsverfahrens bildet und daher erst erteilt werden darf, wenn alle anderen sonst noch notwendigen behördlichen Entscheidungen vorliegen. Das BVerwG (E 99, 351 = NVwZ 1996, 377; NJW 1997, 1085) hat diese Frage ausdrücklich offen gelassen und entschieden, das Verhältnis von Baugenehmigung zu sonstigen Genehmigungen richtet sich nach dem jeweiligen Landesrecht.

Voraussetzung für den Vorrang einer spezial-gesetzlichen Regelung ist freilich, dass das Spezialgesetz ein **besonderes Genehmigungsverfahren** mit einer Entscheidung durch Verwaltungsakt vorsieht. Ist dieses nicht der Fall, muss die Baurechtsbehörde auch die Einhaltung von spezialgesetzlichen Anforderungen an das Bauvorhaben überwachen (BVerwG NVwZ 1986, 203).

Bsp. a) (BVerwG NVwZ 1987, 884; NVwZ 1989, 666): Über die Einhaltung des § 22 BImSchG ist im Baugenehmigungsverfahren zu entscheiden, da §§ 22 ff. BImSchG kein besonderes Genehmigungsverfahren vorsehen.

b) (OVG Koblenz BauR 2002, 1692): Die Baugenehmigung kann wegen Verstoßes gegen strafrechtliche Vorschriften (Verbot der Prostitution nach Art. 297 EGStGB) verweigert werden; es gibt insoweit keinen Verfahrensabschluss durch einen Verwaltungsakt.

Hinweis: Das formelle Verhältnis zwischen Baugenehmigung und sonstigen spezialgesetzlichen Gestattungen wird unter Rdnr. 225 ff. behandelt.

Bedeutsame Sonderregelungen finden sich zunächst im **Straßenrecht**. **218**

Nach § 9 Abs. 1 FStrG darf außerhalb der Ortsdurchfahrten an Bundesautobahnen im Bereich von 0 – 40 m, an Bundesstraßen im Bereich von 0 – 20 m kein Hochbau errichtet werden, ferner keine bauliche Anlage, die eine unmittelbare oder mittelbare Zufahrt zu einer Bundesstraße hat (hierzu BVerwGE 54, 328; E 74, 217 = NJW 1987, 456); das gleiche gilt nach § 22 Abs. 1 StrG für einen Streifen entlang der Landes- und Kreisstraßen von 20 m bzw. 15 m Breite.

Von diesem **absoluten Anbauverbot** kann nach § 9 Abs. 8 FStrG bzw. § 22 Abs. 1 Satz 2 StrG Befreiung erteilt werden; die Voraussetzungen hierfür sind die gleichen wie für eine Befreiung nach § 31 Abs. 2 Nr. 1 u. 3 BauGB (BVerwGE 48, 123 = NJW 1975, 2082; E 74, 217 = NJW 1987, 456; NVwZ-RR 2001, 713)). Für die Entscheidung über die Befreiung ist nach § 3 FStrGZuVO (Dürig Nr. 147 a) bei Autobahnen das Regierungspräsidium, bei Bundes- und Landesstraßen die untere Verwaltungsbehörde zuständig. Sie ergeht in Form eines selbständigen Verwaltungsakts, so dass bei einer Versagung auf Erteilung der Befreiung und nicht etwa auf Erteilung der Baugenehmigung zu klagen ist (BVerwGE 16, 116).

Dagegen besteht im Bereich von 40 – 100 m entlang der BAB bzw. 20 – 40 m entlang der Bundesstraßen nur ein **relatives Anbauverbot** (§ 9 Abs. 2 FStrG); das gleiche gilt nach § 22 Abs. 2 StrG für Landes- und Kreisstraßen für den Bereich von 20 – 40 m bzw. 15 – 30 m. Bauliche Anlagen dürfen in diesem Schutzstreifen nur mit Zustimmung der höheren Straßenbaubehörde (Regierungspräsidium) bzw. der unteren Verwaltungsbehörde errichtet werden; ebenso ist für die Nutzungsänderung eines unmittelbar oder mittelbar an die Bundesstraße angeschlossenen Gebäudes eine Zustimmung erforderlich (s. dazu BVerwGE 54, 328; NJW 1982, 2569). Diese Zustimmung ist nach BVerwGE 16, 116 kein Verwaltungsakt, sondern ein Verwaltungsinternum. Sie darf nach § 9 Abs. 3 FStrG nur aus Gründen der Sicherheit und Leichtigkeit des Verkehrs sowie wegen Ausbauabsichten versagt werden; in diesem Fall ist nicht auf Erteilung der Zustimmung, sondern auf Erteilung der Baugenehmigung zu klagen.

Soweit ein Bauvorhaben, etwa ein Kiosk, auf einer öffentlichen Straße oder einem öffentlichen Platz errichtet werden soll, hat die Baurechtsbehörde nach § 16 Abs. 6 StrG zugleich auch über die straßenrechtliche Zulässigkeit der Anlage zu entscheiden; eine besondere Sondernutzungserlaubnis ist nicht erforderlich (vgl. VGH Mannheim NVwZ 1989, 687).

Hinweis: Eine Übersicht zum Straßenrecht findet sich bei Sauthoff (NVwZ 1994, 17; 1998, 239; 2004, 674; Sauthoff, Straße und Anlieger Rdnr. 1660 ff.)

Im **Naturschutzrecht** ist nach §§ 14, 15 BNatSchG BW ein **Eingriff in die Natur und die Landschaft** unzulässig, wenn der Naturhaushalt oder das Landschaftsbild erheblich beeinträchtigt wird (s. dazu Kratsch NuR 2009, 398; Hendler/Brockhoff NVwZ 2010, 733; Gellermann NVwZ 2010, 73) und ein solcher Eingriff nicht durch Aus- **218a** gleichsmaßnahmen aufgefangen werden kann oder durch überwiegende öffentliche Belange gerechtfertigt wird.

Die Eingriffsregelung ist allerdings nach § 18 Abs. 2 BNatSchG nur im Außenbereich, nicht aber im beplanten (§ 30 BauGB) oder nichtbeplanten Innenbereich (§ 34 BauGB) oder im Bereich eines in der Aufstellung befindlichen Bebauungsplans (§ 33 BauGB) anzuwenden. Für den **Anwendungsbereich** der §§ 30, 33 BauGB ist der Rückgriff auf §§ 13 ff. BNatSchG deswegen entbehrlich, weil die Eingriffsregelung bereits bei der Aufstellung des Bebauungsplans nach § 1 a Abs. 2 Nr. 3 BauGB zu berücksichtigen war (s. dazu oben Rdnr. 25). Im nicht beplanten Innenbereich spielen Belange des Naturschutzes und der Landschaftspflege i. d. R. keine Rolle.

Ferner kann die Festsetzung eines **Natur- oder Landschaftsschutzgebietes** nach §§ 23 u. 26 BNatSchG einem Bauvorhaben entgegenstehen. Während in einem Naturschutzgebiet i. d. R. überhaupt nicht gebaut werden darf (absolutes Veränderungsverbot – VGH Mannheim NVwZ 1994, 1133), begründet eine Landschaftsschutzverordnung nur ein relatives Veränderungsverbot, d.h. es dürfen nur solche Bauvorhaben errichtet werden, die dem Schutzzweck der Landschaftsschutzverordnung nicht zuwiderlaufen (§ 26 Abs. 2 BNatSchG – s. dazu BVerwG NuR 1996, 600; VGH Mannheim NVwZ-RR 1990, 464; NVwZ 1998, 422 – Golfplatz; VGH Kassel BauR 1994, 235; OVG Münster NVwZ-RR 1994, 260 sowie die Muster-VO in GABl. 1977, 659). Eine von der Naturschutzbehörde erteilte Befreiung ist bindend für die Baurechtsbehörde (BVerwG NVwZ 2004, 1242).

218b **§ 22 BImSchG** ist bei **immissionsträchtigen Anlagen** – nicht nur Gewerbebetrieben, sondern auch sonstigen Anlagen im Sinne des § 3 Abs. 5 BImSchG (vgl. BVerwGE 68, 69 = NJW 1984, 989 – Kirchenglocken; E 81, 197 = NJW 1989, 1291 u. BauR 2000, 234 – Sportplatz; NVwZ 1987, 494 und 1989, 666 – Volksfest; NJW 1988, 2396 – Feuerwehrsirene; eb. VGH München NVwZ-RR 2007, 462 – gemeindliche Mehrzweckhalle) zu beachten. Nach § 22 BImSchG sind Immissionen zu vermeiden bzw. zu reduzieren, soweit dies technisch möglich und wirtschaftlich zumutbar ist. Die Vorschrift enthält allerdings kein Verbot von unvermeidbaren Immissionen, auch wenn dadurch die Nachbarschaft erheblich beeinträchtigt wird. Andererseits geht § 22 BImSchG vom **„dynamischen Immissionsschutz“** aus; denn die Vorschrift gilt nicht nur für die Errichtung, sondern auch für das Betreiben einer Anlage. Dieses bedeutet, dass auch genehmigte Vorhaben den steigenden Anforderungen des Immissionsschutzrechts entsprechen müssen und sich – z. B. bei einer Herabsetzung der Grenzwerte – nicht darauf berufen können, dass die immissionsschutzrechtlichen Anforderungen zum Zeitpunkt der Erteilung der Baugenehmigung geringer gewesen wären (BVerwGE 98, 235 = NVwZ 1996, 379).

Hinweis: Zur Entwicklung des Immissionsschutzrechts s. Koch/Prall NVwZ 2002, 666; Koch/Kahle NVwZ 2006, 1006; Koch/Braun NVwZ 2010, 1199 u. 1271).

218c Von den **wasserrechtlichen** Vorschriften ist im Baugenehmigungsverfahren vor allem die Festsetzung eines **Wasserschutzgebiets** bedeutsam. Die Beschränkungen reichen hier vom absoluten Bauverbot im engeren Schutzbereich (Zone I und II) bis zu dem wesentlich weniger störenden Verbot der Lagerung von wassergefährdenden Flüssigkeiten in dem weiteren Schutzbereich (Zone III); Wasserschutzverordnungen entsprechen i. d. R. der im GABl. 1969, 131 veröffentlichten Muster-VO.

218d In Altstadtgebieten spielt häufig das **Denkmalschutzrecht** eine Rolle. In Baden-Württemberg stehen nach § 2 DenkmSchG alle erhaltenswerten Gebäude **kraft Gesetzes** unter Denkmalschutz (VGH Mannheim NVwZ 1983, 100; 1986, 239; VBlBW 1993, 109); nur bei besonders schutzwürdigen Kulturdenkmälern erfolgt nach § 12

DenkmSchG (vgl. dazu VGH Mannheim VBlBW 1985, 456; DÖV 1998, 653) eine Eintragung in das Denkmalbuch. Ein Kulturdenkmal muss nach § 6 DenkmSchG grundsätzlich erhalten und gepflegt werden, soweit dies wirtschaftlich ist, also keine Verluste entstehen (BVerwG NVwZ 2010, 256; VGH Mannheim VBlBW 1992, 58; 1993, 109; BauR 2000, 1861). Veränderungen und sogar der Abbruch können zwar zugelassen werden, bedürfen aber der Zustimmung der Denkmalschutzbehörde, die nach § 3 Abs. 1 Nr. 3 DenkmSchG mit der Baurechtsbehörde identisch ist. Bei eingetragenen Kulturdenkmälern kommt dagegen ein Abbruch nicht in Betracht, eine Veränderung bedarf der Genehmigung der Denkmalschutzbehörde (s. dazu VGH Mannheim VBlBW 1982, 266).

b) Abweichungen, Ausnahmen und Befreiungen (§ 56 LBO)

Ebenso wie im Bauplanungsrecht (§ 31 BauGB) besteht nach § 56 Abs. 3 – 5 LBO **219**
auch im Bauordnungsrecht die Möglichkeit von Ausnahmen und Befreiungen. § 31 BauGB und § 56 LBO sind aber dennoch scharf zu trennen; § 31 BauGB bezieht sich ausschließlich auf bauplanungsrechtliche Vorschriften, § 56 LBO ausschließlich auf bauordnungsrechtliche Normen. Daneben sieht § 56 Abs. 1 und 2 LBO noch Abweichungen vor. Der Unterschied von Ausnahmen und Befreiungen gegenüber Abweichungen besteht vor allem darin, dass Abweichungen keine atypischen Verhältnisse voraussetzen und der Bauherr einen Rechtsanspruch auf eine Abweichung hat, wenn die gesetzlichen Voraussetzungen vorliegen (Sauter § 56 Rdnr. 12). Die Erteilung von Ausnahmen und Befreiungen steht demgegenüber grundsätzlich im Ermessen der Baurechtsbehörde (Sauter § 56 Rdnr. 56, 57).

§ 56 Abs. 1 LBO erlaubt zunächst Abweichungen von technischen Bauvorschriften, wenn dem Zweck der Vorschrift auf andere Weise entsprochen wird. Diese Vorschrift soll es ermöglichen, neuartige technische Entwicklungen auch dann zu verwenden, wenn sie von der LBO oder den DIN-Normen (§ 3 Abs. 3 LBO) abweichen (Sauter § 56 Rdnr. 7). **§ 56 Abs. 2 Nr. 1 LBO** ermöglicht Abweichungen von den §§ 4 – 37 LBO bei einer Modernisierung von Wohngebäuden oder beim Ausbau des Dachgeschosses, wenn dadurch zusätzlicher Wohnraum geschaffen wird.

Außerdem können nach **§ 56 Abs. 3 LBO Ausnahmen** zugelassen werden, wenn dies im jeweiligen Gesetzestatbestand vorgesehen ist. Der wichtigste Fall ist die Ausnahme des § 6 Abs. 3 LBO von der Abstandsfläche nach § 5 LBO (VGH Mannheim VBlBW 1986, 25; s. auch Rdnr. 190). Zu erwähnen ist ferner die Ausnahmemöglichkeit des § 4 Abs. 3 Satz 3 LBO (Waldabstand).

Eine Ausnahme kommt allerdings nur dann in Betracht, wenn die Einhaltung der Vorschrift zu einer nicht nur unerheblichen Einschränkung der baulichen Nutzung des Grundstücks führen würde (VGH Mannheim BRS 47 Nr. 101; 49 Nr. 125; 50 Nr. 111) und es sich um eine atypische Fallgestaltung handelt, die sich aus der Lage oder dem Zuschnitt des Baugrundstücks oder aus der Besonderheit des Bauvorhabens ergibt (VGH Mannheim NVwZ-RR 1994, 133).

Ferner erlaubt **§ 56 Abs. 4 LBO** in bestimmten Fällen, nämlich bei bestimmten kleineren oder nur vorübergehenden Bauten eine Ausnahme von allen Vorschriften der §§ 4 – 37 LBO Der Ausnahmetatbestand ergibt sich hier aus der Eigenart der Bauweise (z. B. Container-Unterkünfte und sonstige Behelfsbauten, Geschirrhütten, Garten- und Wochenendhäuser, Schutzhütten), für die die strengen Anforderungen der §§ 4 ff. LBO z. T. nicht passen.

Schließlich sieht **§ 56 Abs. 5 LBO** eine **Befreiung** von einer zwingenden bauordnungsrechtlichen Norm vor, wenn Gründe des öffentlichen Wohls die Abweichung erfordern oder die Einhaltung der Vorschrift zu einer im Einzelfall nicht beabsichtigten Härte führen würde und die Abweichung auch unter Würdigung nachbarlicher Interessen mit den öffentlichen Belangen vereinbar ist. Da diese Vorschrift beinahe wörtlich mit § 31 Abs. 2 Nr. 1 u. 3 BauGB übereinstimmt, kann auf die Ausführungen unter Rdnr. 102 ff. zu § 31 BauGB verwiesen werden (eb. VGH Mannheim NVwZ-RR 1991, 491).

Im Bauantrag ist zugleich ein **konkludenter Antrag** auf Gewährung einer Ausnahme oder Befreiung von Vorschriften, die dem Bauvorhaben entgegenstehen, zu sehen (Sauter § 56 Rdnr. 59; eb. auch BVerwG BRS 50 Nr. 171 zu § 31 BauGB). Lediglich bei Vorhaben, die keiner Baugenehmigung bedürfen, ist nach § 56 Abs. 6 LBO ein besonderer Antrag erforderlich (Schlotterbeck/v.Arnim/Hager § 56 Rdnr. 63).

c) Privatrechtliche Einwendungen gegen die Baugenehmigung

220 Nach § 58 Abs. 3 LBO ergeht die Baugenehmigung **unbeschadet privater Rechte Dritter**. Daraus folgt, dass die Erteilung der Baugenehmigung die privaten Rechtsverhältnisse am Baugrundstück nicht berührt (VGH München BauR 2001, 774). Der Inhaber eines privaten Rechts, etwa eines Wegerechts, braucht also nicht zu befürchten, dass ihm die Ausübung seines Rechts durch die Erteilung der Baugenehmigung unmöglich gemacht oder erschwert werden könnte.

Bsp. (VGH Mannheim NJW 1996, 3429): Wenn die Baugenehmigung wegen fehlerhafter Eintragung der Grundstücksgrenze im Lageplan zu einer Überbauung des Nachbargrundstücks führt, berührt das die Rechtmäßigkeit der Baugenehmigung nicht; der Nachbar muss sich hiergegen zivilrechtlich (§ 1004 BGB) zur Wehr setzen.

Es wurde deshalb früher grundsätzlich angenommen, dass die Baurechtsbehörde die privatrechtlichen Verhältnisse unbeachtet lassen müsse. Dieses würde jedoch dazu führen, dass die Baurechtsbehörde verpflichtet wäre, ein möglicherweise umfangreiches Baugenehmigungsverfahren zu betreiben, obwohl klar erkennbar ist, dass der Antragsteller wegen entgegenstehender privater Rechte von der Baugenehmigung gar keinen Gebrauch machen kann; in einem derartigen Fall fehlt es am sog. **Sachbescheidungsinteresse** (BVerwGE 50, 282 = NJW 1976, 1987; E 42, 115 = NJW 1973, 1518; VGH Mannheim VBlBW 1995, 318). Die Baurechtsbehörde kann in derartigen Fällen unter Hinweis auf entgegenstehende private Rechte den Bauantrag ablehnen, sie ist hierzu aber nicht verpflichtet (BVerwGE 42, 115 = NJW 1973, 1518; E 50, 282 = NJW 1976, 1987). Von dieser Möglichkeit ist aber nur dort Gebrauch zu machen, wo die entgegenstehenden privaten Rechte offensichtlich sind (VGH Mannheim NVwZ-RR 1995, 563). Es ist nicht Sache der Baurechtsbehörde, über die Wirksamkeit von privatrechtlichen Nutzungsverträgen zu entscheiden oder gar Nachlassstreitigkeiten zu regeln.

d) Auflagen und Bedingungen

221 Die Baugenehmigung kann unter Auflagen und Bedingungen erteilt werden (s. dazu Remmert VerwArch 1997, 112; Sieckmann DÖV 1998, 525; Schmidt VBlBW 2004, 81; Labrenz NVwZ 2007, 161). Dieses war früher in § 95 Abs. 4 LBO 1972 ausdrücklich normiert und ergibt sich nunmehr aus **§ 36 VwVfG**. Da sich aus § 58 LBO ein Rechtsanspruch auf die Baugenehmigung ergibt, kommt die Beifügung einer derartigen Nebenbestimmung nur in Betracht, wenn sie dazu dient, einen sonst gegebenen Grund zur Versagung der Baugenehmigung zu beseitigen (vgl. § 36 Abs. 1 VwVfG). Andererseits darf die Baurechtsbehörde eine Baugenehmigung nicht ab-

lehnen, wenn sich der Versagungsgrund durch eine Auflage oder Bedingung beseitigen lässt (VGH Mannheim BRS 22 Nr. 143; VBlBW 1983, 110).

Grundsätzlich ist eine Auflage ein **selbständiger Verwaltungsakt**, der unabhängig von dem Hauptverwaltungsakt angefochten werden kann (BVerwGE 41, 180; E 65, 139 = NJW 1982, 2269; Kopp/Ramsauer VwVfG § 36 Rdnr. 29). Will die Baurechtsbehörde die Wirksamkeit der Baugenehmigung von einem besonderen Umstand abhängig machen, muss sie eine Bedingung beifügen (Kopp/Ramsauer VwVfG § 36 Rdnr. 34). Diese Differenzierung zwischen Auflage und Bedingung kann jedoch im Baurecht zu unangemessenen Ergebnissen führen:

Bsp. (BVerwG BauR 1974, 261): Ein Bauunternehmer erhält die Genehmigung zur Errichtung einer Transportbetonanlage mit der Auflage, der von der Anlage ausgehende Lärmpegel dürfe die in einem Gewerbegebiet nach der TA Lärm zulässigen Werte von tagsüber 65 dB (A), nachts 50 dB (A) nicht überschreiten (eb. VGH Mannheim VBlBW 2000, 161 für eine Großbäckerei mit nächtlichem Auslieferungsverkehr).

Weder die Auflage noch die Bedingung entsprechen hier dem Interesse des Bauherrn und der Baurechtsbehörde. Eine Bedingung würde bedeuten, dass die Baugenehmigung entfällt, sobald die Immissionsgrenze überschritten wird. Dieses hätte zur Folge, dass dann sogar die Anlage als solche nicht mehr geschützt wäre; diese Lösung wird dem Interesse des Bauherrn nicht gerecht. Wollte man dagegen eine selbständige Auflage annehmen, dann hätte der Widerspruch gegen diese Auflage aufschiebende Wirkung, so dass der Betrieb jedenfalls bis zur rechtskräftigen Entscheidung hinsichtlich der Immissionen keiner Beschränkung unterliegt; diese Lösung liegt nicht im Interesse der Baurechtsbehörde.

Das BVerwG (BauR 1974, 261 = DÖV 1974, 380; eb. VGH Mannheim BRS 28 Nr. 113; **222**
29 Nr. 121) hat diesen Interessenwiderstreit zunächst durch das Institut der **modifizierenden Auflage** gelöst (BVerwG NVwZ 1984, 366; VGH Mannheim VBlBW 1984, 83; 2000, 161; Weyreuther DVBl 1984, 365, der zutreffend von „modifizierender Genehmigung" spricht). Es handelt sich dabei um eine Auflage, die sich inhaltlich als teilweise Ablehnung oder zumindest als Änderung des beantragten Bauvorhabens darstellt. Sie lässt sich konstruieren als Ablehnung des Bauantrags, verbunden mit der Erteilung einer nicht beantragten Genehmigung (VGH Mannheim BauR 1988, 704; NVwZ-RR 1994, 133). Will der Bauherr sich mit der ihm erteilten Baugenehmigung nicht abfinden, dann muss er Widerspruch einlegen und Verpflichtungsklage auf eine Baugenehmigung entsprechend seinem ursprünglichen Bauantrag erheben (BVerwG BauR 1974, 261; NVwZ 1984, 366). Baut er dann trotz der modifizierenden Auflage gemäß dem eingereichten Bauantrag, so handelt es sich dabei um einen nicht genehmigten Schwarzbau auf eigenes Risiko (BVerwG BauR 1974, 261). Legt der Bauherr gegen die mit einer modifizierenden Auflage verbundene Baugenehmigung keinen Widerspruch ein, dann kann er bauen; die Baurechtsbehörde hat dann, wenn er die Auflage nicht einhält, die Möglichkeit, sie zwangsweise durchzusetzen (VGH Mannheim BRS 29 Nr. 121; OVG Lüneburg BRS 42 Nr. 177).

Weitere Beispiele für modifizierende Auflagen:

a) (VGH Mannheim BRS 28 Nr. 113): Ein Gebäude muss statt des vorgesehenen Flachdachs mit einem Satteldach versehen werden.
b) (VGH München DVBl 1974, 136): Die Außenmauer zum Nachbargrundstück muss als Brandwand hergestellt werden.

c) (OVG Lüneburg BRS 42 Nr. 177): Die Fenster zum Nachbarhaus müssen mit undurchsichtigem Glas versehen werden.
d) (VGH Mannheim VBlBW 2000, 161): Eine Großbäckerei darf erst ab 7.00 Uhr Backwaren ausliefern.

222a Diese relativ differenzierte Rechtsprechung des BVerwG, die sich auch in der baurechtlichen Praxis durchgesetzt hatte, ist durch das **Urteil des BVerwG vom 22.11.2000** (E 112, 221 = NVwZ 2001, 429 – bspr. v. Schmidt VBlBW 2004, 81; Hufen/Bickenbach JuS 2004, 867; Labrenz NVwZ 2007, 161) in Frage gestellt worden. Das BVerwG geht in dieser Entscheidung davon aus, dass „nach der inzwischen gefestigten Rechtsprechung des BVerwG" **alle Nebenbestimmungen** unabhängig von ihrer Rechtsnatur **mit der Anfechtungsklage anzugreifen** seien, sofern es nicht offensichtlich sei, dass Baugenehmigung und Nebenbestimmung untrennbar miteinander verbunden sind, so dass eine isolierte Aufhebung der Nebenbestimmung nicht möglich ist. Dem Missstand, dass dann eine Baugenehmigung ohne die für ihre Rechtmäßigkeit erforderlichen Nebenbestimmungen verwirklicht werden kann, muss durch die Anordnung des Sofortvollzugs der Nebenbestimmungen gemäß § 80 Abs. 2 Nr. 4 VwGO begegnet werden. Schmidt (a.a.O.) hat zu Recht darauf hingewiesen, dass diese neue Erkenntnis keineswegs auf einer gefestigten Rechtsprechung beruhte, aber gleichwohl im praktischen Ergebnis zu begrüßen ist (a. M. Kopp/Ramsauer § 36 Rdnr. 63 ff.). Sie entbindet nämlich den Bauherrn von der Klärung der Frage, wie eine Nebenbestimmung rechtlich einzuordnen ist und welche Klageart er wählen muss.

Diese Rechtsprechung des BVerwG ist in der Literatur zum Teil anerkannt, zu einem erheblichen Teil aber auch kritisiert worden (zum Meinungsstand s. Kopp/Schenke VwGO § 42 Rdnr. 23 ff.; Sodan/Ziekow VwGO § 42 Rdnr. 20, 21). Dabei wird zu Recht darauf hingewiesen, dass von vornherein Fallkonstellationen ausscheiden, bei denen es sich nicht um eine modifizierende Auflage, sondern um eine modifizierende Genehmigung handelt (s. dazu Rdnr. 222). Eine modifizierende Genehmigung liegt vor, wenn vom Bauherrn nicht nur zusätzliche Maßnahmen verlangt werden (s. dazu das Beispiel d) bei Rdnr. 222 sowie das Beispiel bei Rdnr. 221), sondern eine vom Bauantrag abweichende Gestaltung des Bauvorhabens (Beispiele a) bis c) Rdnr. 222). Bei derartigen Fallkonstellationen kommt nur eine Verpflichtungsklage auf Erteilung der beantragten Baugenehmigung in Betracht.

Die Kritik an der Rechtsprechung des BVerwG richtet sich vor allem dagegen, dass die Frage, ob eine Nebenbestimmung von der Baugenehmigung abgetrennt und isoliert angefochten werden kann, außer bei Offensichtlichkeit erst bei der Begründetheit des Rechtsmittels zu prüfen ist und somit die richtige Klageart hat erst nach Prüfung der Begründetheit feststeht. Dies trifft zwar zu, ist aber letztlich irrelevant. Es gibt keinen Grundsatz, dass über die Zulässigkeit des Rechtsmittels abschließend entschieden werden muss, ehe die Begründetheit geprüft werden kann.

Soweit der Bauherr nicht beurteilen kann, ob die Nebenbestimmung prozessual von der Baugenehmigung abgetrennt und isoliert angefochten werden kann, hat er die Möglichkeit, dem durch einen Hauptantrag auf Aufhebung der Nebenbestimmung und einen Hilfsantrag auf Erteilung einer Baugenehmigung ohne Nebenbestimmung zu begegnen.

e) Rechtswirkungen der Baugenehmigung

223 Die Baugenehmigung hat eine **doppelte Rechtswirkung**. Zum einen stellt sie fest, dass dem Bauvorhaben keine öffentlich-rechtlichen Vorschriften entgegenstehen,

zum anderen gestattet sie dem Bauherrn die Errichtung des Bauwerks (BVerwGE 48, 242; E 68, 241 = NJW 1984, 1474; NVwZ 1989, 863 u. 1163; 1990, 559). Die Baugenehmigung erschöpft sich nicht in der Gestattung des Bauens, sie erlaubt vielmehr auch die dauernde Nutzung des gemäß der Baugenehmigung gebauten und unterhaltenen Bauvorhabens (BVerwG DVBl 1991, 751; Sauter § 58 Rdnr, 36). Dabei ist es nicht von Bedeutung, ob die Baugenehmigung rechtmäßig oder rechtswidrig ist (OVG Münster NVwZ 1988, 943; VGH Mannheim NVwZ-RR 1990, 171). Solange die Baugenehmigung wirksam ist, kommt daher die Anordnung des Abbruchs eines zwar materiell rechtswidrigen, aber entsprechend der Baugenehmigung errichteten Bauvorhabens nicht in Betracht (VGH Mannheim a.a.O.).

Die Baugenehmigung wirkt nach § 58 Abs. 2 LBO für und gegen den **Rechtsnachfolger**; dieses gilt auch für die der Baugenehmigung beigefügten Auflagen (Sauter § 58 Rdnr. 17).

Die **Baugenehmigung erlischt** nach § 62 Abs. 1 LBO allerdings, wenn mit dem Bau **224**
nicht innerhalb von 3 Jahren begonnen wurde; hierfür ist der Zeitpunkt der Aushebung der Baugrube maßgebend (VGH München BRS 47 Nr. 143; Sauter § 62 Rdnr. 7: erster Spatenstich). Wird für mehrere Bauwerke insgesamt eine Baugenehmigung erteilt, dann muss innerhalb der 3-Jahres-Frist des § 62 LBO mit allen Bauwerken begonnen worden sein (VGH Mannheim VBlBW 1999, 309; Sauter § 62 Rdnr. 8). Durch die Erhebung eines Nachbarwiderspruchs wird die Frist des § 62 Abs. 1 LBO unterbrochen, da der Bauherr sonst vor Ablauf des Rechtsmittelverfahrens mit dem Bau beginnen müsste (VGH Mannheim VBlBW 1999, 269). Die Baugenehmigung erlischt nach § 62 Abs. 1 LBO ferner, wenn ein begonnener Bau nach Ablauf der 3-Jahresfrist um mehr als 1 Jahr unterbrochen wird. Diese Frist gilt unabhängig davon, aus welchen Gründen die Unterbrechung erfolgt. Die sich daraus ergebende Härte für den Bauherrn, der z. B. wegen unverschuldeter Finanzierungsschwierigkeiten den Bau unterbrechen musste, wird durch die Möglichkeit einer Fristverlängerung nach § 62 Abs. 2 LBO entschärft (s. dazu Rdnr. 224 b).

Schließlich erlischt die Baugenehmigung, wenn ein Bauwerk errichtet wird, das von der Baugenehmigung hinsichtlich Standort, Nutzungsart oder Gestaltung soweit abweicht, dass eine **Identität zwischen Bauwerk und Baugenehmigung** nicht mehr besteht (VGH Mannheim VBlBW 1982, 199).

Bsp. (VGH Mannheim VBlBW 1982, 199): Statt eines genehmigten 2-geschossigen Garagenanbaus mit Trockenraum im Obergeschoss wird ein 3-geschossiger Anbau mit Wohnräumen errichtet.

Die Baugenehmigung erlischt ferner durch einen **Verzicht des Bauherrn**. Der Verzicht kann ausdrücklich erklärt werden; er kann auch konkludent erfolgen, insbes. durch die Einreichung eines neuen Bauantrags, wenn damit unzweideutig klargestellt wird, dass das ursprünglich beantragte Bauvorhaben aufgegeben wird (VGH Mannheim NVwZ 1995, 280; VBlBW 1996, 23). Der Verzicht ist nach Ansicht des VGH Mannheim weder anfechtbar noch widerrufbar. Er hat aber zu Recht darauf hingewiesen, dass auf den Einzelfall abzustellen ist: nicht jeder neue Bauantrag stellt einen Verzicht auf eine frühere Baugenehmigung dar, da man auch mehrere Baugenehmigungsverfahren für verschiedene Projekte auf demselben Grundstück neben- bzw. nacheinander betreiben kann.

Die LBO enthält keine Regelung darüber, ob bzw. wie lange die Baugenehmigung **224a**
bei einer **Aufgabe der bisherigen Nutzung** weiter gilt. § 62 LBO kommt insoweit nicht zur Anwendung, weil diese Vorschrift nur die Errichtung des Bauvorhabens betrifft. Für die Geltungsdauer ist allein § 43 Abs. 2 VwVfG maßgeblich (VGH Mannheim

NVwZ-RR 1990, 171; BauR 2009, 1881; VBlBW 2010, 111); danach ist ein Verwaltungsakt so lange wirksam, bis er sich erledigt hat. Eine Erledigung einer Baugenehmigung ist zunächst anzunehmen, wenn die bisherige Nutzung endgültig aufgegeben wurde und eine neue Nutzung aufgenommen wird (BVerwG BauR 1988, 565; VGH Mannheim a. a. O.). Wird dagegen nur die bisherige Nutzung beendet, ohne dass eine andersartige Nutzung erfolgt, muss dem Eigentümer eine gewisse Überlegungszeit zuerkannt werden. Denn es ist in derartigen Fällen häufig noch völlig offen, ob die bisherige Nutzung wieder aufgenommen oder aber eine andere Nutzung erfolgen soll (BVerwG NVwZ 1988, 569). Das BVerwG (E 98, 235 = NVwZ 1996, 379) hat entschieden, dass der durch die Baugenehmigung vermittelte Bestandsschutz erst entfalle, wenn ein Gebäude mehr als 2 Jahre lang nicht genutzt werde; es hat dabei die zu § 35 Abs. 4 Nr. 3 BauGB entwickelten Grundsätze (s. oben Rdnr. 141) herangezogen.

Bsp. (BVerwGE 98, 235 = NVwZ 1996, 379): Eine in einem allgemeinen Wohngebiet gelegene, baurechtlich unter Verstoß gegen § 4 Abs. 3 Nr. 2 BauNVO genehmigte Autolackiererei steht wegen Konkurses des bisherigen Betreibers 20 Monate lang still und wird dann von einem anderen Inhaber fortgeführt. Die Nachbarn wenden ein, der Betrieb genieße keinen Bestandsschutz mehr, so dass die Wiederaufnahme des Betriebs ohne eine erneute Genehmigung unzulässig sei. Das BVerwG hat festgestellt, dass der Bestandsschutz noch nicht erloschen sei, weil die Frist von 2 Jahren noch nicht erreicht sei.

Die Rechtsprechung des BVerwG ist allerdings überwiegend auf Ablehnung gestoßen (VGH Mannheim BauR 2009, 1881; OVG Lüneburg NVwZ-RR 2009, 910; Uechtritz DVBl 1997, 347; Schmaltz DVBl. 2000, 828; Uschkereit BauR 2010, 718). Es wird zurecht eingewandt, die 2-Jahresfrist nach § 35 Abs. 4 Nr. 3 BauGB habe mit der verfahrungsrechtlichen Frage, wie lange eine Baugenehmigung nach Aufgabe der genehmigten Nutzung wirksam bleibt, nichts zu tun. Übereinstimmung besteht auch darin, dass die Frist des § 62 LBO über die Geltungsdauer einer Baugenehmigung keine Anwendung findet und es letztlich darauf ankommt, ob die Verkehrsauffassung noch mit einer Wiederaufnahme der früheren Nutzung rechnet (VGH Mannheim a. a. O.; OVG Lüneburg a. a. O.; OVG Weimar NVwZ-RR 2000, 578). Nachdem die Geltungsdauer einer Baugenehmigung bei einer Unterbrechung der Bauarbeiten nach § 62 Abs. 1 LBO auf 1 Jahr reduziert worden ist, kommt eine Heranziehung dieser Vorschrift auch nur als Orientierungshilfe (so aber OVG Lüneburg a. a. O.) nicht in Betracht. Das vom VGH Mannheim geforderte Abstellen auf den Einzelfall kann allerdings in der Praxis zu einer erheblichen Rechtsunsicherheit führen.

Bsp. a) (VGH Mannheim BauR 2009, 1881): Ein Landwirtschaftsbetrieb mit ca. 60 Zuchtsauen wird in Folge eines Bandscheibenvorfalls des Betriebsinhabers größtenteils eingestellt und erst 8 Jahre später vom Sohn im früheren Umfang fortgesetzt. Der VGH Mannheim hat angenommen, dass die Baugenehmigung nicht erloschen sei.

b) (VGH Mannheim VBlBW 2010, 111 – Kuh Paula): Ein Landwirtschaftsbetrieb mit Großviehhaltung wird 1983 wegen Nachbarschaftsbeschwerden eingestellt. In der Folgezeit werden in dem Stall 1 bis 2 Schweine für den Eigenbedarf gehalten. Seit dem Jahr 2005 hält der jetzige Grundstückseigentümer außerdem eine Kuh (Paula) in dem Stall. Der VGH Mannheim hat angenommen, die Genehmigung für die Großviehhaltung in dem Stall sei trotz der über 20-jährigen Unterbrechung nicht erloschen. Dem kann nicht zugestimmt werden, da jedenfalls bei einer derartig langen Unterbrechung die Verkehrsauffassung nicht mehr mit einer Wiederaufnahme der früheren Großviehhaltung rechnet und außerdem die Haltung einer einzigen Kuh und ein bis zwei Schweinen keinen landwirtschaftlichen Betrieb darstellt.

224b Nach **§ 62 Abs. 2 LBO** kann die Baugenehmigung um weitere drei Jahre **verlängert** werden; die Verlängerung kann auch rückwirkend erfolgen, sofern der Verlängerungsantrag noch vor Ablauf der 3-Jahres-Frist gestellt wird. § 62 Abs. 2 LBO eröffnet der Behörde allerdings kein Ermessen hinsichtlich der Verlängerung einer

Baugenehmigung. Vielmehr muss diese verlängert werden, sofern das Bauvorhaben weiterhin den baurechtlichen Vorschriften entspricht (OVG Lüneburg BRS 57 Nr. 194; Sauter § 62 Rdnr. 12). Ist dieses nicht mehr der Fall, muss die Baurechtsbehörde eine Verlängerung ablehnen (BGH BauR 1988, 712; Schlotterbeck/v.Arnim/Hager § 62 Rdnr. 22). § 62 LBO sagt nichts darüber aus, ob eine bereits verlängerte Baugenehmigung nochmals verlängert werden kann. Hierfür spricht, dass der Bauherr bei unveränderter Rechtslage einen Anspruch auf Erteilung einer Baugenehmigung hat, so dass eine wiederholte Verlängerung lediglich eine Verfahrenserleichterung für Bauherrn und auch Baurechtsbehörde darstellt (eb. Finkenburg/Ortloff/Otto II S. 132).

Die Baugenehmigung hat **nur baurechtliche Wirkungen**. Soweit für das beabsich- 225
tigte Vorhaben oder seine Nutzung eine Genehmigung nach sonstigen Gesetzen erforderlich ist (s. dazu oben Rdnr. 217 ff.), ist diese neben der Baugenehmigung einzuholen. Die Erteilung der Baugenehmigung kann nicht davon abhängig gemacht werden, dass zuvor eine nach einer anderen gesetzlichen Regelung erforderliche Genehmigung eingeholt wird (sog. **Separationsmodell** – vgl. BVerwGE 74, 315 = NVwZ 1987, 1713; NVwZ 1996, 377 u. 378; a. M. die sog. Schlusspunkttheorie, wonach die Baugenehmigung der Schlusspunkt aller Genehmigungsverfahren sei – s. dazu oben Rdnr. 217). Etwas anderes gilt allerdings, wenn in einem Spezialgesetz ein Verbot der Errichtung baulicher Anlagen enthalten ist, wie dieses z. B. in § 9 Abs. 1 FStrG (Anbauverbot entlang der Bundesstraßen – s. oben Rdnr. 210) der Fall ist. Solange nicht eine Ausnahme hiervon gewährt ist, muss die Erteilung einer Baugenehmigung abgelehnt werden, weil diese nicht nur die baurechtliche Zulässigkeit des Vorhabens feststellt, sondern zugleich auch das Bauen gestattet (vgl. Gaentzsch NJW 1986, 2787).

Bsp. (VGH Mannheim BWVPr 1986, 62): Eine Werbeanlage im Außenbereich kann wegen § 25 Abs. 1 NatSchG erst zugelassen werden, wenn eine Ausnahme nach § 25 Abs. 2 NatSchG erteilt worden ist.

Eine **Bindungswirkung** der Baugenehmigung für andere Verfahren tritt freilich ein, wenn in dem spezialgesetzlichen Verfahren dasselbe zu prüfen ist wie im Baugenehmigungsverfahren, weil insoweit die Feststellungswirkung der Baugenehmigung eine abweichende Beurteilung der Rechtslage nicht mehr zulässt.

Bsp. (BVerwGE 80, 258 = NVwZ 1989, 258): Soweit in der Baugenehmigung die Vereinbarkeit der Gaststätte mit der Umgebung bejaht worden ist, darf diese Frage nach Ansicht des BVerwG in der gaststättenrechtlichen Entscheidung nicht abweichend beurteilt werden. Dagegen tritt durch eine Ablehnung der Baugenehmigung eine Bindung der Gaststättenbehörde nicht ein, weil insoweit keine – negative – Feststellungswirkung des Genehmigungsbescheids gegeben ist (BVerwG NVwZ 1990, 559; OVG Bremen NVwZ 1994, 80). Die Gaststättenbehörde ist aber durch die Baugenehmigung für eine Gaststätte nicht gehindert, die Gaststättenerlaubnis wegen spezieller gaststättenrechtlicher Versagungsgründe, etwa Unzuverlässigkeit des Gastwirts, zu versagen. Eine Bindung der Baurechtsbehörde durch die Erteilung der Gaststättenerlaubnis tritt nicht ein, weil die Gaststättenerlaubnis keine Feststellungswirkung hat (VGH München NVwZ 1988, 1140; VGH Mannheim NVwZ 1990, 1094).

In einigen gesetzlichen Regelungen ist allerdings eine Konzentration verschiedener Genehmigungsverfahren vorgesehen (s. dazu Jarass NVwZ 2009, 65):

Planfeststellungen

Nach § 75 Abs. 1 VwVfG ist neben einem Planfeststellungsbeschluss eine andere 226
behördliche Entscheidung nicht erforderlich; durch den Planfeststellungsbeschluss werden alle öffentlich-rechtlichen Beziehungen zwischen dem Träger des Vorhabens und den durch den Plan betroffenen Personen geregelt.

Immissionsschutzrecht

227 Nach § 13 BImSchG schließt die Genehmigung nach § 6 BImSchG alle anderen Genehmigungen, also auch die Baugenehmigung ein. Welche Anlagen einer Genehmigung nach § 6 BImSchG bedürfen, ergibt sich aus der 4. BImSchV (Sartorius Nr. 296 a).

Wasserrecht

228 Wenn für eine Anlage neben einer Baugenehmigung auch eine wasserrechtliche Genehmigung notwendig ist, so ist die Baurechtsbehörde nach § 98 WG auch für die wasserrechtliche Genehmigung zuständig. Es ergehen aber zwei Entscheidungen (s. dazu VGH Mannheim VBlBW 1998, 420).

Für Bauvorhaben in einem Wasserschutzgebiet kann eine Befreiung von den Festsetzungen der Wasserschutzverordnung erforderlich sein (vgl. § 3 Abs. 2 der Muster-VO GABl 1969, 131). Diese wird im Baugenehmigungsverfahren erteilt (§ 98 Abs. 2 WG).

Naturschutzrecht

229 Bei Bauvorhaben, die einen Eingriff in die Natur im Sinne des § 14 Abs. 1 BNatSchG zur Folge haben, entscheidet nach § 17 Abs. 1 BNatSchG die Baurechtsbehörde im Benehmen mit der Naturschutzbehörde (Landratsamt, vgl. §§ 60 Abs. 1 NatSchG, 16 Nr. 14 LVG). Einen Eingriff in die Natur stellt nach § 14 Abs. 1 BNatSchG jede Maßnahme dar, die geeignet ist, den Naturhaushalt oder das Landschaftsbild erheblich zu beeinträchtigen (s. dazu Rdnr. 218 a). §§ 14 – 17 BNatSchG gelten nach § 18 Abs. 2 BNatSchG nicht im beplanten und nichtbeplanten Innenbereich, sondern nur im Außenbereich. Für die in § 24 Abs. 1 NatSchG genannten Vorhaben (insbes. Kiesabbau, Steinbruch, sonstige Abgrabungen und Auffüllungen sowie Fischteiche) ist neben der Baugenehmigung auch eine naturschutzrechtliche Genehmigung erforderlich; ausgenommen sind Vorhaben, die nach § 50 LBO keiner Baugenehmigung bedürfen. Die Naturschutzbehörde ist nach § 24 Abs. 3 NatSchG auch für die Baugenehmigung zuständig; sie entscheidet im Benehmen mit der Baurechtsbehörde.

Bei §§ 17 BNatSchG, 24 NatSchG tritt also eine Zuständigkeitskonzentration bei einer Behörde ein. Das gleiche gilt für Werbeanlagen im Außenbereich (§ 25 Abs. 4 NatSchG).

Für Bauvorhaben in einem **Landschaftsschutzgebiet** ist regelmäßig (ausgenommen sind land- und forstwirtschaftliche Vorhaben) eine Befreiung erforderlich. Nach § 79 Abs. 4 NatSchG wird diese Befreiung durch eine nach anderen Gesetzen erforderliche Gestattung, also auch durch die Baugenehmigung, ersetzt. Die Baugenehmigung darf nur erteilt werden, wenn die Voraussetzungen des § 67 BNatSchG für eine Befreiung vorliegen.

Denkmalschutzrecht

230 Für bauliche Maßnahmen an Kulturdenkmälern, die deren Erscheinungsbild beeinträchtigen, ist eine Genehmigung der Denkmalschutzbehörde (Baurechtsbehörde – vgl. § 3 Abs. 1 DenkmSchG, beachte aber auch § 7 Abs. 5 DenkmSchG) notwendig. Soweit eine Maßnahme an einem Kulturdenkmal einer Baugenehmigung bedarf, ist daneben keine denkmalschutzrechtliche Genehmigung, sondern nur eine verwaltungsinterne Zustimmung der Denkmalschutzbehörde zur Baugenehmigung erforderlich (§ 7 Abs. 3 DenkmSchG – s. dazu Rdnr. 218 d).

4. Das Baugenehmigungsverfahren

Das Verfahren zur Erteilung einer Baugenehmigung beginnt mit der **Stellung eines Bauantrags**, der schriftlich bei der Gemeinde einzureichen ist (§ 53 Abs. 1 LBO). Die Gestaltung der Baupläne ist in der LBOVVO (Dürig Nr. 85 b) geregelt. Die Baupläne müssen von einem Architekten verfasst sein (§ 43 Abs. 3 LBO), ausgenommen sind hiervon allerdings einige in § 43 Abs. 4 LBO aufgeführte einfache Bauten; die Verfassungsmäßigkeit des sog. Architektenmonopols ist vom BVerfG (E 28, 364 = NJW 1970, 1591) bestätigt worden. Der Verfahrensbeschleunigung dient die durch die LBO-Novelle 1995 eingeführte Regelung des § 53 Abs. 3, dass die Gemeinde den Bauantrag unter Zurückbehaltung einer Ausfertigung innerhalb von 3 Arbeitstagen an die Baurechtsbehörde weiterzuleiten hat. 231

Die Baugenehmigung ist ein antragsbedürftiger Verwaltungsakt. Eine ohne Antrag erteilte Baugenehmigung ist zwar rechtswidrig, aber nicht nichtig, weil der Antrag nachgeholt werden kann (§ 45 Abs. 1 Nr. 1 VwVfG; Sauter § 58 Rdnr. 9). Die Baurechtsbehörde kann aber bei Schwarzbauten von Amts wegen eine Baugenehmigung erteilen, wenn das Gebäude materiell rechtmäßig ist (VGH Mannheim BWVBl. 1969, 107; Urt. v. 23.2.1983 – 3 S 899/82; vgl. auch BVerwG NVwZ 1990, 659 zum Antragsgebot im Rahmen eines Baugebots). Sie kann dabei auch den Bauherrn auffordern, Bauvorlagen einzureichen und dieses ggf. mit Zwangsmitteln durchsetzen. Derartige Maßnahmen sind auf § 47 LBO zu stützen (s. dazu unten Rdnr. 252).

Die Gemeinde hat die **Nachbarbenachrichtigung** nach § 55 LBO durchzuführen. Die Angrenzer müssen beteiligt werden; sonstige Nachbarn (s. dazu Rdnr. 255 ff.) können beteiligt werden. Eine Beteiligung sonstiger Nachbarn ist jedenfalls dann zweckmäßig, wenn diese im Vorfeld des Baugenehmigungsverfahrens bereits Protest erhoben haben, z. B. sich zu einer Bürgerinitiative oder Interessengemeinschaft zusammengeschlossen haben. Die benachrichtigten Angrenzer und sonstigen Nachbarn müssen innerhalb von 4 Wochen (nicht 1 Monat) ihre Einwendungen gegen das Bauvorhaben vorbringen. Unterbleibt die Angrenzerbenachrichtigung, dann ist die Baugenehmigung zwar zunächst rechtswidrig, dieser Mangel wird aber durch eine spätere Anhörung im Widerspruchsverfahren geheilt (Sauter § 55 Rdnr. 12). 232

§ 55 Abs. 2 LBO bestimmt, dass die Angrenzer und die beteiligten sonstigen Nachbarn mit allen nicht fristgerecht vorgebrachten Einwendungen ausgeschlossen sind (**materielle Präklusion**); sie sind auf diese Rechtsfolgen in der Benachrichtigung über den Bauantrag hinzuweisen (§ 55 Abs. 2 Satz 3 LBO). Unterbleibt der Hinweis oder ist er fehlerhaft, tritt keine Präklusion ein (VGH Mannheim NVwZ-RR 2008, 378; Sauter § 55 Rdnr. 28 e). Die Präklusion setzt ferner voraus, dass die Baupläne Art und Umfang der Betroffenheit der Angrenzer erkennen lassen (VGH Mannheim VBlBW 1998, 380; 2000, 115). Die materielle Präklusion gibt es seit längerem im Fachplanungsrecht (z. B. § 73 Abs. 4 VwVfG, § 17 a Nr. 7 FStrG). Die dort entwickelten Grundsätze können auch für § 55 Abs. 2 Satz 2 LBO übernommen werden.

Zur **Wahrung der 4-Wochen-Frist** ist es erforderlich, aber auch ausreichend, dass die Einwendungen dem Grunde nach konkretisiert werden; es muss also erkennbar sein, in welcher Hinsicht sich der Nachbar in seinen Rechten verletzt fühlt; ein bloßes „Nein" bzw. ein nicht näher konkretisierter „Einspruch" reichen zur Fristwahrung nicht aus (VGH Mannheim NVwZ 1998, 986; VBlBW 2000, 115). Er muss z. B. angeben, ob er eine Immissionsbelastung, einen zu geringen Abstand oder eine Veränderung des Gebietscharakters befürchtet; eine bestimmte Norm muss er dagegen nicht bezeichnen. Das BVerfG (NJW 1982, 2173; eb. BVerwGE 60, 297 = NJW 1981, 359) hält eine materielle Präklusion grundsätzlich für zulässig, weil man vom mündigen

Bürger verlangen kann, dass er seine Rechte innerhalb bestimmter Fristen wahrnimmt. Bei unverschuldeter Fristversäumung ist Wiedereinsetzung in den vorigen Stand gemäß § 32 VwVfG zu gewähren (so BVerwGE 60, 297 für die materielle Präklusion im Atomrecht; E 66, 99 = NJW 1984, 1250 für die wasserrechtliche Planfeststellung; Schlotterbeck/v.Arnim/Hager § 55 Rdnr. 26).

233 Nach Abschluss der Anhörung leitet die Gemeinde den Bauantrag mit einer eigenen Stellungnahme, der indessen nur im Fall des § 36 BauGB rechtliche Bedeutung zukommt, an die Baugenehmigungsbehörde weiter (§ 55 Abs. 2 Satz 4 LBO). Parallel zur Angrenzerbenachrichtigung hört das Landratsamt gemäß § 54 Abs. 2 LBO die Gemeinde und diejenigen Behörden an, deren Aufgabenbereich durch die Baugenehmigung betroffen werden kann. Dabei muss das Landratsamt eine Frist von höchstens 1 Monat zur Stellungnahme setzen. Gibt die Behörde dann keine Stellungnahme ab, ist nach § 54 Abs. 3 Satz 2 LBO davon auszugehen, dass sie keine Bedenken gegen die Baugenehmigung hat. Hat eine andere Behörde zu dem Bauvorhaben ihr Einvernehmen (Zustimmung), z. B. nach §§ 22 Abs. 2 StrG, 7 Abs. 3 DenkmSchG, zu erteilen, so gilt das Einvernehmen bzw. die Zustimmung als erteilt, wenn sie nicht innerhalb von 1 Monat versagt worden ist. § 54 Abs. 3 LBO findet freilich nur Anwendung, wenn nach landesrechtlichen Vorschriften die Zustimmung einer anderen Behörde erforderlich ist; bundesrechtliche Regelungen werden von § 54 LBO nicht erfasst (vgl. etwa § 9 Abs. 2 FStrG). Wegen der durch § 54 Abs. 4 LBO 2010 geschaffenen Möglichkeit, das Einvernehmen der Gemeinde nach § 36 BauGB zu ersetzen, wird auf Rdnr. 146 verwiesen.

Die Baurechtsbehörde muss nach § 54 Abs. 4 LBO über den Bauantrag **innerhalb von 2 Monaten** nach Eingang des vollständigen Bauantrags und der Stellungnahme der Fachbehörden **entscheiden**. Im vereinfachten Verfahren, bei einer isolierten Ausnahme oder Befreiung (§ 56 Abs. 6 LBO) sowie bei einem Bauvorbescheid beträgt die Entscheidungsfrist sogar nur 1 Monat. Diese Fristen sind jedenfalls für schwierige Bauanträge unangemessen kurz. Es kommt noch hinzu, dass die Frist nach § 54 Abs. 6 LBO nur ausnahmsweise um 1 Monat verlängert werden kann. Zwar hat das Überschreiten der Genehmigungsfrist keine unmittelbaren Auswirkungen, aber die Baurechtsbehörde setzt sich beim Überschreiten der Frist der Gefahr von Amtshaftungsansprüchen wegen verzögerten Baubeginns aus (VGH Mannheim BauR 2003, 1345).

234 Die Entscheidung über den Bauantrag und ggf. über die Einwendungen der Angrenzer muss nach § 58 Abs. 3 LBO schriftlich erfolgen. Eine mündlich erteilte Baugenehmigung ist unwirksam. **Ausnahmen und Befreiungen** müssen nach § 58 Abs. 1 Satz 4 LBO ausdrücklich erteilt werden (Sauter § 58 Rdnr. 92 ff.). Eine Begründung ist nach § 58 Abs. 1 Satz 5 LBO nur hinsichtlich des Abweichens von nachbarschützenden Normen erforderlich. Die Baugenehmigung wird an den Bauherrn sowie alle Nachbarn, die Einwendungen erhoben haben, zugestellt (zur Rechtsmittelfrist bei unterbliebener Zustellung s. unten Rdnr. 282).

235 Die Baugenehmigung gibt noch keine Berechtigung zum **Baubeginn**. Diese wird nach § 59 Abs. 1 LBO durch den Baufreigabeschein, den sog. roten Punkt, erteilt. Die früher nach § 66 LBO a.F. obligatorische Rohbau- und Schlussabnahme des Bauvorhabens ist entfallen; nach §§ 66, 67 LBO steht die Bauüberwachung und Bauabnahme im Ermessen der Baurechtsbehörde.

5. Rücknahme der Baugenehmigung

Die Rücknahme der Baugenehmigung richtet sich nach **§ 48 VwVfG** (BVerwG BauR 236
2005, 702; OVG Münster BauR 2005, 696). Daraus folgt, dass die Baurechtsbehörde eine baurechtliche Fehlentscheidung wegen § 48 Abs. 4 VwVfG nur innerhalb eines Jahres seit Kenntnis der Rechtswidrigkeit der Baugenehmigung zurücknehmen kann. Dabei reicht es für den Beginn der Jahresfrist nicht aus, dass die Behörde die Tatsachen kennt, die die Rechtswidrigkeit begründen. Vielmehr muss die Behörde auch erkannt haben, dass die Baugenehmigung rechtswidrig ist (so BVerwG NVwZ 1986, 119 im Anschluss an BVerwG – GS – E 70, 356 = NJW 1985, 819 m. Bspr. Hendler JuS 1985, 947; BVerwGE 84, 1 = NVwZ-RR 1990, 604; VGH Mannheim NVwZ-RR 1993, 58).

Die Rücknahme der Baugenehmigung steht im **Ermessen** der Baurechtsbehörde. Hierbei sind die Belange des Bauherrn, insbesondere sein Vertrauensschutz, und das Interesse der Allgemeinheit an der Verhinderung von rechtswidrigen Bauten bzw. der Wiederherstellung eines rechtmäßigen Zustands gegeneinander abzuwägen (VGH Mannheim BWVPr 1978, 9).

Für die durch eine Rücknahme der Baugenehmigung entstandenen Vermögens- 237
schäden ist der Bauherr nach § 48 Abs. 3 VwVfG zu entschädigen; ferner kann der Bauherr einen Amtshaftungsanspruch nach Art. 34 GG, § 839 BGB geltend machen (BGHZ 60, 112; UPR 2008, 347 u. 443; s. auch Schlick/Rinne NVwZ 1997, 1065; BauR 2008, 290; Lansnicker/Schwirtzek NVwZ 1996, 235). Bei einem Amtshaftungsanspruch stellt allerdings der vertragliche Schadensersatzanspruch gegen den Architekten eine anderweitige Ersatzmöglichkeit i. S. d. § 839 Abs. 1 Satz 2 BGB dar, der den Anspruch ausschließt (BGH NVwZ 1993, 602).

Die in Rdnr. 236, 237 dargelegten Beschränkungen für die Rücknahme einer Baugenehmigung gelten nach **§ 50 VwVfG** nicht, wenn ein Nachbar Widerspruch gegen die Baugenehmigung eingelegt hat und dieser noch nicht bestandskräftig zurückgewiesen wurde. Denn in diesem Fall durfte der Bauherr nicht auf den Fortbestand der ihm erteilten Baugenehmigung vertrauen. Voraussetzung für eine Anwendung des § 50 VwVfG ist allerdings, dass der Widerspruch nicht unzulässig oder offensichtlich unbegründet war (BVerwG NVwZ 1990, 857; VGH Mannheim BWVPr 1987, 89; OVG Bautzen NVwZ 1993, 488).

6. Der Bauvorbescheid (§ 57 LBO)

Bereits vor Einreichung eines förmlichen Baugesuchs können nach § 57 LBO einzelne 238
Fragen durch einen Bauvorbescheid abgeklärt werden (s. dazu OVG Frankfurt/Oder NVwZ-RR 2000, 271), i. d. R. geht es dabei um die bauplanungsrechtliche Frage der grundsätzlichen Bebaubarkeit des Grundstücks (sog. Bebauungsgenehmigung, vgl. BVerwG BauR 1987, 538). Es reicht dabei aus, dass die grundsätzliche Bebaubarkeit des Grundstücks mit einem bestimmten Vorhaben geklärt werden soll (BVerwG NVwZ 1995, 894; a. M. VGH München NVwZ-RR 2008, 377: Bauvoranfrage muss auf konkretes Vorhaben ausgerichtet sein; s. dazu Schmaltz BauR 2007, 975). Der Bauvorbescheid wird vom BVerwG (BVerwGE 48, 242; E 69, 1 = NJW 1984, 1473 und E 68, 241 = NJW 1984, 1474 – bspr. von Dürr JuS 1984, 770; BauR 1989, 454) als **vorweggenommener Teil der Baugenehmigung**, und zwar des feststellenden Teils der Baugenehmigung verstanden. Soweit über eine baurechtliche Zulässigkeitsfrage durch einen Bauvorbescheid entschieden worden ist, ist diese Frage damit **abschließend geklärt**; die Baurechtsbehörde ist hieran im Baugenehmigungsverfahren gebunden (VGH Mannheim BauR 2003, 840; OVG Münster NVwZ 1997, 1006; s. auch

Schneider BauR 1988, 13). Der Bauvorbescheid wird in die nachfolgende Baugenehmigung „inkorporiert" (so OVG Greifswald BauR 2009, 1399). Die Bindung tritt auch für den Nachbarn ein, soweit ihm der Bauvorbescheid zugestellt worden ist oder er auf sonstige Weise von ihm Kenntnis erlangt hat (BVerwG BRS 22 Nr. 184). Soweit der Bauvorbescheid zu Unrecht erteilt wurde, kann er nach § 48 VwVfG zurückgenommen werden (OVG Berlin NVwZ-RR 1988, 6). Dieses steht nicht im Widerspruch zur **Bindungswirkung** des Bauvorbescheids. Denn ein Bauvorbescheid kann keine stärkere Rechtsposition vermitteln als eine Baugenehmigung, die zurückgenommen werden kann (s. oben Rdnr. 236). – Zur Frage des Rechtsschutzes des Nachbarn gegen einen Bauvorbescheid s. im Übrigen unten Rdnr. 308.

Die Bindungswirkung des Bauvorbescheids besteht auch dann, wenn sich die Sach- oder Rechtslage zwischenzeitlich geändert hat, da der Bauvorbescheid ein Verwaltungsakt ist und die Wirksamkeit eines Verwaltungsakts durch nachträgliche Rechtsänderungen nicht berührt wird (BVerwGE 69, 1 = NJW 1984, 1473; Dürr JuS 1984, 1473). Die Baurechtsbehörden können den Bauvorbescheid aber in diesem Fall unter den Voraussetzungen des § 49 Abs. 2 Nr. 4 VwVfG widerrufen (OVG Koblenz BRS 36 Nr. 171; Dürr JuS 1984, 775; Weidemann BauR 1987, 9).

239 Die Baurechtsbehörde hat sich auf die Prüfung der zur Beantwortung gestellten Fragen zu beschränken, auch wenn zweifelhaft ist, ob das Bauvorhaben nicht an anderen Zulässigkeitsvoraussetzungen scheitern wird.

Bsp. (BVerwGE 61, 218 = NJW 1981, 2426): Eine auf die Vereinbarkeit des Vorhabens mit § 34 BauGB beschränkte Bauanfrage ist auch dann positiv zu bescheiden, wenn die nach § 4 LBO erforderliche öffentlich-rechtlich gesicherte Zufahrt zu einer öffentlichen Straße nicht besteht.

Etwas anderes gilt freilich, wenn das Hindernis für die Zulässigkeit des Bauvorhabens schlechterdings nicht ausräumbar ist; in diesem Fall fehlt das Sachbescheidungsinteresse (BVerwGE 48, 242 und 61, 128).

Trotz der Formulierung, der Bauvorbescheid „könne" erteilt werden, besteht nach § 57 Abs. 2 i. V. m. § 58 Abs. 1 LBO ein **Rechtsanspruch** auf einen Bauvorbescheid, wenn öffentlich-rechtliche Vorschriften dem Bauvorhaben nicht entgegenstehen (VGH Mannheim BWVPr 1990, 133; Sauter § 57 Rdnr. 7).

Der Bauvorbescheid gilt nach § 57 Abs. 1 Satz 2 LBO **drei Jahre**, d.h. vor Ablauf der 3-Jahres-Frist muss der Bauantrag gestellt worden sein (VGH Kassel BauR 1989, 451; Sauter § 57 Rdnr. 11; a. M. Schlotterbeck/v.Arnim/Hager § 57 Rdnr. 17 – innerhalb der 3Jahres-Frist muss eine Entscheidung über den Bauantrag ergehen). Der Bauherr kann, wie die Verweisung des § 57 Abs. 2 LBO auf § 62 Abs. 2 LBO zeigt, den Bauvorbescheid um drei Jahre verlängern lassen – der Verlängerungsantrag muss aber noch vor Ablauf der Geltungsdauer des Bauvorbescheids gestellt worden sein (s. oben Rdnr. 224); dieses setzt allerdings voraus, dass das Bauvorhaben weiterhin genehmigungsfähig ist (OVG Lüneburg NVwZ-RR 1995,247; OVG Münster BRS 47 Nr. 140).

Außer durch einen Bauvorbescheid kann eine Bindung der Baurechtsbehörde auch durch eine schriftliche Zusicherung (§ 38 Abs. 1 Satz 1 VwVfG) auf Erteilung einer Baugenehmigung oder einen öffentlich-rechtlichen Vertrag mit entsprechender Verpflichtung eintreten (vgl. OVG Münster BauR 1988, 68).

Voraussetzung ist, dass die Zusicherung von dem für die Erteilung einer Baugenehmigung zuständigen Beamten der Baurechtsbehörde stammt; aus diesem Grund sind Erklärungen der Kreis(Stadt)baumeister rechtlich unbeachtlich (VGH Mannheim VBlBW 1981, 397; 1982, 199).

7. Das Kenntnisgabeverfahren

Bei Vorhaben, die nach § 51 LBO unter das Kenntnisgabeverfahren fallen, hat der Bauherr zunächst, ebenso wie bei der Baugenehmigung, die Bauvorlagen bei der Gemeinde einzureichen (§ 53 Abs. 1 LBO). Die Gemeinde hat die Bauvorlagen innerhalb von 5 Arbeitstagen an die Baurechtsbehörde weiterzuleiten, sofern sie vollständig sind (§ 53 Abs. 5 LBO). Ferner hat sie nach § 55 Abs. 3 LBO innerhalb von 5 Arbeitstagen die Angrenzer zu benachrichtigen, die innerhalb von 2 Wochen Bedenken vortragen können. Anders als im Baugenehmigungsverfahren gibt es aber im Kenntnisgabeverfahren keine Präklusion, da Abs. 3 nur den Abs. 1, nicht aber Abs. 2 für entsprechend anwendbar erklärt. **240**

Soweit für die Zulässigkeit des Bauvorhabens eine **Abweichung, Ausnahme oder Befreiung** erforderlich ist, muss diese nach § 51 Abs. 5 LBO **besonders beantragt** werden. In diesem Fall hat die Baurechtsbehörde zu prüfen, ob die rechtlichen Voraussetzungen hierfür vorliegen. Im Übrigen bestimmt § 51 Abs. 5 Satz 2 LBO, dass eine weiter gehende Prüfung der Bauvorlagen nicht erfolgt. Das bedeutet aber nicht, dass die Baurechtsbehörde rechtlich gehindert wäre, die Bauvorlagen zu prüfen, denn dann wäre der sich anschließende Verweis auf § 47 Abs. 1 LBO unverständlich. Es soll vielmehr lediglich zum Ausdruck gebracht werden, dass eine Amtspflicht i. S. d. § 839 BGB zur Prüfung der Bauvorlagen nicht besteht und somit auch keine Schadensersatzansprüche des Bauherrn bestehen, wenn er sein Bauvorhaben – etwa aufgrund von Nachbareinwendungen – nicht verwirklichen kann.

Eine **Entscheidung der Baurechtsbehörde** ergeht im Kenntnisgabeverfahren nur, soweit Abweichungen, Ausnahmen oder Befreiungen beantragt wurden (§ 51 Abs. 5 LBO). Die Entscheidung hat nach § 54 Abs. 5 LBO innerhalb von 1 Monat nach Eingang der vollständigen Antragsunterlagen zu erfolgen. Im Übrigen kann die Baurechtsbehörde den Baubeginn untersagen, wenn sie feststellt, dass das Bauvorhaben mit den Festsetzungen des Bebauungsplans nicht übereinstimmt oder aus sonstigen Gründen materiell-rechtlich unzulässig ist (§ 51 Abs. 5 i. V. m. § 47 Abs. 1 LBO).

Der Bauherr kann nach § 59 Abs. 4 LBO mit dem Bau 2 Wochen nach Einreichen der Bauvorlagen beginnen, wenn die Angrenzer schriftlich zugestimmt haben; ist dieses nicht der Fall, kann er mit dem Bau erst nach einem Monat beginnen. Dieses gilt nicht, wenn die Bauvorlagen als unvollständig oder aus sonstigen Gründen nach § 51 Abs. 5 LBO beanstandet wurden oder wenn der Baubeginn zuvor nach § 47 Abs. 1 LBO untersagt wurde. Hat der Bauherr nach § 51 Abs. 5 LBO eine

Abweichung, Ausnahme oder Befreiung beantragt, setzt der Baubeginn eine positive Entscheidung über diesen Antrag voraus (§ 59 Abs. 4 Satz 2 LBO).

8. Die Baulast (§ 71 LBO)

Zur Sicherung **öffentlich-rechtlicher Beschränkungen oder Verpflichtungen**, die sich nicht schon aus dem Gesetz ergeben, kann der Grundstückseigentümer nach § 71 LBO eine Baulast (s. dazu Hürth ZfBR 1997, 12; Wenzel BauR 2003, 569) übernehmen. Die Baulast kann auch eine bauplanungsrechtliche Verpflichtung sichern (OVG Lüneburg NJW 1985, 1796; OVG Hamburg NJW 1987, 915; Schlotterbeck/ v.Arnim/Hager § 71 Rdnr. 10), nicht aber privatrechtliche Verpflichtungen (VGH Mannheim BauR 2008, 84 – Vermietungsverbot). Die praktisch wichtigsten Fälle ergeben sich aus § 35 Abs. 5 BauGB sowie §§ 4 Abs. 1, 7 und 37 Abs. 4 LBO (s. Ziegler BauR 1988, 18). **241**

Ein Anspruch gegen den Eigentümer eines benachbarten Grundstücks auf Übernahme einer Baulast besteht grundsätzlich nicht und zwar auch dann nicht, wenn ein Grundstück ohne eine Baulast nicht bebaubar ist (VGH Mannheim VBlBW 1982, 92; Neuhäuser NVwZ 1996, 738). Allerdings kann aus der Bestellung einer **Grunddienstbarkeit** ausnahmsweise die Verpflichtung zur Übernahme einer Baulast abgeleitet werden, wenn nämlich sonst die durch Dienstbarkeit gesicherte Verpflichtung zur Ermöglichung der Bebauung an öffentlich-rechtlichen Hindernissen scheitern würde (BGH NJW 1989, 1607; NVwZ 1990, 192).

Die Baulast stellt eine öffentliche Last dar, die **keine subjektiven Rechte begründet** und zwar auch dann nicht, wenn sie zugunsten eines Dritten (i. d. R. des Nachbarn) übernommen wurde (BGHZ NJW 1978, 1430; OVG Münster NJW 1988, 1043); sie kann freilich von einer entsprechenden privatrechtlichen Vereinbarung begleitet sein (VGH Mannheim VBlBW 1986, 225). Die Baulast wirkt auch gegenüber dem Rechtsnachfolger (OVG Münster NWVBl 1994, 416).

Die Baulast wird begründet durch eine **Erklärung gegenüber der Baurechtsbehörde** oder der Gemeinde (§ 71 Abs. 2 LBO). Diese Erklärung kann nicht wegen Irrtums angefochten werden, wenn aufgrund der Baulast bereits eine Baugenehmigung erteilt wurde; anders ist es bei einer Anfechtung wegen arglistiger Täuschung (OVG Lüneburg NVwZ 1999, 1013 u. 1364). Die Baulast wird nach § 72 LBO in das von der Gemeinde zu führende Baulastenverzeichnis eingetragen. Die Eintragung hat jedoch nur deklaratorische Bedeutung (VGH Mannheim VBlBW 1991, 59), die Baulast ist bereits mit der Erklärung nach § 71 Abs. 2 LBO wirksam entstanden.

Die Baulast erlischt nach § 71 Abs. 3 LBO durch einen **Verzicht der Baurechtsbehörde**, der nach Satz 2 dieser Vorschrift auszusprechen ist, wenn an der Baulast kein öffentliches Interesse mehr besteht (s. dazu VGH Mannheim BauR 2008, 84). Durch ein gemeinsames Handeln des Grundstückseigentümers und des begünstigten Nachbarn kann eine Baulast somit nicht ohne Mitwirkung der Baurechtsbehörde beseitigt werden; hierin liegt der Unterschied zu einer Grunddienstbarkeit. Die Ablehnung der Löschung einer Baulast stellt ebenso wie die Eintragung einer Baulast keinen Verwaltungsakt dar, so dass der Grundstückseigentümer eine Leistungsklage erheben muss (VGH Mannheim NVwZ-RR 2007, 662; a. M. OVG Münster BRS 57 Nr. 204; Schlotterbeck/v.Arnim/Hager § 71 Rdnr. 28: Verpflichtungsklage).

9. Abbruchverfügung (§ 65 Satz 1 LBO)

a) Voraussetzungen

242 Nach § 65 LBO Satz 1 kann der teilweise oder vollständige Abbruch einer Anlage, die im Widerspruch zu öffentlich-rechtlichen Vorschriften errichtet wurde, angeordnet werden, wenn nicht auf andere Weise rechtmäßige Zustände hergestellt werden können. Werden Anlagen im Widerspruch zu öffentlich-rechtlichen Vorschriften genutzt, kann diese Nutzung nach § 65 Satz 2 LBO untersagt werden. Zusammen mit dem Abbruch des Gebäudes können auch die Entfernung der Einrichtungsgegenstände oder sonstigen Zubehörs sowie der Abtransport des Bauschutts und die Einebnung der Baugrube angeordnet werden (VGH Mannheim VBlBW 1983, 137; 1988, 111; BauR 1989, 193).

Nach einer verbreiteten Faustformel kann eine Abbruchverfügung nur ergehen, wenn das Gebäude **formell und materiell baurechtswidrig** ist (BVerwG NVwZ 1989, 353; NVwZ 2002, 1250; NVwZ 2002, 1250; OVG Lüneburg NVwZ-RR 1996, 6; Ortloff NVwZ 2006, 1006; kritisch Fischer NVwZ 2004, 1057). **Formelle Rechtswidrigkeit** bedeutet, dass das Gebäude nicht durch eine Baugenehmigung gedeckt wird (OVG Münster NVwZ 1988, 943; VGH Mannheim BauR 1989, 193; VBlBW 2004, 264); bei einem genehmigungsfreien Vorhaben kann selbstverständlich eine formelle Baurechtswidrigkeit nicht vorausgesetzt werden, hier reicht die materielle Baurechtswidrigkeit für eine Abbruchverfügung aus (VGH Mannheim BauR 1991, 75). Ist ein materiell-rechtlich unzulässiges Gebäude genehmigt worden, kann der Abbruch erst angeordnet werden, wenn die Baugenehmigung bestandskräftig aufgehoben oder der sofortige Vollzug dieser Maßnahme angeordnet wurde (VGH Mannheim BWVPr 1978, 9; OVG Münster a.a.O.). Unbedenklich ist es aber, wenn der Abbruch zwar zusammen mit der Rücknahme der Baugenehmigung angeordnet wird, aber erst nach der Bestandskraft der Rücknahme vollzogen werden darf (OVG Lüneburg NVwZ 1996, 605; VGH Mannheim VBlBW 2004, 264).

Da somit die Formel „formelle und materielle Baurechtswidrigkeit" als Voraussetzung für eine Abbruchverfügung sehr verkürzt ist, verwendet der VGH Mannheim statt dessen folgende Formulierung: Eine Abbruchverfügung ist zulässig, wenn das Vorhaben seit seiner Errichtung im Widerspruch zu materiellem Baurecht steht und nicht durch eine Baugenehmigung gedeckt ist (VGH Mannheim NJW 1984, 319; BauR 1991, 75 u. 450; NVwZ 1997, 463; VBlBW 2004, 264).

Materielle Baurechtswidrigkeit bedeutet, dass das Gebäude seit seiner Erstellung **243**
ununterbrochen gegen öffentlich-rechtliche Vorschriften verstößt (VGH Mannheim BauR 1991, 75; 1989, 193; VBlBW 2004, 264). Stand das Gebäude bei seiner Errichtung in Übereinklang mit dem materiellen Baurecht, dann genießt es Bestandsschutz, so dass sein Abbruch bei einer nachträglichen Änderung der rechtlichen oder tatsächlichen Verhältnisse nicht mehr angeordnet werden kann (BVerwG NJW 1971, 1624; Sauter § 65 Rdnr. 31). Nicht zugestimmt werden kann der zitierten Rechtsprechung allerdings, soweit auch eine nur zwischenzeitlich eingetretene Übereinstimmung mit dem materiellen Baurecht Bestandsschutz vermitteln soll, auch wenn diese Änderung der Rechtslage nur eine beschränkte Zeit andauerte. Denn der Bauherr kann insoweit keinen Vertrauensschutz beanspruchen (s. dazu Dürr VBlBW 2000, 457). Die materielle Baurechtswidrigkeit kann auch in der Nichtbeachtung einer durch Baulast gesicherten Baubeschränkung liegen (VGH Mannheim VBlBW 1984, 179).

Die materielle Baurechtswidrigkeit kann nach der Rechtsprechung des BVerwG (E 48, 271 = NJW 1976, 340) nicht schon daraus abgeleitet werden, dass ein Bauantrag für das abzubrechende Vorhaben bestandskräftig abgelehnt wurde; anders ist es freilich bei einem rechtskräftigen Urteil eines Verwaltungsgerichts. Denn durch die Rechtskraft wird bindend festgestellt, dass das Bauvorhaben baurechtlich unzulässig ist. Demgegenüber bedeutet die Bestandskraft der Ablehnung des Bauantrags nur, dass das Baugenehmigungsverfahren abgeschlossen ist. Der Bauherr ist aber nach Ansicht des BVerwG durch die Bestandskraft nicht gehindert, denselben Bauantrag nochmals zu stellen; die Baurechtsbehörde sei wegen Art. 14 GG verpflichtet, erneut eine sachliche Entscheidung über die Zulässigkeit des Bauvorhabens zu treffen. Diese Rechtsprechung des BVerwG weicht freilich von den sonstigen Grundsätzen über die Bestandskraft eines Verwaltungsakts ab, wonach nur bei einer geänderten Sach- oder Rechtslage nach § 51 VwVfG eine erneute Sachentscheidung über einen bereits früher gestellten Antrag verlangt werden kann (kritisch auch Gaentzsch NJW 1986, 879; Ortloff NJW 1987, 1670).

Schließlich ist es tatbestandliche Voraussetzung für eine Abbruchverfügung, dass **nicht auf andere Weise rechtmäßige Zustände** geschaffen werden können (VGH Mannheim BRS 66 Nr. 195). Das ist insbesondere der Fall, wenn die bauliche Anlage durch rechtliche oder tatsächliche Maßnahmen legalisiert werden kann, z. B. durch Aufstellung eines Bebauungsplans (VGH Mannheim BauR 1989, 193); dieses setzt aber bereits konkrete Planungsabsichten der Gemeinde voraus (VGH Mannheim VBlBW 2004, 264). Die Baurechtsbehörde muss ferner prüfen, ob zur Herstellung eines rechtmäßigen Zustands der **vollständige Abbruch erforderlich** ist (VGH Mannheim BauR 1989, 193). Die Baurechtsbehörden sind zwar i. d. R. nicht verpflichtet, von sich aus Vorschläge zu machen, wie durch eine bauliche Veränderung, etwa eine räumliche Verkleinerung oder eine Entfernung der für ein Wohngebäude typischen Bauteile wie Fenster, Teppichboden, Terrasse usw. ein rechtmäßiger Zustand hergestellt werden kann, vielmehr ist es Sache des Bauherrn, derartige Vorschläge zu machen (BVerwG NVwZ-RR 1997, 273; VGH Mannheim VBlBW 2004, 264; OVG Lüneburg BauR 2000, 87). Etwas anderes hat aber jedenfalls dann zu gelten, wenn sich eine bestimmte Maßnahme zur Schaffung eines rechtmäßigen Zustands geradezu aufdrängt, z. B. die Entfernung einer überdachten Terrasse bei einem sonst unauffälligen Gebäude (BVerwG BRS 15 Nr. 118) oder die Beseitigung eines besonders auffälligen Farbanstrichs bei einem Zaun (VGH Mannheim Urt. v. 4.10.1979 – VIII 526/79).

Bei Anlagen, die ohne Beschädigung von ihrem bisherigen Standort entfernt werden können (z. B. Werbeschilder, Automaten, Verkaufswagen), kann auch bei ungeklärter materieller Rechtslage eine Beseitigungsanordnung ergehen, wenn die Anlage formell baurechtswidrig ist (OVG Münster BauR 2006, 369; BauR 2009, 1719).

§ 65 Satz 1 LBO spricht umfassend von einem Widerspruch zu öffentlich-rechtlichen Vorschriften, beschränkt sich jedenfalls dem Wortlaut nach nicht – wie § 58 Abs. 1 LBO – auf die von der Baurechtsbehörde zu prüfenden Vorschriften. Gleichwohl muss § 65 Satz 1 LBO einschränkend ausgelegt werden, weil die Baurechtsbehörde nicht wegen eines Verstoßes gegen eine Rechtsvorschrift einschreiten kann, deren Überwachung zu den Aufgaben einer Spezialbehörde gehört (BVerwG NVwZ 1992, 480 für Abfallrecht; s. auch Vondung VBlBW 1998, 411).

Bsp. (VGH Kassel BRS 46 Nr. 212 – Errichtung eines Gewächshauses in einem Landschaftsschutzgebiet): Wegen des Verstoßes gegen die Landschaftsschutzverordnung kann nur die Naturschutzbehörde einschreiten, nicht die Baurechtsbehörde (eb. Hahn DVBl 1992, 1408; a. M. allerdings VGH Mannheim BRS 44 Nr. 226).

Freilich kann neben einem Verstoß gegen eine spezialgesetzliche Vorschrift zugleich auch ein Verstoß gegen baurechtliche Bestimmungen vorliegen; wegen letzterem kann die Baurechtsbehörde einschreiten (BVerwG NVwZ 1992, 480).

Bsp. (OVG Koblenz NVwZ 1994, 561; NVwZ 1995, 511): Die ungenehmigte Lagerung von Klärschlamm verstößt nicht nur gegen das Abfallrecht, sondern stellt zugleich eine rechtswidrige Lagerstätte i. S. d. § 2 Abs. 1 LBO dar, sodass auch die Baurechtsbehörde tätig werden kann (eb. auch BVerwG NVwZ 1994, 296 für Straßenaufbruchmaterial).

Auch wenn die Voraussetzungen des § 65 Satz 1 LBO gegeben sind, ist die Baurechtsbehörde nicht zu einem Einschreiten verpflichtet, vielmehr steht der Erlass einer Abbruchverfügung in ihrem **Ermessen** (VGH Mannheim NVwZ-RR 1997, 464; VBlBW 2004, 264). Dabei hat die Baurechtsbehörde alle in Betracht kommenden öffentlichen und privaten Belange abzuwägen (VGH Mannheim BWVPr 1991, 185; BauR 1982, 264). Es ist aber i. d. R. nicht ermessensfehlerhaft, wenn die Behörde zur Wiederherstellung eines rechtmäßigen Zustands eine Abbruchverfügung erlässt (BVerwG NJW 1986, 393; NVwZ 1997, 273; NVwZ 2002, 1250).

b) Verhältnismäßigkeit

Bei Erlass einer Abbruchverfügung muss die Behörde den Grundsatz der **Verhältnismäßigkeit** beachten; der Schaden für den Betroffenen darf nicht außer Verhältnis zu dem öffentlichen Interesse am Abbruch eines Gebäudes stehen (BVerwG NVwZ 1989, 353; NVwZ-RR 1997, 273; VGH Mannheim BauR 1989, 193). 244

Bsp. a) (VGH Mannheim VBlBW 1982, 199; BRS 28 Nr. 164; BauR 1991, 450): Der Abbruch eines Wochenendhauses von Eltern eines geistig und körperlich behinderten Kindes kann unverhältnismäßig sein (a. M. OVG Koblenz NVwZ-RR 2008, 164: persönliche Belange können erst im Vollstreckungsverfahren berücksichtigt werden).

b) (OVG Lüneburg BauR 1984, 277): Es ist unverhältnismäßig, die Rückversetzung einer Außenwand, die um wenige cm den Grenzabstand unterschreitet, zu verlangen, wenn diese Maßnahme 20.000 DM kostet.

c) (VGH Mannheim BRS 39 Nr. 223): Drohende Obdachlosigkeit macht eine Abbruchverfügung nicht rechtswidrig, denn es ist davon auszugehen, dass die Gemeinde eine Obdachlosenunterkunft zur Verfügung stellen wird.

d) (BVerwG NVwZ 1989, 353): Es ist unverhältnismäßig, wegen fehlender Erschließung den Abbruch eines Gebäudes anzuordnen, wenn der Nachbar die Benutzung eines Privatwegs gestattet.

Der Grundsatz der Verhältnismäßigkeit hindert die Baurechtsbehörden aber jedenfalls bei **Schwarzbauten** nicht, auch den Abbruch größerer Bauwerke zu verlangen, denn der Bauherr hat in einem solchen Fall bewusst auf eigenes Risiko gebaut und muss deshalb auch einen größeren finanziellen Schaden hinnehmen (BVerwG NVwZ-RR 1997, 273; VGH Mannheim BauR 1989, 193; OVG Lüneburg BauR 2000, 87). Insbesondere bei Wochenendhäusern im Außenbereich ist i. d. R. der Abbruch geboten (VGH Mannheim Urt. vom 18.6.1980 – 3 S 788/80; Urt. vom 11.6.1980 – 3 S 511/80). Etwas anderes hat aber zu gelten, wenn z. B. durch Ausweisung eines Wochenendhausgebiets gemäß § 10 BauNVO in absehbarer Zeit mit der Legalisierung des rechtswidrig errichteten Gebäudes zu rechnen ist (VGH Mannheim BauR 1989, 193).

Es verstößt gegen den Grundsatz der Verhältnismäßigkeit, wenn die Behörde den Abbruch anordnet, obwohl zur Herstellung eines rechtmäßigen Zustands eine **Nutzungsuntersagung** ausreicht (VGH Mannheim BWVBl. 1965, 91 und BRS 24 Nr. 199). Dabei ist allerdings zu beachten, dass eine Nutzungsuntersagung dann nicht ausreicht, wenn der rechtswidrige Zustand gerade in der objektiven Erscheinungsform und Nutzungsmöglichkeit des Gebäudes liegt (VGH Mannheim, Urt. v. 29.5.1973 – III 1/71); ein objektiv als Wochenendhaus geeignetes Gebäude verstößt auch dann gegen § 35 Abs. 3 BauGB, wenn es tatsächlich zum Abstellen von Geräten genutzt wird.

c) Gleichheitsgrundsatz

Ferner kann eine Abbruchverfügung rechtswidrig sein, wenn sie gegen **Art. 3 GG** verstößt, weil die Behörde in anderen gleich gelagerten Fällen nicht den Abbruch verlangt hat (BVerwG NVwZ-RR 1992, 360; VGH Mannheim NVwZ-RR 1997, 465; BauR 1999, 734). Allerdings ist die Baurechtsbehörde nicht verpflichtet, gegen alle rechtswidrigen Bauten gleichzeitig und schlagartig vorzugehen, sie kann durchaus **nach objektiven Kriterien**, etwa Alter oder auffälliger Lage **differenzieren** (BVerwG BRS 58 Nr. 209; VGH Mannheim BRS 58 Nr. 210 u. 211; NVwZ-RR 1997, 465). 245

Bsp. (BVerwG NVwZ 1988, 144): Es ist mit Art. 3 GG vereinbar, wenn der Abbruch von festen Wochenendhäusern angeordnet wird, während Wohnwagen geduldet werden.

Erst wenn sich überhaupt kein sachlicher Gesichtspunkt für eine differenzierte Behandlung gleich erscheinender Fälle findet, ist Art. 3 GG verletzt (BVerwG BRS 58 Nr. 209; VGH Mannheim VBlBW 1982, 295; BRS 58 Nr. 210; OVG Lüneburg NVwZ-RR 1994, 249); das ist insbesondere der Fall, wenn gleichzeitig mit der Abbruchverfügung der Bau gleichartiger Vorhaben genehmigt wird (VGH Mannheim BWVBl. 1973, 14; Justiz 1980, 367) oder die Behörde sich in einem Vergleich in einem anderen Verfahren verpflichtet, ein derartiges Gebäude zu dulden (VGH Mannheim NJW 1989, 603). Durch einen rechtlichen oder tatsächlichen Irrtum der Baurechtsbehörde bei der Beurteilung anderer Bauvorhaben tritt aber keine Ermessenseinschränkung ein (VGH Kassel NJW 1984, 318). Eine Berufung auf Art. 3 GG setzt stets voraus, dass der „Berufungsfall" in räumlicher Nähe des abzubrechenden Gebäudes liegt (VGH Mannheim VBlBW 1982, 402; NJW 1984, 319).

d) Verwirkung

246 Schließlich kann die Behörde die Befugnis zum Erlass einer Abbruchverfügung auch verwirken, wenn sie trotz Kenntnis des rechtswidrigen Bauvorhabens jahrelang nichts unternimmt und durch entsprechendes Verhalten den Eindruck erweckt, sie habe sich mit dem Gebäude abgefunden (BVerwG Buchholz 406.17 Nr. 35; VGH Mannheim VBlBW 1983, 334; VBlBW 2011, 28; Schlotterbeck/v.Arnim/Hager § 47 Rdnr. 79; Sauter § 65 Rdnr. 60); bloße Untätigkeit der Behörde reicht allerdings nicht aus.

Bsp. (VGH Mannheim BRS 32 Nr. 186): Die Baurechtsbehörde hatte früher einmal nach Besichtigung des Gebäudes sowie der Nachbargebäude den Abbruch eines benachbarten Hauses angeordnet, der Eigentümer hatte daraufhin umfangreiche Instandsetzungsarbeiten vorgenommen. Der durch das Verhalten der Behörde geschaffene Vertrauenstatbestand steht einer späteren Abbruchverfügung entgegen.

Erst recht tritt durch den **bloßen Zeitablauf keine Verwirkung** ein (VGH Kassel NJW 1984, 318). Neben dem Zeitablauf und der **Vertrauensgrundlage** durch entsprechendes Verhalten der Behörde muss ferner hinzukommen, dass der Eigentümer einen **Vertrauenstatbestand** geschaffen hat, d.h. Aufwendungen vorgenommen hat, die im Fall eines Abbruch des Gebäudes verloren wären (VGH Mannheim BRS 40 Nr. 228; 39 Nr. 144).

Eine Verwirkung wird allerdings zum Teil mit der Begründung abgelehnt, nur subjektive Rechte, nicht aber hoheitliche Befugnisse könnten durch Verwirkung untergehen (OVG Lüneburg BRS 64 Nr. 198; OVG Münster NVwZ-RR 2009, 364; Finkenburg/Ortloff/Otto II S. 187; ebenso zum Bodenschutzrecht VGH Mannheim BauR 2009, 485). Dem ist jedoch entgegenzuhalten, dass der Grundsatz von Treu und Glauben, aus dem die Verwirkung abgeleitet wird, auch für die Behörden gilt.

e) Adressat einer Abbruchverfügung

247 Besondere Probleme können bei einer Abbruchverfügung dadurch entstehen, dass der Verpflichtete nur Miteigentümer ist, oder aber das Gebäude zwischenzeitlich verkauft oder vermietet wurde (s. dazu Burgi/Ellenrieder BWVPr 1989, 33).

In der Rechtsprechung ist anerkannt, dass eine Abbruchverfügung nicht gegen alle **Miteigentümer** gerichtet werden muss (VGH Mannheim NVwZ 1992, 392; Sauter § 65 Rdnr. 69). Denn der Umstand, dass der Adressat der Abbruchverfügung nicht allein verfügungsberechtigt ist, berührt nicht die Rechtmäßigkeit, sondern lediglich die Vollstreckbarkeit der Abbruchanordnung. Die Behörde kann die Abbruchanordnung allerdings nur durchsetzen, wenn sie auch gegen die übrigen Miteigentümer eine Abbruchverfügung, zumindest aber eine **Duldungsverfügung** erlässt (BVerwG BauR 1972, 32 und 298; VGH Mannheim BRS 25 Nr. 206; VGH München NVwZ-RR 2002, 609). Die Duldungsverfügung ist auf § 47 LBO zu stützen (VGH Mannheim BRS 38, 206); bei einer Klage hiergegen ist nur zu prüfen, ob der Duldungsverpflichtete durch den Abbruch des Gebäudes in seinen Rechten verletzt wird (VGH Mannheim BRS 38 Nr. 206 u. 202).

Durch die Veräußerung des Gebäudes oder den Tod des Adressaten der Abbruchverfügung wird die Rechtmäßigkeit nicht beeinträchtigt, die Abbruchverfügung wirkt unmittelbar auch gegenüber dem vertraglichen oder gesetzlichen **Rechtsnachfolger** (s. dazu Schwarz BauR 1985, 497; Sauter § 65 Rdnr. 83 ff.). Denn die Abbruchverfügung ist ein objektbezogener Verwaltungsakt, dessen Rechtmäßigkeit von der Person des jeweiligen Eigentümers unabhängig ist (so BVerwG NJW 1971, 1624; VGH Mannheim NVwZ-RR 1989, 593; NVwZ 1992, 392; OVG Münster BauR 2003, 1877; VGH Kassel NVwZ 1998, 1315). Im Übrigen finden hinsichtlich der Frage, an wen eine Abbruchverfügung zu richten ist, die Grundsätze der §§ 6, 7 PolG entsprechende Anwendung (VGH Mannheim BWVBl. 1970, 57; NVwZ-RR 1989, 593). 248

Der Eigentümer eines abzubrechenden Gebäudes kann sich schließlich auch nicht darauf berufen, er habe das Gebäude ganz oder teilweise **vermietet** und könne es deshalb nicht abbrechen (BVerwG NVwZ 1995, 272). Denn nach der Rechtsprechung des VGH Mannheim ist die Abbruchverfügung ein Kündigungsgrund nach § 543 BGB (VGH Mannheim Urt. v. 14.9.1976 – III 1758/75; VGH Kassel NVwZ 1984, 307). Wenn der Mieter allerdings nicht auszieht, muss die Baurechtsbehörde auch ihm gegenüber jedenfalls vor der Vollstreckung der Abbruchverfügung durch Ersatzvornahme eine Duldungsverfügung erlassen (BVerwG NVwZ 1995, 272; OVG Münster NVwZ-RR 1995, 635; VGH Mannheim NuR 1985, 70; s. dazu oben Rdnr. 247).

Ist die Abbruchverfügung bestandskräftig, dann kann sie gegenüber dem Adressaten oder seinem Rechtsnachfolger (OVG Münster BauR 2003, 1877) durch Ersatzvornahme oder Zwangsgeld, u. U. sogar durch Zwangshaft (vgl. VGH Mannheim VBlBW 1987, 336) durchgesetzt werden. Einwendungen sind im **Vollstreckungsverfahren** (s. dazu Rasch BauR 1988, 266) nur noch soweit zulässig, als eine Verletzung der Vorschriften des VwVG gerügt wird, die Sach- oder Rechtslage sich nachträglich geändert hat (BVerwG MDR 1977, 607; BRS 32 Nr. 195) oder aber der Betroffene einwendet, er sei gar nicht Rechtsnachfolger (VGH Kassel NVwZ 1985, 281).

10. Sonstige Eingriffsmaßnahmen der Baurechtsbehörde

a) Nutzungsuntersagung (§ 65 Satz 2 LBO)

Nach § 65 Satz 2 LBO kann die Baurechtsbehörde die Nutzung einer baulichen Anlage untersagen, wenn zwar nicht die Anlage selbst, wohl aber ihre **Nutzung im Widerspruch zu öffentlich-rechtlichen Vorschriften** steht. Die Nutzungsuntersagung darf nur so weit gehen, wie dieses zur Beseitigung des rechtswidrigen Zustands notwendig ist (VGH Mannheim VBlBW 1995, 59; Sauter § 65 Rdnr. 105). 249

Bsp. (VGH Mannheim BauR 1996, 605): Eine Nutzungsuntersagung ist unzulässig, wenn die Rechtswidrigkeit des Bauvorhabens durch eine Befreiung beseitigt werden kann und die rechtlichen Voraussetzungen hierfür vorliegen.

Mit der Nutzungsuntersagung kann auch die Anordnung verbunden werden, die für die unzulässige Nutzung eingebrachten Gegenstände zu entfernen (VGH Mannheim VBlBW 1985, 457; NVwZ 1989, 193; VGH München BauR 2008, 1589).

Bei **vermieteten Gebäuden** kann die Nutzungsuntersagung sowohl an den Eigentümer als auch an den Mieter gerichtet werden (VGH Kassel DÖV 1984, 377). Die an den Eigentümer gerichtete Nutzungsuntersagung verbietet ihm lediglich die Selbstnutzung sowie eine Neuvermietung (VGH Mannheim VBlBW 1991, 220), zwingt ihn aber nicht zur Kündigung eines bereits bestehenden Mietverhältnisses (VGH Kassel BRS 40 Nr. 229 – vgl. auch Rdnr. 252 a. E.). Deshalb kann der Mieter auch nicht gegen eine Nutzungsuntersagung Rechtsmittel einlegen, die lediglich an den Eigentümer adressiert ist (VGH Mannheim VBlBW 1984, 19); ebenso ist auch eine Beiladung des Mieters nicht erforderlich (BVerwG BauR 1988, 355).

250 Zweifelhaft ist, ob die Nutzungsuntersagung auch dann ausgesprochen werden darf, wenn die **Nutzung nur formell baurechtswidrig** ist. Hierfür spricht vor allem dass der „Schwarznutzer" nicht besser gestellt sein kann als der gesetzestreue Hauseigentümer, der zunächst eine Baugenehmigung einholt (so OVG Münster BauR 2009, 1719; VGH München NVwZ-RR 2006, 754; OVG Lüneburg NVwZ-RR 2005, 607; VGH Kassel NVwZ-RR 2002, 823; Sauter § 65 Rdnr. 99; a. M. VGH Mannheim BauR 1985, 537; VBlBW 1995, 432; 1996, 301; 2010, 111; OVG Berlin NVwZ-RR 2001, 229; Schlotterbeck/v.Arnim/Hager § 65 Rdnr. 28). Andererseits dient § 65 Satz 2 LBO nicht der Ahndung eines ungenehmigten Bauens; hierfür sieht § 75 Abs. 1 Nr. 8 LBO eine Geldbuße vor, die nach § 17 Abs. 4 OWiG höher als der wirtschaftliche Vorteil angesetzt werden kann.

Da auch in der formellen Baurechtswidrigkeit ein rechtswidriger Zustand i. S. d. § 65 LBO zu sehen ist, kann eine Nutzungsuntersagung zumindest dann ausgesprochen werden, wenn unklar ist, ob die Nutzung materiell-rechtlich zulässig ist oder nicht (VGH Mannheim NVwZ 1990, 480; BauR 2007, 1217). Die Grundsätze zur Abbruchverfügung (formelle und materielle Baurechtswidrigkeit) lassen sich nur eingeschränkt auf die Nutzungsuntersagung übertragen, weil letztere Maßnahme jederzeit rückgängig gemacht werden kann, wenn sich herausstellt, dass die Nutzung den baurechtlichen Vorschriften nicht zuwiderläuft. Ist dagegen erkennbar, dass die Nutzung eines ungenehmigten Bauvorhabens materiell-rechtlich nicht zu beanstanden ist, dann kann dem Eigentümer zwar aufgegeben werden, Bauvorlagen einzureichen und ihm anschließend eine Baugenehmigung erteilt werden (s. dazu oben Rdnr. 231), dagegen kommt eine Nutzungsuntersagung nicht in Betracht (OVG Saar BauR 1984, 614; OVG Lüneburg NVwZ 1989, 170). Der VGH Mannheim (VBlBW 2011, 28) hält eine Nutzungsuntersagung nur wegen formeller Illegalität ferner dann für zulässig, wenn die Nutzung noch nicht aufgenommen wurde; diese Anordnung ist aber auf § 47 Abs. 1 LBO, nicht auf § 65 Satz 2 LBO zu stützen.

b) Baueinstellung (§ 64 LBO)

251 Die Baurechtsbehörde kann ferner nach § 64 Abs. 1 LBO die **Baueinstellung** verfügen, wenn eine Anlage in Widerspruch zu formellen oder (bei genehmigungsfreien Vorhaben) materiellen baurechtlichen Vorschriften gebaut wird (VGH Mannheim VBlBW 1994, 196; OVG Münster NVwZ-RR 2002, 564). Das ist nach Satz 2 der Vorschrift insbes. der Fall, wenn mit dem Bau schon vor der Baufreigabe (§ 59 LBO) begonnen wird – Nr. 1. Die Baueinstellung kann auch schon vor Beginn der Bauarbeiten geschehen (VGH Mannheim NVwZ-RR 1994, 72). Die Baueinstellung kann ferner nach § 64 Nr. 3 LBO angeordnet werden, wenn der Bauherr bei der Errichtung eines Bauwerks von den genehmigten bzw. zur Kenntnis gegebenen Plänen abweicht und die Abweichung nicht nach § 50 LBO verfahrensfrei zulässig ist (VGH Mannheim VBlBW 1992, 262). Dabei ist es nicht von Bedeutung, ob das Bauvorhaben materiell-rechtlich zulässig ist (VGH Mannheim BRS 23 Nr. 203; OVG Münster BRS

16 Nr. 133; Sauter § 64 Rdnr. 6). Da Rechtsmittel gegen eine Baueinstellung nach § 64 Abs. 1 Satz 3 LBO keine aufschiebende Wirkung haben, kann die Baurechtsbehörde die Baustelle nach § 64 Abs. 2 LBO **versiegeln** und die Geräte und Baustoffe **beschlagnahmen** (VGH Mannheim VBlBW 1982, 140; 1989, 106), wenn der Baueinstellung nicht Folge geleistet wird. Dagegen kommt eine Maßnahme nach § 64 Abs. 1 LBO nicht mehr in Betracht, wenn das Gebäude bereits fertig gestellt ist.

Die Versiegelung und die Beschlagnahme sind Maßnahmen der Verwaltungsvollstreckung, so dass Rechtsmittel hiergegen keine aufschiebende Wirkung haben (VGH Mannheim VBlBW 1989, 106).

Die Baueinstellung hat insbesondere Bedeutung bei Bauvorhaben im **Kenntnisgabeverfahren**. Stellt die Behörde – von Amts wegen oder auf Grund von Nachbareinwendungen – nach einem zulässigen Baubeginn fest, dass das Vorhaben materiell rechtswidrig ist, kann sie es nach § 64 Abs. 1 LBO einstellen, denn die Vorschrift greift auch bei nur materiell-rechtlicher Rechtswidrigkeit ein (vgl. VGH Mannheim VBlBW 1994, 196), sofern dem Bauherrn nicht durch eine förmliche Baugenehmigung, in der die Rechtmäßigkeit des Vorhabens festgestellt wird (s. oben Rdnr. 223), der Baubeginn gestattet wurde. Nach der zitierten Rechtsprechung des VGH Mannheim reicht es dabei für eine Baueinstellung aus, dass ernsthafte Zweifel an der Rechtmäßigkeit des Bauvorhabens bestehen. Die Baurechtsbehörde muss allerdings dann nach der Baueinstellung diesen Zweifeln nachgehen und die Baueinstellung von Amts wegen aufheben, wenn sich die Zweifel als unberechtigt erweisen.

c) Maßnahmen nach § 47 LBO

Schließlich kann die Baurechtsbehörde nach § 47 Abs. 1 LBO generell diejenigen 252
Maßnahmen treffen, die zur Einhaltung der baurechtlichen sowie sonstigen öffentlich-rechtlichen Vorschriften über die Errichtung und Unterhaltung von baulichen Anlagen erforderlich sind. Es handelt sich hierbei um eine § 1 PolG entsprechende **Generalklausel**.

Schwierigkeiten kann die Abgrenzung der Anwendungsbereiche von § 47 Abs. 1 und § 65 LBO bereiten. § 65 LBO ist die speziellere Vorschrift, setzt aber voraus, dass die Anlage von Anfang an rechtswidrig war. Bei später eingetretener Baurechtswidrigkeit, z. B. wegen **mangelhafter Unterhaltung des Gebäudes**, kann die Baurechtsbehörde nur nach § 47 Abs. 1 LBO einschreiten (VGH Mannheim VBlBW 1988, 111). Der VGH Mannheim (BWVPr 1984, 257) nimmt ferner an, dass die Verpflichtung zur Beseitigung eines zwar begonnenen, aber noch nicht vollendeten Bauwerks auf § 47 LBO und nicht auf § 65 LBO zu stützen sei. Außerdem kann eine sog. **Aufräumverfügung**, d.h. die Verpflichtung, auf dem Grundstück herumliegende Bauteile und sonstigen Unrat zu beseitigen, auf § 47 Abs. 1 LBO gestützt werden (VGH Mannheim Urt. v. 18.3.1976 – III 556/75). Bei einer Nutzungsuntersagung beruht die Aufforderung, Einrichtungsgegenstände zu entfernen, auf § 47 LBO (VGH München BauR 2008, 1598). Ferner ermächtigt § 47 Abs. 1 LBO die Baurechtsbehörde zu **präventiven Maßnahmen**, z. B. das beabsichtigte Aufstellen eines Wohnwagens im Außenbereich zu untersagen (VGH Mannheim BauR 1978, 300; VBlBW 2011, 28; VGH Kassel BauR 2002, 61); das gleiche gilt für eine präventive Nutzungsuntersagung (s. oben Rdnr. 250).

Schließlich hat auch eine Verkleinerungsverfügung in § 47 LBO und nicht in § 65 LBO ihre Rechtsgrundlage. Denn der Bauherr wird dadurch nicht nur zum teilweisen Abbruch verpflichtet, er muss die verbleibenden Gebäudeteile vielmehr wieder in einen ordnungsgemäßen Zustand versetzen (so VGH Mannheim BRS 27 Nr. 200).

Nach § 47 LBO kann die Baurechtsbehörde dem Bauherrn eines ungenehmigten Bauwerks aufgeben, **prüfungsfähige Bauvorlagen (Baupläne) einzureichen** (VGH Mannheim Urt. v. 27.1.1987 – 8 S 3210/87; VGH Kassel NVwZ-RR 2004, 32).

§ 47 LBO ist außerdem Ermächtigungsgrundlage für eine Anordnung an den Hauseigentümer, ein Mietverhältnis über Räume, die nicht als Wohnräume genutzt werden dürfen, zu kündigen (VGH Mannheim VBlBW 1983, 335). Die Behörde hat dabei aber zu prüfen, ob nicht primär eine Nutzungsuntersagung gegenüber dem Mieter zweckmäßig ist.

IV. Nachbarschutz

1. Allgemeines

Das Nachbarrecht unterteilt sich in das öffentliche und das private Nachbarrecht (vgl. Birkl/Jäde Teil A; Stühler BauR 2004, 614; Brügelmann/Dürr vor §§ 29 ff. Rdnr. 10 ff.). Das **öffentliche Nachbarrecht** (Brügelmann/Dürr a.a.O. Rdnr. 30 ff.; Dürr KommJur 2005, 201; Finkelnburg/Ortloff/Otto II S. 210 ff.; Seibel BauR 2005, 1409; Schoch Jura 2004, 317; zur Einführung: Dürr JuS 2007, 432) ergibt sich im Wesentlichen aus den **baurechtlichen Bestimmungen**, ferner dem **Bundesimmissionsschutzgesetz** sowie sonstigen spezialgesetzlichen Regelungen, z. B. § 5 Gaststättengesetz. Das **private Nachbarrecht** (s. dazu Dehner, Nachbarrecht im Bundesgebiet; Grziwotz/Lüke/Saller, Praxishandbuch Nachbarrecht; Pelka, Das Nachbarrecht in B-W; Birk, Nachbarrecht für B-W) ist vor allem in §§ 906 ff. BGB sowie den landesrechtlichen Nachbargesetzen geregelt, in Baden-Württemberg im NRG vom 8.1.1996 (GBl. S. 54 – Dürig Nr. 22; s. Bruns NRG B-W). Zu beachten ist dabei, dass Streitigkeiten aus dem **Nachbarrechtsgesetz** stets vor den Zivilgerichten auszutragen sind. **253**

Die grundsätzliche Berechtigung des öffentlich-rechtlichen Nachbarschutzes wird seit BVerwGE 11, 95 und 22, 129 nicht mehr in Frage gestellt (s. zur früheren Diskussion: Sellmann DVBl 1963, 273; Redeker NJW 1959, 749; Bachof DVBl 1961, 128). Die Baugenehmigung ist ein **Verwaltungsakt mit Doppelwirkung**, der mit der Begünstigung des Bauherrn zugleich den Nachbarn belastet bzw. belasten kann; daher muss diesem schon wegen Art. 19 Abs. 4 GG eine Rechtsschutzmöglichkeit eröffnet werden (BVerwGE 22, 129).

Die privatrechtliche Abwehrmöglichkeit nach § 1004 BGB ist nicht ausreichend, da es z. B. gegen eine Störung der Wohnruhe durch Verkehrslärm oder einen Entzug der Besonnung und Belichtung keinen privatrechtlichen Schutz gibt; umgekehrt kann sich auch der Gewerbetreibende nicht mit privatrechtlichen Mitteln gegen eine heran rückende Wohnbebauung schützen, die die Fortführung seines Betriebes aus immissionsschutzrechtlichen Gründen in Frage stellen kann. Ein umfassender Ausgleich der Belange des Bauherrn und der Nachbarn kann nur im Rahmen des öffentlichen Rechts erfolgen. Im Übrigen sind BVerwG und BGH darum bemüht, die Abwehrrechte des Nachbarn im **öffentlichen Recht und im Zivilrecht parallel** auszugestalten (vgl. Hagen NVwZ 1991, 817; Arbeitskreis bauliches Nachbarrecht BBauBl. 1991, 14; Jäde in Birkl A Rdnr. 19 ff.; Seibel BauR 2005, 1409). So ist die Anforderung an eine unzumutbare Beeinträchtigung i. S. d. § 3 BImSchG bzw. des Gebots der Rücksichtnahme (s. unten Rdnr. 265) identisch mit einer wesentlichen Beeinträchtigung i. S. d. § 906 BGB (BGHZ 70, 102 = NJW 1978, 419; BGHZ 148, 201 = NJW 2001, 3119; BVerwGE 79, 254 = NJW 1988, 2396; E 81, 197 = NJW 1989, 1271). Nach § 906 Abs. 1 Satz 2 BGB liegt eine unwesentliche Beeinträchtigung i. d. R. vor, wenn die Immissionsgrenzwerte oder – richtwerte nicht überschritten werden (s. dazu BGH NVwZ-RR 2007, 596). Grundsätzlich bietet das öffentliche Recht dem Nachbarn primär präventiven Schutz, das Zivilrecht primär repressiven (nachträglichen) Schutz (Mampel Rdnr. 98 ff.). **254**

Eine gewisse **Verknüpfung des öffentlichen und des privaten Nachbarrechts** ergibt sich zunächst dadurch, dass nach der Rechtsprechung des BGH die dem Schutz der Nachbarn dienenden öffentlich-rechtlichen Vorschriften zugleich Schutzgesetze i. S. d. § 823 Abs. 2 BGB sind, so dass bei Verletzung derartiger Vorschriften Schadensersatzansprüche sowie Beseitigungs- und Unterlassungsansprüche entsprechend § 1004 BGB vor den Zivilgerichten geltend gemacht werden können (BGHZ 66, 354 = NJW 1976, 188; NJW 1970, 1180; WM 1984, 572; OLG Karlsruhe Die Justiz 1975, 309 und 1993, 257 zu § 5 LBO; Dolderer DVBl 1998, 19). Nach der Rechtsprechung des BGH (NJW 1997, 55) kann sogar eine der Baugenehmigung beigefügte Auflage, die dem Schutz des Nachbarn dient, von diesem durch eine zivilgerichtliche Klage durchgesetzt werden.

Ferner können auch bei der Beurteilung, ob ein Bauvorhaben die Nachbarschaft rechtswidrig beeinträchtigt und daher Abwehransprüche nach §§ 1004, 906 BGB gegeben sind, die Festsetzungen eines **Bebauungsplans nicht außer Betracht** bleiben. Wer gemäß dem Bebauungsplan baut und das Gebäude nutzt, handelt nicht rechtswidrig und kann daher auch zivilrechtlich nicht zur Unterlassung gezwungen werden (so Roeser in Berl. Komm. vor §§ 29 ff. Rdnr. 4; Gaentzsch NVwZ 1986, 604; Jäde in Birkl A Rdnr. 27). Die Gegenmeinung beruft sich demgegenüber darauf, dass § 906 BGB nur auf die Ortsüblichkeit abstellt und davon abweichende Festsetzungen eines Bebauungsplans daher unbeachtlich seien (so BGH NJW 1976, 1204; 1983, 751; Säcker in MünchKomm zum BGB § 906 Rdnr. 17; Hagen NVwZ 1991, 817; Battis/Krautzberger/Löhr § 31 Rdnr. 54). Dem ist entgegen zuhalten, dass jede mit höheren Emissionen verbundene neue Nutzung auf Grund der Festsetzung eines Bebauungsplans von vornherein unzulässig wäre, wenn nur die bereits vorhandene und damit ortsübliche Beeinträchtigung hingenommen werden müsste. Ein Bebauungsplan ist eine Rechtsnorm und damit auch für zivilrechtliche Rechtsbeziehungen maßgeblich.

Dagegen kann eine **Baugenehmigung** zivilrechtliche Abwehransprüche des Nachbarn nicht ausschalten, weil die Baugenehmigung nach § 58 Abs. 3 LBO unbeschadet der privaten Rechte des Nachbarn ergeht (so Hagen NVwZ 1991, 817; Breuer DVBl 1983, 438; Jäde in Birkl A Rdnr. 16; Schrödter/Rieger § 31 Rdnr. 74 ff.; a. M. Roeser in Berl. Komm. vor §§ 29 ff. Rdnr. 6; Battis/Krautzberger/Löhr § 31 Rdnr. 54).

2. Der Begriff des Nachbarn

255 Nach der verwaltungsgerichtlichen Rechtsprechung ist Nachbar nicht nur der Angrenzer i. S. d. § 55 LBO, sondern jeder, der von der Errichtung oder der Nutzung der baulichen Anlage **in seinen rechtlichen Interessen betroffen** wird (BVerwGE 28, 131; NJW 1983, 1507, weitere Rspr.-Nachweise bei Brügelmann/Dürr vor §§ 29 ff. Rdnr. 20ff.). Dabei ist der Kreis der Nachbarn bei einem emissionsträchtigen Gewerbebetrieb wesentlich weiter zu ziehen als bei einem Einfamilienhaus; das OVG Lüneburg (DVBl 1975, 190) hat z. B. bei einem Atomkraftwerk sogar eine 100 km entfernt wohnende Person als „Nachbar" angesehen. Inzwischen wird der Kreis der Nachbarn allerdings räumlich auf Personen im Umkreis der Anlage beschränkt, die sich durch ihr enges räumliches Verhältnis zur Anlage von der Allgemeinheit unterscheiden (OVG Lüneburg NVwZ 1985, 357 – Kraftwerk Buschhaus).

256 In rechtlicher Hinsicht werden bisher **nur dinglich Berechtigte** als Nachbarn anerkannt, nicht aber obligatorisch Berechtigte wie Mieter oder Pächter (BVerwG NJW 1989, 2766; NJW 1994, 1233; NVwZ 1998, 956; VGH Mannheim DÖV 2007, 568; Birkl/Geiger Kap. E Rdnr. 34.; Schmidt-Preuß NJW 1995, 27). Begründet wird dieses damit, dass das Baurecht die objektiven Rechtsbeziehungen zwischen den Grundstücken regele und Anknüpfungspunkt hierfür das Eigentum sei; der Eigentümer „repräsentiere" sozusagen das Grundstück in den Rechtsbeziehungen zu anderen Grundstücken (so OVG Berlin NVwZ 1989, 267). Es komme hinzu, dass der Kreis der dinglich Berechtigten mit Hilfe des Grundbuchs überschaubar und i. d. R. konstant sei, während die obligatorischen Rechte an den Nachbargrundstücken weniger leicht feststellbar und einem häufigen Wechsel unterworfen seien.

Diese Rechtsansicht kann aber nicht mehr vollständig aufrecht erhalten werden, nachdem das BVerfG (NJW 1993, 2035) das **Mietrecht an einer Wohnung** ebenfalls unter den Schutz des Art. 14 GG gestellt hat und von Eigentum und Mietrecht als zwei konkurrierenden Eigentumspositionen spricht; das BVerfG vergleicht dabei das Mietrecht mit dem Erbbaurecht. Diese Gleichstellung der Wohnungsmiete mit dinglichen Nutzungsrechten muss sich auch auf das öffentliche Baunachbarrecht auswirken (eb. Jäde UPR 1993, 330; Thews NVwZ 1995, 224; Brohm § 30 Rdnr. 9; Seibel BauR 2003, 1674; a. M. Ortloff NVwZ 1994, 229; Schmidt-Preuß NJW 1995, 27; OVG Lüneburg NVwZ 1996, 918; OVG Berlin BRS 66 Nr. 187; VGH München NVwZ-RR 2007, 371). Für sonstige Miet- oder Pachtverhältnisse bleibt es dagegen dabei, dass nur dem Eigentümer oder sonstigen dinglich Berechtigten die nachbarlichen Abwehransprüche zustehen. Eine Ausnahme sollte allerdings für die Inhaber von **eingerichteten und ausgeübten Gewerbebetrieben**, die nach der Rechtsprechung des BVerfG (E 30, 335; 45, 173) den Schutz des Art. 14 genießen, gemacht werden. Ihnen sollten eigene baurechtliche Abwehrrechte gegen eine Beeinträchtigung ihres Gewerbebetriebs eingeräumt werden (a. M. aber BVerwG NJW 1989, 2766; NVwZ 1991, 566; DVBl 1989, 1056).

Soweit nicht das Eigentum, sondern andere Rechtsgüter, insbesondere **Leben und Gesundheit** (Art. 2 Abs. 2 GG) geschützt werden sollen, muss **auch dem Mieter oder Pächter** uneingeschränkt ein baurechtlicher Abwehranspruch eingeräumt werden (BVerwG NJW 1989, 2766; Battis/Krautzberger/Löhr § 31 Rdnr. 95; a. M. VGH München NVwZ-RR 2007, 371). Das Gleiche muss auch für Rechtsnormen gelten, die nicht speziell das Eigentum, sondern andere Rechtsgüter schützen wollen, wie dieses z. B. beim Immissionsschutz der Fall ist.

Zu den **dinglich Berechtigten**, die Rechtsmittel gegen eine dem Nachbarn erteilte **257**
Baugenehmigung einlegen können, zählen in erster Linie die Eigentümer, daneben die Wohnungseigentümer (BVerwG NJW 1988, 3279; NVwZ 1990, 655), der Erbbauberechtigte und der Nießbraucher (BVerwG a.a.O.) sowie der bereits durch eine Auflassungsvormerkung gesicherte Käufer (BVerwG NJW 1983, 1626; NJW 1988, 1228); nicht dagegen Hypothekengläubiger oder Inhaber einer Grunddienstbarkeit (Gelzer/Bracher/Reidt Rdnr. 2033), eines dinglichen Vorkaufsrechts (VGH Mannheim NJW 1995, 308) sowie Personen, die erst ein Anwartschaftsrecht auf den Eigentumserwerb haben, ohne dass dieses durch eine Vormerkung gesichert ist (VGH München BRS 28 Nr. 131).

Der **Wohnungseigentümer** kann gegenüber einer Beeinträchtigung seines Sondereigentums durch andere Bauvorhaben einen öffentlich-rechtlichen Abwehranspruch geltend machen. Nur die Wohnungseigentümergemeinschaft und nicht der einzelne Miteigentümer kann aber eine Beeinträchtigung des gemeinschaftlichen Eigentums abwehren (BVerwG NJW 1988, 3279; NVwZ 1989, 250; NVwZ 1990, 655; a. M. VGH München NVwZ-RR 2004, 248; NVwZ-RR 2006, 431: in Einzelfällen gemäß § 21 Abs. 2 WEG auch der Wohnungseigentümer; eb. Gröhn/Hellmann-Sieg BauR 2010, 400). Dagegen können Streitigkeiten **innerhalb der Wohnungseigentümergemeinschaft** hinsichtlich der Nutzung einzelner Wohnungen oder des gemeinschaftlichen Eigentums nicht vor dem Verwaltungsgericht ausgetragen werden, weil hierfür ausschließlich das WEG maßgeblich ist und damit nach § 43 WEG das Amtsgericht zuständig ist (BVerwG a.a.O.); das gilt auch, soweit ein Mieter einer Wohnung bauliche

Maßnahmen durchführt (VGH Mannheim VBlBW 1992, 24) oder die Störung vom Pächter eines Ladengeschäfts (Teileigentum nach § 1 Abs. 3 WEG) ausgeht (BVerwG BauR 1998, 997).

Miterben können dagegen wegen § 2038 BGB nur gemeinsam, nicht jeder für sich allein Rechtsmittel wegen der Beeinträchtigung eines geerbten Grundstücks einlegen (VGH Mannheim BauR 1992, 60). Das gleiche gilt für eine BGB-Gesellschaft, da die Gesamthandsgesellschaft und nicht die einzelnen Gesellschafter Eigentümer sind (BVerwG BauR 2010, 1202).

3. Die geschützte Rechtsstellung des Nachbarn

258 Ein Rechtsmittel des Nachbarn ist nur begründet, wenn **nachbarschützende Normen verletzt** sind. Dagegen ist die Klage genauso wie der Widerspruch eines Nachbarn unbegründet, wenn die Baugenehmigung zwar rechtswidrig ist, aber die verletzten Vorschriften nicht dem Nachbarschutz dienen (std. Rspr. seit BVerwGE 22, 129; vgl. z. B. BVerwGE 89, 69 = NVwZ 1992, 977; E 101, 364 = NVwZ 1997, 384; E 131, 129 = NVwZ 2008, 1012). Die Richtigkeit dieser Rechtsansicht folgt zwangsläufig aus § 113 Abs. 1 Satz 1 VwGO.

Bsp. a) (VGH Kassel BauR 1990, 709): Die Genehmigung einer Tennishalle auf einer durch Bebauungsplan ausgewiesenen Grünfläche ist zwar rechtswidrig, verletzt aber den Nachbarn der Grünanlage nicht in seinen Rechten, da die Festsetzung einer Grünfläche ausschließlich öffentlichen Belangen dient.

b) (OVG Münster NVwZ-RR 1999, 366): Die Genehmigung der Verdoppelung der Tribünenplätze eines Fußballstadions ohne gleichzeitige Anlage zusätzlicher Stellplätze verstößt zwar gegen § 37 Abs. 2 LBO. Gleichwohl kann der Nachbar dagegen nicht vorgehen, weil § 37 Abs. 1 u. 2 LBO nicht dem Schutz der Nachbarschaft dienen.

Trotz eines Verstoßes gegen eine nachbarschützende Norm kann das Rechtsmittel mangels eines Rechtsschutzbedürfnisses zurückgewiesen werden, wenn der Nachbar **tatsächlich nicht betroffen** wird (OVG Münster NVwZ 1983, 414 und 1986, 317; VGH Mannheim VBlBW 1982, 334; 1985, 143; 1992, 262; a. M. OVG Münster NVwZ 2003, 361; Jacob BauR 1984, 1; Mampel BauR 1993, 44), dieses ist z. B. der Fall, wenn das Nachbargrundstück wegen steiler Hanglage oder geringer Breite überhaupt nicht bebaubar ist. Allerdings hat der Nachbar bei Schutznormen, die eine konkrete Maßangabe enthalten – z. B. die Abstandsregelungen – einen Anspruch auf vollständiges Einhalten der Norm hat; bereits durch ein Unterschreiten um wenige cm wird er regelmäßig in seinen Rechten verletzt (VGH Mannheim VBlBW 2003, 235) – s. aber auch Rdnr. 269 zum Gebietswahrungsanspruch.

259 Ob eine Norm nachbarschützend ist, richtet sich zunächst nach ihrem Schutzzweck. Der Nachbar kann nur eine Verletzung solcher Normen rügen, die zumindest auch seinen Belangen dienen sollen (sog. **Schutznormtheorie**, s. dazu OVG Berlin BauR 1985, 434 mit lesenswerter Darstellung der Entwicklung des Nachbarschutzes). Letztlich wurzelt der Nachbarschutz im nachbarlichen Gemeinschaftsverhältnis und leitet sich daraus her, dass bestimmte Vorschriften auch der Rücksichtnahme auf individuelle Interessen oder deren Ausgleich untereinander dienen (so BVerwGE 78, 85 = NJW 1988, 839; E 82, 61 = NVwZ 1989, 1163; E 94, 151 = NJW 1994, 1546; E 101, 364 = NVwZ 1997, 384).

260 Diese nachbarschützende Zweckbestimmung kann sich einmal bereits aus dem **Wortlaut** ergeben, z. B. § 15 Abs. 1 Satz. 2 BauNVO, wonach auf nachbarliche Belange Rücksicht zu nehmen ist oder § 37 Abs. 7 LBO, der ausdrücklich die Wohnruhe in der Umgebung von Stellplätzen gewährleisten soll. Daneben kann die nachbar-

schützende Wirkung aus dem **Sinngehalt** der Vorschrift entnommen werden, so dienen z. B. die Vorschriften über die Abstände (§§ 5, 6 LBO) oder Brandwände (§ 26 LBO) erkennbar nachbarlichen Belangen. Schließlich ist ein Nachbarschutz auch dann anzunehmen, wenn die von der Vorschrift betroffenen Grundstückseigentümer eine bau- und bodenrechtliche Schicksalsgemeinschaft bilden, was insbesondere bei der Ausweisung von Baugebieten durch entsprechende Bebauungspläne der Fall sein kann (BVerwGE 44, 244 = NJW 1979, 811; NVwZ 2008, 427). Das BVerwG (E 94, 151 = NJW 1994, 1548; E 101, 364 = NVwZ 1997, 384) spricht insoweit von einem **Austauschverhältnis** (s. Rdnr. 269). Umgekehrt scheidet ein Nachbarschutz aus, wenn die Vorschrift ausdrücklich oder ihrem Sinngehalt nach nur öffentlichen Belangen dienen soll, z. B. die in § 33 LBO normierte Verpflichtung zur einwandfreien Abwasserbeseitigung, oder wenn sie ausschließlich dem Schutz der Bewohner des Hauses dient, z. B. die Anforderungen der §§ 34 ff. LBO an Aufenthaltsräume.

Ein Nachbarschutz konnte nach der früheren Rechtsprechung des BVerwG auch un- **261**
mittelbar aus **Art. 14 GG** abgeleitet werden, wenn das Eigentum an dem Grundstück durch bauliche Maßnahmen auf dem Nachbargrundstück schwer und unerträglich beeinträchtigt wird (BVerwGE 32, 173 = NJW 1969, 1787; 44, 244 = NJW 1974, 811; 50, 282 = NJW 1976, 1987). Das BVerwG hat diese Rechtsprechung aber inzwischen weitgehend aufgegeben (BVerwGE 89, 69 = NVwZ 1992, 977; E 101, 364 = NVwZ 1997, 384; s. auch Mampel NJW 1999, 975).

Das BVerwG übernimmt auch für den Nachbarschutz seine zuvor entwickelte Rechtsprechung zum Bestandsschutz (s. dazu oben Rdnr. 136 f), wonach sich aus Art. 14 GG grundsätzlich keine subjektiven Rechte ergeben, weil es dafür der inhaltlichen Ausgestaltung des Eigentumsbegriffs durch den Gesetzgeber bedarf. Diese Rechtsprechung ist zwar deswegen problematisch, weil bei einer Beeinträchtigung des Nachbargrundstücks, die dessen Nutzbarkeit durch Lärm, vollständige Verschattung oder Ausschluss der Zugänglichkeit unzumutbar einschränkt, der Eigentumsschutz nicht davon abhängen kann, dass der Gesetzgeber ein Schutzgesetz erlässt. Gleichwohl ist dieser Rechtsprechung im Ergebnis schon deswegen zuzustimmen, weil jeder Eingriff in das Eigentumsrecht zugleich das Rücksichtnahmegebot verletzt, so dass es für den Nachbarschutz im Bauplanungsrecht i. d. R. keines Rückgriffs auf Art. 14 GG bedarf (so auch schon BVerwGE 86, 89 = NVwZ 1992, 977; NVwZ 1996, 888). Nur in Ausnahmekonstellationen ist eine Heranziehung des Art. 14 GG zur Gewährleistung eines effektiven Nachbarschutzes noch vorstellbar (s. dazu Dürr VBlBW 2000, 457; Brügelmann/Dürr vor §§ 29 ff. Rdnr. 34 ff.; Sauter § 55 Rdnr. 53; a. M. aber die h. M., z. B. Ortloff NVwZ 2003, 664; Battis/Krautzberger/Löhr § 31 Rdnr. 82; Berl. Komm. Vor §§ 29 ff. Rdnr. 22).

Anders ist es allerdings, wenn das Grundstück der Nachbarn durch das genehmigte **262**
Bauvorhaben unmittelbar gegenständlich in Anspruch genommen wird.

Bsp. (BVerwGE 50, 282 = NJW 1976, 1987; eb. auch BRS 60 Nr. 182): Nach der Bebauung eines nicht an eine Straße grenzenden Grundstücks würde dem Bauherrn nach § 917 BGB ein Notwegrecht über das Nachbargrundstück zustehen.

Bei einer **unmittelbaren Inanspruchnahme** seines Grundstücks durch Notwegrechte, Durchleitungsrechte nach § 7 e NRG o. ä. kann der Nachbar sein Abwehrrecht unmittelbar auf Art. 14 GG stützen und zwar auch dann, wenn die Beeinträchtigung nicht schwer und unerträglich ist (BVerwGE 50, 282; NJW 1974, 817; BRS 60 Nr. 182). Denn in diesem Fall wird der Kernbereich des Art. 14 GG berührt; niemand braucht einen rechtswidrigen unmittelbaren Zugriff auf sein Grundstück zu dulden, unabhängig davon, ob es sich dabei um einen zivilrechtlichen oder einen öffentlich-rechtlichen Eingriff handelt.

Die Grundsätze zum Nachbarschutz des Art. 14 GG gelten auch für **Art. 2 Abs. 2 GG**; der Schutz von Leben und Gesundheit kann nicht geringer sein als der des Eigentums (BVerwGE 54, 211 = NJW 1978, 554). Ein Rückgriff auf Art. 2 Abs. 2 GG ist durchweg entbehrlich, weil bereits weit vor einer Gefährdung der Gesundheit der Schutz des § 22 BImSchG bzw. das Gebot der Rücksichtnahme eingreift (vgl. VGH Mannheim NVwZ-RR 1995, 561; Finkelnburg/Ortloff II 245; Hoppenberg H 428; Jäde in Birkl A Rdnr. 42). In der Praxis wird eine Verletzung des Art. 2 Abs. 2 GG vor allem bei der Gefährdung durch elektromagnetische Strahlungen von Mobilfunkanlagen geltend gemacht (s. dazu Budzinski NVwZ 2009, 160), allerdings durchweg ohne Erfolg (BVerfG NJW 2002, 1638; BVerwG NVwZ 1996, 1023; OVG Lüneburg NVwZ 2001, 451; OVG Münster NVwZ-RR 2004, 481).

4. Nachbarschutz durch Verfahrensvorschriften

263 Im Anschluss an die Rechtsprechung des BVerfG (E 53, 30 = NJW 1980, 759 – KKW Mülheim-Kärlich; BVerfGE 56, 216 = NJW 1981, 1436 – Asylverfahren) wird auch in der baurechtlichen Literatur die Frage diskutiert, ob in der Missachtung von **Verfahrensvorschriften** eine Verletzung von Rechten des Nachbarn liegen kann (s. dazu Schlichter NVwZ 1983, 647; Roeser in Berl. Komm. vor § 29 ff. Rdnr. 55; Schrödter/Rieger § 31 Rdnr. 67). Diese Frage ist grundsätzlich zu verneinen (OVG Münster NVwZ-RR 2004, 408). Das BVerfG (eb. VGH Mannheim VBlBW 2006, 314) hält nur solche Verfahrensvorschriften für drittschützend, die nach dem Willen des Gesetzgebers die Rechte des betroffenen Bürgers sichern sollen. Solche Verfahrensvorschriften gibt es im Baurecht lediglich hinsichtlich der Bürgerbeteiligung bei der Bauleitplanung sowie der Nachbarbeteiligung am Baugenehmigungsverfahren (Ortloff NJW 1983, 961).

Eine **unterlassene Beteiligung der Nachbarn** im Baugenehmigungsverfahren wird jedoch nach § 45 Abs. 1 Nr. 3 VwVfG dadurch geheilt, dass der Nachbar im Widerspruchsverfahren Gelegenheit zu einer Stellungnahme erhält (VGH München BauR 2004, 1933; Schlotterbeck/v.Arnim/Hager § 55 Rdnr. 54) Die unterbliebene Anhörung kann daher nicht zur Aufhebung einer Baugenehmigung führen.

Eine Verletzung von Rechten des Nachbarn kann sich allerdings daraus ergeben, dass eine Baugenehmigung nicht den Anforderungen des § 37 VwVfG an die **Bestimmtheit** eines Verwaltungsaktes entspricht und daher nicht feststellbar ist, ob bzw. in welchem Maß der Nachbar in seinen Rechten betroffen wird (VGH Mannheim VBlBW 2005, 480; VBlBW 2007, 383; VGH Kassel NVwZ-RR 2005, 229; VGH München BauR 2008, 496).

Eine Verletzung von Rechten des Nachbarn liegt nicht vor, wenn ein genehmigungspflichtiges Vorhaben ohne Baugenehmigung errichtet wird (VGH München NVwZ 1989, 269; OVG Münster BauR 1999, 628; OVG Lüneburg NVwZ 2008, 374) – der Nachbar kann freilich ein Einschreiten der Baurechtsbehörde beantragen, wenn der **Schwarzbau** gegen nachbarschützende Normen des materiellen Baurechts verstößt (s. dazu unten Rdnr. 283).

264 Das BVerwG (NVwZ 1983, 92; NVwZ-RR 1997, 682; eb. OVG Münster NVwZ-RR 2006, 306; OVG Hamburg BauR 1977, 256) hat eine Verletzung von Rechten des Nachbarn auch dann verneint, wenn ein **Großvorhaben ohne** Durchführung der nach § 1 Abs. 3 BauGB in solchen Fällen erforderlichen **Bauleitplanung** genehmigt wird.

Das BVerwG begründet dieses damit, dass es nach § 1 Abs. 3 BauGB kein Recht auf Aufstellung eines Bebauungsplans gebe. Wenn es aber keinen Anspruch auf eine Bauleitplanung gibt, kann durch eine unterbliebene Bauleitplanung auch keine Verletzung von Rechten der Grundstückseigentümer eintreten. Der von einem Großvorhaben betroffene Nachbar hat zwar ein Recht darauf, dass seine Belange berücksichtigt werden. Hierfür bedarf es aber keines förmlichen Verfahrens nach § 3 BauGB. Es reicht aus, dass die Belange im Rahmen der durch das Rücksichtnahmegebot gebotenen Abwägung (s. dazu Rdnr. 265) berücksichtigt werden.

5. Das Gebot der Rücksichtnahme

Das BVerwG entschärft die Problematik der nachbarschützenden Wirkung von baurechtlichen Vorschriften generell dadurch, dass es auf das Gebot der Rücksichtnahme zurückgreift und baurechtlichen Normen im Rahmen des Gebots der Rücksichtnahme nachbarschützende Wirkung zuerkennt. Ziegert (BauR 1984, 19) hat das Gebot der Rücksichtnahme deshalb zu Recht als „archimedischen Punkt" im System des Nachbarschutzes des BVerwG bezeichnet. **265**

Das baurechtliche Gebot der Rücksichtnahme (hierzu insbes. BVerwGE 52, 122 = NJW 1978, 62; E 82, 343 = NJW 1990, 1192; NVwZ-RR 1997, 516 mit komprimierter Zusammenfassung der Rechtsprechung des BVerwG; Stühler BauR 2009, 1076; Brügelmann/Dürr vor §§ 29 ff. Rdnr.42; Gaentzsch ZfBR 2009, 321) soll einen angemessenen Ausgleich zwischen den Belangen des Bauherrn und seiner Umgebung bewirken. Jeder Bauherr muss bedenken, welche Folgen die Verwirklichung seines Bauvorhabens für die Umgebung haben wird; er muss unter Umständen sogar ein nach den baurechtlichen Vorschriften zulässiges Vorhaben unterlassen, wenn dadurch eine schwere Beeinträchtigung der Umgebung eintritt. Allerdings muss niemand eigene Interessen zurückstellen, um gleichgewichtige Belange anderer zu schonen (BVerwGE 52, 172; VGH Mannheim VBlBW 1982, 377). Auf nicht genehmigte Bauvorhaben muss keine Rücksicht genommen werden (BVerwG BauR 1992, 491; NVwZ 1994, 165; VGH Mannheim VBlBW 1995, 481); ebenso nicht auf Erweiterungsabsichten, soweit diese nicht bereits im vorhandenen Gebäudebestand angelegt sind (BVerwG DVBl 1993, 652 – Schweinemastanstalt). Das Gebot der Rücksichtnahme verlangt eine **Abwägung der Belange aller betroffenen Personen**; fällt diese Abwägung zu Gunsten der Umgebung aus, muss der Bauherr hierauf Rücksicht nehmen (BVerwG NVwZ 1994, 687; 1996, 379; VGH Mannheim BauR 2006, 1863; OVG Saar NVwZ-RR 2008, 161). Dieses setzt voraus, dass der Nachbar einer ihm in Hinblick auf die jeweilige Situation billigerweise nicht mehr zumutbaren Beeinträchtigung ausgesetzt ist (BVerwG BauR 1985, 68 – Zufahrt zum Parkhaus einer Hochschule; VGH Mannheim a.a.O.).

Bsp. a) (BVerwGE 52, 122 = NJW 1978, 62): Das Gebot der Rücksichtnahme ist verletzt, wenn ein Landwirt eine Schweinemastanstalt für 300 Schweine unmittelbar neben einem Wohngebäude errichtet, obwohl er ohne weiteres einen den Nachbarn weniger belästigenden Standort wählen könnte – ähnlich auch VGH Mannheim VBlBW 2008, 452 bei einem 12 m langen und 5 m hohen Schuppen unmittelbar vor dem Wohnhaus des Nachbarn; der VGH spricht von einer optischen Bedrängung.

b) (BVerwG NVwZ 1995, 895; NVwZ 2000, 1413; VGH Mannheim VBlBW 2000, 482; VGH Kassel BauR 2000, 1345): Kein Verstoß gegen das Gebot der Rücksichtnahme, wenn durch ein Bauvorhaben die freie Aussicht des Nachbarn eingeschränkt wird; a. M. aber VGH München BauR 2003, 657, wenn durch einen Erweiterungsbau die Aussicht des Nachbarn völlig verbaut wird.

c) (BVerwG NVwZ 1989, 1060; VGH Mannheim VBlBW 2000, 113 u. 116): Der Bauherr braucht wegen des Gebots der Rücksichtnahme i. d. R. keinen größeren als den gesetzlichen Grenzabstand einzuhalten, auch wenn das Bauvorhaben infolge eigener Fehlplanungen des Nachbarn (zu geringer Grenzabstand und zu kleine Fenster) erhebliche Nachteile für den Nachbarn zur Folge hat (s. aber auch Rdnr 266, 267).

d) (BVerwG BauR 1981, 354): Es verstößt gegen das Gebot der Rücksichtnahme, wenn in einem mit 2 – 3geschossigen Wohnhäusern bebauten Gebiet ein 12geschossiges Wohn- und Geschäftshaus genehmigt wird.

e) (VGH Mannheim BauR 1992, 45): Wegen der zu erwartenden immissionsschutzrechtlichen Probleme ist es rücksichtslos, neben einem großen Schreinereibetrieb ein Studentenwohnheim zu errichten (eb. OVG Münster BauR 1996, 222: Wohnhaus neben genehmigtem Schrottlagerplatz).

f) (OVG Lüneburg BauR 1993, 440): Die Erweiterung eines Kundenparkplatzes verstößt gegen das Gebot der Rücksichtnahme, wenn durch die Abgase der Fahrzeuge die benachbarten Felder eines Landwirts, der sich auf Bioland-Produkte spezialisiert hat, mit Schadstoffen belastet werden.

g) (BVerwGE 89, 69 = NVwZ 1992, 977): Eine erhebliche Überschreitung der im Bebauungsplan festgesetzten Zahl der Wohnungen kann gegen das Gebot der Rücksichtnahme verstoßen; hier: 9 Wohnungen statt der nach dem Bebauungsplan zulässigen 2 Wohnungen (vgl. auch VGH Kassel BauR 2000, 1945).

h) (OVG Bremen BauR 2003, 509): unzureichende Zahl von Stellplätzen kann bei unzumutbarer Störung durch den Parksuchverkehr gegen das Rücksichtnahmegebot verstoßen (eb. OVG Münster NVwZ-RR 2006, 306; VGH Mannheim NVwZ-RR 2008, 600).

i) (OVG Münster BauR 2006, 342): Verstoß gegen das Rücksichtnahmegebot, wenn bei einer Reihenhausanlage von einem großflächigen Balkon Einsicht in das nur 1 m entfernte Schlafzimmerfenster des Nachbarn möglich ist (a. M. VGH München BauR 2006, 501: gegen eine Einsicht kann sich der Nachbar durch Gardinen schützen; OVG Lüneburg NVwZ 2008, 374; VGH Mannheim DÖV 2008, 735).

k) (BVerwG NVwZ 2007, 336): Eine Windkraftanlage kann wegen ihrer „optisch bedrängenden Wirkung infolge der Drehbewegungen des Rotors rücksichtslos gegenüber einer nahe gelegenen Wohnbebauung sein (ebenso VGH Mannheim VBlBW 2006, 313).

Das Gebot der Rücksichtnahme verpflichtet nicht nur den Bauherrn zur Rücksichtnahme, sondern auch den Nachbarn, soweit es um schützenswerte Belange des Bauherrn geht.

Bsp. a) (BVerwGE 98, 235 = NVwZ 1996, 379 – lesenswert!): Wenn in einem durch Bebauungsplan festgesetzten allgemeinen Wohngebiet eine eigentlich als störender Gewerbebetrieb dort unzulässige Autolackiererei genehmigt wurde, kann dieses nicht dazu führen, dass das Nachbargrundstück wegen der Immissionen dieses Betriebs nicht mit einem Wohnhaus bebaut werden darf. Vielmehr muss ein Kompromiss zwischen den beiderseitigen Interessen gefunden werden, etwa durch eine bessere Isolierung des Betriebsgebäudes, eine Veränderung der Arbeitsabläufe oder notfalls auch durch den Einbau von Schallschutzfenstern in das Wohnhaus (ähnlich auch BVerwG NVwZ 2000, 1050 – Errichtung eines Wohnhauses neben bestehendem Sportplatz).

b) (VGH Mannheim BauR 2003, 1203): Wer selbst zu nahe an der Grenze baut, kann vom Eigentümer des Nachbargrundstücks nicht die Einhaltung der vollen Abstandsfläche verlangen (eb. OVG Lüneburg NVwZ-RR 2005, 17).

Das Gebot der Rücksichtnahme hat nicht uneingeschränkt nachbarschützende Wirkung. Wenn z. B. auf die historische Dachlandschaft Rücksicht genommen werden muss, so verstößt ein Flachdach zwar gegen das Rücksichtnahmegebot, aber nicht gegen die subjektiven Rechte der benachbarten Gebäudeeigentümer. Nachbarschutz kommt dem Rücksichtnahmegebot nur zu, wenn in **„qualifizierter und zugleich individualisierter Weise“** auf die Belange der Nachbarn Rücksicht genommen werden muss (BVerwGE 52, 122 = NJW 1978, 62; BVerwGE 67, 334 = NJW 1984, 138; BVerwGE 82, 343 = BauR 1989, 710; NVwZ-RR 1997, 516). Dabei hängt das Maß der Rücksichtnahme nach der zitierten Rechtsprechung von einer Abwägung der beiderseitigen Belange ab (Mampel Rdnr. 793 ff.).

Nach Ansicht des BVerwG (E 89, 69 = NVwZ 1992, 977; NVwZ 1999, 879; eb. insbes. Roeser in Berl. Komm. vor § 29 ff. Rdnr. 30; Geiger in Birkl E Rdnr. 47) stellt das Gebot der Rücksichtnahme **kein allgemeines baurechtliches Gebot** dar, sondern hat nur insoweit nachbarschützende Wirkung, als der Gesetzgeber es als **einfachrechtliches Gebot** in verschiedenen baurechtlichen Vorschriften normiert hat. Das Gebot der Rücksichtnahme ist bei Außenbereichsvorhaben ein ungeschriebener öffentlicher Belang i. S. d. § 35 Abs. 3 BauGB (BVerwGE 52, 122 = NJW 1978, 62; eb. BVerwG NVwZ 2007, 336); außerdem greift das BVerwG (NVwZ 1994, 687; eb. OVG Münster BauR 2006, 2034) zur Ableitung des Rücksichtnahmegebots auch auf **§ 35 Abs. 3 Nr. 3 (schädliche Umwelteinwirkungen)** zurück. Ferner wurde es im nichtbeplanten Innenbereich als Merkmal des **Einfügens** dem Tatbestand des § 34 BauGB zugeordnet (BVerwG NJW 1981, 1973; NVwZ 1987, 128; VGH Mannheim VBlBW 2003, 18 u. 2005, 74; OVG Bautzen BauR 2006, 1104). Schließlich soll das Gebot der Rücksichtnahme bei Vorhaben im beplanten Bereich in **§ 15 Abs. 1 BauNVO (unzumutbare Beeinträchtigung der Nachbarschaft)** verankert sein, soweit das Vorhaben den §§ 2 ff. BauNVO entspricht (BVerwGE 67, 334 = NJW 1984, 138; E 101, 364 = DVBl 1997, 61; NVwZ 2000, 1050). Wenn das Bauvorhaben nach §§ 2 ff. BauNVO unzulässig ist und nur auf Grund einer Befreiung von den Festsetzungen eines Bebauungsplans zugelassen werden könnte, leitet das BVerwG (E 82, 343 = NJW 1990, 1192) das Gebot der Rücksichtnahme aus der nach **§ 31 Abs. 2 BauGB gebotenen Würdigung nachbarlicher Belange** ab. Dieser Rechtsprechung des BVerwG ist entgegengehalten worden (Breuer DVBl 1982, 1065; Redeker DVBl 1984, 870; weitere Lit.-Nachw. bei Brügelmann/Dürr vor §§ 29 ff. Rdnr. 46), dass sich das Rücksichtnahmegebot allein im Wege der Auslegung kaum aus den angeführten Vorschriften ableiten lässt. Dem BVerwG ist sicher darin zuzustimmen, dass das Gebot der Rücksichtnahme sich in einigen baurechtlichen Bestimmungen wieder findet; dieses trifft vor allem für das Einfügen in § 34 Abs. 1 BauGB (eigentlich nur eine andere terminologische Umschreibung der Rücksichtnahme) sowie für § 15 Abs. 1 BauNVO (Belästigungen oder Störungen der Umgebung) zu. Auch die nach §§ 31 Abs. 2, 34 Abs. 3 a BauGB gebotene Würdigung nachbarlicher Belange lässt sich als gesetzliche Anforderung des Gebots der Rücksichtnahme verstehen. Damit erschöpft sich aber die Bedeutung des Gebots der Rücksichtnahme nicht. Es ist vielmehr gerade dann von Bedeutung, wenn die maßgeblichen Normen erkennbar keinen Nachbarschutz bezwecken, aber andererseits die Betroffenheit des Nachbarn unzweifelhaft gegeben ist. 266

Bsp. (VGH Mannheim Beschl. v. 17.12.1992 – 5 S 2155/92): Ein Weiler im Außenbereich mit wenigen Gebäuden wird aus einer Quelle versorgt, die so schwach ist, dass der Wasserbedarf im Sommer nicht mehr vollständig gedeckt werden kann. Die Baurechtsbehörde erteilt gleichwohl die Baugenehmigung für ein 6-Familien-Wohnhaus in einer Baulücke. Der VGH Mannheim hat einen Verstoß gegen das Rücksichtnahmegebot bejaht. Das Schutzbedürfnis der Eigentümer der vorhandenen Gebäude ist evident; eine nachbarschützende Norm ist aber nicht vorhanden. Wenn man diesen Konflikt nicht ungelöst lassen will, bleibt nur der Rückgriff auf das Gebot der Rücksichtnahme.

Das Gleiche gilt für ein Überschreiten des zulässigen Maßes der baulichen Nutzung (§§ 16 ff. BauNVO). Das Rücksichtnahmegebot lässt sich hier – entgegen der Rechtsprechung des BVerwG (E 67, 334 = NJW 1984, 138) – nicht auf § 15 BauNVO stützen, da diese Vorschrift nach dem Wortlaut und der Systematik nur für §§ 2 – 14 BauNVO gilt (eb. BVerwG NVwZ 1995, 899). Schließlich ist es mit den herkömmlichen Auslegungsregeln nicht zu vereinbaren, wenn das BVerwG das Gebot der Rücksichtnahme im Außenbereich als öffentlichen Belang i. S. d. § 35 Abs. 3 BauGB ansieht (so BVerwGE 52, 122) und ihm gleichwohl nachbarschützende Wirkung zuerkennt; aus einer Vorschrift zum Schutz öffentlicher Belange lassen sich keine subjektiven Abwehrrechte ableiten.

267 Beim Gebot der Rücksichtnahme handelt es sich daher nach der **vom Verfasser** vertretenen Rechtsansicht (vgl. Brügelmann/Dürr vor §§ 29 ff. Rdnr. 50) **auch um ein allgemein gültiges Rechtsprinzip des öffentlichen Rechts**, das nicht nur im Baurecht, sondern auch in anderen Rechtsgebieten Bedeutung hat (vgl. z. B. BVerwGE 68, 58 = NJW 1984, 250 – Immissionsschutz; BGHZ 88, 34 = NJW 1984, 975; BVerwGE 78, 40 = NJW 1988, 434 – Gewässerbenutzung; OVG Münster NVwZ 1983, 485 – Nichtraucherschutz; OVG Lüneburg NJW 1985, 217 – Kinderspielplatz), gesetzlich ist das Gebot der Rücksichtnahme z. B. in § 1 StVO verankert. Das Gebot der Rücksichtnahme ist ein dem im Zivilrecht entwickelten **nachbarlichen Gemeinschaftsverhältnis** (BGHZ 28, 110 und 48, 374; Brox JA 1984, 182) vergleichbares Institut (BGHZ 148, 261 = NJW 2001, 3119; VGH Mannheim BauR 2003, 1203), das auf eine analoge Anwendung des § 242 BGB gestützt werden kann (eb. Stühler VBlBW 1987, 126 u. BauR 2009, 1076; Sauter § 55 Rdnr. 56; Wasmuth NVwZ 1988, 322).

Das Gebot der Rücksichtnahme darf aber **nicht zu einer allgemeinen Billigkeitslösung** im Bereich des Baunachbarrechts führen. Soweit der Gesetzgeber **normativ festgelegt** hat, was der Bauherr darf und damit der Nachbar hinzunehmen hat, muss es dabei sein Bewenden haben (eb. BVerwGE 68, 58 = NJW 1984, 250; NJW 1990, 257; BauR 1993, 445 für den Immissionsschutz).

Bsp. a) (BVerwG NVwZ 1985, 653): Dem Interesse des Nachbarn an der Belichtung und Belüftung seines Hauses ist i. d. R. durch die Vorschriften über die Abstandsflächen Rechnung getragen; der Nachbar kann deshalb aus dem Rücksichtnahmegebot i. d. R. keine weiter gehenden Schutzansprüche ableiten (eb. BVerwG NVwZ 1994, 68 u. 1999, 879; NVwZ-RR 1997, 516; VGH Mannheim VBlBW 2000, 113; a. M. aber OVG Bautzen BauR 2006, 1104).

b) (BVerwG BauR 1993, 445): Für die Beeinträchtigung durch eine Schweinehaltung bietet das Gebot der Rücksichtnahme keinen weiter gehenden Schutz als §§ 5 Abs. 1 Nr. 1, 22 Abs. 1 Nr. 1 BImSchG.

Der Grundsatz, dass das Gebot der Rücksichtnahme i. d. R. keine weitergehenden Anforderungen stellt als die bauordnungsrechtlichen Abstandsvorschriften, wird allerdings durch die in Baden-Württemberg und auch einigen anderen Bundesländern erfolgte Reduzierung der Abstandsfläche auf 40 % der Außenwandhöhe, in GE- und GI-Gebieten sogar nur 12,5 %, in Frage gestellt (so auch OVG Münster NVwZ-RR 2009, 459; OVG Bautzen BauR 2005, 1104; a. M. OVG Berlin BauR 2010, 441). Dabei ist auch der unterschiedliche Schutzzweck der Abstandsregelung und des Rücksichtnahmegebots zu berücksichtigen. Das Rücksichtnahmegebot schützt das ungestörte Wohnen, was gerade nicht Zweck der Abstandsflächenregelung ist (s. dazu Rdnr. 180). Soweit es um Immissionen geht, wird die Grenze des Zumutbaren durch die technischen Regelwerke (TA-Lärm – s. dazu Boeddinghaus UPR 1999, 321 – TA-Luft, DIN-Vorschriften, VDI-Richtlinien sowie insbes. Verordnungen nach § 7 BImSchG) festgelegt (BVerwGE 68, 58 = NVwZ 1984, 509; E 98, 235 = NVwZ 1996, 379; NVwZ 2000, 1050).

268 Das Gebot der Rücksichtnahme hat somit nur dort eine konstitutive nachbarschützende Wirkung, wo eine gesetzliche Regelung des Interessenkonflikts zwischen Bauherrn und Nachbarn fehlt, wie dieses z. B. bei einer unzumutbaren Verschlechterung der Erschließungsverhältnisse (s. Rdnr. 276) oder bei § 35 Abs. 2 BauGB der Fall ist.

Bsp. (BVerwG NJW 1983, 2460): Die Errichtung eines Wohngebäudes am Ortsrand, das den Immissionen einer im Außenbereich gelegenen Schweinemastanstalt ausgesetzt wäre und dessen Eigentümer deshalb immissionsschutzrechtliche Abwehransprüche gegenüber der Schweinemastanstalt geltend machen könnte, kann gegen das Rücksichtnahmegebot verstoßen (vgl. auch VGH Mannheim BauR 1982, 45).

Das Gebot der Rücksichtnahme stellt trotz aller dogmatischen Zweifelsfragen eine bedeutsame Ergänzung des Nachbarschutzes dar. Denn es ermöglicht abweichend von dem früheren Prinzip des alles oder nichts bei der Frage des Nachbarschutzes baurechtlicher Normen eine sinnvolle Konfliktlösung im nachbarschaftlichen Spannungsverhältnis, soweit im Gesetz keine Lösung angelegt ist.

6. Übersicht über die nachbarschützenden Normen

a) §§ 30 – 33 BauGB:

Die Festsetzung eines Bebauungsplans über die zulässige bauliche Nutzung durch 269 Ausweisung von Baugebieten nach **§§ 2 – 11 BauNVO** sind nach allgemeiner Ansicht **nachbarschützend**, weil die Eigentümer im Plangebiet eine bau- und bodenrechtliche Schicksalsgemeinschaft (Austauschverhältnis) bilden (BVerwGE 44, 244 = NJW 1974, 811; E 27, 29 = NJW 1967, 1770; E 94, 151 = NJW 1994, 1546; E 101, 364 = NVwZ 1997, 384; NVwZ 2008, 427; s. dazu im Einzelnen Brügelmann/Dürr § 30 Rdnr. 40 ff.). Aus diesem Austauschverhältnis folgt ein sog. **Gebietswahrungsanspruch** der Eigentümer von Grundstücken im Geltungsbereich eines Bebauungsplans (BVerwGE 101, 364 = NVwZ 1997, 364; VGH München NVwZ-RR 2004, 248; OVG Münster NVwZ-RR 2003, 818).

Dieser Anspruch auf Erhaltung der städtebaulichen Eigenart des Baugebiets soll nicht davon abhängen, ob der Nachbar durch eine Bebauung, die nach §§ 2 ff. BauNVO in dem jeweiligen Baugebiet nicht zulässig ist, überhaupt nachteilig betroffen wird (BVerwGE 101, 364; NVwZ 2000, 1054; NVwZ 2008, 427; Stühler BauR 2007, 1850). Dem kann nicht zugestimmt werden. Auch im Geltungsbereich eines Bebauungsplans verlangt Art. 14 GG nur deswegen einen nachbarlichen Abwehranspruch, um eine Beeinträchtigung der Nutzungsmöglichkeiten des eigenen Grundstücks abwehren zu können (VGH München NVwZ-RR 2004, 248; Gelzer/Bracher/Reidt Rdnr. 2049).

Ob Festsetzungen nach §§ 1 Abs. 4 – 10 BauNVO nachbarschützend sind, hängt vom Zweck der jeweiligen Festsetzung ab; eine generalisierende Aussage ist insoweit nicht möglich (VGH Mannheim NVwZ 1997, 401 u. NVwZ 1999, 439; OVG Koblenz BauR 2003, 1341; OVG Lüneburg NVwZ 2004, 1010; a. M. Mampel BauR 2003, 1824: derartige Festsetzungen haben grundsätzlich nachbarschützende Wirkung).

Den **§§ 12 – 14 BauNVO** wird vom BVerwG nachbarschützende Wirkung beigemessen, weil sie inhaltlich eine Ergänzung der Baugebietsfestsetzung nach §§ 2 ff. BauNVO darstellen (zu § 12 BauNVO: BVerwGE 94, 151 = NJW 1994, 1546; BVerwG NVwZ 2003, 1516; s. auch Sarnighausen NVwZ 1996, 7; Dürr BauR 1997, 7; zu § 13 BauNVO: BVerwG NVwZ 1996, 787; zu § 14 BauNVO: BVerwG NVwZ 2004, 1247).

Der Nachbarschutz geht in räumlicher Hinsicht so weit, wie das Bauvorhaben Wir- 270 kungen auf andere Grundstücke entfaltet; **§ 15 Abs. 1 Satz 2 BauNVO** verbietet auch unzumutbare Störungen in der Umgebung des Baugebiets. Daraus folgt, dass auch der Eigentümer eines Grundstücks außerhalb des Geltungsbereichs des Bebauungsplans eine Verletzung des Bebauungsplans rügen kann (sog. **planübergreifender Nachbarschutz** – s. dazu BVerwGE 44, 244 = NJW 1974, 811; NVwZ 2008, 427; VGH Mannheim VBlBW 1996, 24; 1997, 63; OVG Münster BauR 2004, 131). Da in Bezug auf Grundstückseigentümer außerhalb des Geltungsbereichs des Bebauungsplans aber kein bau- und bodenrechtliches Ausgleichsverhältnis besteht (vgl.

Rdnr. 260), kann der außerhalb des Bebauungsplangebiets gelegene Grundstückseigentümer nur eine Verletzung des Rücksichtnahmegebots rügen (VGH München NVwZ-RR 1999, 226; OVG Münster BauR 1997, 279; VGH Mannheim VBlBW 1997, 62; a. M. OVG Münster NVwZ-RR 2003, 818).

Bsp. (VGH Mannheim BRS 49 Nr. 26): Die Bewohner eines Wohngebiets können sich dagegen zur Wehr setzen, dass in einem unmittelbar angrenzenden Baugebiet, welches durch Bebauungsplan als allgemeines Wohngebiet ausgewiesen ist, eine große Gaststätte genehmigt wird.

271 Da das Gebot der Rücksichtnahme bereits bei der Aufstellung eines Bebauungsplans zu beachten ist (s. dazu oben Rdnr. 44), ist es bei der Prüfung der Vereinbarkeit eines Vorhabens mit der im Bebauungsplan festgesetzten Art der baulichen Nutzung i. d. R. nicht nochmals zu prüfen (BVerwG NVwZ 1985, 652). Lediglich bei § 15 BauNVO spielt das Gebot der Rücksichtnahme eine Rolle; diese Vorschrift wird vom BVerwG (E 67, 334 = NJW 1984, 138; E 82,343 = NJW 1990, 1192) geradezu als gesetzliche Ausprägung des Gebots zur Rücksichtnahme verstanden und hat daher insoweit nachbarschützende Wirkung (s. dazu Rdnr. 267).

272 Dagegen sind die **sonstigen Festsetzungen des Bebauungsplans**, z. B. die zulässige Überbauung der Grundstücke (Grundflächen- und Geschossflächenzahl), die Festsetzung von Baugrenzen und Baulinien oder der zulässigen Geschosszahl nur dann nachbarschützend, wenn sich aus dem Bebauungsplan ergibt, dass diese Festsetzungen erlassen wurden, um private Belange zu schützen (BVerwG NVwZ 1996, 170; BauR 1995, 823; VGH Mannheim NVwZ-RR 2005, 397; VBlBW 2008, 273; OVG Lüneburg NVwZ-RR 2005, 17). Wird das Maß der baulichen Nutzung und die zulässige Überbauung der Grundstücke aus Gründen der städtebaulichen Gestaltung geregelt, dann haben diese Festsetzungen keine nachbarschützende Wirkung (BVerwG NVwZ 1996, 170; VGH Mannheim NVwZ-RR 2000, 348 – straßenseitige Baugrenze). Anders ist es aber, wenn durch die Beschränkung der baulichen Nutzung eine aufgelockerte Bebauung (Villenviertel) zur Gewährleistung der Wohnruhe bewirkt werden soll oder sonstige Umstände ergeben, dass der Schutz der Grundstückseigentümer bezweckt wird (BVerwG BauR 1973, 238; NVwZ 1985, 748); bei seitlichen Baugrenzen ist sogar im Regelfall eine nachbarschützende Wirkung zu bejahen (VGH Mannheim NJW 1992, 1060; VBlBW 2000, 112; NVwZ-RR 2005, 397).

Bsp. (VGH Mannheim VBlBW 1991, 25; NVwZ-RR 1990, 394): Die Festsetzung von Baugrenzen oder Gebäudehöhen kann nachbarschützend sein, wenn dadurch erkennbar für die Hinterlieger die Aussicht freigehalten werden soll (so auch BVerwG BRS 40 Nr. 92).

Nach diesen Grundsätzen kann i. d. R. neben der Festsetzung seitlicher Baugrenzen eigentlich nur noch die Festsetzung der Gebäudehöhe nachbarschützende Wirkung haben. Festsetzungen über das Maß der baulichen Nutzung, der Bauweise und der überbaubaren Fläche erfolge i. d. R. ausschließlich aus gestalterischen Gründen und sind daher nicht nachbarschützend (BVerwG NVwZ 1996, 170; VGH Mannheim NVwZ-RR 2005, 1433; speziell für die Gebäudehöhe bzw. die Zahl der Vollgeschosse: VGH Mannheim VBlBW 2008, 273; BauR 1995, 512; für die Festsetzungen der Grund- oder Geschoßflächenzahl: VGH Mannheim BauR 1987, 67; OVG Bremen NVwZ-RR 1990, 293; für die Festsetzung der Bauweise: BVerwG NVwZ 2000, 1055; VGH Mannheim NVwZ-RR 1999, 492; für die Festsetzung der Baulinien und Baugrenzen: BVerwG NVwZ 1996, 888; VGH Mannheim VBlBW 2007, 387; NVwZ-RR 2005, 397; BauR 2005, 1433).

Ausnahmsweise kann nach Ansicht des BVerwG (E 67, 334 = NJW 1984, 138; E 82, 334 = NJW 1990, 1192; E 89, 69 = NVwZ 1992, 977) auch eine Abweichung von einer grundsätzlich nicht nachbarschützenden Festsetzung eines Bebauungsplans einen nachbarlichen Abwehranspruch begründen, wenn nämlich das Bauvorhaben gegen das Gebot der Rücksichtnahme verstößt (s. dazu oben Rdnr. 266, 267). Dieses kommt wohl nur bei einem erheblichen Überschreiten der zulässigen Geschosszahl oder Geschossflächenzahl in Betracht, wenn das Volumen des Bauvorhabens den Nachbarn „erdrückt".

Die nachbarschützende Wirkung des Gebots der Rücksichtnahme ergibt sich dabei nach der Rechtsprechung des BVerwG aus § 15 Abs. 1 Satz 2 BauNVO, wonach eine unzumutbare Störung der Nachbarschaft unzulässig ist (s. dazu Rdnr. 93 u. Rdnr. 266 a. E.). Diese Vorschrift findet Anwendung, wenn ein Bauvorhaben nach §§ 2 – 14 BauNVO zwar grundsätzlich zulässig ist, sich aber wegen der konkreten Ausgestaltung im Einzelfall gleichwohl als rücksichtslos gegenüber der Nachbarschaft erweist (BVerwGE 82, 343 = NJW 1990, 1192; NVwZ 2000, 1050; NVwZ 2007, 336 u. 587; OVG Münster NVwZ-RR 2005, 601; OVG Hamburg BauR 2009, 1556). Wenn dagegen die Festsetzungen des Bebauungsplans bei der Erteilung der Baugenehmigung missachtet werden, ist das Gebot der Rücksichtnahme aus § 31 Abs. 2 BauGB abzuleiten (BverwGE 82, 343 = NJW 1990, 1192).

§ 31 Abs. 2 BauGB ist jedenfalls insoweit nachbarschützend, als von einer nachbar- **273**
schützenden Norm Befreiung erteilt wird (so BVerwG NJW 1977, 1789; OVG Münster BauR 2009, 1409). Nach § 31 Abs. 2 BauGB sind die nachbarlichen Belange aber in jedem Fall, also auch bei nicht-nachbarschützenden Normen zu würdigen, wobei die Würdigung unter Berücksichtigung des Gebots der Rücksichtnahme zu erfolgen hat (BVerwGE 82, 334 = NJW 1989, 1192; NVwZ-RR 1999, 8; VGH Mannheim NVwZ-RR 2010, 383). § 31 Abs. 2 BauGB kommt daher auch dann nachbarschützende Wirkung zu, wenn die Norm, von der befreit wird, selbst nicht nachbarschützend ist. Dies ist die konsequente Fortentwicklung des in BVerwGE 67, 334 entwickelten Grundsatzes, dass auch bei nicht-nachbarschützenden Festsetzungen im Rahmen des Gebots der Rücksichtnahme ein Nachbarschutz in Betracht kommt (s. oben Rdnr. 272). Bei Befreiungen von nachbarschützenden Festsetzungen stellt dagegen jede nicht durch § 31 Abs. 2 BauGB gedeckte Abweichung eine Verletzung von Rechten des Nachbarn dar, ohne dass es auf einen Verstoß gegen das Gebot der Rücksichtnahme ankommt.

Wird ein Bauvorhaben im Vorgriff auf einen zukünftigen Bebauungsplan nach **§ 33 BauGB** genehmigt, dann wird der Nachbar in seinen Rechten verletzt, soweit die zukünftigen Festsetzungen des Bebauungsplans nachbarschützende Wirkung haben werden (OVG Münster NVwZ 1992, 278; VGH Mannheim VBlBW 1992, 297; Brügelmann/Dürr § 33 Rdnr. 20); im Verhältnis Bauherr – Nachbar wird also fingiert, dass der Bebauungsplanentwurf schon rechtswirksam sei.

Dagegen begründet eine **Veränderungssperre**, die zur Sicherung der Planung erlassen wurde, keine nachbarlichen Abwehrrechte (BVerwG BauR 1989, 186). Denn die Veränderungssperre dient nur dem öffentlichen Interesse (vgl. § 14 Abs. 2 BauGB), sie soll nicht zugleich auch private Belange schützen.

b) § 34 BauGB

Nach nunmehr gefestigter Rechtsprechung (BVerwG NJW 1981, 1973; NJW 1986, **274**
1703; NVwZ 2000, 552; OVG Münster NVwZ-RR 2009, 459; VGH Mannheim NVwZ-RR 2010. 383 u. 387; ausführlich VGH Mannheim VBlBW 2003, 18; a. M. VGH Kassel NVwZ-RR 2009, 99) ist **§ 34 Abs. 1 BauGB** nur insoweit nachbarschützend, als dem **Gebot der Rücksichtnahme** (s. dazu oben Rdnr. 265) Nachbarschutz zukommt; das Gebot der Rücksichtnahme ist nach Ansicht der zitierten Rechtsprechung dabei in

dem Tatbestandsmerkmal des Einfügens in § 34 Abs. 1 BauGB enthalten (s. dazu Rdnr. 117). Ein Verstoß gegen das Rücksichtnahmegebot wird im Rahmen des § 34 BauGB i. d. R. nur anerkannt bei unzumutbaren Immissionsbelastungen sowie bei einer unzumutbaren Einschränkung der Belichtung und Belüftung, also den sog. Erdrückungs- oder Einmauerungsfällen (s. dazu die Beispiele d), e) und h) in Rdnr. 265).

Im Übrigen kommt § 34 Abs. 1 BauGB nach der in Rechtsprechung und Literatur überwiegend vertretenen Ansicht keine nachbarschützende Wirkung zu, weil es an einem Austauschverhältnis (vgl. Rdnr. 269) durch eine Planungsentscheidung fehlt (so BVerwG NVwZ 1996, 888). Demgegenüber hat **§ 34 Abs. 2 BauGB** nach der Rechtsprechung des BVerwG (E 94, 151 = NJW 1994, 1546) hinsichtlich der Art der baulichen Nutzung nach §§ 2 ff. BauNVO in vollem Umfang **nachbarschützende Wirkung**; das BVerwG begründet dieses mit der durch § 34 Abs. 2 BauGB bezweckten Gleichstellung des beplanten und des nichtbeplanten Innenbereichs. Hinsichtlich des Maßes der baulichen Nutzung verbleibt es dagegen dabei, dass Nachbarschutz nur im Rahmen des Gebots der Rücksichtnahme gewährt wird.

Die vom BVerwG nunmehr vorgenommene Differenzierung zwischen Abs. 1 und 2 ist nicht gerechtfertigt, weil nichts dafür spricht, dass der Gesetzgeber bei § 34 Abs. 1 BauGB nur einen auf schwerwiegende Beeinträchtigungen beschränkten Nachbarschutz zuerkennen wollte. Das Gebot des Einfügens gebietet nicht weniger als §§ 2 ff. BauNVO einen Ausgleich der Interessen von Bauherrn und Nachbarschaft. Es spricht daher einiges dafür, § 34 BauGB generell insoweit Nachbarschutz zuzuerkennen, als es um diejenigen Tatbestände geht, denen auch im beplanten Bereich ein Nachbarschutz zukommt (VGH Kassel NVwZ-RR 2009, 99; Fickert/Fieseler vor §§ 2 – 9 Rdnr. 30.2; weitere Nachweise bei Brügelmann/Dürr § 34 Rdnr. 154).

c) § 35 BauGB

275 Nach der früheren Rechtsprechung des BVerwG (E 28, 268; DVBl 1971, 747; BauR 1989, 454) war **§ 35 Abs. 1 BauGB** nachbarschützend, soweit die Privilegierung der in Abs. 1 aufgeführten Vorhaben durch die Zulassung eines anderen Bauvorhabens beeinträchtigt würde.

Zur Begründung führte das BVerwG aus, der Gesetzgeber habe die privilegierten Vorhaben generell dem Außenbereich zugeordnet und damit eine der Ausweisung eines Baugebiets nach §§ 3 ff. BauNVO vergleichbare generelle Regelung getroffen. Diese Rechtsprechung hat das BVerwG (NJW 2000, 552) dahin gehend modifiziert, dass auch der Inhaber eines privilegierten Vorhabens im Außenbereich sich **nur auf einen Verstoß gegen das Rücksichtnahmegebot** berufen könne, da der Außenbereich nicht wie ein durch Bebauungsplan überplanter Bereich durch eine einheitliche bauliche Nutzung geprägt werde. Der Unterschied zur früheren Rechtsprechung ist im praktischen Ergebnis nicht bedeutsam, da es i. d. R. rücksichtslos ist, wenn eine mit der vorhandenen Bebauung im Außenbereich nicht zu vereinbarende Nutzung vorgenommen werden soll. Dieses ist insbesondere der Fall bei einer Errichtung eines Wohngebäudes in der Nachbarschaft eines emittierenden Landwirtschafts- oder Gewerbebetriebs im Außenbereich, wenn dadurch die Privilegierung in Frage gestellt wird.

Bsp. a) (BVerwG NVwZ 2000, 552): Der Inhaber einer Gärtnerei mit einer Holzheizanlage im Außenbereich kann die Errichtung eines Wohnhauses in der Nachbarschaft nicht verhindern, weil die Privilegierung der Gärtnerei sich nicht auf die Art der Heizung bezieht.

b) (OVG Lüneburg BauR 1988, 321): Kein Nachbarschutz eines Landwirts gegen die Errichtung eines Wohnhauses neben seinem Landwirtschaftsbetrieb, wenn dieser keine unzumutbaren Immissionen hervorruft.

Der Eigentümer eines nach **§ 35 Abs. 2 BauGB** genehmigten Gebäudes kann sich gegen die Zulassung weiterer Bauvorhaben wenden, soweit er sich auf eine Verletzung des Gebots der Rücksichtnahme berufen kann (BVerwGE 52, 122 = NJW 1978, 62).

Bsp. a) (BVerwG BauR 2005, 1138): Es verstößt gegen das Gebot der Rücksichtnahme, wenn neben einem vorhandenen Segelflugplatz eine Windkraftanlage errichtet wird (s. auch oben Rdnr. 265, Beispiel k).

b) (OVG Münster BauR 2006, 2034): Ein Wolfsgehege neben einem Wohnhaus ist wegen des nächtlichen Geheuls der Wölfe rücksichtslos.

d) Erschließung

Nach §§ 29 ff. BauGB darf eine Baugenehmigung nur erteilt werden, wenn die **Erschließung** gesichert ist; diese Anforderung ist **nicht nachbarschützend** (BVerwGE 50, 282 = NJW 1976, 1987; VGH Mannheim NVwZ 1998, 975; OVG Lüneburg BauR 1982, 372; OVG Münster BauR 1983, 445). 276

Eine Ausnahme ist nur dann zu machen, wenn wegen der fehlenden Erschließung ein Notwegrecht nach § 917 BGB beansprucht werden könnte (BVerwGE 50, 282) oder aber infolge drohender Überlastung der vorhandenen Erschließungsanlagen gegen das **Gebot der Rücksichtnahme** verstoßen wird (VGH Mannheim Beschl. v. 17.12.1992 – 3 S 2155/92; Mampel Rdnr. 1058; a. M. OVG Münster BauR 1983, 445; VGH Mannheim VBlBW 1995, 59; NVwZ 1998, 975).

e) Bauordnungsrecht

Im Bauordnungsrecht hat vor allem die Frage des Nachbarschutzes der Abstandsflächenregelung der §§ 5, 6 LBO Bedeutung. Diese Vorschriften sollen die Belichtung und Besonnung des Nachbargrundstücks schützen und ein Übergreifen von Bränden erschweren (vgl. Rdnr. 181). § 5 Abs. 1 LBO verlangt, dass grundsätzlich um ein Gebäude herum eine Fläche unbebaut bleibt und zwar unabhängig davon, in welchem Abstand zur Grenze das Gebäude liegt. Durch die Forderung des § 5 Abs. 2 LBO, dass nämlich die Abstandsfläche auf dem eigenen Grundstück liegen muss, wird aber zugleich ein Abstand zwischen dem Gebäude und der Grundstücksgrenze sichergestellt. Es ist deshalb unbestritten, dass die Regelungen der **§§ 5, 6 LBO nachbarschützend** sind (VGH Mannheim VBlBW 1996, 145; 1995, 57 u. 321). 277

Die Sonderregelung des § 6 Abs. 1 LBO über die Zulässigkeit von Grenzgaragen und bestimmten kleineren Anlagen ohne Einhaltung einer Abstandsfläche dienen dem Schutz des Nachbarn. Dieser hat Anspruch darauf, dass der Grenzabstand eingehalten wird, wenn die in § 6 Abs. 1 LBO genannten Maße überschritten werden (VGH Mannheim NVwZ-RR 2001, 501). 278

Durch **§ 6 Abs. 3 LBO** ist klargestellt worden, dass nachbarliche Belange bei der Zulassung einer Ausnahme erst dann zu berücksichtigen sind, wenn die Ausnahme zu einer erheblichen Beeinträchtigung des Nachbarn führt (s. dazu Rdnr. 190).

Im Übrigen genügt es, den **Nachbarschutz der bauordnungsrechtlichen Vorschriften** in der nachfolgenden Übersicht zusammenzufassen (eine ausführliche Zusammenstellung findet sich bei Sauter § 55 Rdnr. 49). 279

(ja = nachbarschützend, nein = nicht nachbarschützend)

§ 3 LBO: ja (VGH Mannheim NVwZ-RR 1992, 348; 1995, 561; OVG Berlin BauR 1992, 215)

§ 4 Abs. 1 LBO: nein (VGH Mannheim BRS 29 Nr. 95; VBlBW 1984, 150); Abs. 3: ja (VGH Mannheim VBlBW 1983, 244; BauR 1989, 444; BauR 1996, 366)

§§ 5, 6 LBO: s. oben Rdnr. 278

§ 10 LBO: nein (VGH Mannheim VBlBW 1992, 297; BRS 36 Nr. 19)

§ 11 LBO: nein (VGH Mannheim BRS 36 Nr. 191)

§ 13 Abs. 1 LBO: ja (VGH Mannheim VBlBW 2009, 65; OVG Bremen NVwZ-RR 2002, 488; OVG Münster BauR 2003, 1712)

§ 14 LBO: ja (VGH Mannheim Beschl. vom 28.4.1978 – VIII 13/78; Urt. v. 31.5. 1972 – III 831/72)

§ 15 LBO i. V. m. 6 ff. LBOAVO: ja (OVG Münster BauR 2003, 1712 u. 2000, 1064)

§ 27 Abs. 4 u. 6 LBO: ja (VGH Mannheim VBlBW 1992, 103)

§ 37 Abs. 1 u. 2 LBO: nein (VGH Mannheim Urt. v. 19.4.1972, III 105/69; OVG Münster NVwZ-RR 1999, 237; aber evtl. Verstoß gegen Rücksichtnahmegebot wegen Parksuchverkehr (BVerwG NVwZ 2003, 1516; OVG Bremen BauR 2003, 509; OVG Münster NVwZ-RR 2006, 306)

§ 37 Abs. 7 LBO: ja (VGH Mannheim BWVBl. 1972, 60; BRS 22 Nr. 116)

§ 55 LBO: ja, aber unterbliebene Anhörung kann im Widerspruchsverfahren geheilt werden (VGH Mannheim Urt. v. 19.4.1972 – III 105/69)

§ 74 LBO: Baugestalterische Vorschriften nicht nachbarschützend (OVG Münster NVwZ-RR 2007, 744 – Dachform)

280 Ein allgemeines „Umweltrecht“, d.h. ein Anspruch auf gesunde Umwelt wird bisher abgelehnt (BVerwGE 54, 311 = NJW 1978, 554). Das BVerwG hat aber erklärt, bei Beeinträchtigung der Gesundheit durch ein Bauvorhaben könne sich ein Abwehrrecht aus Art. 2 Abs. 2 GG ergeben (s. dazu oben Rdnr. 262).

7. Verzicht und Verwirkung im Nachbarrecht

281 Der Nachbar kann auf die ihm zustehenden öffentlich-rechtlichen Abwehransprüche **verzichten** (BVerwG BRS 28 Nr. 125; VGH Mannheim NVwZ-RR 1996, 310; OVG Münster BauR 2001, 89). Dieses ändert allerdings nichts daran, dass die Baurechtsbehörde die Baugenehmigung dennoch ablehnen muss, wenn die Vorschrift, auf deren Einhaltung der Nachbar verzichtet, neben den Belangen des Nachbarn auch öffentliche Belange schützen soll (BVerwG NVwZ 2000, 1050; DVBl 1979, 622; VGH Mannheim NVwZ-RR 1996, 310); das ist z. B. bei der Abstandsregelung des § 5 LBO der Fall, die nicht nur dem privaten Interesse an Belichtung und Belüftung sondern auch dem öffentlichen Interesse an erfolgreicher Brandbekämpfung dient. Ein im Baugenehmigungsverfahren beachtlicher **Verzicht** kann nur **gegenüber der Baurechtsbehörde** ausgesprochen werden (VGH Mannheim NVwZ 1983, 229; OVG Münster BauR 2004, 62). Ein Verzicht gegenüber dem Bauherrn stellt eine privatrechtliche Vereinbarung dar, die nach § 58 Abs. 3 LBO nicht beachtet werden muss (VGH Mannheim BRS 22 Nr. 176), aber beachtet werden kann, wenn sie der Baurechtsbehörde vorgelegt wird (VGH Mannheim VBlBW 1991, 218). Ein gegenüber der Baurechtsbehörde erklärter Verzicht auf die Einhaltung nachbarschützender Normen kann jedenfalls nach Erteilung der Baugenehmigung nicht mehr widerrufen werden (VGH Mannheim BRS 27 Nr. 164; VGH München BauR 1980, 85; OVG Münster BauR 2001, 89); der Verzicht kann allerdings unter den Voraussetzungen der §§ 119 ff. BGB angefochten werden (VGH Mannheim BRS 32 Nr. 164; OVG Münster BauR 2001, 89).

Ein Verzicht kann aber nur dann angenommen werden, wenn der Nachbar dieses **eindeutig** erklärt. Es reicht nicht aus, dass der Nachbar im Anhörungsverfahren keine Einwendungen erhebt (VGH Mannheim BRS 27 Nr. 164) oder seine Einwendungen zurück nimmt (VGH Mannheim BRS 30 Nr. 91; 32 Nr. 164). In der Unterschrift unter die Baupläne wird i. d. R. bereits ein Verzicht zu sehen sein (OVG Koblenz DVBl 1982, 369; VGH Mannheim BRS 32 Nr. 164; OVG Münster BauR 2001, 89).

Der Verzicht **bindet auch die Rechtsnachfolger** (VGH Kassel BRS 56 Nr. 181); dieses ergibt sich zumindest mittelbar aus § 58 Abs. 3 LBO.

Schließlich kann das Recht des Nachbarn, sich auf nachbarschützende Normen zu **282**
berufen, auch durch **Verwirkung** untergehen (s. dazu OVG Greifswald NVwZ-RR 2003, 17 – lesenswert; Troidl NVwZ 2004, 315). Dieses ist nach der Rechtsprechung des BVerwG (BVerwGE 44, 294 = NJW 1974, 1260; E 78, 35 = NJW 1988, 839; BauR 1997, 281; eb. VGH Mannheim VBlBW 1992, 103) vor allem dann der Fall, wenn der Nachbar trotz sicherer Kenntnis vom Bauvorhaben **ein Jahr lang nichts unternimmt, insbesondere keine Rechtsmittel einlegt (formelle Verwirkung)**. Das BVerwG begründet dieses mit dem nachbarschaftlichen Gemeinschaftsverhältnis, das den Nachbarn verpflichtet, seine Einwendungen nicht unangemessen spät zu erheben; die Jahresfrist beruht auf einer analogen Anwendung des § 58 Abs. 2 VwGO.

Dabei kommt es für den **Beginn der Jahresfrist** nicht darauf an, wann der Nachbar tatsächlich Kenntnis vom Bauvorhaben gehabt hat; maßgeblich ist vielmehr, wann der Nachbar das Bauvorhaben hätte zur Kenntnis nehmen müssen (BVerwG NVwZ 1988, 532).

Aber auch vor Ablauf dieser Jahresfrist können Nachbarrechte verwirkt werden, wenn nämlich der Nachbar durch sein Verhalten beim Bauherrn den berechtigten Eindruck erweckt, er werde keine Einwendungen gegen das Bauvorhaben erheben (**materiellrechtliche Verwirkung** – vgl. BVerwG NVwZ 1991, 1182).

Bsp. a) (OVG Münster BauR 2004, 62): Der Nachbar legt Widerspruch ein, obwohl er vom Bauherrn eine Entschädigung von 3,2 Mill. DM (2-facher Grundstückswert) erhalten hatte als Ausgleich für die zu erwartenden Beeinträchtigungen.

b) (OVG Münster NVwZ-RR 1993, 397): Der Nachbar gestattet zunächst dem Bauherrn, eine Leitung für Fertigbeton über das Grundstück des Nachbarn zu legen und legt danach Widerspruch gegen die Baugenehmigung ein (eb. auch OVG Greifswald NVwZ-RR 2003, 17).

c) (VGH Kassel NVwZ-RR 1991, 171): Der Nachbar hatte vor der Einlegung des Rechtsmittels das Baugrundstück an den Bauherrn verkauft und dessen Baukonzeption gekannt.

Die Verwirkung tritt jedenfalls dann ein, wenn der Nachbar die Errichtung des Bauvorhabens zur Kenntnis nimmt und gleichwohl erst nach der Fertigstellung Rechtsmittel einlegt (BVerwG NVwZ-RR 1991, 111) oder aber ausdrücklich erklärt, er sei mit dem Bauvorhaben einverstanden und werde nichts dagegen unternehmen (BVerwG NJW 1988, 730).

Die Verwirkung setzt nicht voraus, dass es sich um ein genehmigtes Bauvorhaben handelt; auch gegenüber einem **Schwarzbau** kann das Recht, nachbarliche Abwehransprüche zu erheben, verwirkt werden (BVerwG BauR 1997, 281; NJW 1998, 328).

Die Verwirkung nachbarlicher Abwehrrechte wirkt auch gegenüber dem **Rechtsnachfolger** des Nachbarn (VGH Mannheim VBlBW 1992, 103).

8. Anspruch auf Einschreiten der Baurechtsbehörde

283 Es ist umstritten, ob der von einem rechtswidrigen, nicht genehmigten oder unter Überschreitung der Baugenehmigung errichteten Bau betroffene Nachbar grundsätzlich nur einen Anspruch auf eine ermessensfehlerfreie Entscheidung der Baurechtsbehörde über ein Einschreiten zu seinen Gunsten hat, wobei das Ermessen bei einer gewichtigen Beeinträchtigung auf Null reduziert sein kann (so VGH Mannheim NVwZ-RR 2008, 162; VGH München NVwZ-RR 2009, 628) oder ob grundsätzlich ein Anspruch des Nachbarn auf Einschreiten der Baurechtsbehörde besteht, sofern es keine speziellen Gründe gibt, hiervon abzusehen (so BVerwG BauR 2000, 1318; OVG Münster NVwZ-RR 2007, 510 u. 1031; BauR 2009, 1716 – einer 80jährigen Frau ist Umzug nicht mehr zumutbar; s. dazu Mehde/Hansen NVwZ 2010, 14). Für die erste Ansicht spricht, dass §§ 47, 65 LBO eine Ermessensermächtigung enthalten und der Bauherr einen Anspruch darauf hat, dass die Baurechtsbehörde hiervon auch Gebrauch macht. Eine Ermessensentscheidung gegen ein Einschreiten ist jedenfalls dann geboten, wenn die Verletzung der nachbarschützenden Vorschriften nur zu einer unbedeutenden Beeinträchtigung des Nachbarn führt (OVG Münster BauR 2009, 1716) oder aber der Bauherr sich nicht bewusst über die Rechte des Nachbarn hinweggesetzt hat.

284 Verstößt das Bauvorhaben lediglich gegen nicht-nachbarschützende Normen, hat der Nachbar keinen Anspruch auf fehlerfreie Ermessensentscheidung (VGH Mannheim BauR 1979, 222; VBlBW 1992, 148).

Wenn der Nachbar mit Erfolg die **Baugenehmigung angefochten** hat, aber das Bauvorhaben wegen des Wegfalls der aufschiebenden Wirkung des Rechtsmittels nach § 212 a BauGB in der Zwischenzeit bereits errichtet worden ist, räumt das BVerwG (BauR 2000, 1318; eb. VGH Mannheim BauR 2003, 1716) dem Nachbarn i. d. R. einen Anspruch gegenüber der Baurechtsbehörde auf Erlass einer Abbruchanordnung ein, weil nur auf diese Weise der durch die Baugenehmigung bewirkte Eingriff in das Eigentumsrecht des Nachbarn rückgängig gemacht werden könne. Das BVerwG trägt damit der **Folgenbeseitigungslast der Behörde** Rechnung. Sonst wäre die erfolgreiche Nachbarklage im Ergebnis sinnlos

Der Grundsatz, dass der Nachbar einen Anspruch auf Einschreiten der Baurechtsbehörde bei einer Betroffenheit in einer geschützten Rechtsposition hat, gilt nach der Rechtsprechung des VGH Mannheim (NVwZ-RR 1995, 490; eb. VGH München NVwZ 1997, 923) auch für das **Kenntnisgabeverfahren** (s. dazu Uechtritz NVwZ 1996, 640; Bamberger NVwZ 2000, 983). Da hier das die Belange des Nachbarn sichernde Baugenehmigungsverfahren entfällt, muss ihm als Kompensation ein Anspruch auf ein Einschreiten der Baurechtsbehörde durch Erlass eines Bauverbots nach § 47 Abs. 1 LBO bzw. einer Baueinstellung nach § 64 LBO zuerkannt werden, wenn nachbarschützende Normen missachtet worden und die nachbarlichen Belange mehr als nur geringfügig berührt sind.

Die Möglichkeit des Nachbarn, die Verletzung nachbarschützender Baurechtsnormen im Rahmen eines zivilrechtlichen Unterlassungs- oder Beseitigungsanspruchs geltend zu machen, wurde bereits unter Rdnr. 254 erörtert; die Baurechtsbehörde ist berechtigt, den Nachbarn hierauf zu verweisen (BVerwG NVwZ 1998, 395).

9. Nachbarschutz bei öffentlichen Einrichtungen

285 Soweit eine öffentliche Einrichtung aufgrund einer **Baugenehmigung oder Zustimmung** (vgl. § 70 Abs. 1 LBO) errichtet und betrieben wird, muss der davon betroffene

Nachbar **Rechtsmittel gegen die Baugenehmigung oder Zustimmung** einlegen. Unterlässt er dies, kann er später keine öffentlich-rechtlichen Abwehransprüche mehr geltend machen (VGH Mannheim VBlBW 1988, 433; VGH München NVwZ 1999, 87). Etwas anderes gilt freilich bei einer der Genehmigung nicht mehr entsprechenden Nutzung der Einrichtung, z. B. Mopedrennen Jugendlicher auf einem gemeindlichen Sportplatz (BVerwG NVwZ 1990, 858; VGH Mannheim a. a. O.; NVwZ 1990, 988; OVG Berlin NVwZ-RR 1994, 141; VGH München NVwZ-RR 2007, 462).

Bei einer Beeinträchtigung durch eine öffentliche Einrichtung, die **ohne eine Baugenehmigung** geschaffen worden ist, hat der Anlieger unstreitig die Möglichkeit, eine **Unterlassungsklage** zu erheben, sofern er die Beeinträchtigung nicht zu dulden braucht (BVerwGE 79, 254 = NJW 1988, 2396 – Feuerwehrsirene; BVerwGE 81, 197 = NJW 1989, 1291; NVwZ 1991, 884 – Sportplatz; VGH Mannheim VBlBW 1998, 62; VGH Mannheim VBlBW 2008, 345 – Kinderspielplatz; VGH Mannheim VBlBW 1983, 25; NVwZ-RR 1989, 137 – Sportplatz eines Schulzentrums; VGH Mannheim VBlBW 1985, 60 – kommunaler Festplatz; VGH München NVwZ-RR 1989, 532 – kommunaler Grillplatz; BVerwG NVwZ 1996, 1001; VGH München NVwZ 1997, 96 – Wertstoffhof; OVG Münster NVwZ 2001, 1181 u. VGH Kassel NVwZ-RR 2000, 668 – Wertstoffcontainer; VGH Mannheim VBlBW 1996, 108; VGH München NVwZ-RR 2007, 462 – kommunale Mehrzweckhalle; OVG Münster BauR 2000, 81 – Bolzplatz; VGH Mannheim VBlBW 2000, 483 – Jugendhaus).

Als **Anspruchsgrundlage** dieses Unterlassungsanspruchs wird teilweise allein, teilweise auch nebeneinander Art. 2 Abs. 2 und 14 GG (BVerwGE 79, 254 = NJW 1988, 2396), eine analoge Anwendung des § 1004 BGB (BVerwG DVBl 1974, 239; VGH Mannheim NVwZ-RR 1989,173; VBlBW 1988, 433; VGH München NVwZ-RR 2007, 462) oder ein Folgenbeseitigungsanspruch (VGH Mannheim NJW 1985, 2352; OVG Münster BauR 1989, 715) angegeben. Die Frage, welche dieser drei Alternativen zutreffend ist, hat jedoch keine große praktische Bedeutung, denn in allen Fällen sind die Voraussetzungen für einen derartigen Anspruch identisch (so auch BVerwGE 81, 197 = NJW 1989, 1291; VGH Mannheim NVwZ 1990, 988; OVG Schleswig NVwZ 1995, 1019); die öffentliche Einrichtung muss gegen eine den Nachbarn schützende Norm verstoßen. Als solche nachbarschützenden Normen kommen vor allem die baurechtlichen Vorschriften einschließlich des Gebots der Rücksichtnahme (vgl. BVerwG NVwZ 1983, 155; VGH Mannheim NVwZ-RR 1989, 173; BauR 1987, 414; OVG Münster BauR 2000, 81) sowie § 22 BImSchG (BVerwGE 79, 254 = NJW 1988, 2396; E 81, 197 = NJW 1989, 1291; VGH München NVwZ-RR 2007, 462) in Betracht.

Streitig ist, ob neben dem Unterlassungsanspruch gegenüber der Gemeinde bzw. dem sonstigen öffentlich-rechtlichen Träger der Einrichtung auch ein **Einschreiten der Baurechtsbehörde** verlangt werden kann (so VGH Mannheim VBlBW 1983, 25; Dürr NVwZ 1982, 297) oder ob diese Möglichkeit bei öffentlichen Einrichtungen ausscheidet, weil eine öffentlich-rechtliche Körperschaft nicht der Hoheitsgewalt einer anderen Körperschaft unterworfen ist (so OVG Münster NJW 1984, 1982; VGH Kassel NVwZ 1997, 305; Hoppe/Bönker/Grotefels § 17 Rdnr. 71).

Für Baden-Württemberg beantwortet sich diese Frage nach **§ 70 Abs. 2 LBO**. Die Vorschrift verweist für Bauvorhaben des Bundes, eines Landes oder einer Gebietskörperschaft (Gemeinde, Kreis) auf §§ 64, 65 LBO und stellt damit klar, dass ein bauaufsichtliches Einschreiten zulässig ist; erst recht muss dieses für sonstige öffentlich-rechtliche Körperschaften gelten.

Die Frage, in welchem Umfang die Nachbarn die Störung durch eine öffentliche Einrichtung hinnehmen müssen, lässt sich nicht einheitlich beantworten, sondern hängt **286** von der jeweiligen **Situation des Baugebiets und der Funktion der Einrichtung** ab (BVerwGE 81, 197 = NJW 1989, 1291; VGH Mannheim VBlBW 1996, 108). Grundsätzlich besteht auch für öffentliche Einrichtungen kein Sonderrecht (BVerwG a.a.O.). Freilich muss der Nachbar einer solchen öffentlichen Einrichtung wegen der spezifischen Funktion der Anlage u. U. Beeinträchtigungen hinnehmen, die er bei sonstigen, etwa gewerblichen, Anlagen nicht zu dulden braucht. Dieses gilt z. B. für **Kinderspielplätze**. Obwohl diese für die unmittelbare Nachbarschaft durchaus störend sein können, muss die Nachbarschaft jedenfalls Kinderspielplätze normaler Größe und Ausstattung auch im Wohngebiet hinnehmen (BVerwG DVBl 1974, 777; UPR 1992, 182; VGH Mannheim BauR 1985, 535; NVwZ 1990, 988; VGH München NVwZ 1989, 269); streitig ist lediglich, ob dieses auch für Bolzplätze und Abenteuerspielplätze gilt (bejaht von BVerwG NVwZ 1992, 884; VGH Mannheim VBlBW 1998, 62; verneint von OVG Lüneburg BRS 42 Nr. 188; OVG Münster BauR 2000, 81; VGH München NVwZ-RR 1994, 246; OVG Schleswig NVwZ 1995, 1019). Nicht vorhersehbare Exzesse der Benutzer einer öffentlichen Einrichtung sind der Gemeinde aber nicht zuzurechnen (VGH München NVwZ-RR 2007, 462; OVG Lüneburg NVwZ 2006, 1199). Bei Mehrzweckhallen lässt der VGH Mannheim (VBlBW 1996, 108; BauR 2008, 1573; eb. VGH München BauR 1998, 756) an maximal 18 Tagen im Jahr eine Überschreitung der maßgeblichen Immissionswerte zu.

Besondere Probleme treten bei **Sportanlagen** auf (s. dazu Birk VBlBW 2000, 97; Uechtritz NVwZ 2000, 1006; Stüer/Middelbeck BauR 2003, 38; Stühler BauR 2006, 1671). Sportanlagen werden häufig gerade dann benutzt, wenn ein besonderes Ruhebedürfnis besteht, nämlich nach Feierabend und am Wochenende. Es besteht zwar ein öffentliches Interesse an einer sportlichen Betätigung, was durch günstig zu erreichende Sportanlagen gefördert wird; andererseits darf dieses nicht einseitig zu Lasten der Wohnruhe gehen (s. dazu BVerwGE 81, 197 = NJW 1989, 1291; NVwZ 1991, 884; 2000, 1050; OVG Münster NVwZ-RR 1995, 435). Ein Ausgleich kann auch insoweit nur mit Hilfe des Gebots der Rücksichtnahme gefunden werden (VGH Mannheim NVwZ 1992, 389). Nach der Rechtsprechung des BVerwG muss der Anlieger einer Sportanlage eine regelmäßige Immissionsbelastung am Samstagnachmittag hinnehmen, nicht aber am Abend nach 19 Uhr und am Sonntag. Gelegentliche Ausnahmen von diesem Grundsatz sind aber unbedenklich (VGH Mannheim VBlBW 1993, 131).

Die Frage, welche Immissionsbelastung den Nachbarn eines Sportplatzes zugemutet werden kann, ist durch die **18. BImSchV** vom 18.7.1991 – Sportanlagenlärmschutzverordnung – (BGBl. I S. 1578) festgelegt worden (BVerwG NVwZ 1995, 992 u. 2000, 1050; s. dazu Uechtritz NVwZ 2000, 1006; Ketteler NVwZ 2002, 1068; Stühler BauR 2006, 1671), wobei eine Vorbelastung durch Lärm zu berücksichtigen ist (BVerwG NVwZ 2000, 1050).

Teilweise wird angenommen, die 18. BImSchV finde wegen § 1 Abs. 2 der Verordnung nur für Sportanlagen Anwendung, auf denen Sport nach festen Regeln ausgeübt werde, nicht aber für Freizeitsportplätze, insbes. Bolzplätze (BVerwG BauR 2004, 471; OVG Berlin NVwZ-RR 1994, 141; VGH München NVwZ-RR 2004, 20; Mampel Rdnr. 1472). Dieses ist zwar formal zutreffend, lässt aber außer Betracht, dass die Konfliktsituation zwischen sportlicher Betätigung und dem Ruhebedürfnis der Umgebung bei „regellosen" Sportanlagen nicht anders ist als bei Sportanlagen von Sportvereinen. Daher müssen die Grenzwerte der 18. BImSchV ebenfalls Anwendung finden (so auch OVG Schleswig NVwZ 1995, 1019; Rodewoldt/Wagner VBlBW 1996, 365); das BVerwG (a.a.O.) hält immerhin eine entsprechende Anwendung in geeigneten Fällen für möglich.

Wenn der Anlieger einer öffentlichen Einrichtung im Einzelfall eine unzumutbare Störung hinnehmen muss, räumt ihm das BVerwG (E 79, 254 = NJW 1988, 2396 – Feuerwehrsirene in 15 m Abstand von Schlafzimmer- und Kinderzimmerfenstern) in entsprechender Anwendung der §§ 906 Abs. 2 BGB, 74 Abs. 2 Satz 3 VwVfG einen Anspruch auf eine Geldentschädigung ein. Dabei handelt es sich aber nicht um eine Entschädigung i. S. d. Art. 14 Abs. 3 GG, sondern um einen öffentlich-rechtlichen Ausgleichsanspruch, für den das Verwaltungsgericht zuständig ist (vgl. BVerwGE 77, 295 = NJW 1987, 2884).

V. Der Rechtsschutz im Baurecht

A. Rechtsschutz gegen Bauleitpläne

1. Flächennutzungsplan

287 Da der Flächennutzungsplan weder eine Satzung noch ein Verwaltungsakt ist (s. oben Rdnr. 26), kann er eigentlich weder mit einem Normenkontrollverfahren nach § 47 VwGO noch mit einer Anfechtungsklage nach § 42 VwGO angefochten werden (so noch BVerwG BauR 1990, 685; NVwZ 2004, 614). Das BVerwG (NVwZ 2007, 1081) hat allerdings entschieden, der Flächennutzungsplan habe wegen § 35 Abs. 3 Satz 3 BauGB Außenwirkung (s. dazu oben Rdnr. 128 a) und könne daher von demjenigen, der eine Windkraftanlage oder eine sonstige raumbedeutsame Anlage installieren wolle, mit einem Normenkontrollantrag angegriffen werden (s. dazu Herrmann NVwZ 2009, 1185). Ansonsten bleibt es aber dabei, dass ein Normenkontrollantrag gegen den Flächennutzungsplan unzulässig ist (BVerwG NVwZ 2004, 614).

Wenn zu erwarten ist, dass auf der Grundlage des Flächennutzungsplans ein Bebauungsplan aufgestellt wird, der zu schweren Nachteilen für die **Nachbargemeinde** führt (so das unter Rdnr. 23 angeführte Beispiel BVerwGE 40, 323), kann diese nach der zitierten Entscheidung des BVerwG (eb. VGH München NVwZ 1985, 837) **vorbeugende Feststellungs- oder Unterlassungsklage erheben**, dass die planende Gemeinde nicht berechtigt sei, ihre Bauleitplanung in diesem Bereich auf der Grundlage des Flächennutzungsplans fortzuführen. Vorbeugender Rechtsschutz ist nach dem Klagesystem der VwGO nur dann zulässig, wenn ein wirksamer nachträglicher Rechtsschutz nicht möglich oder jedenfalls nicht zumutbar ist (BVerwGE 40, 323; E 54, 211 = NJW 1978, 554). Das wird vom BVerwG in diesem Fall bejaht, weil die planungsrechtliche Situation sich verfestigt, wenn der Bebauungsplan aufgestellt wird und möglicherweise bereits Baugenehmigungen erteilt werden, bevor über einen Antrag der Gemeinde nach § 47 VwGO gegen den Bebauungsplan entschieden werden kann.

2. Bebauungsplan

288 Bebauungspläne können nach § 47 Abs. 1 Nr. 1 VwGO im Wege der **Normenkontrolle** (s. dazu Schmitz-Rode NJW 1998, 415; v.Komorowski/Kupfer VBlBW 2003, 100) gerichtlich überprüft werden. Ebenso kann eine Satzung nach § 34 Abs. 4 BauGB Gegenstand eines Normenkontrollverfahrens sein (vgl. VGH Mannheim BauR 2005, 1132; VGH Kassel NVwZ-RR 2010, 385).

Das am 1.1.1997 in Kraft getretene 6. VwGO-ÄndG sowie die am 1.1.2007 in Kraft getretene BauGB-Novelle 2007 haben hat bedeutsame Veränderungen für das Normenkontrollverfahren gebracht. Zunächst wurde eine **Antragsfrist** von 1 Jahr seit der Bekanntmachung des Bebauungsplans (§ 10 Abs. 3 BauGB) eingeführt (§ 47 Abs. 2 VwGO). Die Frist kann ihren Zweck, den Bestand von Bebauungsplänen zu gewährleisten, allerdings nur eingeschränkt erfüllen. Auch nach Ablauf der Frist ist nämlich eine Inzidentkontrolle des Bebauungsplans im Rahmen einer verwaltungsgerichtlichen Klage zulässig (BT-Drucksache 13/3993 S. 10; Lotz BayVBl 1997, 257; Schmitz-Rode NJW 1998, 415). Bei unverschuldeter Fristversäumung kann Wiedereinsetzung nach § 60 VwGO gewährt werden (Jäde in Birkl D Rdnr. 812; v.Komorowski/Kupfer VBlBW 2003, 103; a. M. OVG Münster NVwZ-RR 2005, 290; OVG

Brandenburg LKV 1996, 208; Schenke NJW 1997, 180; Gerhard in Schoch/Schmidt-Aßmann/Pietzner § 47 Rdnr. 36). Die Behauptung der Gegenansicht, es handle sich um eine Ausschlussfrist, trifft nicht zu. Zwischen der Antragsfrist nach § 47 Abs. 2 VwGO und der Klagefrist nach § 74 VwGO besteht insoweit kein Unterschied.

Nach **§ 47 Abs. 2 a VwGO** ist der Normenkontrollantrag gegen einen Bebauungsplan ferner unzulässig, wenn der Antragsteller **nur** Einwendungen vorbringt, die er im Rahmen der Öffentlichkeitsbeteiligung nicht geltend gemacht oder aber wegen § 215 Abs. 1 BauGB verspätet vorgebracht hat. Diese Präklusionswirkung tritt aber nur beim Normenkontrollverfahren ein, nicht bei einer Inzidentkontrolle des Bebauungsplans (BT-Drucks. 16/2496 S. 17).

§ 47 Abs. 2 a VwGO setzt nach § 3 Abs. 2 Satz 2 BauGB zunächst voraus, dass in der Bekanntmachung der Planauslegung auf diese Rechtsfolge hingewiesen wurde; war dies nicht der Fall, tritt keine Präklusion ein (OVG Münster BauR 2008, 2032; Ziekow BauR 2007, 1169). § 47 Abs. 2 a VwGO greift nicht ein, wenn der Antragsteller im Normenkontrollverfahren auch Einwendungen vorbringt, die er bereits im Verfahren nach § 3 Abs. 2 BauGB geltend gemacht hat (OVG Münster ZfBR 2008, 801; Sodan/Ziekow VwGO § 47 Rdnr. 257 e; Battis/Krautzberger/Löhr NVwZ 2007, 121). Eine Präklusion setzt also voraus, dass überhaupt keine Einwendungen vorgebracht worden sind.

Die Antragsbefugnis nach § 47 Abs. 2 VwGO verlangt, dass der Antragsteller eine Verletzung seiner Rechte geltend macht. Dies bezweckt nach den Gesetzesmaterialien (BT-Drucksache 13/3993 S. 9 und 10) eine Angleichung der Antragsbefugnis nach § 47 Abs. 2 VwGO an die Klagebefugnis nach § 42 Abs. 2 VwGO. Für die Klagebefugnis gilt die sog. Möglichkeitstheorie. Dieses bedeutet, dass eine Verletzung von Rechten des Klägers möglich sein muss (BVerwGE 44, 1 = NJW 1974, 203; E 65, 167 = NJW 1982, 2513).

Die Antragsbefugnis ist unbestritten gegeben, wenn der Antragsteller durch den Bebauungsplan an der beabsichtigten baulichen oder sonstigen **Nutzung seines Grundstücks gehindert** wird, weil dann ein Eingriff in das durch Art. 14 GG geschützte Eigentumsrecht (Baufreiheit) gegeben ist (BVerwG BauR 1997, 972; NVwZ 1998, 732; NVwZ 2002, 87).

Bsp. a) (BVerwG NVwZ 1989, 553): Ein Bebauungsplan untersagt in einem Kerngebiet die Errichtung von Sex-Shops. Gegen diese Festsetzung kann die Inhaberin einer Kette von Sex-Shops einen Normenkontrollantrag stellen, auch wenn sie das vorgesehene Ladengeschäft erst nach In-Kraft-Treten des Bebauungsplans erworben hatte; zuvor war dort ein Wollgeschäft.

b) (BVerwG BauR 1994, 433): Der Bebauungsplan weist ein Grundstück im Innenbereich als Fläche für Gartenbau aus. Falls der Eigentümer diese Fläche mit Wohngebäuden bebauen will, ist er auch dann antragsbefugt, wenn diese Festsetzung auf Wünschen eines früheren Grundstückseigentümers beruhte, der dort eine Gärtnerei betrieb.

Es kommt für die Antragsbefugnis nicht darauf an, ob der Gemeinderat die Nutzungsabsichten des Antragstellers bei der Aufstellung des Bebauungsplans erkennen konnte (BVerwG NVwZ 1993, 563; NVwZ 1995, 265).

Dabei bestimmt sich die Frage, ob eine Veränderung der bauplanungsrechtlichen Situation für den Grundstückseigentümer eine Rechtsverletzung darstellen kann, nach dessen subjektiver Einschätzung.

Bsp. (BVerwG NVwZ 1993, 563): Ein Landwirt ist antragsbefugt, wenn er die als Baugelände festgesetzte Fläche weiterhin landwirtschaftlich nutzen will; dieses gilt auch, wenn sich der Wert der Fläche durch den Bebauungsplan objektiv beträchtlich erhöht hat.

Eine Rechtsverletzung entfällt, wenn der Antragsteller ohne Bebauungsplan auch nicht anders bauen könnte als bei Anwendung des Bebauungsplans (VGH Mannheim VBlBW 1983, 140; OVG Lüneburg BauR 1988, 307).

288a Schwieriger zu beurteilen ist die Antragsbefugnis bei Antragstellern, die **nur mittelbar betroffen** sind, z. B. durch die Bebauung auf dem Nachbargrundstück, den Verlust von Lagevorteilen oder der Zunahme des Verkehrs (BVerwG BauR 2004, 1132).

Bsp. (BVerwGE 107, 215 = NJW 1999, 592): Der Antragsteller ist Eigentümer eines Wohnhauses am Rande einer bewaldeten Fläche. Diese Fläche wird in einem Bebauungsplan als Kleingartenfläche mit Vereinsheim festgesetzt. Der Antragsteller befürchtet eine unzumutbare Störung durch das Vereinsheim.

Bei nur mittelbarer Beeinträchtigung ist eine Verletzung von Rechten des Antragstellers und damit eine Antragsbefugnis unproblematisch zu bejahen, wenn die zu erwartende **Beeinträchtigung gegen gesetzliche Vorschriften** verstößt, z. B. die Grenzwerte der 16. oder 18. BImSchV bzw. der TA-Lärm oder der TA-Luft überschritten werden (vgl. BVerwG BauR 2000, 229). Da in diesem Fall in Abwehrrechte des Nachbarn eingegriffen wird, mit denen er sich gegen eine Genehmigung auf der Grundlage des Bebauungsplans zur Wehr setzen kann, muss die Antragsbefugnis nach § 47 Abs. 2 VwGO bejaht werden.

Schwieriger ist es, wenn keine normative Festsetzung nachbarlicher Abwehrrechte erfolgt ist, etwa bei der Beeinträchtigung der Aussicht (BVerwG NVwZ 1995, 895; VGH Mannheim VBlBW 1997, 426; 2000, 482), der gehobenen Wohnlage, der Steigerung des Verkehrslärms auf vorhandenen Straßen (vgl. BVerwG BauR 2000, 243; BauR 2004, 1132) oder der Verschlechterung der Zufahrtsverhältnisse (BVerwG NVwZ 1992, 974; NVwZ 2001, 431). In allen diesen Fällen wird ein subjektives Recht nicht unmittelbar betroffen, andererseits können diese Belange bei der Aufstellung eines Bebauungsplans durchaus relevant sein; der Bebauungsplan kann fehlerhaft sein, wenn diese Belange unberücksichtigt bleiben. Da auch private Belange, die keine subjektiven Rechte darstellen, im Rahmen der Abwägung nach § 1 Abs. 7 BauGB zu berücksichtigen sind (s. Rdnr. 43), stellt sich die Frage, ob eine Rechtsverletzung auch darin liegen kann, dass abwägungsrelevante private Belange nicht oder nicht in abwägungsfehlerfreier Weise in die Abwägung eingestellt wurden. Diese zuvor umstrittene Frage (Stüer BauR 1999, 521; Muckel NVwZ 1999, 963) hat das BVerwG (E 107, 215 = NJW 1999, 592) dahin gehend entschieden, dass die Antragsbefugnis auch aus einer **abwägungsfehlerhaften Behandlung privater Belange** in der Abwägung nach § 1 Abs. 7 BauGB abgeleitet werden kann (s. dazu Hoffmann/Kassow NVwZ 2007, 149). Nach Ansicht des BVerwG kommt dieser Vorschrift drittschützende Wirkung zu, da auch private Belange bei der Bauleitplanung zu berücksichtigen seien. Dieses führt im Ergebnis dazu, dass die Neufassung des § 47 Abs. 2 VwGO durch das 6. VwGOÄndG weitgehend bedeutungslos ist (so auch Schmitz NVwZ 1999, 929).

Nach § 47 Abs. 2 VwGO kommt es bei mittelbaren Beeinträchtigungen für die Antragsbefugnis darauf an, ob private abwägungsrelevante Belange verletzt worden sein können. Ob sie tatsächlich verletzt worden sind, ist eine Frage der Begründetheit des Normenkontrollantrags.

Abwägungsrelevant sind zum einen die Belange, die die planende Gemeinde von sich aus erkennen muss, weil diese Belange **offensichtlich durch den Bebauungsplan betroffen** werden.

Bsp. a) (VGH Mannheim VBlBW 1980, 24): Der Bebauungsplan sieht ein Wohngebiet in unmittelbarer Nachbarschaft einer Hautleimfabrik vor. Dem Gemeinderat muss sich auch ohne Rüge durch den Betriebsinhaber die Erkenntnis aufdrängen, dass es infolge der von der Fabrik ausgehenden intensiven Geruchsbelästigung bei Verwirklichung des Bebauungsplans zu schwerwiegenden immissionsschutzrechtlichen Maßnahmen gegenüber der Fabrik kommen wird.

b) (BVerwG BauR 1992, 186): Das Interesse des Eigentümers eines Wohnhauses an der Herstellung einer ordnungsgemäßen Zufahrtsstraße muss sich dem Gemeinderat aufdrängen.

In die Abwägung einzubeziehen sind ferner private Belange, die zwar nicht so gewichtig sind, dass die Gemeinde sie von Amts wegen berücksichtigen muss, die aber von den betroffenen Trägern der Belange im **Anhörungsverfahren nach § 3 Abs. 2 BauGB geltend gemacht** worden sind.

Bsp. (OVG Münster NVwZ-RR 1993, 126): Ein Landwirt macht geltend, dass er die für eine Bebauung vorgesehene Fläche zur Erweiterung seines Betriebs benötige.

Die Kopplung der Antragsbefugnis an das Vorbringen von Anregungen und Bedenken im Verfahren nach § 3 Abs. 2 BauGB könnte allerdings zu einer bedenklichen Ausweitung der Antragsbefugnis führen, da nach § 3 Abs. 2 BauGB der Kreis der Personen, die Einwendungen gegen den Bebauungsplan erheben könnten, nicht beschränkt ist. Das BVerwG verlangt deshalb zusätzlich, dass die **Belange des Antragstellers schutzwürdig** sein müssen. Dieses ist zunächst nicht der Fall, wenn der Antragsteller persönlich gar keine oder nur geringfügige Nachteile erleidet (VGH Mannheim NVwZ 1992, 189). **289**

Bsp. a) (VGH Mannheim VBlBW 1982, 229): Ausweisung eines Fußwegs am Rande eines Wohngrundstücks.

b) (VGH Kassel NVwZ-RR 2004, 635): Erhöhung des Verkehrs um 5 Kfz/h.

Nicht schutzwürdig sind außerdem rechtswidrige Belange.

Bsp. (VGH Mannheim NVwZ 1987, 1103): Der Eigentümer eines ohne Baugenehmigung errichteten Wohnhauses ist nicht antragsbefugt, wenn ein Bebauungsplan in seiner Nachbarschaft eine Sportanlage festsetzt.

Nicht schutzwürdig sind ferner solche Belange, bei denen es sich nicht um städtebaulich beachtliche Interessen handelt.

Bsp. (BVerwG NVwZ 1990, 555; 1997, 683): Ein Kaufhausinhaber kann einen Bebauungsplan, der ein Einkaufszentrum ausweist, nicht wegen des zu erwartenden Umsatzrückgangs anfechten, weil es kein schutzwürdiges Vertrauen darauf gibt, dass eine günstige Marktlage erhalten bleibt.

Die Antragsbefugnis beschränkt sich nicht auf Personen, die im Plangebiet ein Grundstück besitzen. Antragsbefugt sind auch **außerhalb des Baugebiets wohnende Personen**, soweit sie durch den Bebauungsplan in abwägungsrelevanten Belangen betroffen werden, z. B. durch die **Emissionen** eines neuen Gewerbebetriebs (OVG Berlin NVwZ 1984, 188; VGH Mannheim VBlBW 1998, 307), einer öffentlichen Anlage (VGH Mannheim BauR 1987, 285 – Spielplatz) oder durch den **Zufahrtsverkehr** (BVerwG BauR 2000, 243 u. 2004, 1132); das gleiche gilt für eine schwerwiegende Einschränkung einer besonders reizvollen **Aussicht** (BVerwG NVwZ 1995, 895; NVwZ 2000, 1413; VGH Mannheim VBlBW 1997, 426; 2000, 482).

Die Antragsbefugnis ist aber nach BVerwGE 59, 87 (eb. NVwZ 2000, 806 u. 807; NVwZ 2007, 826) nicht auf die Eigentümer betroffener Grundstücke beschränkt, vielmehr sind auch **Mieter und Pächter** antragsbefugt, soweit der Gemeinderat auch ihre Interessen in die Abwägung einstellen musste. Antragsbefugt sind ferner **Grundstückserwerber**, die durch Auflassungsvormerkung gesichert sind (BVerwG NVwZ 1996, 887; NVwZ-RR 1996, 8). **290**

Die Antragsbefugnis kann **verwirkt** werden, wenn der Antragsteller zunächst die Vorteile des Bebauungsplans für sich in Anspruch nimmt und dann einen Normenkontrollantrag stellt, um Bauwünsche seiner Nachbarn abzuwehren (BVerwG BauR 1992, 187; BauR 1990, 185; VGH Mannheim VBlBW 1995, 433; NVwZ-RR 1996, 191).

291 Antragsbefugt sind nach § 47 Abs. 2 VwGO ferner **Behörden**, die den Bebauungsplan bei ihren Amtshandlungen zu beachten haben (BVerwGE 81, 307 = NVwZ 1989, 654; VGH Mannheim NVwZ-RR 2006, 232), z. B. die Baurechtsbehörde (VGH Mannheim VBlBW 1985, 25; VBlBW 1987, 462). Die Baurechtsbehörde darf einen Bebauungsplan, den sie für nichtig hält, wegen Art. 20 Abs. 3 GG (Gesetzmäßigkeit der Verwaltung) nicht anwenden (VGH Kassel NVwZ 1990, 885; Engel NVwZ 2000, 1258). Ihr steht andererseits aber entgegen einer verbreiteten Praxis auch nicht die Kompetenz zu, selbst über die Gültigkeit des Bebauungsplans zu befinden und etwa über einen Bauantrag nach § 34 oder 35 BauGB zu entscheiden, wenn sie den Bebauungsplan für nichtig hält (BVerwGE 75, 142 = NJW 1987, 1344; BauR 1992, 48; OVG Münster NWVBl 1998, 60; Engel NVwZ 2000, 1258; Battis/Krautzberger/Löhr § 10 Rdnr. 10 ff.; a. M. OVG Lüneburg NVwZ 2000, 1061; VGH Kassel NVwZ-RR 1994, 691; Brügelmann/Gierke § 10 Rdnr. 502). Die Baurechtsbehörde kann in einem solchen Fall entweder die Gemeinde veranlassen, den Bebauungsplan gemäß § 1 Abs. 8 BauGB aufzuheben (so BVerwGE 75, 142 = NJW 1987, 1344) oder aber selbst einen Normenkontrollantrag nach § 47 VwGO beim VGH stellen (Engel NVwZ 2000, 1258).

Eine **Gemeinde** kann gegen einen Bebauungsplan einer Nachbargemeinde nicht als Behörde einen Antrag stellen, weil sie ihn nicht anzuwenden hat (VGH Mannheim NVwZ 1987, 1088; s. dazu auch OVG Bautzen NVwZ 2002, 110). Sie kann aber als juristische Person des öffentlichen Rechts antragsbefugt sein, wenn der Bebauungsplan das Selbstverwaltungsrecht der Gemeinde, insbesondere die Planungshoheit einschränkt; es ist nicht nötig, dass die Gemeinde bereits über eine hinreichend konkretisierte eigene Planung verfügt (BVerwG NVwZ 1995, 694; OVG Lüneburg NVwZ-RR 2006, 453).

Bsp. (BVerwG BauR 1994, 492; OVG Münster NVwZ-RR 450; VGH Mannheim VBlBW 2009, 218): Die Gemeinde stellt einen Bebauungsplan für einen großflächigen Einzelhandelsbetrieb (§ 11 Abs. 3 BauNVO) auf. Die Nachbargemeinde sieht hierin einen Verstoß gegen das in § 2 Abs. 2 BauGB verankerte Gebot der interkommunalen Abstimmung (s. oben Rdnr. 23).

292 Das **Rechtsschutzbedürfnis** für ein Normenkontrollverfahren entfällt, wenn die im Bebauungsplan ausgewiesene **Bebauung bereits verwirklicht** worden ist (BVerwGE 78, 85 = NJW 1988, 839; NVwZ 2000, 194). Denn in diesem Fall hat der Antragsteller von der Feststellung, dass der Bebauungsplan unwirksam ist, keinen Nutzen, weil dadurch die Bestandskraft der Baugenehmigungen nicht berührt wird. Zwar besteht theoretisch die Möglichkeit, dass die Baurechtsbehörde die Baugenehmigungen zurück nimmt. Diese Möglichkeit scheidet aber praktisch aus, wenn das Gebäude bereits errichtet worden ist, weil es dem Vertrauensschutz zuwiderlaufen würde, eine Baugenehmigung für ein Vorhaben zurückzunehmen, das im Vertrauen auf einen Bebauungsplan gebaut worden ist. Demgegenüber besteht durchaus eine gewisse Aussicht, dass nach einem erfolgreichen Normenkontrollverfahren eine auf den Bebauungsplan gestützte Baugenehmigung zurückgenommen werden kann, wenn das genehmigte Bauvorhaben noch nicht verwirklicht worden ist. Nur in einem derartigen Fall ist daher eine Antragsbefugnis zu bejahen (BVerwG a.a.O.; NVwZ 1992, 342; VGH Mannheim NVwZ 1984, 44). Ein Rechtsschutzbedürfnis ist zu verneinen, wenn der Antragsteller zunächst selbst den Bebauungsplan für sich ausgenutzt hat und dann eine Bebauung des Nachbargrundstücks verhindern will (BVerwG NVwZ 1992, 974).

Ist ein Normenkontrollantrag zulässig, dann überprüft der VGH die Gültigkeit des Bebauungsplans **unter allen in Betracht kommenden Gesichtspunkten**. Die Prüfung beschränkt sich also nicht – wie bei einer Anfechtungsklage – darauf, ob Rechte des jeweiligen Antragstellers missachtet worden sind (BVerwG BauR 2002, 83; NVwZ-RR 2008, 899; NVwZ 2010, 1246).

Die Entscheidung des VGH, dass ein Bebauungsplan unwirksam ist, ist nach § 47 **293**
Abs. 5 Satz 2 VwGO allgemein verbindlich und von der Gemeinde öffentlich bekannt zu machen. Demgegenüber wirkt eine ablehnende Entscheidung des VGH nur zwischen den Prozessparteien (BVerwGE 68, 15 = NJW 1984, 881).

Wenn sich der festgestellte Fehler des Bebauungsplans auf bestimmte Festsetzun- **294**
gen beschränkt, etwa die Ausweisung eines Grundstücks als öffentliche Grünfläche oder die Festsetzung einer bestimmten Baulinie, dann wird der Bebauungsplan nur insoweit aufgehoben, sofern nicht der verbleibende Teil des Bebauungsplans keinen sinnvollen Regelungsgehalt mehr behält und nur noch ein Planungstorso darstellt (BVerwGE 82, 225 = NVwZ 1990, 157; BVerwGE 88, 268 = NVwZ 1992, 373; NVwZ 2008, 899). Wenn sich dagegen der Fehler auf den gesamten Bebauungsplan auswirkt, was z. B. regelmäßig bei Verfahrensfehlern der Fall ist, muss der gesamte Bebauungsplan für unwirksam erklärt werden (BVerwG DVBl 1968, 517; VGH Mannheim DVBl 1985, 131 mit Anm. Lemmel).

Wenn der Bebauungsplan Fehler aufweist, die nicht nach §§ 214, 215 BauGB unbeachtlich sind, wird er für unwirksam erklärt (§ 47 Abs. 5 Satz 2 VwGO). Die Gemeinde kann allerdings nach § 214 Abs. 4 BauGB bei behebbaren Fehlern den Bebauungsplan nach der Beseitigung des Fehlers rückwirkend in Kraft setzen (BVerwG NVwZ 2010, 1894).

Dieses ist allerdings nur dann möglich, wenn es sich um Randkorrekturen handelt, die die grundsätzliche Planungskonzeption nicht berühren (s. dazu Rdnr. 75)

Durch die Aufhebung eines Bebauungsplans im Normenkontrollverfahren wird die **295**
Wirksamkeit einer bereits erteilten Baugenehmigung nicht berührt (OVG Münster NJW 1978, 342; OVG Lüneburg BauR 1980, 539). Es ist deshalb auch nicht erforderlich, die Grundstückseigentümer im Normenkontrollverfahren beizuladen. Für eine **notwendige Beiladung** besteht kein Bedürfnis, weil die Entscheidung des VGH nach § 47 Abs. 6 VwGO allgemein verbindlich ist; im Übrigen wäre der Kreis der beizuladenden Personen kaum abgrenzbar (BVerwGE 65, 131 = NJW 1983, 1012, bspr. von Bettermann DVBl 1982, 954 und Ronellenfitsch VerwArch 1983, 280; BVerwG NVwZ-RR 1994, 235). Soweit im Einzelfall eine Beteiligung Dritter am Normenkontrollverfahren sinnvoll erscheint, was z. B. bei Großprojekten bezüglich des **Trägers des Vorhabens** der Fall sein kann, ermöglicht § 47 Abs. 2 Satz 5 VwGO eine **einfache Beiladung** (s. dazu v.Komorowski NVwZ 2003, 1458).

Durch ein Normenkontrollverfahren kann nur die Unwirksamkeit eines Bebauungs- **296**
plans geltend gemacht werden, nicht dagegen die Änderung der Festsetzung des Bebauungsplans oder die Ausdehnung auf einen bisher nicht erfassten Bereich begehrt werden (BVerwG NVwZ 2004, 1120; BauR 2008, 657; VGH Mannheim VBlBW 1983, 140).

Sofern ein Grundstück willkürlich aus dem Plangebiet ausgeklammert wurde, kann allerdings ein Normenkontrollantrag auf Aufhebung (nicht auf Ausweitung) des Bebauungsplans gestellt werden, sofern die Gemeinde bei einem neuen Bebauungsplan im Rahmen einer ordnungsgemäßen Planung das Grundstück des Antragstellers einbeziehen müsste (VGH Mannheim VBlBW 1995, 204; OVG Bautzen SächsVBl 1996, 113; Eyermann § 47 Rdnr. 80).

3. Vorläufiger Rechtsschutz

297 § 47 Abs. 6 VwGO (s. dazu Schoch in Schoch/Schmidt-Aßmann/Pietzner VwGO § 123 Rdnr. 126 ff. – sehr ausführlich; Erichsen/Scherzberg DVBl 1987, 168) lässt auch im Normenkontrollverfahren **einstweilige Anordnungen** zu. Voraussetzung ist, dass eine einstweilige Anordnung zur **Abwehr schwerer Nachteile** oder aus anderen wichtigen Gründen dringend geboten ist.

Ein schwerer Nachteil ist jedenfalls dann gegeben, wenn die wirtschaftliche Existenz des Antragstellers auf dem Spiel steht (Rasch BauR 1981, 416) oder eine sonstige außerordentlich schwere Beeinträchtigung droht (OVG Lüneburg BauR 2007, 342; BauR 2009, 1421).

Eine einstweilige Anordnung kann in entsprechender Anwendung des § 32 BVerfGG ferner dann ergehen, wenn der Normenkontrollantrag offensichtlich Erfolg haben wird und die Verwirklichung des Bebauungsplans vollendete Zustände schaffen würde (OVG Lüneburg BauR 2007, 342; BauR 2009, 1421; OVG Münster NVwZ-RR 1995, 134; VGH Kassel NVwZ-RR 2000, 655).

Bsp. (VGH Kassel NVwZ-RR 1991, 588): Ein Bebauungsplan, der wegen unangemessener Zurücksetzung der Belange des Naturschutzes nichtig ist, sieht eine Straße vor, die das Grundstück des Antragstellers zerschneiden würde.

Soweit die von der Verwirklichung eines Bebauungsplans betroffenen Personen vorläufigen Rechtsschutz nach **§ 80 a Abs. 3 VwGO** in Anspruch nehmen können, scheidet eine einstweilige Anordnung nach § 47 Abs. 6 VwGO aus (VGH Mannheim NVwZ 1997, 507; NVwZ-RR 1998, 613; VGH München NVwZ-RR 2010, 44; a. M. allerdings OVG Münster BauR 2006, 1696; OVG Lüneburg BauR 2002, 447; OVG Hamburg BauR 2007, 1540). Der gegen ein bestimmtes Bauvorhaben gerichtete Antrag nach §§ 80 a Abs. 3, 123 VwGO ist nämlich die speziellere Regelung gegenüber § 47 Abs. 6 VwGO, mit der der Bebauungsplan insgesamt außer Anwendung gesetzt wird. Eine einstweilige Anordnung nach § 47 Abs. 6 VwGO kommt deshalb i. d. R. nur bei Normenkontrollverfahren von Behörden sowie Mietern und Pächtern in Betracht, soweit diese gegen eine Baugenehmigung keine Rechtsmittel einlegen können (s. dazu Rdnr. 256).

Antragsgegner kann nur die Gemeinde (so VGH Kassel DÖV 1983, 777; OVG Weimar BRS 57 Nr. 61; Schoch in Schoch/Schmidt-Aßmann/Pietzner VwGO § 47 Rdnr. 182 ff.; Kopp/Schenke § 47 Rdnr. 156), nicht auch das Land sein, soweit das Landratsamt Baurechtsbehörde ist und die Erteilung einer Baugenehmigung auf der Grundlage des Bebauungsplans zu erwarten ist (so aber VGH Mannheim NJW 1977, 1212). Durch den Erlass der einstweiligen Anordnung wird der Vollzug des Bebauungsplans generell, d.h. nicht nur im Verhältnis zwischen den Verfahrensbeteiligten außer Kraft gesetzt (OVG Münster NJW 1978, 342; 1980, 1013; VGH Kassel DÖV 1983, 777; OVG Lüneburg BRS 39 Nr. 44; Schoch a.a.O.). Eine Anordnung nach § 47 Abs. 6 VwGO gegenüber der Baurechtsbehörde kommt schon deswegen nicht in Betracht, weil diese im Hauptsacheverfahren nach § 47 Abs. 1 VwGO nicht beteiligt ist (a. M. VGH Mannheim NJW 1977, 1212).

4. Inzidentkontrolle

Ferner kann die Rechtmäßigkeit eines Bebauungsplans inzident im Rahmen einer baurechtlichen Klage auf Erteilung einer Baugenehmigung bzw. gegen eine erteilte Baugenehmigung geprüft werden (zur Inzidentkontrolle durch die Verwaltung s. oben Rdnr. 291). Eine Klage auf Feststellung der Rechtswidrigkeit des Bebauungsplans ist demgegenüber unzulässig, da es sich um die Klärung einer abstrakten Rechtsfrage handeln würde (BVerwG NJW 1969, 1076; NVwZ-RR 1993, 513). **298**

5. Verfassungsbeschwerde

Eine **Verfassungsbeschwerde** gegen einen Bebauungsplan ist nach der Rechtsprechung des Bundesverfassungsgerichts (BVerfGE 70, 35 = NJW 1985, 2315; NJW 1989, 1271; a. M. noch BVerfGE 31, 364) zulässig, weil der Bebauungsplan unmittelbar den rechtlichen Status eines Grundstücks verändert, etwa bei einer Ausweisung als Grünfläche die Baulandqualität beseitigt. Eine Verfassungsbeschwerde kommt freilich erst in Betracht, wenn die Möglichkeit einer Normenkontrolle nach § 47 VwGO erschöpft ist (§ 90 Abs. 2 BVerfGG). Soweit die Festsetzungen des Bebauungsplans erst einer Umsetzung durch eine Baugenehmigung bedürfen, ehe sie einen Nachteil begründen, was z. B. bei der Festsetzung einer Baugrenze auf dem Grundstück des Antragstellers oder bei einer für den Antragsteller ungünstigen Festsetzung der Bebaubarkeit eines Nachbargrundstücks der Fall ist, muss zunächst der Verwaltungsakt abgewartet und dann hiergegen Rechtsmittel eingelegt werden (vgl. BVerfG NJW 1986, 1483 und 1741; NJW 1989, 1271). Die Verfassungsbeschwerde muss innerhalb der Frist des § 93 Abs. 2 BVerfGG eingelegt werden (BVerfG NVwZ 1992, 972). In der baurechtlichen Praxis spielt die Verfassungsbeschwerde gegen einen Bebauungsplan keine Rolle. Der Bebauungsplan ist längst verwirklicht, ehe das BVerfG eine Entscheidung trifft. **299**

B. Rechtsschutz gegen baurechtliche Einzelentscheidungen

Der baurechtliche Verwaltungsprozess kennt im Wesentlichen 3 verschiedene **Klagetypen**, nämlich die Klage auf Erteilung der Baugenehmigung (bzw. Bauvorbescheid), die Klage gegen eine Abbruchverfügung (bzw. Nutzungsuntersagung, Baueinstellung oder Anordnung nach § 47 LBO) sowie die Baunachbarklage. **300**

Alle baurechtlichen Klagen richten sich gegen die Körperschaft, deren Behörde die Baugenehmigung erlassen hat (Anfechtungsklage) bzw. erlassen soll (Verpflichtungsklage). Soweit ein Stadtkreis, eine Große Kreisstadt oder eine Gemeinde, die nach § 48 Abs. 2 LBO untere Baurechtsbehörde ist, die angefochtene Entscheidung erlassen hat, ist die Klage gegen die Stadt bzw. die Gemeinde zu richten, denn der innerhalb der Gemeinde nach § 44 Abs. 3 GemO zuständige Bürgermeister ist ein Organ der Gemeinde, und zwar auch dann, wenn er im Wege der Auftragsverwaltung staatliche Aufgaben wahrnimmt (s. dazu Wahl VBlBW 1984, 123).

1. Klage auf Erteilung einer Baugenehmigung

Die **Klage auf Erteilung der Baugenehmigung** oder eines Bauvorbescheids ist als **Verpflichtungsklage** zu erheben, sie wirft keine prozessualen Schwierigkeiten auf. Dabei ist hinsichtlich der **maßgeblichen Sach- und Rechtslage** auf den Zeitpunkt der **letzten mündlichen Verhandlung** abzustellen, das gilt sowohl zugunsten wie zu Lasten des Bauherrn (BVerwGE 61, 128 = NJW 1981, 2426; E 41, 227 = NJW 1973, **301**

1014; VGH Mannheim VBlBW 2011, 67; VGH Kassel NVwZ-RR 1996, 671). Kann das Verwaltungsgericht die Baurechtsbehörde nicht zur Erteilung einer Baugenehmigung verpflichten, weil das Bauvorhaben von der Baurechtsbehörde noch nicht umfassend geprüft worden ist, dann ergeht ein **Bescheidungsurteil** nach § 113 Abs. 5 Satz 2 VwGO; das Gericht ist nicht verpflichtet, schwierige technische Fragen abzuklären, um die Sache spruchreif zu machen (VGH Mannheim ESVGH 21, 216; NVwZ 1987, 66).

Wenn eine zunächst begründete Klage auf Erteilung der Baugenehmigung infolge einer Änderung der Rechtslage unbegründet wird, kann der Bauherr gemäß § 113 Abs. 1 Satz 4 VwGO den Antrag auf Feststellung stellen, dass die Versagung der Baugenehmigung rechtswidrig war (BVerwGE 61, 128 = NJW 1981, 2426; E 68, 360 = NJW 1984, 1771; VGH Mannheim NVwZ-RR 1998, 545). Das für eine solche **Fortsetzungsfeststellungsklage** erforderliche berechtigte Interesse liegt regelmäßig in der Möglichkeit, Schadensersatz wegen Amtspflichtverletzung zu verlangen (vgl. dazu BGHZ 109, 380 = NJW 1990, 1038; BGHZ 76, 375 = NJW 1980, 1567; BGHZ 65, 182 = NJW 1976, 184) oder Entschädigungsansprüche wegen enteignungsgleichem Eingriffs zu erheben (BGHZ 125, 258 = NJW 1994, 1647; BGHZ 136, 182 = NJW 1997, 3432; BVerwG NVwZ-RR 2005, 383).

302 Soweit für die Erteilung der Baugenehmigung das **Einvernehmen der Gemeinde** nach § 36 BauGB erforderlich ist, ist diese nach § 65 Abs. 2 VwGO **notwendig beizuladen** (s. dazu oben Rdnr. 146). Es empfiehlt sich ferner, jedenfalls diejenigen Nachbarn beizuladen, die gegen den Bauantrag Einwendungen erhoben haben; ein Fall der notwendigen Beiladung liegt aber nach Ansicht des BVerwG (DVBl 1974, 767; NVwZ-RR 1993, 18; eb. VGH Mannheim NJW 1977, 1308) nicht vor, da nicht schon das Verpflichtungsurteil, sondern erst die aufgrund des Urteils ergehende Baugenehmigung den Nachbarn in seinen Rechten verletzt. Entscheidend dürfte sein, dass ein Verpflichtungsurteil nicht zwangsläufig in rechtliche Interessen des Nachbarn eingreift, sondern nur dann, wenn über nachbarschützende Normen zu entscheiden ist.

303 Wenn das Verwaltungsgericht die Baurechtsbehörde zur Genehmigung eines Bauvorhabens verurteilt, das den Planungsvorstellungen der Gemeinde zuwiderläuft, kann diese trotz eines rechtskräftigen Urteils den Bau des Gebäudes noch verhindern, indem sie einen Aufstellungsbeschluss nach § 2 Abs. 1 BauGB fasst und zur Sicherung der Planung eine **Veränderungssperre** nach § 14 BauGB erlässt. Durch diese Veränderung der Sach- und Rechtslage entfällt der Anspruch aus dem verwaltungsgerichtlichen Urteil. Falls der Kläger gleichwohl auf einer Baugenehmigung bestehen sollte, kann die Baurechtsbehörde nach §§ 173 VwGO, 767 ZPO Vollstreckungsgegenklage erheben und feststellen lassen, dass eine Vollstreckung aus dem Urteil des Verwaltungsgerichts unzulässig ist (so BVerwG NVwZ 1985, 563; BVerwGE 117, 44 = NVwZ 2003, 214; VGH Mannheim VBlBW 1985, 186).

2. Klage gegen Abbruchverfügung

304 Prozessual unproblematisch ist die Klage gegen eine Abbruchverfügung. Die richtige Klageart ist die **Anfechtungsklage**. Hinsichtlich der **maßgeblichen Sach- und Rechtslage** ist grundsätzlich auf die **letzte Verwaltungsentscheidung**, i. d. R. den Widerspruchsbescheid, abzustellen (BVerwGE 61, 209; 82, 260). Von diesem Grundsatz ist aber eine Ausnahme zu machen, wenn sich die Sach- und Rechtslage nachträglich **zugunsten des Klägers ändert**, denn es wäre sinnwidrig, die Rechtmäßigkeit einer Abbruchverfügung zu bestätigen, wenn dem Kläger auf einen neuen Bauantrag hin sofort eine Baugenehmigung erteilt werden müsste; eine dem Kläger nachteilige Veränderung der Sach- und Rechtslage ist dagegen unbeachtlich (BVerwGE 5, 351; BauR 1986, 195; VGH Mannheim BauR 1988, 566).

Der Widerspruch und die Klage gegen eine Abbruchverfügung haben nach § 80 Abs. 1 VwGO **aufschiebende Wirkung**. Eine Anordnung des Sofortvollzugs nach § 80 Abs. 2 Nr. 4 VwGO kommt i. d. R. nicht in Betracht, weil dadurch vollendete Tatsachen geschaffen würden, die im Falle einer erfolgreichen Klage im Hauptverfahren nicht mehr rückgängig gemacht werden könnten (VGH Mannheim BWVBl. 1970, 190; OVG Münster NVwZ 1998, 977); etwas anderes gilt für die Beseitigung offensichtlich rechtswidriger Bauten sowie bei transportablen baulichen Anlagen (VGH Kassel NVwZ 1985, 664; BauR 1992, 66; OVG Lüneburg BauR 1994, 611).

3. Nachbarklage

Auch die Klage des Nachbarn gegen eine dem Bauherrn erteilte Baugenehmigung **305** wirft abgesehen von der unter Rdnr. 259 ff. erörterten Frage des Nachbarschutzes baurechtlicher Vorschriften keine schwierigen Probleme auf. Als Klageart kommt nur die **Anfechtungsklage** in Betracht. Hinsichtlich der **maßgeblichen Sach- und Rechtslage** gilt das zur Abbruchverfügung Gesagte mit der Abwandlung, dass bereits die nach Erlass der Baugenehmigung eintretende Änderung der Sach- oder Rechtslage zu Lasten des Bauherrn nicht berücksichtigt werden darf, da der Bauherr durch die Erteilung der Baugenehmigung eine durch Art. 14 GG geschützte Rechtsposition erlangt hat (VGH Mannheim VBlBW 2011, 67). Eine **Änderung zugunsten des Bauherrn** muss aber berücksichtigt werden, denn es wäre widersinnig, eine Baugenehmigung aufzuheben, wenn einem neuen Bauantrag entsprochen werden müsste (BVerwGE 22, 129; E 65, 313 = NVwZ 1983, 32; VGH Mannheim VBlBW 1995, 481; VGH Kassel NVwZ-RR 2006, 230). Wird während des Prozesses eine nachträgliche Befreiung nach §§ 31 Abs. 2 BauGB, 56 Abs. 4 LBO erteilt, kann diese ohne besonderes Vorverfahren in den Prozess eingeführt werden (BVerwG NJW 1971, 1147).

Für die **Klagebefugnis** ist es ausreichend, dass der Vortrag des Klägers eine Ver- **306** letzung seiner Rechte als möglich erscheinen lässt (BVerwGE 61, 295 = NJW 1981, 1393; bestätigt durch BVerfG NVwZ 1983, 28). Voraussetzung dafür ist, dass der Kläger rechtlich und tatsächlich von den Auswirkungen des Bauvorhabens betroffen sein kann. Es ist nicht geboten, bereits im Rahmen der Zulässigkeitsprüfung der Frage nachzugehen, ob die möglicherweise nicht beachteten Normen nachbarschützend sind, sofern dieses nicht von vornherein ausgeschlossen ist. Da in beinahe jedem Fall zumindest eine Verletzung des Gebots der Rücksichtnahme in Betracht kommt, ist die Klagebefugnis nur dann zu verneinen, wenn die zu prüfenden baurechtlichen Vorschriften unter keinem denkbaren Gesichtspunkt nachbarschützend sein können und auch ein Verstoß gegen das Rücksichtnahmegebot von vornherein ausscheidet (eb. Bosch/Schmidt § 25 III 2). Im Übrigen ist die Frage der nachbarschützenden Wirkung baurechtlicher Vorschriften erst im Rahmen der Begründetheit der Klage zu prüfen, denn § 113 Abs. 1 VwGO verlangt für den Erfolg einer Anfechtungsklage nicht nur, dass die Baugenehmigung rechtswidrig ist, vielmehr muss der Kläger auch in seinen Rechten verletzt sein. Eine „Vorverlagerung" der Prüfung der nachbarschützenden Wirkung der in Betracht kommenden Normen ist schon deshalb abzulehnen, weil ansonsten abstrakt der Nachbarschutz bestimmter Normen erörtert wird, obwohl noch gar nicht feststeht, dass diese Normen überhaupt verletzt sind.

Gleichfalls eine Frage der Begründetheit und nicht von der Zulässigkeit ist es, ob der Nachbar eventuell gemäß § 55 Abs. 2 Satz 2 LBO mit seinen Abwehrrechten ausgeschlossen ist (s. dazu Brandt NVwZ 1997, 235). Selbst wenn der Nachbar keinerlei Einwendungen erhoben hat, ist er nicht von vornherein präkludiert, da in jedem Fall zu prüfen ist, ob die formellen Anforderungen einer Präklusion erfüllt sind (s. dazu Rdnr. 232).

307 Nachbarklage und Nachbarwiderspruch sind nur begründet, wenn die **Baugenehmigung gegen nachbarschützende Vorschriften verstößt**. Ist dieses nicht der Fall, muss das Rechtsmittel des Nachbarn auch dann zurückgewiesen werden, wenn die Baugenehmigung objektiv-rechtlich rechtswidrig ist (s. oben Rdnr. 258).

Freilich kann die Widerspruchsbehörde einen Widerspruch, der auf die Verletzung einer nicht-nachbarschützenden Norm gestützt wird, zum Anlass nehmen, die Baurechtsbehörde zur Rücknahme der Baugenehmigung nach § 48 VwVfG zu veranlassen und kann notfalls, falls diese sich weigert, eine entsprechende fachaufsichtliche Weisung erlassen bzw. gemäß § 47 Abs. 5 Satz 2 LBO selbst die Rücknahme der Baugenehmigung aussprechen (Selbsteintrittsbefugnis der Fachaufsichtsbehörde). Wird über einen Nachbarwiderspruch nicht innerhalb von 3 Monaten entschieden, kann der Nachbar nach § 75 VwGO Untätigkeitsklage auf Erlass eines Widerspruchsbescheids erheben; dasselbe gilt für den Bauherrn, weil ein Interesse an einer unanfechtbaren Baugenehmigung besteht (VGH Mannheim VBlBW 1994, 350).

Legt der Nachbar erst **nach Ablauf der Widerspruchsfrist** sein Rechtsmittel ein, dann muss die Widerspruchsbehörde den Widerspruch als unzulässig zurückweisen und darf nicht – wie dies sonst im Widerspruchsverfahren regelmäßig der Fall ist – eine Sachentscheidung treffen, denn der Bauherr hat durch die Bestandskraft der Baugenehmigung eine geschützte Rechtsposition erlangt (BVerwG NVwZ 1983, 285; NJW 1981, 395; VBlBW 1992, 87; Bosch/Schmidt § 26 VI 3; Eyermann § 70 Rdnr. 9).

308 Die Grundsätze über die Nachbarklage gegen eine Baugenehmigung gelten entsprechend, wenn der Nachbar sich gegen einen **Bauvorbescheid** wendet. Wird noch während des Widerspruchsverfahrens gegen den Bauvorbescheid eine Baugenehmigung erteilt, dann muss der Nachbar auch gegen diese Baugenehmigung Rechtsmittel einlegen (BVerwGE 68, 241 = NJW 1984, 1474, bspr. von Dürr JuS 1984, 770; NVwZ 1989, 863; VGH Mannheim NVwZ 1995, 716). Das BVerwG begründet dieses damit, dass der Bauvorbescheid zwar den feststellenden Teil der Baugenehmigung vorweg nehme (s. dazu Rdnr. 239), aber erst die Baugenehmigung die Baufreigabe enthalte. Falls der Bauvorbescheid noch nicht bestandskräftig ist, muss nach Ansicht des BVerwG im Rahmen der Klage gegen die Baugenehmigung auch die im Bauvorbescheid bereits entschiedene Frage geprüft werden; man muss daher die Baugenehmigung insoweit als Zweitbescheid ansehen (BVerwG NVwZ 1989, 863 – bspr. von Schenke DÖV 1990, 489; eb. OVG Greifswald BauR 2009, 1399: der Bauvorbescheid wird nach dem „Baukastenprinzip in die Baugenehmigung inkorporiert" – s. dazu Rdnr. 238).

Daraus folgt allerdings nicht, dass der Bauvorbescheid durch die spätere Baugenehmigung gegenstandslos wird und ein noch anhängiges Rechtsmittelverfahren wegen Erledigung der Hauptsache einzustellen wäre (BVerwG NVwZ 1995, 894). Denn der Bauvorbescheid bleibt die Grundlage für die spätere Baugenehmigung, was insbesondere dann bedeutsam ist, wenn sich nach Erteilung des Bauvorbescheids die Rechtslage zum Nachteil des Bauherrn geändert hat (s. dazu BVerwG NVwZ 1989, 863; Fluck NVwZ 1990, 535; Schlotterbeck/v.Arnim/Hager § 57 Rdnr. 33).

Die Nachbarklage ist stets gegen die Körperschaft zu richten, die die Baugenehmigung erlassen hat und nicht etwa gegen den Bauherrn; diesem gegenüber kann der Nachbar nur zivilrechtlich vorgehen. Der Bauherr ist aber nach § 65 Abs. 2 VwGO notwendig beizuladen.

Wenn ein Bauvorhaben im **Kenntnisgabeverfahren** (s. dazu Rdnr. 240) errichtet wird, gibt es keinen Verwaltungsakt, gegen den der Nachbar mit Rechtsmitteln vorgehen kann. Er ist daher darauf beschränkt, bei der Baurechtsbehörde einen **Antrag auf Einschreiten zu stellen** (s. dazu Rdnr. 284 sowie Mampel UPR 1997, 267; Borges DÖV 1997, 900; Uechtritz NVwZ 1996, 640), sofern das Bauvorhaben gegen nachbarschützende Normen verstößt, und, falls dieser abgelehnt wird, Widerspruch einzulegen und eventuell Klage zu erheben. Für diese Klage gelten ebenso wie für die Klage auf Einschreiten gegen ein ungenehmigtes baurechtswidriges Bauwerk auf dem Nachbargrundstück grundsätzlich dieselben Regeln wie für die Nachbarklage auf Aufhebung einer Baugenehmigung; freilich ist diese Klage eine Verpflichtungsklage – evtl. eine Bescheidungsklage i. S. d. § 113 Abs. 5 Satz 2 VwGO. Hinsichtlich der maßgeblichen Sach- und Rechtslage ist auf den Zeitpunkt der mündlichen Verhandlung abzustellen; die Behörde kann nur dann zu einem Einschreiten verpflichtet werden, wenn die Voraussetzungen hierfür noch gegeben sind. 309

Nach der Rechtsprechung des VGH Mannheim (NVwZ-RR 1995, 490; eb. OVG Greifswald BauR 2003, 1710) ist die Baurechtsbehörde **grundsätzlich zu einem Einschreiten** gegen ein Bauvorhaben verpflichtet, das nach dem Kenntnisgabeverfahren errichtet wurde und gegen nachbarschützende Vorschriften verstößt (s. dazu Rdnr. 284). 310

Soweit der Nachbar sich gegen ein ungenehmigtes Bauvorhaben oder eine ungenehmigte Nutzungsänderung zur Wehr setzen will, kommt aber nur eine **Bescheidungsklage** nach § 113 Abs. 5 Satz 2 VwGO in Betracht, weil der Baurechtsbehörde insoweit ein Ermessen zusteht; anders ist es, wenn das Ermessen wegen der Schwere des Eingriffs in die Rechte des Nachbarn auf Null reduziert ist (s. dazu Rdnr. 283).

Besonderheiten bestehen zum Teil bei einer Beeinträchtigung durch öffentliche Bauvorhaben. Soweit diese einer Baugenehmigung bedürfen, gelten die allgemeinen Grundsätze über die Nachbarklage. Bei baulichen Anlagen des Bundes, der Länder und sonstiger öffentlich-rechtlicher Gebietskörperschaften scheidet eine Klage auf Aufhebung der Baugenehmigung aber aus, weil diese nach § 70 Abs. 1 LBO lediglich einer Zustimmung bedürfen; diese kann vom Nachbarn angefochten werden (Schlotterbeck/v.Arnim/Hager § 70 Rdnr. 27). Im Übrigen hat der betroffene Nachbar die Wahl, ob er eine Unterlassungsklage gegen den Träger der öffentlichen Einrichtung erhebt, oder aber die Baurechtsbehörde zum Einschreiten veranlasst (s. dazu Rdnr. 285). 311

4. Vorläufiger Rechtsschutz

Der vorläufige Rechtsschutz des Nachbarn (Mampel DVBl 1997, 1155) hat dadurch eine grundlegende Veränderung erfahren, dass nach dem durch das BauROG 1998 eingeführte **§ 212 a BauGB** Rechtsmittel gegen eine Baugenehmigung **keine aufschiebende Wirkung** haben. Daher kann der Bauherr mit Erteilung der Baufreigabe nach § 59 Abs. 1 LBO mit dem Bau beginnen. 312

Soweit der Nachbar sich durch das genehmigte Vorhaben in seinen Rechten verletzt sieht und daher die Errichtung des Gebäudes während des noch laufenden Rechtsmittelverfahrens verhindern will, kann er entweder nach § 80 a Abs. 1 Nr. 2 VwGO bei der Baurechtsbehörde bzw. nach § 80 Abs. 4 VwGO bei der Widerspruchsbehörde oder nach § 80 a Abs. 3 VwGO beim Verwaltungsgericht einen **Antrag auf Aussetzung der Vollziehung der Baugenehmigung** stellen.

313 Bei der Entscheidung über den Antrag nach **§ 80 a Abs. 3 VwGO** hat das VG im Rahmen der nach **§§ 80 a Abs. 3, 80 Abs. 5 VwGO gebotenen Interessenabwägung** die Erfolgsaussichten des Rechtsmittels maßgeblich zu berücksichtigen (BVerfG BauR 2009, 1285; BVerwG NJW 1969, 2028; NJW 1974, 1295; OVG Lüneburg NVwZ 2007, 478). Daneben hat auch hier eine Interessenabwägung stattzufinden, welche Folgen es hat, wenn das genehmigte Bauvorhaben vor der Rechtskraft der Baugenehmigung erstellt wird (VGH Mannheim BauR 1995, 829; Debus NVwZ 2006, 49). Insbesondere ist zu berücksichtigen, dass durch die Errichtung des genehmigten Bauwerks **vollendete Tatsachen** geschaffen werden, die praktisch nicht mehr rückgängig gemacht werden können, wenn die Nachbarklage im Hauptverfahren Erfolg haben sollte. Dieser Gesichtspunkt rechtfertigt es, bei unklarer Rechtslage i. d. R. dem Interesse des Nachbarn den Vorrang einzuräumen (BverfG BauR 2009, 1285; VGH Mannheim NVwZ 1991, 1004; OVG Münster NVwZ 1998, 980; Berkemann DVBl 1999, 446; a. M. OVG Lüneburg NVwZ-RR 2010, 423; VGH München NVwZ 1991, 1002; Uechtritz BauR 1992, 1). Das VG trifft im Verfahren nach § 80 a Abs. 3 VwGO eine **eigene Ermessensentscheidung** (VGH Kassel NVwZ 1993, 491; OVG Münster NVwZ 1993, 279).

§ 80 a Abs. 3 Satz 2 VwGO verweist auf § 80 Abs. 5 – 8 VwGO und damit auch auf Abs. 6, wonach bei Abgabenbescheiden (§ 80 Abs. 2 Nr. 1 VwGO) vor der Stellung eines Antrags nach § 80 Abs. 5 VwGO zunächst bei der Behörde ein Antrag nach § 80 Abs. 4 VwGO auf Aussetzung der Vollziehung zu stellen ist. Die nach § 80 a Abs. 3 Satz 2 VwGO gebotene Anwendung des § 80 Abs. 6 VwGO könnte dafür sprechen, dass auch im Verfahren nach § 80 a Abs. 3 VwGO zunächst ein Antrag bei der Behörde auf Aussetzung der Vollziehung der Baugenehmigung gestellt werden muss (so VGH München BayVBl. 1991, 723; OVG Lüneburg NVwZ-RR 2010, 140 u. 552; NVwZ 2007, 478).

Dieses Ergebnis einer am Wortlaut des § 80 a Abs. 3 Satz 2 VwGO orientierten Auslegung ist aber wenig überzeugend, weil es in aller Regel keinen Erfolg haben wird, bei der Behörde, die die Baugenehmigung erteilt hat, einen Antrag auf Aussetzung der Vollziehung zu stellen. Es handelt sich bei der Verweisung in § 80 a Abs. 3 Satz 2 VwGO auf die nur für Abgabenstreitigkeiten geltende Regelung des § 80 Abs. 6 VwGO wohl um ein Redaktionsversehen (so VGH Mannheim NVwZ 1995, 292; OVG Bremen NVwZ 1993, 592; VGH Kassel DVBl 1992, 45; OVG Koblenz BauR 2004, 59). Außerdem rechtfertigt der wegen § 212 a BauGB jederzeit mögliche Baubeginn eine entsprechende Anwendung des § 80 Abs. 6 Nr. 2 VwGO (OVG Koblenz NVwZ 1993, 591; OVG Lüneburg NVwZ-RR 2010, 140).

314 Bei einem ungenehmigt errichteten Bauvorhaben, das den Nachbarn in seinen Rechten verletzt, kann er mangels eines angreifbaren Verwaltungsakts nur bei der Baurechtsbehörde einen Antrag auf Baueinstellung stellen und bei dessen Ablehnung eine einstweilige Anordnung beim VG beantragen (VGH Mannheim NVwZ 1995, 490; OVG Münster NVwZ-RR 1998, 218; OVG Greifswald BauR 2003, 1710).

C. Rechtsschutz der Gemeinde

315 Die Gemeinde kann zunächst Rechtsschutz dagegen in Anspruch nehmen, dass ein von ihr aufgestellter **Bebauungsplan nicht nach § 10 Abs. 2 BauGB genehmigt**

wird. Insoweit kann sie Verpflichtungsklage auf Erteilung der Genehmigung erheben (s. oben Rdnr. 59).

Zur Antragsbefugnis der Gemeinde im **Normenkontrollverfahren** gegen einen **Bebauungsplan der Nachbargemeinde** s. Rdnr. 291.

Ferner kann sich die Gemeinde dagegen zur Wehr setzen, dass eine **Baugenehmigung** ohne das **nach § 36 BauGB erforderliche Einvernehmen** der Gemeinde erteilt wird (s. dazu oben Rdnr. 146), und zwar unabhängig davon, ob das Bauvorhaben rechtmäßig ist und die Gemeinde daher zur Erteilung des Einvernehmens verpflichtet ist (BVerwG NVwZ 1992, 878). Unabhängig von der Rechtmäßigkeit des Bauvorhabens ist also die Klage der Gemeinde allein deswegen begründet, weil die ihre Planungshoheit schützende Vorschrift des § 36 Abs. 1 BauGB nicht beachtet wurde (BVerwG NVwZ 2000, 1048; BauR 2010, 1738; OVG Koblenz BRS 70 Nr. 103; a. M. VGH Kassel NVwZ-RR 2009, 750). Ebenso ist eine Klagemöglichkeit der Gemeinde gegeben, wenn das Einvernehmen nach § 36 Abs. 2 Satz 3 BauGB (s. dazu Rdnr. 146) ersetzt wird.

Schließlich kann sich die Gemeinde dagegen zur Wehr setzen, dass eine Abbruchanordnung bezüglich eines Gebäudes im Außenbereich auf ein Rechtsmittel des Eigentümers hin aufgehoben wird, weil sie dadurch in ihrer Planungshoheit, die durch § 36 BauGB geschützt wird, beeinträchtigt wird (BVerwG NVwZ 2000, 148). Da die Gemeinde eine Baugenehmigung zur Errichtung eines solchen Gebäudes durch Verweigerung des Einvernehmens nach § 36 BauGB verhindern kann, muss ihr auch die Möglichkeit eingeräumt werden, sich gegen eine Aufhebung einer bereits angeordneten Beseitigung eines ungenehmigten Vorhabens im Außenbereich zur Wehr zu setzen. Diese Rechtsprechung muss auch auf die Aufhebung von Abbruchanordnungen im beplanten und nicht beplanten Innenbereich übertragen werden.

VI. Fälle

Fall 1 Normenkontrollverfahren, Grundsätze der Bauleitplanung, gerichtliche Überprüfung von Bebauungsplänen

Die Stadt S beabsichtigt, ein neues Wohngebiet zu schaffen, um der dringenden Nachfrage nach Wohnraum zu entsprechen. Die Pläne werden vom 1. – 31. Juli öffentlich ausgelegt. Während dieser Zeit erhebt der X Einwendungen, weil ihm durch das neue Wohngebiet die bisher freie Aussicht versperrt werde. Ferner erhebt der G als Inhaber eines Gerbereibetriebs am 15.8. Einwendungen mit der Begründung, die von seinem Betrieb ausgehenden sehr intensiven Gerüche würden zu einer schwerwiegenden Belästigung des nur 100 m entfernt liegenden Wohngebiets führen. Der Gemeinderat von S weist beide Einwendungen zurück. X habe kein Recht auf freie Aussicht; die Einwendungen des G könnten unberücksichtigt bleiben, weil er sie verspätet vorgebracht habe. Der Bebauungsplan wird vom Gemeinderat als Satzung beschlossen; der Beschluss wird am 15.10. öffentlich bekannt gemacht.

Darauf stellen G und X am 15.12.einen Normenkontrollantrag und berufen sich dabei auf ihre Einwendungen; X rügt ferner, dass der Bebauungsplan zu kurz ausgelegt worden sei. Wie wird der Verwaltungsgerichtshof entscheiden?

I. Zulässigkeit

1. Nach § 47 Abs. 1 VwGO kann die Gültigkeit von Bebauungsplänen vom Verwaltungsgerichtshof im Wege der Normenkontrolle überprüft werden.

2. Antragsbefugnis

Einen Normenkontrollantrag kann nach § 47 Abs. 2 VwGO stellen, wer geltend macht, durch die Vorschrift oder ihre Anwendung in seinen Rechten verletzt zu werden.

Eine Verletzung von Rechten ist unter anderem dann gegeben, wenn das Recht auf angemessene Berücksichtigung der Belange der betroffenen Grundstückseigentümer bei der Abwägung nach § 1 Abs. 7 BauGB verletzt wird (BVerwGE 107, 215 = NJW 1992, 592). Abwägungsrelevant sind dabei nicht nur subjektive Rechte, sondern auch sonstige schutzwürdige private Belange (BVerwGE 59, 87; BauR 2000, 243).

Der Gemeinderat muss alle Belange in die Abwägung einbeziehen, deren Beeinträchtigung während der Auslegung des Bebauungsplans nach § 3 Abs. 2 BauGB geltend gemacht worden sind, sofern sie überhaupt schutzwürdig sind (BVerwG BauR 2000, 243). Der X hat während der Auslegung des Bebauungsplans vorgetragen, dass eine Verwirklichung des Bebauungsplans seine bisher ungehinderte Aussicht auf die freie Landschaft beseitigen werde. Es fragt sich, ob es sich dabei um einen abwägungsrelevanten Belang handelt. Dieses wurde früher vom VGH Mannheim (VBlBW 1981, 357; 1990, 428) mit der Begründung verneint, es gäbe kein schutzwürdiges Vertrauen auf die Erhaltung einer ungehinderten Aussicht. Dieses ist zwar materiell-rechtlich zutreffend, sagt aber nichts darüber aus, ob der Gemeinderat bei der Abwägung die Einwendungen des X einfach übergehen kann. Auch Belange, auf deren Fortbestand der Antragsteller nicht vertrauen konnte, sind bei der Abwägung zu berücksichtigen, sofern die Betroffenheit nicht nur geringfügig ist; diese Grundsätze gelten auch für die Beeinträchtigung der Aussicht (BVerwG NVwZ 1995,

895; BauR 2000, 1834; VGH Mannheim VBlBW 1997, 426; 2000, 482). Dass es kein Recht auf Fortbestand der freien Aussicht gibt, berührt nicht die Zulässigkeit eines Normenkontrollantrags, sondern führt nur zu seiner Unbegründetheit. Auch die erst im Normenkontrollverfahren erhobene Rüge, die Monatsfrist des § 3 Abs. 2 BauGB sei nicht eingehalten worden, führt nicht zur teilweisen Unzulässigkeit des Antrags. § 47 Abs. 2 a VwGO greift nämlich nur ein, wenn sämtliche Einwendungen im Planauslegungsverfahren nicht oder nur verspätet vorgebracht worden sind (OVG Münster BauR 2008, 2032). Der Normenkontrollantrag des X ist daher zulässig.

Dem G könnte die Antragsbefugnis fehlen, weil er seine Einwendungen verspätet vorgebracht hat.

Grundsätzlich muss der Gemeinderat im Rahmen der Abwägung nach § 1 Abs. 7 BauGB gemäß 4 a Abs. 6 BauGB alle von der Bauleitplanung betroffenen öffentlichen und privaten Belange berücksichtigen, soweit ihm diese bekannt sind oder hätten bekannt sein müssen; derartige Belange müssen auch dann berücksichtigt werden, wenn der Träger des Belangs im Rahmen der Öffentlichkeitsbeteiligung nach § 3 Abs. 2 BauGB keine Anregungen vorgebracht hat. § 47 Abs. 2 a VwGO erklärt aber einen Normenkontrollantrag für unzulässig, wenn der Antragsteller seine Betroffenheit nicht während der Planauslegung nach § 3 Abs. 2 BauGB geltend gemacht hat. Da G die ihm drohende Beeinträchtigung seines Betriebs wegen immissionsschutzrechtlicher Abwehransprüche der Bewohner des neuen Baugebiets verspätet vorgebracht hat, ist sein Normenkontrollantrag unzulässig.

II. Begründetheit des Antrags des X

1. Formelle Fehler

Der Bebauungsplan ist nur vom 1. – 31.7. öffentlich ausgelegt worden, § 3 Abs. 2 BauGB verlangt eine Auslegung für die Dauer eines Monats. Ein Verstoß gegen § 3 Abs. 2 BauGB kann nach § 214 Abs. 1 Nr. 1 BauGB zur Nichtigkeit des Bebauungsplans führen. Dieser Fehler wird nach § 215 Abs. 1 BauGB unbeachtlich, wenn er nicht innerhalb von einem Jahr gerügt wird. Der Wortlaut der Vorschrift lässt eindeutig erkennen, dass der Verfahrensfehler innerhalb der Jahresfrist von Amts wegen beachtlich ist.

Für die Fristberechnung kommt es darauf an, wann der Bebauungsplan ausgelegt wurde; es gilt also § 187 Abs. 2 Satz 1 BGB (so GemSenat OBG BVerwGE 40,363. Der Tag des Auslegens zählt also mit, so dass die Frist eingehalten worden ist, wenn der Plan vom 1. – 31.7. (einschließlich) auslag (vgl. § 188 Abs. 2 Alt. 2 BGB).

2. Materielle Fehler

a) Erforderlichkeit des Bebauungsplans

Bebauungspläne dürfen nach § 1 Abs. 3 BauGB nur aufgestellt werden, wenn sie für die städtebauliche Entwicklung und Ordnung erforderlich sind. Dieses ist hier jedoch der Fall, denn die Stadt S bedarf dringend neuen Wohnraums. Zur Schaffung neuer Baugrundstücke ist jedoch ein Bebauungsplan notwendig.

b) Abwägungsgebot

Nach § 1 Abs. 7 BauGB sind bei der Aufstellung von Bebauungsplänen die öffentlichen und privaten Belange gerecht abzuwägen. Die Abwägung ist jedoch nach der ständigen Rechtsprechung des BVerwG (E 34, 301 und 45, 309) gerichtlich nur eingeschränkt überprüfbar. Das Gericht kann nur überprüfen, ob eine Abwägung überhaupt stattgefunden hat, ob alle wesentlichen Belange in die Abwägung eingestellt worden sind, und ob die eingestellten Belange in objektiv vertretbarer Weise gewichtet worden sind (s. dazu Rdnr. 294). Die Belange des X sind bei der Abwägung berücksichtigt worden, der Gemeinderat hat sie jedoch für unbedeutend gehalten. Diese Abwägungsentscheidung ist rechtmäßig. Das Interesse der Allgemeinheit an der Schaffung neuer Baugebiete zur Linderung des Mangels an Wohnräumen ist wesentlich höher zu beurteilen als das subjektive Interesse des X an einer ungehinderten Aussicht.

Eine fehlerhafte Abwägung könnte deshalb vorliegen, weil die Belange des G unberücksichtigt geblieben sind. Der X kann eine umfassende Prüfung des Bebauungsplans verlangen, da sein Antrag zulässig ist (BverwG NVwZ 1992, 373; BauR 2002, 83). X kann daher auch eine fehlerhafte Abwägung infolge der Nichtberücksichtigung der Belange des X rügen. Der Gemeinderat muss bei der Abwägung alle privaten Interessen in die Abwägung einstellen, soweit eine Beeinträchtigung dieser Interessen für den Gemeinderat ersichtlich ist. Jedenfalls solche Belange, die von der Verwirklichung des Bebauungsplans erkennbar in schwerwiegendem Umfang betroffen werden, müssen vom Gemeinderat auch ohne besondere Rüge in die Abwägung eingestellt werden (§ 4 a Abs. 6 BauGB). Es liegt deshalb hier ein Fall des sog. Abwägungsdefizits vor, d.h. die Abwägung beruht auf einer unvollständigen Berücksichtigung der betroffenen Belange (vgl. OVG Koblenz NVwZ 1992, 190).

c) Beachtlichkeit des Abwägungsfehlers

Ein Abwägungsdefizit stellt nach § 214 Abs. 1 Nr. 1 BauGB einen Verfahrensfehler dar, der nur beachtlich ist, wenn er offensichtlich und auf das Abwägungsergebnis von Einfluss gewesen ist.

Nach der Rechtsprechung des BVerwG (E 64, 33 = NJW 1982, 592; NVwZ 1995, 692) ist dieses dann der Fall, wenn der Fehler im Abwägungsvorgang objektiv eindeutig nachweisbar ist und die konkrete Möglichkeit besteht, dass der Gemeinderat bei Vermeidung des Fehlers eine andere Planungsentscheidung getroffen hätte. Der Fehler im Abwägungsvorgang lässt sich hier anhand objektiver Beweisunterlagen, nämlich dem Gemeinderatsprotokoll über die Sitzung, in der über die vorgebrachten Anregungen entschieden worden ist, nachweisen; es handelt sich deshalb um einen offensichtlichen Abwägungsfehler i. S. d. § 214 Abs. 1 Nr. 1 BauGB. Für die von dieser Vorschrift geforderte Kausalität zwischen Fehler im Abwägungsvorgang und Abwägungsergebnis ist es nach der zitierten Rechtsprechung ausreichend, wenn die konkrete Möglichkeit einer anderen Abwägungsentscheidung besteht (BVerwGE 64, 33 = NJW 1982, 591; NVwZ 1992, 692). In Anbetracht der Intensität der Geruchsbelästigung, die einen wesentlich größeren Abstand zwischen der bestehenden Gerberei und dem neuen Wohngebiet nahe legt, ist davon auszugehen, dass der Gemeinderat eine andere Planung vorgesehen hätte, wenn er die Belange des G in die Abwägung eingestellt hätte. Daher ist auch die erforderliche Kausalität gegeben.

Ein Abwägungsdefizit führt i. d. R. dazu, dass auch das Abwägungsergebnis fehlerhaft ist, weil die betroffenen Belange nicht ordnungsgemäß berücksichtigt wurden. Die Einstufung des Abwägungsdefizits als Verfahrensfehler durch § 214 Abs. 1 Nr. 1 BauGB ändert hieran nichts, da das Abwägungsgebot Teil des Rechtsstaatsprinzips ist (BVerwGE 41,67; 56, 110) und daher der Gesetzgeber einen materiell-rechtlichen

Abwägungsfehler nicht zu einem Verfahrensfehler abstufen kann (s. dazu Brügelmann/Dürr § 214 Rdnr. 20; Quaas/Kukk BauR 2004, 1541).

Ein Fehler im Abwägungsvorgang ist allerdings nach § 214 Abs. 3 Satz 2 BauGB nur erheblich, wenn er offensichtlich und auf das Abwägungsergebnis von Einfluss war. Da die Anforderungen des § 214 Abs. 3 Satz 2 BauGB insoweit identisch sind mit denen des § 214 Abs. 1 Nr. 1 BauGB ist es nicht erforderlich, die ohnehin kaum zu bewältigende Abgrenzung zwischen den Anwendungsbereichen dieser Vorschriften im Einzelnen zu vertiefen (s. dazu Brügelmann/Dürr § 214 Rdnr. 70 ff.). Im Ergebnis bleibt festzuhalten, dass der Bebauungsplan wegen einer materiell-rechtlich fehlerhaften Abwägung nichtig ist.

Der Normenkontrollantrag des X ist daher begründet.

Die Feststellung, dass der Bebauungsplan wegen einer Fehlgewichtung der Belange des G nichtig ist, steht nicht in Widerspruch zu dem obigen Ergebnis, dass der Normenkontrollantrag des G zurückzuweisen ist. Dies beruht nämlich ausschließlich darauf, dass der G erst verspätet Anregungen vorgebracht hat.

Fall 2 Bauen im beplanten Innenbereich, Befreiung, Nachbarklage

Der Volksbildungsverein e.V. betreibt seit längerer Zeit in einer alten Villa, die in einem durch Bebauungsplan ausgewiesenen reinen Wohngebiet liegt, eine Einrichtung der Erwachsenenbildung, in der 14-tägige Kurse durchgeführt werden. Da die Unterbringung der Kursteilnehmer in benachbarten Gasthäusern und Privatquartieren häufig Schwierigkeiten bereitet, will der V-Verein im Anschluss an die Villa einen Bettentrakt für 30 Personen anbauen. Gegen die von der Stadt S erteilte Baugenehmigung erhebt der Nachbar N Widerspruch und anschließend Klage mit der Begründung, in einem reinen Wohngebiet sei ein Bettentrakt nicht zulässig. Während des verwaltungsgerichtlichen Verfahrens erteilt die Stadt daraufhin Befreiung von den Festsetzungen des Bebauungsplans.

I. Zulässigkeit

1. Klageart

Da die Baugenehmigung ein Verwaltungsakt ist, muss der N Anfechtungsklage erheben.

2. Klagebefugnis

Die Klagebefugnis ist nur dann nicht gegeben, wenn der Kläger von dem angefochtenen Verwaltungsakt offensichtlich und eindeutig nach keiner Betrachtungsweise in seinen Rechten verletzt sein kann (BVerwGE 89, 69; 101, 364). Es kann hier nicht von vornherein ausgeschlossen werden, dass die Genehmigung eines Bettentrakts in einem reinen Wohngebiet unzulässig ist und die Festsetzung des Bebauungsplans auch dem Schutz der Nachbarn dienen soll. Ob dieses tatsächlich der Fall ist, ist eine Frage der Begründetheit der Klage, nicht der Zulässigkeit.

3. Vorverfahren

Das nach §§ 68 ff. VwGO erforderliche Vorverfahren ist für die Baugenehmigung durchgeführt worden. Der N kann neben der Baugenehmigung auch die nachträglich erteilte Befreiung anfechten, ohne insoweit ein zweites Vorverfahren durchführen zu müssen, da die Befreiung in einem untrennbaren Zusammenhang mit der Baugenehmigung steht (BVerwG NJW 1971, 1147).

II. Begründetheit

Eine Nachbarklage ist nur dann begründet, wenn die Baugenehmigung rechtswidrig ist und der Nachbar dadurch in seinen Rechten verletzt wird; die Baugenehmigung muss mithin gegen nachbarschützende Normen des Baurechts verstoßen (BVerwGE 22, 129; 89, 69). (Ob man zunächst prüft, ob die Baugenehmigung gegen eine bestimmte baurechtliche Vorschrift verstößt und erst anschließend die Frage des Nachbarschutzes dieser Vorschrift untersucht oder umgekehrt vorgeht, ist eine reine Zweckmäßigkeitsfrage).

1. Die Baugenehmigung könnte gegen die Festsetzung des Bebauungsplans verstoßen, der das Gebiet als reines Wohngebiet ausweist. Nach § 3 Abs. 2 BauNVO sind in einem reinen Wohngebiet als generell zulässige Bebauung nur Wohngebäude zulässig. Wohnen i. S. dieser Vorschrift bedeutet, dass die Benutzer der Räume dort ihren Lebensmittelpunkt haben (BVerwG BauR 1996, 676). Das BVerwG spricht davon, der Begriff des Wohnens werde durch eine auf Dauer angelegte Häuslichkeit und eine Eigengestaltung des häuslichen Wirkungskreises geprägt. Dieses ist bei einem Bettentrakt für ständig wechselnde Kursteilnehmer offensichtlich nicht der Fall.

Der Bettentrakt könnte ferner nach § 3 Abs. 3 BauNVO als Ausnahme zulässig sein, wenn es sich dabei um einen kleinen Betrieb des Beherbergungsgewerbes handeln würde. Hierunter sind jedoch wegen der Verwendung des Begriffs „Gewerbe“ nur auf Gewinnerzielung ausgerichtete Unternehmen zu verstehen (BVerwG NVwZ 1993, 775). Beim Bettentrakt des V-Vereins steht jedoch die Unterbringung als solche, nicht dagegen die Gewinnerzielung im Mittelpunkt. Es handelt sich bei dem Bettentrakt auch nicht um ein nach § 3 Abs. 3 Nr. 2 BauNVO zulässiges Vorhaben für kulturelle Zwecke, weil es nicht den Bedürfnissen des Baugebiets dient, sondern von ortsfremden Personen genutzt wird. Ein Bettentrakt ist somit in einem reinen Wohngebiet nicht zulässig, so dass die Baugenehmigung rechtswidrig war.

2. Es bleibt zu prüfen, ob der N durch den Verstoß gegen den Bebauungsplan in seinen Rechten verletzt wurde; dies setzt voraus, dass die Festsetzungen des Bebauungsplans nachbarschützend sind. Voraussetzung hierfür ist, dass die Norm nach ihrem Sinn und Zweck zumindest teilweise auch dem Schutz privater Belange dienen soll (BVerwGE 78, 85; 94, 151; 101, 364). Die Ausweisung eines bestimmten Baugebiets soll nicht nur allgemein städtebaulichen Belangen dienen, sondern auch den Grundstückseigentümern im Plangebiet eine bestimmte Nutzungsart ermöglichen (BVerwGE 94, 151; 101, 364). Liegt z. B. ein Grundstück in einem Wohngebiet, dann ist durch die Ausweisung als Wohngebiet gewährleistet, dass auf den Nachbargrundstücken keine Nutzung stattfindet, die zu einer Störung der Wohnruhe führen kann; in einem Industriegebiet kann sich dagegen ein Unternehmer darauf verlassen, dass sein Betrieb nicht immissionsschutzrechtlichen Abwehransprüchen der Wohnbevölkerung ausgesetzt ist. Die Grundstückseigentümer im Gebiet eines Bebauungsplans müssen im Interesse eines geordneten Zusammenlebens bestimmte Nutzungsbeschränkungen hinnehmen. Sie haben dafür andererseits den Vorteil, dass ihre Nachbarn den gleichen Beschränkungen unterliegen. In der Rechtsprechung wird deshalb allgemein angenommen, dass die Festsetzungen des Gebietscharakters nach §§ 2 ff. BauNVO nachbarschützend sind (BVerwGE 27, 29; 44, 244; 94, 151).

3. Die somit bei Klageerhebung begründete Nachbarklage könnte jedoch durch die dem V-Verein während des gerichtlichen Verfahrens erteilte Befreiung von den Festsetzungen des Bebauungsplans unbegründet geworden sein. Eine während des verwaltungsgerichtlichen Verfahrens eintretende Änderung der Sach- und Rechtslage ist bei der Entscheidung des Rechtsstreits zu berücksichtigen, sofern sie sich zugunsten des Bauherrn auswirkt, weil es nicht sinnvoll ist, auf eine Nachbarklage hin eine Baugenehmigung aufzuheben, die wegen veränderter Sach- oder Rechtslage auf einen erneuten Antrag hin erteilt werden müsste (BVerwGE 22, 129; 65, 313).

Die Befreiung von den Festsetzungen des Bebauungsplans wäre gemäß § 31 Abs. 2 Nr. 1 BauGB rechtmäßig, wenn die Grundzüge der Planung nicht berührt werden, Gründe des Wohls der Allgemeinheit die Befreiung erfordern und die Abweichung auch unter Würdigung nachbarlicher Interessen mit den öffentlichen Belangen vereinbar ist. Da der Bettentrakt sich auf die benachbarten Grundstücke kaum negativ auswirken kann, werden die Grundzüge des mit der Ausweisung eines reinen Wohngebiets verfolgten Planungsziels, nämlich ein ruhiges Wohnen zu ermöglichen, nicht berührt (vgl. BVerwG NVwZ 1999, 1110). Grundzüge der Planung werden außerdem berührt, wenn mit derselben Berechtigung auch mehrere Grundstückseigentümer im Bebauungsplangebiet eine Befreiung verlangen könnten (BVerwG NVwZ 2000, 679). Dies ist nicht der Fall, da es in der Umgebung keine vergleichbare Einrichtung gibt, die einen Bettentrakt benötigen könnte.

Gründe des Allgemeinwohls erfordern eine Befreiung, wenn ein Abweichen vom Bebauungsplan auf vernünftigen Erwägungen des Allgemeinwohls beruht (BVerwGE 59, 71). Dieses ist hier der Fall, denn es liegt im öffentlichen Interesse, dass die vom V-Verein durchgeführten Kurse der Erwachsenenbildung nicht durch Schwierigkeiten bei der Unterbringung der Teilnehmer behindert werden. Belange der Nachbarn werden dadurch nicht nennenswert beeinträchtigt; ebenso stehen keine öffentlichen Belange der Befreiung entgegen. Die Stadt S hat deshalb zu Recht Befreiung von den Festsetzungen des Bebauungsplans erteilt.

Die Klage des N. ist daher unbegründet.

Fall 3 Bauen im nichtbeplanten Innenbereich, Klage auf Erteilung einer Baugenehmigung

Bauer B ist Eigentümer eines Wiesengrundstücks, das mit einer Breite von 70 m an eine durch D-Dorf führende Straße grenzt. Die angrenzenden Grundstücke sind auf beiden Seiten mit größeren Wohn- und landwirtschaftlichen Gebäuden bebaut. Als B beantragt, ihm die Genehmigung für die Errichtung von 3 Ferienhäusern auf seiner Wiese zu erteilen, lehnt das Landratsamt dieses ab mit der Begründung, das Wiesengrundstück zähle zum Außenbereich und sei im Flächennutzungsplan als landwirtschaftliche Nutzfläche ausgewiesen. Ferner entsprächen die 3 kleinen Ferienhäuser nicht der weitläufigen Bauweise in der Umgebung. B könne im Übrigen ohnehin nicht bauen, weil er die Wiese an den Landwirt L verpachtet habe. B erhebt nach erfolglosem Widerspruch Klage mit der Begründung, das beidseitig von bebauten Grundstücken umgebene Wiesengelände zähle zum Innenbereich. Den Pachtvertrag mit dem L habe er wegen Eigenbedarfs gekündigt.

I. Zulässigkeit

Die Klage ist unbedenklich als Verpflichtungsklage zulässig.

II. Begründetheit

B hat nach § 58 Abs. 1 LBO Anspruch auf Erteilung einer Baugenehmigung, wenn seinem Bauvorhaben keine öffentlich-rechtlichen Vorschriften entgegenstehen. Ob möglicherweise ein privatrechtlicher Anspruch des L auf weitere Nutzung des Wiesengeländes besteht, ist unbeachtlich, denn die Baugenehmigung wird nach § 58 Abs. 3 LBO unbeschadet privater Rechte Dritter erteilt. Eine Ausnahme hiervon ist nur dann zu machen, wenn der Antragsteller wegen offensichtlich entgegenstehender privater Rechte von einer ihm erteilten Baugenehmigung keinen Gebrauch machen kann (BVerwGE 42, 115). Dieser Sonderfall liegt hier jedoch nicht vor. Es ist nicht Aufgabe der Baurechtsbehörde oder der Verwaltungsgerichte, im Einzelnen der Frage nachzugehen, ob ein privatrechtliches Rechtsverhältnis dem Bauvorhaben im Wege steht. Es braucht also nicht geprüft zu werden, ob die Kündigung des Pachtvertrags wirksam war; sie war jedenfalls nicht offensichtlich unwirksam. Die Prüfung im Rahmen des Verfahrens auf Erteilung einer Baugenehmigung hat sich daher auf entgegenstehende öffentlich-rechtliche Vorschriften zu beschränken.

1. Es muss zunächst abgeklärt werden, ob sich die Zulässigkeit der beabsichtigten Ferienhäuser bauplanungsrechtlich nach § 34 oder § 35 BauGB richtet.

Dass das für die Bebauung vorgesehene Wiesengelände auf beiden Seiten von bebauten Grundstücken begrenzt wird, schließt eine Zugehörigkeit zum Außenbereich nicht unbedingt aus. Entscheidend ist, ob die Wiese noch als Baulücke angesehen werden kann, weil sie den Eindruck der Zusammengehörigkeit und Geschlossenheit der angrenzenden Bebauung nicht unterbricht (BVerwGE 31, 20 und 35, 256; NVwZ 1997, 899; VGH Mannheim VBlBW 2007, 305 – lesenswert). Dieses ist man jedenfalls in einem Dorfgebiet bei einer Unterbrechung des Bebauungszusammenhangs in einem Bereiche von ca 90 m zu bejahen (vgl. VGH Mannheim BauR 1987, 59 u. 1992, 45).

2. Hinsichtlich der Art der baulichen Nutzung ist zunächst § 34 Abs. 2 BauGB zu prüfen, da diese Regelung insoweit der des Abs. 1 vorgeht (BVerwG NVwZ 1995, 897; 2000, 1050). Nach § 34 Abs. 2 BauGB ist ein Bauvorhaben im nichtbeplanten Innenbereich nur zulässig, wenn es in einem entsprechenden Gebiet, für das ein Bebauungsplan besteht, gemäß den Vorschriften der BauNVO zulässig wäre. Die Umgebung des Wiesengeländes ist als Dorfgebiet anzusehen (vgl. VGH Mannheim VBlBW 1998, 464 = BRS 60 Nr. 84). In einem Dorfgebiet sind Ferienhäuser nach § 5 Abs. 2 BauNVO zulässig, wobei es dahin stehen kann, ob es sich dabei um einen Betrieb des Beherbergungsgewerbes (Nr. 5 – verneint von BVerwG BauR 1989, 440) oder um einen sonstigen nicht störenden Gewerbebetrieb (Nr. 6) handelt.

Hinsichtlich des Maßes der baulichen Nutzung und der Bauweise kommt es nach § 34 Abs. 1 BauGB darauf an, ob sich das Bauvorhaben in die nähere Umgebung einfügt. Dieses bedeutet nach der Rechtsprechung des BVerwG (E 55, 369; NVwZ 1999, 524), dass der Rahmen einzuhalten ist, der durch die vorhandene Bebauung gebildet wird. Dabei ist nicht erforderlich, dass es sich um ein Bauvorhaben handelt, das in dieser Form schon in der Umgebung vorhanden ist (BVerwGE 67, 23); das Bauvorhaben darf lediglich keine städtebaulichen Spannungen hervorrufen. Dieses ist insbesondere dann der Fall, wenn anzunehmen ist, dass die Zulassung eines derartigen Vorhabens eine Veränderung der bestehenden städtebaulichen Situation, die geprägt ist durch größere Wohn- und landwirtschaftliche Gebäude, einleitet (BVerwGE 44, 302). Eine derartige Entwicklung ist nicht zu befürchten, wenn in einer 90 m breiten Baulücke innerhalb des geschlossenen Dorfgebiets 3 kleine Ferienhäuser errichtet werden.

Bei einer Baulücke von 90 m Breite stellen 3 Ferienhäuser im ländlichen Bereich eine aufgelockerte Bauweise dar. Da die Ferienhäuser wesentlich kleiner sind als die in der Umgebung vorhandenen Gebäude, könnten sie städtebauliche Spannungen begründen und sich nicht in die Umgebung einfügen, wenn sie eine sog. negative Vorbildwirkung entfalten (BVerwGE 44, 302; NVwZ 1995, 698). Dies ist jedoch hier nicht der Fall, denn das hinter den 3 Ferienhäusern gelegene Gelände zählt bereits zum Außenbereich und kann daher nicht mit Ferienhäusern bebaut werden (BVerwG NJW 1982, 2512 – s. dazu auch Fall 4). Die 3 Ferienhäuser fügen sich daher in die in der Umgebung vorhandene Bebauung ein.

Hinweis: Wenn das Einfügen verneint werden müsste, könnten die 3 Ferienhäuser nicht nach § 34 Abs. 3 a BauGB genehmigt werden, da diese Vorschrift bei der Neuerrichtung einer gewerblichen Anlage nicht gilt.

3. Neben der Frage des Einfügens ist nach § 34 Abs. 1 BauGB zu prüfen, ob das Bauvorhaben das Ortsbild beeinträchtigt. Diese Tatbestandsvoraussetzung hat vor allem dann Bedeutung, wenn ein Bauvorhaben sich auffallend von der sonstigen Bebauung abhebt und damit ein in sich geschlossenes Ortsbild stört (BVerwG NVwZ 1991, 51; NVwZ 2000, 1169; VGH Mannheim DÖV 1990, 190). Ein Vorhaben, das sich i. S. d. § 34 Abs. 1 BauGB in die Umgebung einfügt, wird in aller Regel das Ortsbild nicht beeinträchtigen. Dieses gilt auch für den hier zu behandelnden Fall.

4. Dem Flächennutzungsplan kommt im Rahmen des § 34 Abs. 1 BauGB keine Bedeutung zu. Der Flächennutzungsplan ist keine Rechtsnorm, denn er entfaltet nach § 7 BauGB lediglich gegenüber Behörden Bindungswirkung. Die Versagung einer Baugenehmigung für ein im Innenbereich gelegenes Grundstück wegen der Festsetzungen des Flächennutzungsplans scheidet schon deshalb aus, weil es sich dabei um einen entschädigungslosen Eingriff in die Baulandqualität des Grundstücks handeln würde (BVerwG BauR 1981, 351).

Sonstige bauplanungsrechtliche oder bauordnungsrechtliche Hinderungsgründe, die dem Bauvorhaben entgegenstehen könnten, sind nicht ersichtlich. Die Verpflichtungsklage ist daher begründet.

Fall 4 Bauen im Außenbereich, Abbruchverfügung, Bestandsschutz

Der E erwirbt eine im Außenbereich auf einer Wiese am Waldrand gelegene Feldscheune, die er durch umfangreiche Baumaßnahmen (Einbau von Fenstern, Einziehen von Trennwänden und Zwischendecken) in ein Wochenendhaus umwandeln will. Der entsprechende Bauantrag des E wird vom Landratsamt abgelehnt.

Mehrere Jahre später stellt das Landratsamt fest, dass E zwischenzeitlich die Scheune, wie beabsichtigt, in ein Wochenendhaus umgewandelt hat, und gibt ihm daraufhin den Abbruch des Bauwerks auf. E legt Widerspruch ein mit der Begründung, die

Scheune genieße Bestandsschutz, so dass er sie einer für ihn sinnvollen Nutzung zuführen könne. Nachdem der Umbau bereits mehrere Jahre zurückliege, könne eine Beseitigung des Bauwerks nicht mehr angeordnet werden, zumal in einer Entfernung von 200 m noch ein weiteres Wochenendhaus stehe, dessen Abbruch das Landratsamt nicht angeordnet habe. Der Widerspruch wird vom Regierungspräsidium zurückgewiesen; dabei führt das Regierungspräsidium u. a. aus, der Abbruch des anderen Wochenendhauses komme nicht in Betracht, weil es bereits im Jahr 1962 errichtet worden sei. Daraufhin erhebt E Klage beim Verwaltungsgericht und erklärt in der mündlichen Verhandlung unter Vorlage eines Grundbuchauszugs, er habe vor kurzem das Grundstück an seinen Sohn übereignet, so dass die Abbruchanordnung schon aus diesem Grund aufzuheben sei.

I. Zulässigkeit

Gegen eine Abbruchverfügung ist Anfechtungsklage zu erheben; der E ist als Adressat des Bescheids nach § 42 Abs. 2 VwGO klagebefugt.

Zweifelhaft könnte sein Rechtsschutzbedürfnis sein, nachdem er das Grundstück auf seinen Sohn übertragen hat. Ein Rechtsschutzbedürfnis wäre zu verneinen, wenn sich durch diesen Vorgang die Abbruchverfügung erledigt hätte und die Behörde gegenüber dem Sohn eine neue Abbruchverfügung erlassen müsste. Dieses ist jedoch nicht der Fall, denn eine Abbruchverfügung wirkt nach der Rechtsprechung des BVerwG (E 40, 101; eb. VGH Mannheim NVwZ-RR 1989, 593; OVG Münster BauR 2003, 1877) auch gegenüber dem Rechtsnachfolger. Es handelt sich dabei nämlich um einen sachbezogenen Verwaltungsakt, der nicht von den persönlichen Verhältnissen des Eigentümers abhängig ist. Im Übrigen wäre einer Verzögerung bei der Beseitigung rechtswidrig errichteter Bauwerke Tür und Tor geöffnet, wenn eine Abbruchverfügung sich durch eine Übereignung des Bauwerks auf eine andere Person erledigen würde. Der Sohn ist allerdings nach §§ 173 VwGO, 265 Abs. 2 ZPO berechtigt, den Rechtsstreit anstelle des E fortzuführen. Solange er dieses nicht tut, kann der E weiterhin gemäß § 265 Abs. 2 ZPO die Klage gegen die Abbruchverfügung betreiben.

II. Begründetheit

1. Eine Abbruchverfügung kann gemäß § 65 LBO erlassen werden, wenn das Gebäude seit seiner Errichtung gegen materielles Baurecht verstößt und nicht durch eine Baugenehmigung gedeckt ist (BVerwG NJW 1989, 353; NVwZ 1992, 392; VGH Mannheim VBlBW 2004, 264).

Die Umwandlung der Scheune in ein Wochenendhaus war nach §§ 2 Abs. 12, 49, 50 Abs. 2 LBO genehmigungspflichtig, denn für die neue Nutzung gelten weiter gehende Anforderungen als für die frühere Nutzung. Eine Genehmigung ist aber nicht erteilt worden, den ablehnenden Bescheid des Landratsamts hat der E unanfechtbar werden lassen.

Es fragt sich, ob im Hinblick auf die Bestandskraft der Versagung der Baugenehmigung überhaupt noch die materielle Baurechtswidrigkeit geprüft werden muss. Die Bestandskraft eines Verwaltungsakts hat aber anders als die Rechtskraft eines Urteils nicht zur Folge, dass damit die Rechtslage zwischen den Beteiligten bindend festgestellt ist, vielmehr wird durch die Bestandskraft lediglich das Verwaltungsverfahren abgeschlossen. Die Baurechtsbehörde muss daher bei Erlass einer Abbruchsverfügung trotz bestandskräftiger Versagung einer Baugenehmigung die materielle Baurechtswidrigkeit eines illegal errichteten Gebäudes überprüfen (BVerwGE 48, 271).

2. Ein Wochenendhaus ist nicht in § 35 Abs. 1 BauGB als privilegiertes und damit im Außenbereich grundsätzlich zulässiges Bauvorhaben angeführt. In Betracht kommt insoweit nur Nr. 4 dieser Vorschrift. Zwar werden Wochenendhäuser mit Vorliebe im Außenbereich errichtet, das bedeutet aber nicht, dass sie nur dort ihren Zweck erfüllen können. Auch ein innerhalb eines Ortes gelegenes Gebäude kann durchaus eine sinnvolle Erholung am Wochenende ermöglichen. Im Übrigen setzt § 35 Abs. 1 Nr. 4 BauGB eine Wertung voraus, ob ein Bauvorhaben im Außenbereich errichtet werden „soll" (BVerwGE 96, 95 = NVwZ 1995, 64). Das ist nicht der Fall, wenn das Vorhaben der privaten Erholung Einzelner dient, weil der Außenbereich für die Erholung der Allgemeinheit zur Verfügung stehen soll (BVerwG BauR 1992, 52). Wochenendhäuser sind daher nicht nach § 35 Abs. 1 Nr. 4 BauGB privilegiert (BVerwGE 54, 74; NVwZ 2000, 1048).

3. Das Wochenendhaus könnte nach § 35 Abs. 2 BauGB zulässig sein, wenn es keine öffentlichen Belange beeinträchtigt. Als beeinträchtigte Belange i. S. d. § 35 Abs. 3 BauGB kommen vor allem die natürliche Eigenart der Landschaft sowie die Entstehung einer Splittersiedlung in Betracht. Die natürliche Eigenart der Landschaft wird geprägt durch die dort anzutreffende Bodennutzung, im Außenbereich i. d. R. Land- und Forstwirtschaft (BVerwGE 26, 111; E 96, 95 = NVwZ 1995, 64; BauR 2000, 1312). In einer derartigen Umgebung stellt ein Wochenendhaus einen Fremdkörper dar. Außerdem kann die Zulassung eines Wochenendhauses dazu führen, dass weitere gleichartige Vorhaben nicht mehr verhindert werden können und damit eine unerwünschte Zersiedelung des Außenbereichs (Entstehung einer Splittersiedlung) eingeleitet wird (BVerwGE 54, 74; NVwZ 2004, 982).

4. Die Umwandlung der Scheune in ein Wochenendhaus könnte aber durch § 35 Abs. 4 Nr. 1 BauGB gedeckt sein, da die vorhandene Bausubstanz zweckmäßig verwendet wird. Weitere Voraussetzung ist, dass die Umbaumaßnahmen nicht zu einer wesentlichen Änderung der äußeren Gestalt führen, was bejaht werden kann, wenn lediglich neue Fenster eingebaut werden. Eine Anwendung des § 35 Abs. 4 Nr. 1 BauGB scheitert aber jedenfalls daran, dass die Scheune im Feld steht, also nicht zu einer Hofstelle eines landwirtschaftlichen Betriebs gehört (BVerwG DÖV 2001, 959; BauR 2006, 1103).

5. Schließlich könnte der Gesichtspunkt des Bestandsschutzes einer Abbruchverfügung entgegenstehen. Der Bestandsschutz erlaubt jedoch nur Instandsetzungs- und Modernisierungsarbeiten, nicht aber einen umfassenden Umbau eines Bauwerks, der einem Neubau gleichkommt (BVerwGE 36, 296; 47, 126; NVwZ 2002, 92). Außerdem besteht Bestandsschutz nur im Rahmen der bisherigen Nutzung, eine Nutzungsänderung wird mithin nicht vom Bestandsschutz erfasst (BVerwGE 47, 185; BauR 1994, 737). E kann sich daher für seine Umbaumaßnahmen nicht auf den Bestandsschutz berufen.

6. Da das umgebaute Gebäude somit formell und materiell baurechtswidrig war, konnte das Landratsamt nach § 65 LBO den Abbruch anordnen. Die Befugnis der Behörde zum Erlass einer Abbruchverfügung wird nicht dadurch eingeschränkt, dass das Wochenendhaus bereits seit mehreren Jahren steht. Eine Verwirkung tritt nämlich nicht allein durch bloßen Zeitablauf ein, vielmehr müssen zusätzliche Umstände hinzukommen, aus denen der Eigentümer den Schluss ziehen kann, dass die Behörde gegen das rechtswidrig errichtete Bauwerk nicht vorgehen wird (BVerwGE 44, 339; VGH Mannheim VBlBW 1983, 334). Dieses war hier jedoch nicht der Fall.

7. Die Baurechtsbehörden müssen beim Erlass von Abbruchverfügungen ferner den Grundsatz der Verhältnismäßigkeit (BVerwG NVwZ 1989, 353; VGH Mannheim BauR 1991, 450) und den Gleichheitsgrundsatz (VGH Mannheim NJW 1989, 603; BauR 1999, 734) beachten. Dem E droht durch den Abbruch des Wochenendhauses ein beträchtlicher materieller Schaden. Gleichwohl ist die Maßnahme der Behörde im Hinblick auf die von einem Wochenendhaus im Außenbereich ausgehende Störung der natürlichen Eigenart der Landschaft nicht unverhältnismäßig, zumal der E mit der ungenehmigten Umwandlung der Scheune in ein Wochenendhaus bewusst auf eigenes Risiko gehandelt hat (BVerwG NVwZ-RR 1997, 273; OVG Lüneburg BauR 2000, 87; VGH Mannheim VBlBW 1989, 193).

8. Die Behörde könnte jedoch den Gleichheitsgrundsatz missachtet haben, wenn sie von E den Abbruch des Wochenendhauses verlangt, aber ein vergleichbares Gebäude in näherer Umgebung stehen lässt. Art. 3 GG verlangt jedoch nicht, dass die Behörde gegen alle rechtswidrigen Bauwerke gleichzeitig und in derselben Weise vorgeht, sie kann vielmehr nach objektiven Kriterien, insbesondere der Auffälligkeit des Gebäudes oder dem Zeitpunkt der Errichtung differenzieren (BVerwG NVwZ-RR 1992, 360; VGH Mannheim NVwZ-RR 1997, 465; OVG Lüneburg NVwZ-RR 1994, 249). Es ist deshalb nicht zu beanstanden, dass die Baurechtsbehörden gegen rechtswidrige Wochenendhäuser, die vor In-Kraft-Treten der LBO am 1.1.1965 errichtet worden sind, nicht einschreitet (vgl. OVG Lüneburg a.a.O. sowie den inzwischen außer Kraft getretenen Kleinbautenerlass GABl 1978, 1207). Dieses beruht auf der sachgerechten Erwägung, dass bis zu diesem Zeitpunkt die Vorstellung weit verbreitet war, dass Kleinbauten im Außenbereich zulässig seien.

Die Klage des E hat daher keine Aussicht auf Erfolg.

Fall 5 Vorläufiger Rechtsschutz, Abstandsfläche

Der G ist Eigentümer eines in der Altstadt der Stadt S direkt an einer nur 4 m breiten Straße gelegenen Wohnhauses. Das Gebäude weist eine Außenwandhöhe von 10 m auf. Er erhält auf seinen Antrag hin von der Stadt die Genehmigung zum Einbau eines Imbissstands für gegrillte Fleischwaren im Erdgeschoss. Hiergegen legt der N, Eigentümer des auf der anderen Seite der Gasse gelegenen Wohnhauses, Widerspruch ein mit der Begründung, die von der Grillstation ausgehende Brandgefahr sei ihm im Hinblick auf den geringen Abstand nicht zuzumuten. Hat ein Antrag des N beim Verwaltungsgericht auf Gewährung vorläufigen Rechtsschutzes Aussicht auf Erfolg?

I. Zulässigkeit

Da der Widerspruch des N nach § 212 a BauGB keine aufschiebende Wirkung hat, kann N nach §§ 80 a Abs. 3, 80 Abs. 5 VwGO die Anordnung der aufschiebenden Wirkung seines Widerspruchs beantragen. Ein vorheriger Antrag bei der Baurechtsbehörde nach § 80 a Abs. 1 VwGO ist dabei nicht erforderlich; die Verweisung in § 80 a Abs. 3 VwGO auf § 80 Abs. 6 VwGO wird als Redaktionsversehen angesehen (VGH Mannheim NVwZ 1995, 292; OVG Koblenz BauR 2004, 59).

II. Begründetheit

1. Bei einer Entscheidung nach § 80 a Abs. 3 i. V. m. § 80 Abs. 5 VwGO hat das Verwaltungsgericht abzuwägen zwischen dem Interesse des Antragstellers an der Erhaltung des status quo bis zur rechtskräftigen Entscheidung über sein gegen die Baugenehmigung eingelegtes Rechtsmittel und dem entgegenstehenden Interesse des Bauherrn, dass er ungeachtet des eingelegten Rechtsmittels den Bau in Angriff nehmen kann (BVerfG BauR 2009, 1285; BVerwG NJW 1974, 1295). Ein maßgebliches Kriterium bei dieser Interessenabwägung sind die Erfolgsaussichten des Rechtsmittels, wobei allerdings wegen der Eilbedürftigkeit der Entscheidung nur eine summarische Überprüfung der maßgeblichen Sach- und Rechtsfragen erfolgen kann (BVerfG a. a. O.; OVG Lüneburg NVwZ 2007, 478).

2. Der G benötigt für die Umwandlung des Erdgeschosses seines Wohnhauses in einen Grillbetrieb nach §§ 49, 2 Abs. 12 LBO eine Baugenehmigung. Denn für Gaststätten gelten sowohl bauplanungsrechtlich als auch bauordnungsrechtlich weiter gehende Vorschriften als für Wohngebäude.

Die dem G erteilte Baugenehmigung könnte gegen § 5 LBO verstoßen. Fraglich ist allerdings, ob diese Vorschrift bei Umbauten und damit verbundenen Nutzungsänderungen Anwendung findet. Dieses wird man mit der Begründung verneint, ein Abstand sei nur bei der Errichtung, nicht aber bei der Nutzungsänderung eines ohne Beachtung des gesetzlich vorgeschriebenen Abstands errichteten Gebäudes einzuhalten. Wenn nämlich im Bebauungsplan geschlossene Bauweise vorgeschrieben sei, kann unabhängig von der jeweiligen Nutzungsart ohne Einhaltung eines Abstands gebaut werden VGH Mannheim NVwZ-RR 2010, 387; OVG Münster BauR 2006, 309.

Anders ist es aber, wenn die neue Nutzung im Hinblick auf den Schutzzweck der Abstandsfläche (Belichtung und Belüftung sowie Brandschutz – vgl. Rdnr. 180) für den Nachbarn wesentlich größere Beeinträchtigungen mit sich bringt als die frühere Nutzung (VGH Mannheim NVwZ-RR 2010, 387). In diesem Fall muss bei einer abstandsflächenrelevanten Nutzungsänderung die Abstandsfläche nach §§ 5, 6 LBO eingehalten werden. So liegt es hier, denn eine Grillstation stellt gegenüber einem Wohnhaus eine erhebliche Steigerung der Brandgefahr dar. Daher muss die Einhaltung der Abstandsfläche geprüft werden

3. Bei einem 10 m hohen Gebäude ist nach § 5 Abs. 1 und 7 LBO eine Abstandsfläche von 4 m, mindestens aber 2,5 m einzuhalten. Auf diese Abstandsfläche kann nach § 5 Abs. 2 LBO die Hälfte der Straßenbreite, d.h. 2 m, angerechnet werden. Die Gaststätte des G hält somit die nach § 5 LBO erforderliche Abstandsfläche um 0,5 m nicht ein. N ist daher durch den zu geringen Abstand in seinen Rechten verletzt.

4. Eine Rechtsverletzung des N wäre allerdings zu verneinen, wenn G zulässigerweise eine Ausnahme von der Einhaltung der Abstandsfläche nach § 6 Abs. 3 Nr. 2 LBO erteilt worden wäre. Diese Vorschrift lässt auch ein Unterschreiten der nach § 5 Abs. 7 LBO im Interesse des Nachbarn einzuhaltenden Abstandsfläche zu, sofern erhebliche Belange des Nachbarn nicht beeinträchtigt werden.

Eine erhebliche Beeinträchtigung ist nach der Rechtsprechung des VGH Mannheim (VBlBW 2009, 65; NVwZ-RR 2010, 387) aber i. d. R. bei einem Unterschreiten der Abstandsfläche anzunehmen, sofern nicht bei Nachbarn besondere Umstände vorliegen, so dass dieser nicht schutzwürdig ist. Dieses ist hier nicht der Fall.

Da der Widerspruch somit Aussicht auf Erfolg hat, wird das Verwaltungsgericht die aufschiebende Wirkung des Rechtsmittels anordnen.

Stichwortverzeichnis